建校百年·哈工大人系列丛书

Harbin Institute of Technology

哈工大学子在一汽

中国一汽哈工大校友会 编

百年校庆纪念版

哈尔滨工业大学出版社

图书在版编目(CIP)数据

哈工大学子在一汽/ 中国一汽哈工大校友会编. — 哈尔滨：哈尔滨工业大学出版社，2021.2
ISBN 978-7-5603-9368-1

Ⅰ. ①哈… Ⅱ. ①中… Ⅲ. ①传记文学-中国-当代 Ⅳ. ①I25

中国版本图书馆CIP数据核字(2021)第026064号

哈工大学子在一汽

HAGONGDA XUEZI ZAI YIQI

策划编辑　李艳文　范业婷
责任编辑　王晓丹　付中英
装帧设计　屈　佳
出版发行　哈尔滨工业大学出版社
社　　址　哈尔滨市南岗区复华四道街10号　邮编150006
传　　真　0451-86414749
网　　址　http://hitpress.hit.edu.cn
印　　刷　辽宁新华印务有限公司
开　　本　787mm×1092mm　1/16　印张28　字数416千字
版　　次　2021年2月第1版　2021年2月第1次印刷
书　　号　ISBN 978-7-5603-9368-1
定　　价　167.00元

(如因印刷质量问题影响阅读，我社负责调换)

鸣　谢

长春一汽建设监理有限责任公司

友　情　支　持

编 委 会

顾　　问	耿昭杰　崔明伟　李启祥　王国治　崔云惠
主　　任	田雨时
副 主 任	迟长生　蔡绍彦　张丕杰　张　明　陈海涛
	冯小东
编　　委	（按音序排列）
	毕文权　董景华　丰永刚　黄　勇　李静宇
	李松梅　刘延昌　刘英杰　年永利　邱　枫
	隋忠剑　田迎春　王瑞建　王少民　王　威
	王泽鹏　谢文才　许万才　薛　耀　张建松
	张　有
特约编审	平　华
审稿编务	姜维青　于春燕　徐浩泓　付一平

总　序

时光荏苒，风雨沧桑，不知不觉间哈工大已走过百年岁月。回首学校的发展历程，她的每一轮进步跨越、每一次腾飞奋进，无不与祖国的命运紧紧连在一起。特别是中华人民共和国成立后，从全国学习苏联高等教育办学模式的两所大学之一，到首批进入国家"211工程"和"985工程"，再到入选国家"双一流"建设A类高校名单，哈工大一直得到国家的重点建设，并形成了现在哈尔滨、威海、深圳"一校三区"的办学格局。

当然，哈工大也没有辜负国家的支持与厚望。一直以来，学校秉承"规格严格，功夫到家"的校训，大力弘扬"铭记责任，竭诚奉献的爱国精神；求真务实，崇尚科学的求是精神；海纳百川，协作攻关的团结精神；自强不息，开拓创新的奋进精神"和"铭记国家重托，肩负艰巨使命，扎根东北，艰苦创业，拼搏奉献，把毕生都献给了共和国的工业化事业"的哈工大"八百壮士"精神，主动适应国家需要、积极服务国家建设，以朴实严谨的学风培养了大批优秀人才，以追求卓越的创新精神创造了丰硕的科研成果，成为享誉国内外的理工强校、航天名校。

我始终认为，学生的培养质量是衡量一所大学是否是"双一流"最重要的考核指标，而质量主要是从学生离校走向社会在工作中体现出来的，包括思想品德、工作能力和社会贡献等。经过百年沉淀的哈工大，从1920年建校至今，已经培养了几十万名学子。我在这所学校工作了几十年，也见证了一部分同学的成长。他们在学校掌握知识、锤炼品格，然后投身社会，成为各行各业的中坚力量,其中既有党和国家领导人,也有共和国的将军;既有学术界的泰斗,也有科技领域的骨干……当然,还有在许多行业里的领跑者——杰出的企业家。

很幸运,我们身处一个崇尚创新、追求创新、激励创新的时代。不管是传统行业,还是新兴科技行业,都活跃着哈工大人的身影。这些实干力行的国家栋梁在兢兢业业工作的同时,积累了无数的方法和经验,也有道不尽的经历与感受。无论是对母校生活的追忆,还是对当下工作的总结,这些不可多得的人生财富,都非常值得大家借鉴和学习。

恰逢学校百年华诞,哈工大出版社特意编撰了"建校百年·哈工大人系列丛书",天南海北、各行各业的哈工大人以此为平台,把自己走过的人生之路,真诚又无私地以文字的形式分享出来,为后来者和社会公众提供参考。我认为,这十分有意义,也十分有价值。我向他们致敬,同时也为学校培养出这样的学子感到自豪!而对于广大校友和在校生来说,阅读这些书籍,仿佛有人为你打开了一扇门,特别是身为哈工大人的你会发现,寻找理想、追梦前行的人,不只有你自己,还有许许多多的哈工大人和你一路同行、共同奋斗。

希望广大读者能从本系列丛书中获得启迪,踏上自己人生道路的"英雄之旅",抒发豪情壮志,成就伟大事业。

代 序

哈工大精神已深入到我的每一个细胞

2010年,哈工大建校90周年的时候一汽出过一本《哈工大学子在一汽》,当时挺受欢迎,我读后也觉得很有味道。今年是哈工大建校100周年,6月7日校庆的时候,习近平总书记亲自给哈工大发来贺信,这是对全体哈工大人包括哈工大校友的极大肯定和鞭策。作为一汽的哈工大人向母校100周年的献礼,我觉得这次出这本百年校庆纪念版的书很有意义,希望这本书能把在一汽的哈工大校友的精神进一步挖掘出来。时间服从质量,要让这本书体现出更高的水平——哈工大的精神是拒绝形式主义的。

借此机会,也想说说我与母校哈工大的情缘。

我是1952年考入哈工大的,1954年就入职一汽。为什么只有两年的在校学习时间?说来话长。我中学就读于安庆一中,与杨振宁是校友,但当时不认识他,现在想起来还感到很光荣,我也很为我们的安庆一中骄傲。当时我们学校好多学生都考入中国科技大学这样的名校,我那时也是尖子生,被誉为"几何博士"。我们有9个好兄弟,学习都好,年少气盛,很骄傲,被叫作"九人集团"。

高考的时候,国家正在进行大规模的建设,我们几个小伙伴满怀建设祖国的热情,一商量,决定全都报考哈工大——就因为哈工大的招牌是"工程师的摇篮",那一年我们全部如愿以偿地考上了哈工大!火车开了七天七夜才到哈尔滨,我们吃的第一顿饭是高粱米饭,上海来的一个女生当时就哭了。

本来我们考的是哈工大的本科,可就在我们入学后读预科的时候,因为国家建设急需用人,中央突然来个通知,要学校办个专修科,就是说学习时间从五年变为两年,当时我只有17岁,思想斗争相当激烈。回想起来,当时让我下定决心去专修科学习、早日报效国家的有两件挺关键的事情。第一件是因为我读过的一本书,叫《远离莫斯科的地方》。这本书场面宏大、气魄惊人,作者阿扎耶夫描绘的是1941年苏联人要用最快速的方法在远东大森林中铺设一条为战胜德国侵略者所必需的输油管,这条输油管原定三年才能完成,结果只用一年就完成了。这种精神很鼓舞我,也是使我能够安下心来进入专修科学习、尽快投入国家建设的一种动力。第二件是参观东北烈士纪念馆,我们进去一看真是触目惊心,就想,为了祖国,为了经济建设,个人理想要服从祖国需要。就这样,我和同学们放弃了本科学习,进入了专修科。

专修科学习只有两年的时间,但课程和教材还都是本科的,只不过是压缩了学习时间,压得大家都喘不过气来,原来大家都没想到专修科学习会这么紧张。当时有很多老师都很有个性,有时一个公式能讲两个小时,上课也都按苏联的方式,随时抽个题就口试,甚至用外语提问,那时大家常出洋相,但效果很好,给我们留下了深刻印象。

两年时间学完本科课程还不算,假期也全部是去工厂实习劳动。由于学习压力大,生活条件又艰苦,那两年我总是生病,有一次发高烧到39摄氏度。我有一个来自江西的同学,由于身体不好,在专修科学习跟不上,只好进本科按部就班地学习,当时我把自己特别珍惜的一件大衣送给了他。这是我们家里最好的一件衣服,是父亲特意为我改制的。

回想在哈工大的那两年,真是得到了充分的锻炼,很苦,很累,但挺过来后，进步特别大，很值得，很难忘。

1954年我到一汽工作，属于一汽很早的员工了。一到厂里，许多先进的设备也到了。几千套设备，各国的都有，我们还要连滚带爬地学外语，逐渐对设备都熟悉了，检查维修，不误一分一秒，就这样我们四季不停、热火朝天地干了两年。

之后，我调到中央设计室。当时中央设计室的负责人，就是到北京送车给毛主席的史汝楫，很有水平，经常看我们画图并且现场指导。我当时设计的动平衡机，现在还应该能找到相关资料。我在那里又工作了几年时间。

后来我又调到铸造厂。为什么要去铸造厂呢？这就不能不提到老领导赵学义。他自己主动要求到条件最艰苦的铸造厂去改变落后面貌。他对我说："跟我到艰苦的地方好好干，能有出息。"我就跟着去了。我在铸造厂一干就是十几年，在很多岗位上工作过，得到了很好的锻炼。在铸造厂时学习精益生产方式（叫作"瘦的生产"，Lean Production），改变了铸造厂的面貌，后来在全国介绍经验。这种不怕困难、善于学习和独立思考的精神就是哈工大教会我的。

我对哈工大非常有感情，哈工大的精神已深入到我的每一个细胞。

如果说哈工大的培养是给我的职业生涯奠定了一个坚实的基础，那么，一汽则是为我提供了一个成就事业的平台。我原来没学过汽车，但我的体会是：只要基本功好，再学什么都不难。也正因为认识到学习的重要性，后来一汽开展了几次学习运动。说到学习，我的个人感受说不完。那时，我们去日本学习都是带着方便面去的，很简朴也很艰苦，但这批人后来都成了一汽的精英。20世纪80年代，一汽上轿车，又派人到国外学习，李中康带队去的沃尔夫斯堡。回过头来看，一汽发展的过程也是学习的过程，有了这种精神，什么挫折都不怕。

我的好朋友、美国克莱斯勒汽车公司原总裁雅柯卡，曾经送给我一张照片，是在月球上拍的地球。他说，我们的地球只有离开它看才会更加美丽，更令人热爱。他还说过我："你这家伙，血管里流淌的不是血，是汽油！"我现在已经退休多年、离开一汽了，但我的心始终和一汽在一起，我与一汽的情缘注定是终生的。

回首往事，我觉得，自己还没有辜负母校的培育，也没有辜负一汽的给予。

愿哈工大和一汽的未来都更加美好！

耿昭杰

中国第一汽车集团公司原党委书记、总经理

附

耿昭杰2018年致哈工大汽车工程学院成立30周年的贺信

哈尔滨工业大学：

欣闻母校汽车工程学院迎来成立30周年庆典，由衷高兴！30载耕耘，硕果累累，可喜可贺！我年事已高，不能前往，备觉遗憾，特书此信，以表达我对母校和汽车工程学院的美好祝愿。

30年弹指一挥间，时至今日，我仍然记得1985年我与杨士勤老校长谈及筹建汽车工程学院时那种一拍即合的喜悦；也记得我和杨校长共同为汽车工程学院成立揭牌时那种直挂云帆的豪情；更记得见证汽车工程学院发展壮大中那种春华秋实的自豪。在多年的校企合作中，我与杨校长结下了深厚的友谊，由衷地钦佩老校长的远见卓识，更感动于他的务实作为。在此期间，我也荣幸地担任了第一任院长，至今仍然是学院的名誉院长。能有这样的经历是我一生的荣耀，能为母校的发展建设做出一点贡献也是我的夙愿。

哈工大汽车工程学院的成立，是改革开放背景下，大厂大校合作办学结出的硕果，此举也彰显了母校哈工大始终致力于国家发展建设需要的责任与担当。30年来，哈工大为一汽，也为中国汽车工业的发展做出了不可磨灭的贡献，功在当代，利在千秋！

汽车工程学院自成立以来，一直以培养汽车工业领域高级技术人才和管理人才为已任，重视理论和实践相结合及创新能力培养，毕业生广受欢迎。汽车工程学院第一届54名毕业生中，有30人到一汽集团工作。经过"规格严格，功夫到家"优良传统和校风锤炼的他们，很快就脱颖而出，有的走上领导岗位，有的成为各自业务领域的专家和技术带头人。如今，一汽的汽车工程学院毕业生已近600人，哈工大校友已2 000余人，他们已成为一汽迈向新时代、开启新事业的重要力量。

我是1954年从哈工大毕业到一汽工作的，几十年来，我一直以身为哈工大人为荣，毕生致力于中国汽车工业的发展和汽车专业人才的培养，相信这也是一代又一代哈工大汽车人共有的情怀。

汽车工程学院30年的发展历程，充分说明大厂大校合作办学的模式是成功的，要继承和发扬下去。目前国家正大力发展新工科建设，汽车行业正加速向电动化、智能化、网联化方向发展，山东省也面临着新旧动能的转换，汽车工程成为威海校区"1233"学科发展战略的三个重点学科之一。希望后来人要牢记使命，抢抓机遇，锐意进取，在齐鲁大地上为我国汽车工业的发展多做贡献，再立新功！

"弄潮儿向涛头立"，新的时代，必有新的挑战，更有新的机遇。衷心祝愿母校在建设世界一流大学的伟大征程中取得更加辉煌的成就！再次祝贺汽车工程学院成立30周年暨汽车行业人才培养高峰论坛取得圆满成功！

耿昭杰

二〇一八年十二月八日

目 录

他是无愧的哈工大学子 / 1
——记哈工大 1963 届锻压专业毕业生　崔明伟

灵魂里刻着一汽的 DNA / 6
——记哈工大 2004 届材料工程专业硕士研究生　张丕杰

勤学善思，行稳致远 / 12
——记哈工大 2002 届材料工程专业硕士研究生　黄　勇

我相信，我热爱，我坚持！/ 18
——记哈工大 1990 届金属塑性加工专业硕士研究生　邱　枫

豪情不减，青春闪光 / 24
——记哈工大 1989 届内燃机专业毕业生　隋忠剑

铭记校训，感恩一汽 / 29
——记哈工大 1991 届汽车设计与制造专业毕业生　田迎春

从母校汲取力量，在岗位奉献青春 / 34
——记哈工大 1993 届机械设计与制造专业毕业生　杨大勇

铭记责任,自强不息 / 40

——记哈工大 2002 届材料工程专业硕士研究生　薛　耀

感恩母校,感恩一汽 / 44

——记哈工大 1989 届汽车设计与制造专业毕业生　张建松

我在一汽的"功夫"足迹 / 51

——记哈工大 1994 届工业电气自动化专业毕业生　曲红梅

踏实做事就是不忘初心 / 54

——记哈工大 1994 届电化学工程专业毕业生　包亚忠

母校给我底蕴,一汽给我舞台 / 59

——记哈工大 1982 届供热与通风专业毕业生　张　明

不忘初心,铸产业强国梦 / 67

——记哈工大 2003 届焊接专业硕士研究生　方永平

一个小梦想,决定了我的成长之路 / 70

——记哈工大 1989 届车辆工程专业毕业生　金叙龙

用心筑动力魂,以爱结智网情 / 74

——记哈工大 1989 届内燃机专业毕业生　李丰军

严谨务实,砥砺前行 / 78

——记哈工大 1989 届汽车设计与制造专业毕业生　荆青春

在自主的道路上奋进 / 82
　　——记哈工大1989届锻压工艺及设备专业毕业生　谢文才

做"规格严格，功夫到家"的一汽人 / 88
　　——记哈工大1998届焊接专业毕业生　张晓胜

我与一汽铸造共成长 / 95
　　——记哈工大1989届铸造专业硕士研究生　马顺龙

以不懈的奋斗报答母校 / 102
　　——记哈工大1988届焊接工艺及设备专业毕业生　付文池

小处显规格，细处见功夫 / 109
　　——记哈工大1996届汽车拖拉机制造与维修专业毕业生　丰永刚

坚守在解放阵地上 / 114
　　——记哈工大1989届金属材料专业毕业生　葛立双

HIT，一直激励着我不断前行 / 121
　　——记哈工大2004届机械设计制造及其自动化专业毕业生　杨小军

践行校训，锤炼自我 / 126
　　——记哈工大2009届电机与电器专业毕业生　高洪伟

半生缘·一汽情 / 131
　　——记哈工大1998届汽车与拖拉机专业毕业生　兰晓兵

宝剑锋从磨砺出，真功源自历练来 / 138
——记哈工大 2003 届机械电子工程专业硕士研究生　厉健峰

建功新时代，丹心著华章 / 142
——记哈工大 1991 届内燃机专业毕业生　牛丹峰

用研发的火种点亮心灯 / 151
——记哈工大 1997 届汽车设计与制造专业毕业生　宋子利

扎根沃土，长成大树 / 155
——记哈工大 2005 届材料加工工程专业硕士研究生　张立文

情系哈工大，奉献在一汽 / 161
——记哈工大 2002 届热能与动力工程专业毕业生　蔡文学

不忘师恩，努力奉献 / 166
——记哈工大 1999 届汽车内燃机专业毕业生　张余民

坚定信念，勇攀高峰 / 170
——记哈工大 2004 届焊接技术与工程专业毕业生　王泽鹏

"规格严格"，助力红旗飘飘 / 175
——记哈工大 1995 届汽车设计与制造专业毕业生　刘英杰

感恩百年母校，助力红旗飞扬 / 180
——记哈工大 2005 届材料加工工程专业毕业生　夏昌兴

不忘初心，一路奔腾 / 185
——记哈工大 1994 届汽车设计与制造专业毕业生　刘　阳

在沃土中拔节抽穗 / 190
——记哈工大 2000 届机械设计、工商管理专业毕业生　卫　强

青春十年 / 196
——记哈工大 2008 届控制科学与工程专业硕士研究生　年永利

传承根脉，谱写新篇 / 201
——记哈工大 1999 届工商管理专业毕业生　耿晓东

百年校训蕴春华，四载师传结秋实 / 208
——记哈工大 1989 届自动控制专业毕业生　王　威

做哈工大精神的传承者和践行者 / 212
——记哈工大 2007 届材料成型及控制工程专业毕业生　程丽琳

至严至臻，慎始慎终 / 215
——记哈工大 2014 届车辆工程专业毕业生　邓　薇

在广阔的平台上创佳绩 / 219
——记哈工大 2010 届机械设计制造专业毕业生　代　晶

最好的选择，勇敢地担当 / 222
——记哈工大 2011 届车辆工程专业毕业生　范　超

传承母校精神，争创岗位先锋 / 227
　　——记哈工大 2005 届机械设计制造及其自动化专业毕业生　高解放

别样的镜像：在传承中成长 / 231
　　——记哈工大 2010 届机械设计制造及其自动化专业毕业生　高启威

哈工大校训伴成长，一汽精神引前行 / 237
　　——记哈工大 2007 届电气工程及其自动化专业毕业生　宫　健

感恩母校培养，扎根一汽创造 / 241
　　——记哈工大 2008 届机械设计制造及其自动化专业硕士研究生　龚金成

青年政治骨干的自我修炼 / 246
　　——记哈工大 2009 届机械设计制造及其自动化专业毕业生　郭连飞

百年芳华哈工大，勇者追梦闯天涯 / 251
　　——记哈工大 2010 届机械电子工程专业毕业生　何　鹏

十年成长不寻常 / 254
　　——记哈工大 2011 届锻压专业硕士研究生　车长勇

不忘设计初心，牢记工匠使命 / 261
　　——记哈工大 1996 届焊接专业毕业生　黄大巍

践行校训，做好公司的管家和参谋 / 264
　　——记哈工大 1998 届会计学专业毕业生　皇甫丽芳

以品质构筑基石，回报母校期待 / 268
——记哈工大 2009 届车辆工程专业毕业生　靳亚南

哈工大，我一直在您身边 / 273
——记哈工大 2014 届电气工程及自动化专业毕业生　李忠凯

牢记母校教诲，扎根一汽建功立业 / 278
——记哈工大 1993 届焊接工艺及设备专业毕业生　李传州

扎根第二故乡 / 281
——记哈工大 2004 届机械设计制造及其自动化专业毕业生　李玉春

追忆毕业后的成长 / 285
——记哈工大 1991 届汽车设计专业毕业生　刘春革

奋进不止，助力解放轻卡"加速度" / 287
——记哈工大 1987 届机械制造工艺与设备专业毕业生　刘守体

十年辛苦不寻常 / 292
——记哈工大 2013 届机械设计制造及其自动化专业英才班毕业生　刘　泽

十年时光，初心不变 / 297
——记哈工大 2010 届机械设计制造及其自动化专业硕士研究生　刘亚龙

母校，我一生的家园 / 301
——记哈工大 1998 届锻压工艺及设备专业毕业生　陆振东

以哈工大为荣,为母校争光 / 305
——记哈工大 2003 届机械设计制造及其自动化专业毕业生　罗书保

秋天 / 309
——记哈工大 2016 届土木工程专业毕业生　罗余双

给我逐梦的本领与胆识 / 314
——记哈工大 2004 届热能与动力工程专业毕业生　林胜涛

在合资公司做技术创新和引领 / 318
——记哈工大 2002 届计算机科学与技术专业毕业生　林树栋

抛洒汗水铸青春 / 325
——记哈工大 2013 届高分子化学专业毕业生　林媛媛

初心守赤诚,热血铸精品 / 329
——记哈工大 2003 届建筑环境与设备工程专业毕业生　明忠魁

铭记师恩,筑梦一汽 / 334
——记哈工大 2007 届化学工程与工艺专业毕业生　任明华

哈工大学子奋斗在一汽 / 339
——记哈工大 2007 届机械电子工程专业毕业生　宋　磊

我为一汽添光彩 / 343
——记哈工大 1992 届汽车设计与制造专业毕业生　王宝军

做新时代的新红旗人 / 348
——记哈工大1997届汽车设计与制造专业毕业生　王儒金

做一个合格的哈工大人 / 352
——记哈工大2010届机械电子工程专业硕士研究生　王斯博

传承母校精神，践行初心使命 / 356
——记哈工大2006届管理科学与工程专业硕士研究生　王文辉

不忘初心，砥砺前行 / 361
——记哈工大2014届财务管理专业毕业生　魏小雅

哈工大哺育我成长 / 364
——记哈工大2001届工商管理专业毕业生　杨新超

发掘本心，力求超越 / 369
——记哈工大2000届机电一体化专业毕业生　于东海

秉承校训，锐意进取 / 374
——记哈工大1993届汽车设计与制造专业毕业生　于永坤

情系哈工大 / 380
——记哈工大2002届交通运输专业毕业生　张　萍

"规格严格，功夫到家"指引我前行 / 383
——记哈工大1997届焊接专业毕业生　赵瑞英

豪情不减，阔步向前 / 388
——记哈工大1996届内燃机专业毕业生　赵文辅

母校的乳汁哺育我成长 / 391
——记哈工大2013届建筑环境与设备工程专业毕业生　周登科

从名校到名企的成长故事 / 395
——记哈工大2010届交通运输专业毕业生　周　慧

总有一种力量让我勉力前行 / 400
——记哈工大2007届焊接技术与工程专业毕业生　周振宇

"规格严格，功夫到家"让我受益终身 / 405
——记哈工大1995届机制工艺与设备专业毕业生　郑云龙

母校在心中，照亮我前路 / 409
——记哈工大2010届机械设计制造及其自动化专业硕士研究生　朱洪雷

做无愧的哈工大人 / 419
——记哈工大2003届建筑工程专业毕业生　李静宇

后记 / 423

他是无愧的哈工大学子

——记哈工大 1963 届锻压专业毕业生 崔明伟

在一汽副总经理的位置上退休的崔明伟今年已经82岁了，精神矍铄，记忆力好，讲起自己求学、工作的几十年经历如数家珍。

感念母校

崔明伟是1958年考入哈工大锻压专业的，那时正赶上国家困难时期，特别是1960、1961年两年更加艰难。当时他们的口粮每个月是30斤，大家都得计划着吃。早上二两面粉做的疙瘩汤，中午两个馒头，晚上四两苞米楂子饭，每天一斤粮食，赶上31天的月份就得有一天吃九两饭的日子，又没啥副食补充，很多男生都吃不饱。崔明伟属于饭量不大的，用他自己的话说，那也通常是八分饱，"我们同学中很少有胖的，都是瘦子"。

生活虽清苦，但五年的求学经历却是充实的。他说，哈工大的老师都令人敬佩，备课充分，讲课驾轻就熟。上课时老师都不用看教案，深入浅出，把课程讲得很有吸引力，"那时的学生都听话，上课没有睡觉的，也不溜号"。课堂上互动非常多，老师都欢迎学生提问题，老师没有回答不上的，真正是"功夫到家"，令大家信服。他说，哈工大有一个特点，教授少。"哈工大是苏联帮助建起来的，苏联专家撤走后，教授就不多了，副教授有一些，大多是讲师，记得有800多位讲师，教学十分认真，讲课能吸引住学生，整体的专业水准在全国都有名。听说那时哈工大讲师的工资就是124元，这在当时是非常高的！"

哈工大培养了很多顶尖的科研人才，在国内外都赫赫有名，哈工大学子也都以自己的母校为荣。1998年，已经毕业30多年的崔明伟陪同时任教育部党组副书记、副部长吕福源去哈工大考察。他们到哈工大后吃过午饭，就在哈工大转了整整一个下午，校领导对学校方方面面的情况做了详细的介绍。这次考察给吕福源留下了太深的印象，他对这所学校的实力、水准以及对国家的贡献给予了非常高的评价。这一年年底，哈工大被评选为全国十所重点院校（因为有两所学校难分伯仲而放弃评选，实际上是九所）之一，哈工大实至名归。

崔明伟对同在一汽工作过的吕福源评价很高："他是学计算机的，他的大脑就是一部计算机，英语又好。"崔明伟记得，有一次全国高校计算机专业的会议在哈工大召开，参会的代表有60多人。吕福源讲话时，没有讲稿，一共讲了35分钟，逻辑清晰，十分精彩，其间四次被热烈的掌声打断。

不辱使命

20世纪80年代后期，正值一汽上轿车、谈合作的关键时期。
1989年3月19日，是个星期天，时任车身厂厂长的崔明伟被耿昭杰厂长打电话叫到家里——那天天气阴冷，耿厂长在家里都穿着棉袄。耿厂长叫来崔明伟是有一个重要的任务交办：要派他带队去德国大众建在美国的韦斯摩兰拆迁设备，运回一汽，规模生产轿车。这可是一个浩大的工程，当时崔明伟一是觉得自己难以胜任，二是身体也不好（去日本谈判期间得了糖尿病），就跟耿厂长说不想去，可是同为哈工大毕业的耿厂长就认定了他："你去也得去，不去也得去！"

就这样，崔明伟率领一个近百人的团队（都是从各单位抽调的能工巧匠）赴美拆迁生产线。他说，韦斯摩兰工厂有6万多平方米，密密麻麻的先进设备，计算机特别多，他们用16个月时间才完成任务。当他们把一整套生产捷达、高尔夫车型驾驶室和有关零部件的设备拆回来时，已经是1990年了，当时有不少一汽人看了这些拆回的零散设备后很没有信心，有人甚至说是拆回一堆废铁。等到千辛万苦安装上这套设备，并且正式生产出捷达白车身，质疑的声音就没有了。记得当时厂里让搬迁总指挥崔明伟在现场讲话，他说："今天，从韦斯摩兰拆回的设备在一汽运转起来了，事实证明，我们拆回的不是废铁，是一汽的宝贵财富，这是给所有关心它的人和担心它的人一个最好的回答。"由于这个拆迁、安装项目的成功，德国大众也看到了一汽的技术实力，从而增强了德国大众与一汽合作的信心。"还有一个收获，就是培养了一大批人才，当初和我一起去拆迁的很多人后来都成了专家，并且多数到一汽-大众工作，成了新成立的合资公司的骨干，后来也都有很好的发展。"

担责有为

崔明伟1963年毕业就分到一汽车身厂，从技术员做到厂长，在车身厂一干就是将近30年。

崔明伟入职一汽那年，车身厂共分来6位大学生，其中有4位来自哈工大，但只有他自己是锻压专业的。崔明伟对一汽并不陌生，他大学期间的生产实习和毕业设计都是在一汽做的。

俗话说，机会都留给有准备的人。工作一段时间后，需要写实习报告，其他同学的实习报告都是以工艺为主，只有崔明伟写的是设备方面的，这让他很快就在工作中崭露头角。那时不开工艺方面的会，但机械工业部年年召开设备方面的会议，锻造厂每次都派一个西安交大毕业的工程师参会，而车身厂这边就是派钻研设备的年轻技术员崔明伟去参会，因此一起分来的同学都没有出差机会，但崔明伟总有。

他记得很清楚，1967年4月20日，他又去北京，在华侨饭店参加一个设备方面的会议，参会的有科研院所的，有设计院的，也有生产厂家的。当时他还做了发言，与其他发言的人只讲一个方面不同，崔明伟是把书本学的、科研院所的资料中看到的相关情况与自己企业实际情况结合起来讲的，言之有物，令人瞩目。也正因如此，这个来自一汽的爱思考、有想法的年轻人给主持会议的时任机械工业部副部长沈鸿留下了深刻印象，他问崔明伟："小伙子，你是哪个学校毕业的？""我是哈工大的！"崔明伟心里满是骄傲。

工作中不断成长进步的崔明伟不仅精通技术，还敢于担责，仗义执言。那时车身厂的设备有苏联的、德国的、日本的，还有国产的。有一年，一台日本产的4 000吨的压力机出现质量问题，已经当上厂长的崔明伟亲自带队去日本协调解决问题。厂家一个留美博士回答问题时，敷衍塞责不说真话。崔明伟说："你没看过现场就推卸责任。"一怒之下不谈了，带队离场。后来是这家日本企业的主要负责人出面道歉，最终解决了问题。

1991年崔明伟调到总厂任副总师，1991、1992年任副总师兼发展处处长，1994年任一汽副总经理。在分管轿车国产化时，由于国家对合资车的国产化率有严格的要求，第一年要达到40%，第二年达到60%，第三年达到80%，达不到就享受不到优惠的税收政策。当时的情况是协作厂家做得比较好，而二轿厂内部有差距。崔明伟就到二轿厂去召集开会，他开门见山，先是对来自德方的专家说："请你们来的费用是一汽付的，如果不能达到我们的要求，那只有请你们回去！"他又对中方的管理人员说："你们干不好我有权撤你们的职！"这个会议效果出奇的好，中外双方管理者以前不沟通的开始认真沟通了，以前不好合作的变得开始合作解决问题了，国产化率很快就提了上来。

2000年，崔明伟到了退休年龄，由于工作需要，又被时任一汽总经理竺延风返聘5年，参与一汽第三次创业。这期间，他最为欣慰的事就是为一汽建设了新的解放涂装线，他曾经考察过德国、瑞士、意大利的汽车厂，对先进的涂装线有非常专业的认知："我在国外曾先后问过8位涂装线工程师：你们每天主要要解决的问题是什么？这8位工程师的回答高度一致：解决颗粒问题！"他知道，即使是在海边建成的涂装线也要把颗粒问题当作难点来攻克，在长春这样多风沙的地方，建一条先进的涂装线难度更可想而知，但是在一汽做到了。这个新建的厂房6万多平方米，没有窗户，主风向没有开门。"我们建成了一条至今在国内都是首屈一指的先进涂装线，达到了欧洲标准！"崔明伟骄傲地说。

如今，为一汽事业无私奉献几十年智慧和汗水的崔明伟已是耄耋之年，他是无愧的哈工大学子，更是担责有为、令人尊敬的一汽人。

（于春燕撰）

灵魂里刻着一汽的DNA

——记哈工大2004届材料工程专业硕士研究生 张丕杰

与"功夫到家"的学术殿堂"相见恨晚"

1979年考入东北重型机械学院的张丕杰与哈工大的缘分起始于2002年,当时已经是一汽进出口公司总经理的张丕杰成为哈尔滨工业大学与一汽合办的硕士班中的一员,就是说,"遇见"哈工大时,张丕杰已逾不惑之年。令他始料不及的是,2002—2004年这为期三年的哈工大学习经历,让他真正为这所"规格严格,功夫到家"的一流学府所折服,并且受到深远影响。

在人们的印象里,这种在职的学习都会相对轻松,要求也不会太严,但哈工大不是。张丕杰说,他们那时,考试非常严格,因为是在职学习,硕士班里也多是各岗位的管理者,赶上出差就不得不耽误

上课，但是回来后一定得补上课，否则是通不过考试的。"其实也不是老师难为大家，只要认真听课就一定没问题，但是不来听课的就很难考过。"

张丕杰记得当时给他们上数学课的老师叫崔明根，上课根本不用看教案，课程讲得炉火纯青，板书写得行云流水，让大家佩服不已。他们觉得这样的老师就是奇才，听这样的课就是享受。"还有教我们金属学的老师，竟然是当年我上大学时教材的编写者。"实验课、毕业选题这些环节老师们都会到场参与指导，在张丕杰看来，哈工大这些治学严谨的老师就是"规格严格，功夫到家"校训的生动写照。"他们严谨、纯净，教学上一丝不苟，在他们身上好像看不到商品经济社会的浸染。"

三年的硕士班学习，上课地点是在一汽职工大学。他们备感珍惜的是有一次去哈工大上课半个月的机会。张丕杰感慨："身临其境，更深刻地感受到这所闻名遐迩的工科学府深厚的学术、科研氛围，对这所学校更是敬重有加，甚至有相见恨晚之憾。"

哈工大硕士班的学习经历，也为张丕杰日后的工作打开了新的思路。他任轿车公司总经理时，出于成本改善的需要，他们要做马自达6的国产化，决定上副车架的内高压成型工艺，以降低底盘悬架成本，但当时这项技术在国内还没有被突破，张丕杰就想到叫同事去哈工大寻求技术支持，"当时，哈工大的苑老师果然帮助我们解决了工艺上的难题。之后，轿车公司就花了6 000万元新上一条线，成本当年就收回来了"。

有一次，在与哈工大校领导和学术界泰斗雷廷权教授座谈时，张丕杰做了发言。他说，自己愿意成为哈工大学术成果转化的"经纪人"，这当然是源于对哈工大学术能力的高度信服和对自己所供职的企业深切的爱。

"中国一汽"是职业生涯里的第一，也是唯一

1983年走出大学校门的张丕杰，入职一汽已经三十几年，"中国一汽"既是他职业生涯里的第一，也是唯一，做一汽人是特别令他骄傲的事。回过头来看，他从最初的热处理厂技术员到车间主任、厂长助理，直到20世纪90年代在一汽实施的"801"人才战略中脱颖而出。尽管张丕杰自己谦

称是"幸运",但却被公认为是实至名归、水到渠成。此后,他从一汽集团计划财务部计划处处长、一汽长春轻型车厂副厂长、一汽轿车股份有限公司采购部部长、一汽进出口公司总经理到一汽轿车股份有限公司总经理、一汽-大众汽车有限公司总经理、一汽集团采购部部长,一路走来,时代在变,位置在变,可不管怎样变,张丕杰给人的印象始终是踏实平和、深邃内敛、初心不改、进取不止。

聊起自己在一汽"起始"的地方,张丕杰至今仍感慨不已。他说,热处理厂当时是一汽并不显赫的工序加工工厂,但却以其极强的自主技术进步能力而在行业中享有盛誉。就是在那里,初入职场的张丕杰度过了最充实、最难忘的时光。他觉得自己浑身有使不完的劲儿,很兴奋,很投入,每天除了吃饭、睡觉,都在厂里忙,有时干脆睡在夜班宿舍。他骄傲地说:"那时,我们厂不仅大、中、小型设备都是自己修,还自己动手制造很多设备,标准、工艺都是自己的,技术上突破能力很强。"没有浮躁、诚恳谦恭、积淀厚重,对一汽的爱,对汽车事业的爱,从那时起就融入到张丕杰的血液中,并且与日俱增。

张丕杰说,是一汽这所学校培养了他,让他从一个青涩的学生一步步成长为一名管理者。30多年一路走来,他永远感恩一汽。无论在任何场合、任何情况下,他从来不会抱怨,嘴里没有,心里也没有。他说,一汽有非常好的文化积淀,那么多同龄人都没有自己这么好的成长平台,因此在他心目中,一汽永远都是他最美好的心灵家园。

2003年,时任一汽进出口公司总经理的张丕杰应邀给《一汽工作情况》杂志写了一篇文章,他给自己的这篇文章取了个既饱含深情又极富张力的题目,叫作《我的灵魂里刻着一汽的DNA》。其中有这样一段话:一汽的外部世界已发生很大变化,人们的价值观早已有了多元的取向,为什么我们这些人仍把自己的创业理想寄托于一汽的发展?原来,当我们在这块沃土中成长起来时,灵魂中已刻下一汽的DNA,我终生都会为一汽的危机而忧虑,为一汽的发展而自豪。我还要告诉别人另一个感悟,一汽是一片沃土,诚恳谦恭并扎根于泥土的种子都会发芽,都会茁壮成长。

"记得接到这个任务后,我把自己关在房间里整整一上午,可以说是一气呵成。我觉得不用过多的粉饰、润色,因为每一句话都是我的肺腑之言。"张丕杰说。

深植于心灵深处的责任情怀

2005年,张丕杰履职一汽轿车公司总经理,此后的八年时间里,他的喜怒哀乐就与一汽自主乘用车捆绑在一起,其中最让他心心念念的就是一直在轿车公司一轿厂生产的红旗。

众所周知,红旗品牌饱含着国人对国产车的浓厚感情,而事实上,那时的红旗市场表现远在人们的期望值之下,产品获利能力很低,就是说产品力与其品牌价值是严重背离的。

上任伊始,如何强化产品策划与研发,使重要的研发项目快速展开,如何优化红旗营销团队,都是亟待解决的问题,千头万绪,千难万险。但是张丕杰知道,不管是肩上的责任还是心中的情感都让他不能懈怠,不能停歇。在他看来,做好红旗品牌——从概念梳理,到产品品质、品牌打造,都是自己和团队责无旁贷的职责。

此外,还有对员工红旗情怀的顾念。2005年张丕杰到一汽轿车的时候,红旗车、变型车与特种车没有生产任务,没活儿干的一轿厂只能资源重组,但这里的员工对红旗品牌有着很深的感情,工厂解体带来的情感上的失落可想而知。也正是在这样的背景下,轿车公司做出一个在后来产生深远影响的重要决定:在轿车公司建一个"红旗文化展馆",这是一个属于红旗品牌的精神家园。对此,张丕杰的说法是:应该给所有热爱红旗的人建造一个可以寻根的地方、励志的地方。"红旗文化展馆"的馆名是请国务院原副总理李岚清题写的。

主政轿车公司八年,从红旗到奔腾,从生产到营销,从降成本到建体系,沉甸甸的责任让张丕杰时刻不敢放慢进取的脚步。"每天上班,车子一过蔚山路公铁立交桥,一汽轿车生产基地就进入视线,这一刻,我就会下意识地感觉到一种责任,觉得这里的一草一木都与自己息息相关。而且随着年龄的增长,这种使命感愈加强烈。"

2005年,张丕杰从到任之初就针对自主体系亏损现状提出了降成本7.26亿元的目标。"这个目标不是凭空设想出来的,是经过经管会、规划部门、财务部门等收集、整理各方面数据后得出的。"张丕杰说,经过一年的扎实努力,挑战7.26亿元的目标实现了!正因如此,轿车公司扭亏为赢,超额完成了当年的效益指标,同时也为下一年的预算打好了基础。"另外一个重要收获是,锻炼了体系内部的成本优化能力。这种能力不是简单地节省和砍费用,而是一种精益的思想概念。通俗地说就是:用同样的钱办更多的事,办同样的事花更少的钱。"

说到体系,令张丕杰备感自豪的还有他们的人才培养——"轿车公司培养的人好用"成为共识。佐证便是,轿车公司的人成为集团公司各职能部门眼里的"香饽饽",集团各个体系都乐于到轿车公司"挖"人,以至于张丕杰调入总部工作后,每天早上上班时间都会接二连三地遇到来自轿车公司的熟面孔跟他打招呼。

变化的是岗位,不变的是初心

2013年,张丕杰调任一汽-大众公司总经理,完成了从自主到合资的转身。因为先后在自主与合资企业工作,张丕杰对一汽的自主与合资发展有自己深刻的理解。早在一汽轿车公司工作时,说到与马自达的合作,他就直言:一汽轿车公司与马自达的合作中,要的不仅仅是"金子",还要掌握"挖金子"的方法,学会"点金术"。他常说,与马自达合作是为一汽轿车公司请来了"家庭教师",但是自主体系只有学会自己"做作业",企业才会获得可持续进步的能力,这种能力就是参与市场竞争的砝码,是进入国际舞台的"门票"。

在一汽-大众四年的任期里,一汽-大众又实现了105万辆的产能,产销连年保持高速增长。登高望远,谋划在先,一向重视规划的张丕杰于2013年下半年启动了一汽-大众的"2020战略"。2016年5月,一汽-大众华北基地正式开工建设,标志着面向"2020战略"的产能布局已经完成。

随后，他们又开始谋划一汽－大众的"2025战略"，他们定义了16项核心战略目标和5大战略领域、20项重点战略举措，明确将全面打造现代化、国际化的企业管理能力，将继续扩大产销规模，也将发力汽车后市场，并富有前瞻性地谋划布局移动出行、车联网等新兴业务领域。张丕杰认为，一汽－大众作为一个已经拥有200万辆产销能力的企业，应该有做百年老店的目标和规划。

2017年，在中国一汽，"振兴红旗"以前所未有之势成为集团的最强音，在这个重要节点上，张丕杰又被集团委以重任——担任集团总经理助理兼采购部部长，主要任务是依托集团资源优势，构建红旗供应商体系。他率领团队构建一汽采控平台和电子招标平台，做实基础，努力践行阳光采购、价值采购，并在集团旗下各体系得以铺开。他特别重视集团范围内资源的协同，让规模效应最大化，协同也成为集团采购体系主要的工作理念。

2019年12月，张丕杰主动卸下集团总经理助理兼采购部部长的担子，专职去做以前兼任的富奥、富维、富晟这"三富"零部件企业的董事长。"做强集团零部件事业是集团公司'三年行动计划'的一项重要内容，在汽车行业'新四化'浪潮的大趋势下，我们将重点发展新能源、智能网联等新业务，为集团整车提供支撑。目前，在'三富'企业中，这些新业务还比较薄弱，因此我想专注地带领零部件团队，建立起这个关键战略板块核心能力，力争用三年时间实现我们的'千亿'目标，这也正是我在未来要努力的方向。"张丕杰说。

（于春燕撰）

勤学善思,行稳致远

——记哈工大 2002 届材料工程专业硕士研究生 黄 勇

现任天津一汽丰田汽车有限公司党委书记、常务副总经理的黄勇,1992年毕业于吉林工业大学汽车工程学院内燃机专业,与哈工大的结缘是在1999年,他考入哈工大材料科学与工程学院材料工程专业,成为哈工大学子,并于 2002 年获得硕士学位。

岁月如梭。从 1992 年到 2020 年,黄勇已经在一汽工作了 28 年。1992年,他的职业生涯从一汽协作处开始,从技术员到办公室秘书、卡车技术科副科长。2001 年,31 岁的黄勇在协作处踏实工作 9 年后脱颖而出,走上集团公司团委副书记(主持工作)岗位,成为集团公司最年轻的高级经理之一;次年起开始担任集团公司团委书记,直到 2007 年;之后又先后在解放公司和客车公司担任党委副书记、纪委书记兼工会主席,在客车公司时还兼任副总经理,分管企管和质保;2013 年,调任集团公司党委宣传部(企业形象策划部）部长；2017年9月，担任集团公司党群工作部部长、统战部部长兼工会副主席；2018年，又先后担任集团公司办公厅（党委办公厅）主任和集团公司人力资源部（党委干部部）部长；2020年3月，黄勇从一汽人力资源部（党委干部部）部长的岗位调任天津一汽丰田汽车有限公司党委书记、常务副总经理。

学无止境，每个岗位都是一个学习的平台

从技术到管理，从基层到职能部，从党群到行政……在众多的管理者之中，像黄勇这样经历了这么多岗位，又有这么大跨度的并不多见。

那么怎样才能不断适应新的岗位、新的领域呢？"学习啊！"这是黄勇给出的答案。汽车行业博大精深，包罗万象，并且发展速度惊人，从研发、生产、采购、营销到不断发展变化的新工艺、新技术，"特别是现在的新四化趋势对我们提出越来越高的要求，不学习就会掉队，必须永远保持好奇心和求知欲"。

这些年来，因为工作的不断变化，黄勇参加的专业培训非常多，但是，在干中学、边干边学更是常态化的有效方式。

2018年，黄勇调任集团公司办公厅主任，在领导身边工作，事务性工作的忙碌是可想而知的。在黄勇看来，虽然辛苦，但收获也是巨大的。伴随领导工作，就能近距离学到很多东西，是一个得天独厚的学习、提高的机会。每次陪同领导听取各部门、各单位汇报时，他都会非常认真地、一家不落地从头听到尾——这样他就能更全方位理解公司各个层面的工作现状，存在的问题、痛点，努力的方向，而领导给出的现场点评、要求，更得仔细听、认真记，还要思考，不仅要知其然还要知其所以然。"我想：如果让我点评，我能与领导点评的要点契合多少？"他说最初能与领导的看法合上拍的只有一成到二成，跟得越多了解掌握的情况越多，对领导的思路也知道得越多，到后来就能合上六成、七成，这就是他自己能感觉到的进步。

2018年，刚调到人力资源部（党委干部部）那段时间，因为之前对人

力资源没有系统接触过，他便一头扎到业务里，改革、薪酬、绩效、职业经理人、一企一策等等，跟下属一同沉下去，和大家一起干，一起讨论，一起通宵达旦地加班。那时黄勇把行李都搬到了单位，在这个过程中让自己更快地学习业务、进入角色。"直到后来我把相关业务都熟悉了，才开始在白板上写要点，得心应手地部署工作。"

吃亏是福，机会总是留给有准备的人

黄勇说，自己刚工作时，周围都是名牌大学的毕业生，比自己聪明的、比自己能力强的不在少数。但他认为，在工作中光靠聪明是不够的，要潜下心来提高自己。

黄勇的特点就是肯干，喜欢多干。当技术员时，黄勇常常是睡到半夜就被叫到单位处理突发的故障，这当然是辛苦的活儿，但黄勇从来没觉得这是吃亏，反而干得很开心。他说年轻人不能怕吃苦，干一次得一次，干一次积累一次，现地现物地处理问题多了，自己的经验就会越来越丰富，技术就越来越全面，这样才能在组织中找到自己的位置，体现自己的价值，甚至成为组织离不开的一员。正是基于这样的认知，黄勇不管是最初当技术员还是后来走上二级经理岗位，他都乐意去处理很多别人看来是棘手甚至是吃亏的事。一次次解决问题的同时，他有更多的机会在实践中提高自己的能力，久而久之，自然就成为骨干了。

凡事有舍才有得。一同进厂的大学生，起点相同，多干和少干表面看是辛苦和清闲之分，但是几年下来，能力水平就会拉开档次，分出高下，成长的机会当然也会大为不同。

"踏实认干、做好本职是进步的前提"，回顾自己的成长之路，黄勇说出自己的体会。他说，从他大学毕业入职一汽，直到走上高级经理岗位，岗位的变换很多，其中有自己擅长、喜欢的，也有不那么喜欢的，但他从没有去和组织、领导谈过个人意愿，每次调换岗位都是工作的需要、组织的安排。在他看来，"相信组织，并且在组织安排的每一个岗位上干好自己的本职工作是一个经理人员的本分，也是能够走得更高、走得更远的可

靠前提"。

多年来,黄勇有一个很深的体会,就是学会换位思考。他举例说,比如对工作的安排,站在普通员工立场上看,科长的安排是有问题的,这时你应试着站在科长的角度想一下:如果我是科长怎么做?这样就能发现站在不同角度、不同高度看到的事物会有很大差别,所以要学会换位思考,学会站在更高处思考问题,这样才能提升自我。

自省自励,职业危机感从未远离

黄勇说,不管在哪个岗位上,他一直有危机感。他常问自己:"如果抛开一汽赋予我的职务,我在社会上还能不能找到自己的位置?"所以他一直不敢倦怠,时刻让自己紧张起来,永远有职业危机感。

比如2010年,组织上把他从解放公司调到客车公司,任党委副书记、纪委书记、工会主席兼副总经理,这次调整看上去跨度不大,只是比在解放公司时多一个"副总经理"的职责,分管企业管理和质保工作,参与行

政工作的分工和决策，从工作负荷到辐射面都有了较大变化，对他来说，担子还是明显加重了。三年后，组织上又把他派到集团党委宣传部（企业形象策划部）部长的全新岗位。对黄勇来说，仿佛一直没有过"舒适区"的经历，总是一个挑战接着一个挑战。

正如他自己所说：没有哪个机会能等待你完全做好准备。2020年3月，黄勇的职业生涯又有了一次重大变化：从人力资源部部长调任一汽丰田总经理。应该说这是一副更重的担子，作为合资企业的一把手、掌舵人，要洞察行业，为企业定战略、把方向，要承担全局的责任。这时，黄勇再一次看到了自己的不足。2020年，受疫情的影响，生产和经营的巨大压力可想而知，一汽丰田眼下最紧要的事是营销，有哪些行之有效的方法？他坦率地说："有时觉得营销部门提出的打法不行，但是如果让我自己拿出个'行'的办法我也没有，这就是自己急需补上的短板。"他说，作为一个企业的掌门人，必须在研发、采购、制造、营销等价值链上打造自己在某几个方面的专长，否则在工作中就很难打开局面。

善于思考，思路决定出路

"学而不思则罔，思而不学则殆。"黄勇是个善于思考的人，他说：常思考的人就会工作有思路，解决问题有方法，深度都是积累出来的。他一直习惯于准备两套笔记本，一本用作日常的工作记录，另一本是工作之余自己用来记录感悟和思考的，常常是自己出题自己作答。

在解放公司当党委副书记时，有一次变速箱厂开党代会，临时请黄勇去讲话，他之前看过一个关于变速箱的材料，对他们的产品的困局、下一步的方向认真分析研究过，他就翻出当时的笔记本认真准备，他说，这样讲起话来就不是空话、套话，而是言之有据、言之有物。

2019年，还在人力资源部（党委干部部）部长位置上的黄勇被派到中央党校学习四个多月，学习期间他就结合自己的工作，思考了两个问题。第一个问题是怎样把课堂上学的"全心全意为人民服务""以人民为中心"体现在企业的改革中。他说，做人力资源管理一定要理清底层逻辑，要追求机制的合理高效。第二个问题是如何通过信息化、数字化把集团公司的人力资源信息系统做得更好、效率更高，从而也减轻人力资源系统员工的负荷。本来已经和班子团队沟通好，计划在2020年率领大家着手做这两方面的工作，还没来得及做，岗位就变动了。

还有对哈工大的思考。

像其他哈工大学子一样，说到自己对母校的印象，黄勇的说法是"严谨到想象不到的程度"。他举例说，自己在写毕业论文时着实被哈工大的严苛"折磨"到了，本来已经成稿的论文，到学校光调整格式就用了两周的时间，而且是起早贪黑的两周——从字体、字号、标点到引用的格式，每一项都非常非常严格，有一点马虎都不能过关。"也正因为这样，哈工大才成为哈工大人永远引以为傲的学术殿堂。"

因为自己在集团人力资源部工作过的缘故，黄勇从企业对人才需求的视角，对敬重的母校在汽车专业的学科分类有了自己的思考和建议。他说，哈工大汽车专业对学科、专业划分过细，这与汽车企业对人才的需求有不小的差距。"比如现在最需要的汽车数字化、智能网联方面的人才，企业需要既懂汽车，又懂计算机，数学又好的人才，但是很难找到，所以我特别希望哈工大在专业和课程设置上能够跟上汽车发展的方向。专业划分过细，不能满足企业对人才复合能力的需求。"

1970年出生的黄勇到2020年正好50岁了，天命之年的他依然走在人生的上坡路上。

2020年3月14日，组织找他进行工作调转谈话，3月15日准备行装，16日天一亮他就驱车奔赴天津，17日到一汽丰田报到，这就是一汽的节奏，没有准备、适应的时间——好在对这样的"切换"黄勇早已习惯，并且他总能尽快地调整好新的节拍，扎实求进，行稳致远。

（于春燕撰）

我相信，我热爱，我坚持！

——记哈工大 1990 届金属塑性加工专业硕士研究生 邱 枫

邱枫，1986 年进入哈工大金属塑性加工专业攻读硕士研究生，1990 年毕业后到一汽工作，历任一汽富维车轮公司总工程师、总经理，一汽富维党委书记等职，是一位技术起家的管理者。2017 年 10 月调任一汽物流有限公司（以下简称"一汽物流"）党委书记、董事长，对于从事汽车零部件行业 27 年的邱枫而言，"汽车物流"着实是一个崭新的领域，但是，邱枫所面临的挑战远不止行业调整这么简单……

让我们把时间推回到 2017 年 9 月 18 日，这一天，一汽集团拉开了"组织重构、全员起立、竞聘上岗"的改革大幕。

此时的一汽物流也处于一个前所未有的艰难历史阶段。按照集团部署，2017 年 10 月，原一汽物流体系与隶属于进出口公司的国际物流体系实施整合并完成合并报表。整合后的新一汽物流，将为其长远发展带来机遇，但就当时而言充满着各种挑战，甚至诸多风险。运行模式相互独立的两个体系的物理合并，必然带来不适与排异：组织机构冗杂、设置标准不一；薪酬体系独立、结构水平各异；用工形式复杂、管理深度不一；价值理念、管理模式、思维惯性等也存在一定差异。诸如此类的整合阵痛已经给管理基础本就薄弱的物流公司带来巨大的困扰，此时改革风浪又扑面而来，如何把控方向，实现两个体系同频共振、深度融合，同时通过深化改革，提升效率，激发组织和员工活力，成为摆在邱枫面前的第一道难题。

导演深化改革，促进深度融合

"破立"见魄力！打破旧框架，建立新体系，以深化改革促进深度融合。这是邱枫解答"改革＋融合"难题的基本思路。

一汽物流是一汽建厂就存在的老国企，又是比较特殊的行业，历史积弊较多，又恰逢体系整合重组的特殊背景，实施组织机构及人事制度改革谈何容易？但是没有退路，只有鼓起勇气、顶住压力，凭借强烈的责任担当向前推动。邱枫首先做足自己缺失的功课，用最短的时间深入了解物流行业及市场发展变化趋势，访谈行业专家、集团老领导、曾经在一汽物流工作过的几任领导等近百人。同时，他认真研读了《中国汽车物流年度发展报告》，掌握一汽物流的业务及管理现状，在充分论证的基础上，确立了以"精简机构、精干人员，能者上、庸者下，提高效率，激发活力"为目标的改革方案。之后，他顶住巨大压力，迅速开展了疾风暴雨式的改革，实施了管控模式变革、组织架构设计、业务流程再造、岗位序列及晋升通道开辟、全员竞聘上岗及薪酬绩效体系搭建等一系列改革举措。

此次改革广度、深度、力度空前，触及痛点，取得巨大成效。一是搭建了总部—事业部—分子公司的组织架构，明确了母子公司管控模式。设立整车物流事业部及零部件物流事业部，统筹协调两大板块物流业务；合并成都、佛山、青岛、天津四户法人（项目），有效整合西南、华南、华东、华北地区汽车物流业务，有力提升产前、产中、产后汽车物流一体化服务水平。二是强化了总部管控职能。实施财务派驻；增设战略部；强化了体系监督，增设合规部、纪检监察部；坚持技术驱动物流，增设技术部。三是重新构建了职位体系。横向划分为 12 个岗位序列，纵向切分为 7 个层级；打通各序列之间的流通壁垒，畅通了职业发展通道。四是实施"全员起立，竞聘上岗，双向选择"。新晋升干部岗位 53 人，优化精简管理人员 6.6%，实现了干部能上能下，员工能进能出；同时，为促进体系融合，打破体系、地域、岗位界限，实施人员流动 133 人次。五是重塑薪酬管理体系。构建以岗位价值为基础、以奖金包提取与分配为短期激励、体现地区差异的一体化薪酬框架，45% 的人员实现薪酬增长，55% 的人员薪酬降低，实现了薪酬能增能减，传导了压力，增强了动力。

改革后的一汽物流焕发出崭新生机，体系内员工 15 000 余人，收入规模突破百亿元，行业地位荣居第二，毫无疑问是一艘汽车物流领域的领航巨轮。然而有了"金玉其外"，还需"宝玉其中"，如何确保这艘巨轮能够内强筋骨、勇立潮头，邱枫又动起了脑筋……

践行精益文化，助力降本增效

泰山不拒细壤，故能成其高；江河不择细流，故能就其深。为改变物流原有的粗放管理以及"一包了之"的思维模式，改革趋于稳定之后，邱枫决定在一汽物流大力推行全体系、全过程、全员参与的精益物流管理。围绕"时时精进、事事精致、处处精细、人人精益"的指导思想，主导制订了"精益三步走"工作规划：2018 年建体系有收获，2019 年坚持做有成果，2020 年再坚持有成就。

邱枫认为，"精益"就是从简单的事情做起，从细微之处入手，把小事做细、细事做精，并持续下去。他经常说："如果不关注细节、不注重落实，想法再好，也是空谈！"

2018 年初，一汽物流总部决定迁移新址。对于新办公楼的装修改造，邱枫多次到现场勘查，带领经管层亲自审核设计方案，将管理理念融入设计之中，不放过任何细枝末节。在近乎严苛的要求下，设计方案修改了 16 次才定稿。2018 年 10 月末，新总部改造完成，公司乔迁新址，办公环境较之前可谓天壤之别。当大家还沉浸于欣喜与满足中时，邱枫又开始倡导软实力提升。他提出行政办公数字化、5S 管理规范化、后勤服务精细化等一系列想法，他说：

"这些关乎公司的每一名员工,千万不要觉得无关经营、无足轻重,必须做实、做透、做好,新总部能否高效运行,能否展示出公司良好形象,很大程度体现在这些细节里。"在邱枫的强力推动下,一汽物流建立了差旅、会议、物业等多个一体化平台,为员工提供全流程差旅便利服务和全方位管家式后勤服务。这些看似不经意的小事,却让员工的满意度迅速提升,员工的主人翁意识和责任感也在悄然发生变化……

为了让精益管理在一汽物流全面展开并取得实效,邱枫不但以身作则、身体力行,还推进实施了一系列重要的管理举措,建立了精益物流管理机制,重点项目周点检、全员参与月评比、改善成果季总结。搭建内部经验交流横展平台,为员工提供更多的改善思路与工具。创新精益信息化管理方式,实现提案的全过程线上管控、优秀案例实时分享,确保改善成果固化为知识财富。开展精益强企系列活动。组织全员"微信答题"、"微你精彩"微课大赛、"精益在物流、抖出我风采"抖音创意大赛等系列活动,掀起了学习精益管理文化浪潮。

一分耕耘一分收获,经过两年不懈努力,精益思想仿若春雨渗入一汽物流人的心田,精益文化的种子已经悄然在一汽物流生根发芽,并结出累累硕果。不但管理提升明显,而且成本优化显著,先后完成成都零部件南场库房整合、商品车仓储能力提升等改善项目 140 余项,累计优化人员 950 余人,优化面积 22 820 平方米,节省货位 2 660 个,降成本超过 5 000 万元。

面对成绩,邱枫没有止步,而是继续向更高远的目标迈进……

倡导创新合作,力推转型升级

邱枫常说:"一汽的好传统就是扎扎实实做技术。""我的经历可以说是技术起家,技术是我立身、立业的根本。""注重业绩是抓住现在,注重技术才能迎接未来。"他认为,现代物流不同于传统运输和仓储,物流公司理论上应该是高度信息化、高科技含量的公司。一汽物流要围绕"技术驱动物流、合作拓展物流、创新发展物流"的思路持续提升能力,补齐短板,未来服务领域要涵盖汽车行业所有物品的智能化流动。要靠物流模式创新、技术创新走出一汽,成为"国内顶级、世界一流的汽车物流综合解决方案提供者"。

在邱枫的强力推动下，短短两年，一汽物流在技术方面取得长足进步：在天津建成智能化立体库，将多层次穿梭车国内首次应用于汽车零部件存储，这是一汽物流技术转型升级的先导性工程，标志着一汽物流开启了转型升级的新时代，踏上了技术驱动物流的新征程；建成了国内一流的物流智能技术研究中心，先期引入验证零部件立体仓储机器人、整车智能化仓储等九项尖端物流科技，建成一座汽车智能立体停车实验室；国内首创无人机整车应用系统，作业精确率达到100%。秉承"应用一代、储备一代、研发一代"的理念，不断提升公司技术研发实力，拥有软件著作权49项，多次荣获"供应链创新与应用试点企业""中国物流学会产学研基地"等荣誉称号。

邱枫在企业经营中倡导开放心态、互利共赢，主张通过整合、兼并优质资源，强强联合，实现外延式发展。先后与天津港、招商局集团、国家铁路总公司、中远海运等大型企业集团开展战略合作，并与东风系物流及长安民生物流签署"1+1+3"战略协议。同时与哈工大、吉林大学、北京交通大学等高等院校合作，汇聚多方智慧，着眼前瞻性物流技术，开展联合课题研究，促进汽车物流行业技术的创新发展。

用技术提升自己，用合作壮大自己，邱枫更主张通过创新发展自己。由一汽物流主导，与中远海运、沈阳铁路局等协同性较强的企业组成战略联盟，合作开发的长春智慧物流枢纽项目即将投入使用，建成后的物流园将提供汽车产业供应链全流程服务及社会化物流服务，推动制造业与服务业融合联动，实现物流领域的降本增效以及汽车产业空间布局整体优化。该项目将成为长春制造业延伸产业链、提升价值链的重要基础设施，成为集聚资源要素、扩大区域辐射能级和培育发展枢纽经济的重要载体。同时，申报长春生产服务型国家物流枢纽，能够促进长春以汽车工业为代表的装备制造业转型升级，对长春市加快东北老工业基地全面振兴、实现经济高质量发展具有重大意义。

邱枫执掌帅印这两年，一汽物流确实发生了很大变化，不只是有形的，更可贵的是员工的精神面貌、思想、观念及理念等无形的变化，徐留平董事长及集团内外领导调研时也对此给予了充分肯定。面对嘉誉，邱枫深知，企业管理没有最好，只有更好，改善没有止境，发展与创新更没有止境。一汽物流转型升级刚刚起步，自我突破、自我提升永远在路上。

个人感悟

一、感恩母校

母校给了我知识，更给了我做人的原则、做事的方法，哈尔滨南岗区西大直街92号是我永远的精神家园，而"规格严格，功夫到家"这个平凡而接地气的校训，已深深印在我的骨子里，特别是在我工作遇到困难和挫折的时候，给我以巨大的精神力量！

感恩母校的培养！

二、感恩一汽

我从母校毕业，就来到一汽，一干就是30年，亲历了一汽发展的第三次、第四次创业，青春与梦想融入一汽人的"坚定信念、开拓进取，创新创造、担当奉献"，拥有的始终是强大祖国汽车工业的长子情怀。回首过往，是一汽伴随我在付出与拼搏中快速成长，在学习与奋斗中不断壮大！是一汽为我搭建了展示人生价值的舞台，促进我实现"名校学子—技术骨干—企业高管"的人生蜕变！

感恩一汽的历练！

三、感恩时代

有人问英国历史学家汤因比："如果再生为人，您愿意生在哪个国家？"年迈而睿智的汤因比毫不犹豫地回答："中国！"是啊，从71年前的百废待兴到今天的繁荣昌盛，新中国在党的领导下开创了经济发展、文化繁荣、社会和谐的新纪元，我有幸生在这个快速崛起的国家，有幸长在这个空前伟大的时代，能够接受系统的教育，拥有干事创业的机会，可以实现人生价值，有机会奉献企业、回馈社会、报效祖国，这是最值得自豪的。

感恩时代的成就！

（杨柏红撰）

豪情不减，青春闪光

——记哈工大1989届内燃机专业毕业生　隋忠剑

勇于承担，不负韶华

从1953年毛主席题下"第一汽车制造厂奠基纪念"十一个大字，到1958年毛主席亲自坐上中国第一辆小轿车，一汽便声名远播，令人向往。在我上大学时，中国的汽车工业处于"三大三小"阶段，汽车属于稀有产品。一般情况下，汽车制造是一个系统的、庞大的、众多领域汇集的产业，而那时的乘用车，也只是领导用车，大多是进口的，卡车也只有一汽二汽，一年的产量不到20万辆。在我看来，中国汽车行业发展有很大的空间和潜力，我也希望自己能够成为一名汽车工程师，为中国汽车行业贡献自己的力量。

因此，1989年我从哈工大毕业后选择了一汽，怀揣着汽车工程师的梦想，踏上这未知而又充满挑战的征程。

销售是我梦想开始的起点，入职后我来到销售部门，主要做卡车的售后服务，

跟用户和服务站打交道。我经常跟老师傅一起处理质量问题，当时的设备都很简单，但老师傅们都经验丰富，仅通过木杆听异响就能判断车辆的多数故障，在好奇和惊叹的驱使下，对技术的渴望不断激励着我学习和成长。梦想需要努力编织，成长之路定有荆棘阻碍。令我记忆犹新的是，当时赶上实现CA141中型卡车创国优，我主要负责售后故障率统计。20世纪90年代的科技远不如现在高端前沿，那时没有计算机和Internet，更没有成熟的售后故障率计算系统，可用的工具只有纸和笔。经历数十个日夜的统计、计算、校验，我凭借在哈工大培养出的严谨和坚韧，在不懈努力下最终给国家创国优评审团提供了一组可信赖的数据，也使解放牌汽车以总分第一的成绩摘取了国优。

在我刚入职的几年里，虽然年纪小、资历浅，但我时常留存一颗做学生的心，以饱满的学习热情和昂扬的斗志，不断充实自己，积累了许多质量和生产工作的经验。十年磨一剑，时光打磨了我的心性，历练了我的能力；岁月锻造了我的意志，丰富了我的经验。一路走来，经历了不同的岗位，体验过不同的酸甜苦辣，从一汽销售处到一汽集团，我已成长蜕变。

1998年5月，我由集团公司调任长春齿轮厂副厂长，刚来时压力很大，接管了生产厂长和机动厂长的工作，主要分管生产、质量、机动、安全、工艺工装相关事宜。"工欲善其事，必先利其器"，想快速进入工作角色，必先深入基层，亲力亲为。记得在职工精品拉练和质量攻关时，016传动器挂挡瞬间异响的难题一直困扰着生产。我来到现场同工作人员反复实验，从现状出发，寻找问题根源，以行业标准为底线，连续40多天严格排查，直到最后一刻问题解决，紧绷的神经才彻底放松下来，最终解决了传动器换挡异响的质量问题，同时提高了用户满意度。在把控质量的同时我也积极组织生产，督促全厂员工坚决贯彻"生产跟着销售转"的方针，在市场变化频繁的状态下，及时组织生产系统满足销售需要。在1998年第四季度开展的"大干百天"中，成功地组织了016变速箱班产150台，提升了产能，保证了销售需求。

长春齿轮厂给我印象最深的有两个方面。一是市场意识强，长春齿轮厂对市场开拓有一套独特的打法，因此产品在国内份额比较大，在用户维系方面也比较用心，应对市场变化的反应速度比较快。二是成本意识强，长春齿轮厂员工非常节省，从厂长到员工，大家不会浪费一分一厘，采购成本、生产成本、物料投入产出多维度控制，车间厂房、生活方面的钱很少花，大部分投入到生产中。全体员工吃苦耐劳、勤俭节约的精神让我想起当年在哈工大学习的经历，身边的人虽然变了，但这种精神让我似曾相识，仿佛回到了学生时代。在长春齿轮厂我学会了企业经营里面非常重要的两点——市场和成本，这也为我的后期工作打下了非常坚实的基础。

质量管控，规格严格

"质量"二字随着十几年的工作在我心中沉积，正如《大国质量》所言：质量强则国家强，质量复兴则民族复兴。质量已经牢牢握住制造业兴衰成败的命脉，而相比于发达国家，中国在汽车制造业的质量管控应更加规格、严格。2012年我从客车体系到一汽-大众，担任质量保证总监。但我的质量意识、质量管理经验都基于商用车观念，从商用车过渡到乘用车的适应过程比较艰苦。当时正值中国汽车行业如火如荼迅猛发展的阶段。通过将外部汽车市场环境及发展趋势和自身岗位结合，我熟悉了乘用车从产品开发到售后的全过程质量管控，质量管理的意识也有了阶段性突破。

到岗三个月之后我整合了一汽集团所有的质量管理方法和模式，提炼出质量精益方案，精髓是抓住了实物质量提升和质量意识提升两方面，通过两个提升展开生命周期全过程的活动，契合了一汽-大众质量文化，同时得到了一汽-大众全体员工的积极响应和参与。

母校哈工大给了我资源充足的平台，教会我学习和做人；同样，一汽-大众也为我提供了优质的平台，使我不断前行，积累经验。在一汽-大众工作的几年里，我每年都会到德国狼堡做一次关于质量管理方面的交流，不断吸取奥迪和大众集团质量管理的精髓，并引入到一汽-大众体系，完善和增强一汽-大众质量保证体系，实物质量无限接近德国原装产品，质量口碑也越来越好。随后我建立了用户抱怨评价体系和改进体系，建立售后索赔频次优化体系，针对索赔频次提出了设计变更的运行数。产品诞生等各个过程都有质量衡量的标准，"对照标准找差错"是改进的方向和优化的空间，最终形成质量精益三级公关的内容。一汽－大众体系全员质量意识、质量观念、质量标准比较严苛，如同哈工大校训中的"规格严格"，衡量质量状态的指标都是数字化的，精准地控制数据变化。大家时间管控意识也很好，工作效率高，跨部门合作较好。

从 2012 年 7 月我来到一汽－大众的五年里，一汽－大众质量保证从 6 个部 24 个科 1 400 多人发展到 10 个部 34 个科 2 600 多人。体系内人员最多、实力最强、机构最大的就是质量保证部，当时有同事戏称"一汽－大众质量保证部是全亚洲最大的部"。随着人员数量增多，我意识到全员能力提升的重要性。虽然人员年轻化，但经验的有效传承以及培训体系的建立和实施，使得产品质量在产销量快速爬升的阶段仍保持稳定水平，让我在人员培养方面也取得丰硕成果，通过 AC 测评，为一汽－大众经营管理人员补充了一批充实的力量。经过几年经验的积累和对汽车质量的理解，我先后撰写了《外协件专业知识手册》《售后质量分析指导手册》《保险杠磕碰划伤控制手册》三本专业图书，供公司员工学习交流。

五年时光，我一路向前，质量保证部的人员和能力、体系和业务有了很大的提升和完善，让我比较欣慰的是千辆车故障率大大降低，在我职业生涯的路上画下了浓墨重彩的一笔。当然，一直激励我前行的不仅是哈工大的校训，还有学校历届出色的毕业生，他们如同一个个涡轮增压器，在我前行的这台发动机上增加一份份充足的动力，让我砥砺前行。

自主攻坚，功夫到家

一汽－大众的成功实践，并没有让我停止对中国整车行业的思考，老一辈哈工大人用他们崇高的理想信念、高尚的道德情操和坚实卓越的行动，书写了哈工大百年史诗上最恢宏的篇章，诠释了什么叫哈工大人，什么是哈工大精神。他们把毕生都献给了共和国的工业化事业，也将爱国奋斗、建功立业的精神力量不断传递。而我也理应为中国汽车自主事业尽自己的绵薄之力，因为我是哈工大人！

带着发展自主的决心和使命，2017年9月我担任了一汽轿车股份有限公司副总经理，至今已三年有余，凭借对汽车市场发展趋势的敏锐嗅觉，严抓实干，吹响自主冲锋号角。"直面问题，勇于担当，敢于改革，创新思维"成为我不懈前行的箴言，在成本压力巨大、汽车市场寒冬的当下，完善质量管理体系建设，狠抓一号工程，攻坚优化成本成为我日常的工作方向，我也用"功夫到家"时刻坚定攻坚自主的信念。我一直觉得扎实和执着这两个词比较重要：逻辑清晰，一步一个脚印是扎实的诠释；坚定不移的执着，同样是达到目标必不可少的要素。我认为一个人扎扎实实地做好自己的本职工作，就有机会有平台得到发展。鲁迅先生曾在《故乡》中说过："其实地上本没有路，走的人多了，也便成了路。"纵然一路坎坷，也应乘风破浪；纵然凛冬将至，也要踏雪而行。我也坚信，一汽自主"甲光向日金鳞开"的那一天也不远了。

2020年，哈工大百年庆典也如期而至，愿哈工大的莘莘学子为学校、为国家贡献自己的力量，祝哈工大前程似锦，精神永传。让我们的豪情永不消失，让我们的青春永远闪光！

铭记校训，感恩一汽

——记哈工大1991届汽车设计与制造专业毕业生　田迎春

一汽情缘

1987年我从辽宁省一个农村家庭考入哈尔滨工业大学汽车设计与制造专业，开始了大学生活。

1989年的一天，是我学习生涯乃至职业生涯的一个重要转折点。那天，哈工大的大礼堂聚满了同学，有的人甚至站在过道上，聆听一位企业家做的报告。我好奇地跟着人群走进大礼堂，我也被他的报告深深地吸引了，后来才知道他就是时任第一汽车制造厂厂长的耿昭杰。那次讲座后不久学校就成立了汽车工程学院和汽车研究所，我响应号召从机械学院转入汽车工程学院，从此和汽车结下了情缘，那时心中最理想的目标就是到"中国汽车工业的摇篮"——一汽工作，实现自己的汽车梦。

1991年大学毕业，当时沈阳飞机工业集团（简称沈飞）到学校招聘员工，希望是男生，所以学校就把我分配到沈飞，当时自己的心里有一种莫名的失落，后来母亲安慰我说分到沈飞离家近，慢慢地，我的心情也就平静下来了。可后来，有位女同学来找我，说家中父母身体不好，她希望回辽宁工作，结果就这样机缘巧合，我才被分配到了一汽。不仅如此，我还和一汽结下了不解之缘。

毕业后我在一汽运输处工作了11年，主要从事技术和技术管理工作，2002年那件轰动汽车界的重组案——"天一重组"，再次改变了我职业生涯的轨迹，我从此开始了自己17年的外派生涯。

天一重组，做大夏利

我2002年7月来到天津，任天津一汽夏利综合管理部部长（高级经理），从一名技术干部转为管理干部。重组之初的夏利已经濒临破产，如何重振雄风是摆在我们这批外派干部面前严峻的问题。

在时任天津一汽夏利总经理许宪平的带领下，我具体负责和参与了以下三个方面的工作。

一是把"融合、共识、共事"作为重组后首要的重点工作。

当时，许宪平总经理站在集团战略的高度，提出了"融合、共识、共事"的理念。首先是两个企业间文化的融合，我具体负责"走出去，请进来"工作，带领天津一汽夏利的干部分批次到一汽各单位学习交流，同时也请集团相关部门去夏利，彼此增进了解，增进文化认同；其次是重视思想资源的配置，让员工了解公司的经营状况，进一步树立危机意识，在全公司讲述"狮子和羚羊赛跑的故事"；再次就是统一管理模式——学丰田。鼓励大家深入学习TPS管理模式，与天津丰田对标，避免重组后管理模式的变化带来管理真空。

二是创造性地开展了"止血、输血、造血"工程。

以问题为导向，通过强化体制，实现了"财务、采购、投资、废旧物资处理"集中管理。仅用半年时间就堵住了管理漏洞，盘活了存量资源，扼制住了不断恶化的财务状况，效益改善初见成效；第二年就扭亏为盈，摘掉了ST的帽子，员工士气高涨。

三是加速体制、机制创新，实施了"三项制度改革"。

以重组为契机，我带领部分骨干，用了近 10 个月的时间大刀阔斧，策划并实施了三项制度改革。调整机构、健全职能、理顺流程、减少层级；定岗定编、全体起立、竞争上岗；以岗位贡献为基础，以绩效为导向，进行了薪酬制度改革。通过三项制度改革，极大地提高了管理效率，调动了广大员工的积极性和创造性，为企业在三年半的时间里产能从 5 万辆发展到 20 万辆奠定了较好的管理基础。

凤凰涅槃，救活华利

2008 年 9 月，我调任天津一汽华利总经理。这又是一个全新的挑战，当时的华利已经停产，就任华利我担负着两大使命：一要保证 3 000 人只有 300 人上班的企业稳定问题；二要全力以赴加速新工厂建设。

一是靠目标凝聚力量，用行动温暖人心。华利是一个处于困境时间比较长的企业，员工整体的凝聚力较低，大部分人要么待岗在外，要么内退回家。为了凝聚大家重建家园，党委主编了《新华利》月刊，大力宣传企业的新定位、新发展愿景。我亲自给待岗员工开会动员大家回来上班，最后有近 800 名员工重新上岗。针对困难员工经常上访的情况，我提出"我们要主动走下去，不要让员工找上来"，用真心和关爱赢得了员工理解。我在华利四年没有遭遇一起上访到夏利总部的事件。

二是坚定信念，就念"一本经"。在新工厂建设这段艰苦的岁月，几乎没有休息日，而且天天加班到很晚，我因劳累过度患上了甲状腺疾病。为了不影响工作，每天需要靠服用激素维持，脸都是浮肿着的。功夫不负有心人，就这样经过了近两年的时间，一座现代化的工厂拔地而起。

工厂硬件建好了，还要抓好管理。在规划新工厂时，我们就定下了一个宏伟的目标——打造学习丰田管理的"样板工厂"。可当时的华利，由于长期困难，大学毕业生寥寥无几，大家都用怀疑的眼光看华利，华利这种状态能行吗？

我当时就下定决心，一定要想办法把目标变成现实。在时任总经理王刚的大力支持下，我坚守"真信、真学、真懂、真干、真坚持"的学习理念，组织在岗员工和一汽丰田对标，组织人员到一汽丰田进行长达一年的研修，培养骨干人才。尽管如此，学习丰田谈何容易，要真干起来这些人不论是经验还是能力都无法满足要求。为此，王刚总经理又亲自领我去一汽丰田，和中方干部一道说服了日方干部，最终日方干部同意派八名支援者到华利公司带领员工一起"干"，最终华利项目顺利投产，丰田管理模式在这里逐渐生根。

这四年经历，我刻骨铭心。我付出了很多，也收获了许多。在此期间我荣获了天津市"五·一"劳动奖章和中央企业优秀共产党员称号！

求取真经，远赴天府

2012年11月，我调任四川一汽丰田担任党委书记、总经理。这是从自主到合资的转变，也是从学习丰田管理到亲身体验的转变。

很多人认为到了合资公司自己就可以清闲一些了。进入合资公司后我才体会到作为一汽派到合资公司的干部，承受的压力更大。合资公司的技术和管理都是复制丰田公司的，作为一汽的干部既要确保一汽的利益，又要与合作伙伴搞好合作，同时要凝聚现地化员工，共同干好合资公司，任务十分艰巨。我时刻要求自己以"融合、学习、合作、发展"的理念开展工作。我也要求其他中方干部首先把自己定位为合资公司的一员，要把合资公司干好，在此基础上按照"出产品、出效益、出经验、出人才"的要求，更好地回报一汽。

为了使公司不断发展，我们克服了种种困难，说服合作伙伴坚持不懈地提案导入新产品，最终在集团公司的支持下，在合作伙伴的理解下，于2013年拿下了普拉多2.7L项目，2015年顺利投产，2017年公司产销和效益创造了历史新高。

随着规模的扩大，我们的管理水平也跃上了新台阶。四川一汽丰田的工艺相对落后，有"长节拍、手加工"的生产特点，对人员的技能依赖比较大，但这也正是培养工匠精神的好平台。我们紧紧抓住这一特点，变被动为主动，通过三年体制强化活动，"从追赶原车到超越原车"，车辆品质不断提高，多次荣获细分市场第一名的好成绩。

改革创新，一丰整合

2017年10月，集团公司改革，一汽丰田开始管理整合，我调到整合后的一汽丰田任副总经理，分管经营企划部、财务管理部、信息系统部、总务人事部。2019年3月，我告别了17年的游子生涯回到了长春，到一汽合资合作事业管理部任副部长，作为一汽丰田的股东代表，从一个新的角度继续推动一汽与丰田的合资合作事业。

铭记校训，感恩一汽

回首28年的职业生涯，虽说波澜不惊，但非常值得回味。

特别是，17年外派生涯，我人在他乡，心系一汽；17年外派生涯，在事业的黄金期，在一汽的平台上我接受了锻炼，得到了成长。感谢母校，是"规格严格，功夫到家"给我打下了坚实的基础，使我养成了严谨的工作作风，教育着我、激励着我不断突破，挑战一个又一个不可能。感谢一汽给了我29年的继续教育，教会了我好多在学校学不到的东西，给了我施展才华的舞台，在我取得成绩的时候给我鼓励，在我受到挫折的时候给我理解与支持。

母校培育了我，一汽锻炼了我！我是在一汽工作的哈工大人，我是出身哈工大的一汽人！我一定不忘初心，牢记使命，为了母校百年的荣誉，为了一汽的发展，为了中国汽车产业的强大，贡献自己的一份力量！

从母校汲取力量，在岗位奉献青春

——记哈工大 1993 届机械设计与制造专业毕业生　杨大勇

"扎实、不怕吃苦，甘于奉献，善于合作，乐于到一线冲锋陷阵，勇于挑战各种业务领域。"这是哈工大赐予我的精神财富，一汽集团则给了我运用这些财富的机会，让我有机会在不同的岗位上奉献自己的力量。

传承奉献精神，到基层去

1993 年，我从母校哈尔滨工业大学毕业，那年我 21 岁，作为机械设计与制造专业的毕业生，我的理想是成为一名优秀的汽车人。非常幸运，凭着母校教给我的本领，我和许多哈工大毕业生被一汽集团选聘。"决不给母校丢脸，在一汽给哈工大人争光"，这是我刚开始工作时抱持的初心。我要到基层去。

我主动请缨到工厂工作，最终如愿以偿，被分配到一汽－大众发动机和变速箱制造厂，成为发动机车间曲轴工段的一名现场工程师。在这里我每天面对的是各种汽车零部件，闻到的是四处散发的机油味道。通常来说，办公室肯定比车间的工作环境舒适、惬意，然而，我喜欢现场的工作氛围，更踏实、更接地气。我就像当年的哈工大人一样，每一天都以饱满的状态投入到最基层的工作当中。

车间工作看重的是过硬的技术，我将在母校学到的专业知识，运用到了实际工作中。只要付出努力就会散发光芒，这句话说得一点儿没错，凭借日渐成长的技术才能和踏实的工作态度，我逐渐得到了同事、领导的认可，开始担任工段长、技术组组长。1998年，公司任命我为变速箱车间的主任。在此期间，经过全车间共同的努力，一汽－大众变速箱车间的产品质量一直位列大众集团的全球前三名，这给一汽－大众争了光，也带动了其他总成及整车质量的提升。

在工作实践中磨炼技术、提升管理能力，努力工作，给母校增光，这是我刚开始工作时立下的志愿。我一直不忘初心，当时的誓言直到今天还在激励着我努力前行。

哈工大学子在哪里都会发光，都会放射属于自己的光彩

2002年，我调职到一汽－大众公司公共关系室做公关经理，负责一汽－大众企业形象的内宣和外宣工作。隔行如隔山，与以前负责技术管理工作相比，新的岗位对我来说是巨大的挑战。

我主动找到大众和奥迪品牌的公关负责人，与他们一起联手策划和组织各种活动，印象比较深刻的是一汽－大众"员工家属开放日"活动。中国企业对公关的关注和运用大多还停留在媒体公关的层面，内部公关常常是被人忽略却至关重要的"十年功"，只有企业内部所有员工团结一致，才有底气与实力谈对外发展。"员工家属开放日"活动传递出一汽－大众是"共同的家"这一概念，从情感层面出发，把所有一汽－大众员工凝聚在一起，促使大家为自己的"共同的家"尽职尽责，让每个人都成为一汽－

大众发展的中坚力量。

新的挑战很快又来了，因为工作需要，我再次调动，成为一汽－大众的人事科科长，又一次开始接触一个全新的工作领域。我是一个喜欢接受挑战的人，挑战越大激情越饱满。哈工大学子无论走到哪里都会发光！我相信自己可以创造奇迹。

担任人事科科长期间，我和团队一起从德国大众引进了人力资源AC测评系统，并结合一汽－大众的实际情况充分完善，强化了一汽－大众国际化的人才管理能力。这套系统在人才选拔上避免了人为主观因素的干扰，公开、公平、公正，至今仍是一汽－大众优秀经理人的选拔机制，而且被一汽集团引进，推广到集团各下属公司和职能部门。

从发动机到变速箱，从技术管理到公共关系、人才管理，我的工作跨度可谓不小，每一次跨行都没有让我迷茫和困惑，反而让我找到了更多突破自我的机会。无论身处什么位置，我都会努力思考，如何挑起重担，如何创新，如何做到极致，而不是将问题抛给团队、抛给领导。虽然也曾面临各种困难，但秉承哈工大"自强不息，开拓创新的奋进精神"，我一步一个脚印，努力放射出了属于自己的光彩。

分工协作聚沙成塔，团队同成长共突破

2007年年底，我调任一汽－大众奥迪销售事业部副总经理，主管奥迪品牌售后服务技术工作。当时，奥迪事业部成立不久，售后服务技术部门刚刚组建，我需要在最短的时间内将奥迪的售后流程梳理清楚并建设完善，这项工作虽然繁冗复杂，但组建一支具有强大凝聚力的团队，才是最考验能力的。

在哈工大的时候，母校的老师一直教育我们，个人的力量是单薄的，要想获得更大的成功，一定要依靠团队的力量，不仅个人要成长，还要带领团队突破自我，从而实现团队和组织的成长。谁也不可能一个人完成工作，必须要与他人在一起，在分工协作的基础上，聚沙成塔，最终保证出色完成工作。正如"大雁南飞"，它们总是排成"一"字或"人"字飞行，不会毫无规则地乱飞，更不会为了彰显自我，毫无章程地去抢飞第一的位置。

只有在这种团队结构中,每一只大雁扇动翅膀,才会为身边的伙伴平添一股向上的力量,保证团队中的每一个成员都不会掉队。

从哈工大协作攻关的团结精神中,我得到了鼓舞。作为奥迪售后服务技术团队的负责人,我有义务带领每一个团队成员去成长、去突破。团队的利益高于一切,只有团结一致,互相配合,才能飞出最美的"一"字和"人"字。很快,奥迪的售后服务技术团队成长起来了,我和我的团队成员走遍了每一家奥迪 4S 店,一起开展经销商的技术培训、能力测评,提升奥迪经销商的售后服务水平;一起走访消费者,收集用户反馈,在节日为用户送去祝福和特殊福利。在我和团队的共同努力下,奥迪的售后服务水平一直位于豪华品牌的前列。

此后,我又从一汽-大众奥迪销售事业部调到一汽轿车股份有限公司发传中心,先后担任副主任和主任职务。调任之初,我就面临着两个棘手的项目,轴齿中心项目和 DCT 变速箱项目受到一些客观因素的影响,无法顺利推进,巨大的压力使跨部门项目团队矛盾很大。但在面临这些困难、应对新的挑战时,我变得更加从容了。我谨记"大雁南飞"的团队精神,让团队心甘情愿地排成"一"字和"人"字,带领团队将两个项目都顺利地推动起来,并最终完美收官,对集团公司的动力总成发展做出了一定的贡献。

努力到不能再努力,拼搏到不能再拼搏

2017 年,在徐留平董事长的带领下,中国一汽开始了蹄疾步稳的改革,全体起立、内部竞聘……改革影响到每一个一汽人的利益,但是只有改革,一汽才能发展。作为一个在一汽工作了 24 年的哈工大学子,我主动投身改革,参与竞聘,开始担任一汽轿车股份有限公司副总经理的职务,主抓一汽轿车的营销工作。

一汽轿车是一汽集团发展大众主流乘用车的主战场,旗下的奔腾品牌已经有十多年的发展历程,曾经创造过辉煌,也经历过挫折,怎样在 5G 物联网新时代实现更大的突破,是摆在我们面前最急需解决的首要任务。作

为一汽轿车品牌营销工作的负责人，我和同事们一起从时代进步的潮流出发，结合奔腾品牌的发展历史，经过详细周密的调研分析，认真研究市场竞争态势和奔腾品牌自身的机会点，重新确定了新奔腾品牌的定位，完善了新奔腾品牌价值体系。

全新的品牌价值体系明确了奔腾事业未来的发展方向，新奔腾立志成为"物联网汽车创领者"，与"品·智生活进取 π"一起"进取不止"，为他们打造"品·智·创造，开心奔腾"的新时代、新汽车、新生活。新奔腾品牌还发布了全新的"世界之窗"LOGO 和英文标识。

全新的品牌价值体系确立了，全新的品牌 LOGO 也发布了，奔腾品牌更加贴合年轻人了，我们的营销模式也需要不断创新。到底该怎么创新？这是萦绕在我脑海中最久的问题，我无时无刻不在思考奔腾的营销工作下一步该怎么走。

我认为，营销是与用户情感沟通最多的工作，现在的产品销售其实靠的是情感交流。首先要研究的是，如何打造解决用户需求痛点的产品。在产品满足消费者需求的前提下，还要明确如何通过有效的渠道让消费者更好地感知产品卖点。我提出了"用户至上"的思维，不仅要为用户打造出最懂他们、最有温度的汽车产品，更需要积极准确地去寻找他们喜欢的方式，在他们经常互动的平台，把奔腾品牌的品牌调性、产品亮点信息对称地传递给用户。

全新奔腾品牌战略发布后，最懂用户的奔腾物联网汽车相继上市了。2018 年底，全球首款真正意义上的物联网汽车奔腾 T77 正式上市；2019 年 3 月，奔腾 T33 上市；11 月，大五座智慧旗舰 SUV 奔腾 T99 上市。全新的物联网汽车产品需要全新的更有冲击力的营销创新，奔腾 T77 PK 坦克、发动机 600 小时耐力挑战、与《奔跑吧兄弟第三季》合作签约、国内首次大型空投翻滚试验、联手新浪超级红人节等等，前所未有的曝光度可不只是为了吸引眼球，我们正在用年轻人喜欢的沟通方式，将这些奔腾物联网汽车的产品价值传递给他们，将新奔腾品牌全新的面貌展现给他们。2019 年，在汽车市场整体下滑的大背景下，奔腾销量持续上升，1—10 月累计销量同比增长 36%，这是我们营销团队在 5G 物联网新时代面临新挑战交出的最好答卷。

初战小胜，面对这样的成绩，我满意，但绝不满足，我一直提醒自己要再接再厉。下一阶段，我会和团队一起研究用户的使用场景，运用功能定义带给用户更多的便利性。在我看来，这是车企从今而后制胜的关键维度，也将开启奔腾的下一个辉煌！

从哈工大毕业后，我在一汽集团已经工作 27 年了，这 27 年，我把所学精华、全部精力都奉献给了中国的汽车事业。我非常感激母校哈尔滨工业大学，母校不仅培养了我的能力，更重要的是教会我认认真真做人、踏踏实实做事，尽职尽责；我也非常感激一汽集团，给予我施展才华的平台，让我实现了一次又一次的突破。我是一个平凡的哈工大毕业生，只是在我的岗位上做了应该做的事，在其位谋其职、负其责、尽其事，永远无愧于哈工大人的光荣称号。我也将为中国汽车工业的腾飞而继续奋斗！

铭记责任,自强不息

——记哈工大 2002 届材料工程专业硕士研究生 薛 耀

1986 年盛夏,刚刚走出大学校门的薛耀与许多年轻人一样,怀揣梦想,走进一汽,来到一汽车身厂任冲压模具维修工艺员。1986 年,恰逢一汽建成投产 30 周年,也正值一汽解放换型改造,第二代解放卡车 CA141 成功实现换型转产,担负起新一代载货车的重任,薛耀作为新一代一汽青年,开始了他的成长之路。

在工作岗位上,他兢兢业业,不断进取,脚踏实地从基层做起。那时,他的目标是成为一名优秀的高级工程师。深扎一线、善学善思、勤于总结、不懈进取的精神让他快速成长,从工艺员到生产、技术管理者,在技术水平不断提升的同时积累了丰富的基层实践工作经验。工作中,他主动汲取知识和实践的营养,在工作中不断完善提高,在成长中修身立德。1998 年,薛耀决定为自己进行一次专业知识的充电，这一年，他走进了哈尔滨工业大学，攻读材料工程硕士学位。在哈工大，他全面系统地学习了组织行为学等相关知识，接触到了模拟仿真技术，他常说："在哈工大的学习为我打下了扎实的理论功底，哈工大的精神一直激励和鼓舞着我，要我铭记初心，担当使命。"2001年，他担任一汽车身厂平装车间党支部书记、主任，把过去一个松散落后的车间变成先进车间，成为车身厂生产车间的标杆。

2003年，薛耀任车身厂厂长助理，主抓装备体系管理。经过调研分析，针对企业现状，他提出装备管理由原来的管干一体转变为管干分开的模式。当时受环境影响，车身厂1K间调试机器人及模具的美国和日本专家陆续撤出中国，车身厂M6冲压件的生产陷入困境。薛耀在困难面前主动迎接挑战，将管干分开的新模式应用于实践，组织中方人员进行调试和维护，确保了M6的正常生产。随后，他通过统一装备体系员工思想、修订程序文件等方式使这一管理理念在车身厂广泛推行，大大调动了管、干两个队伍的积极性，装备故障率大幅度降低，仅一年的维修费就节约了1 600万元。

车身厂对薛耀来说，是梦想启航的地方。19年来，他用行动践行"坚持用一个个小目标搭建通往梦想的阶梯"的理念，在这里，每一个岗位都是一次历练，每一次经历都是一种积累。

2005年，进入不惑之年的薛耀调到集团公司任一汽集团生产协调控制部部长助理，在集团公司推进TPS信息平台建设上，他做出了大量积极有益的探索和实践。他通过对"TPS标准作业内容及推进方法"的系统学习、归纳与整理，形成了"TPS标准作业制作与应用教学软件"和"标准作业参考资料"，同时，现场采集轿车、解放、吉汽、天津一汽夏利、丰越等子公司推进TPS的工作纪实，编辑制作集团公司推进TPS状况总结录像片《起步》，为集团各子公司推进标准作业提供借鉴与帮助。他组织建立了集团公司推进TPS工作评价体系，实现信息共享，促进各子公司学习与交流，督导子公司推进TPS工作进程，为日后全集团推进精益生产具有深远的意义。

2007年，薛耀任一汽轻型汽车有限公司综合管理部部长，负责企业管理、人力资源、信息系统、党群和新产品质量工作。他立足本岗，积极学习、探索发展新思路，建立了以董事会为决策层、轻型车总部为经营层、两个基地为执行层的基本管理模式，在公司管理架构搭建、管理关系理顺和管理制度建立方面做了大量卓有成效的工作。2009年，一汽集团和通用汽车合资成立轻型商用车公司，在一汽通用工作期间，薛耀主动学习通用先进管理模式，从业务出发，吸取借鉴先进理念和管理方法，将GMS管理体系应用到长春工厂和通用总部。七年的管理积累，为他走向更高的管理岗位奠定了坚实基础。

2016年，又是一个骄阳似火的盛夏，在一汽工作整整30年的薛耀被调到了一汽模具制造有限公司担任党委副书记、总经理，主要负责企业管理、市场营销、项目、质量管理等工作。一汽模具公司是一汽集团的全资子公司，前身是一汽工具厂的冲模车间，于1954年建厂，有62年的历史。为了高效推进分管工作，上任初期，薛耀始终坚持深入车间现场，通过协调解决生产经营过程中的难题来快速熟悉业务。同时，他建立了部门经理沟通汇报机制，在统一工作思路的同时对经理人员进行指导，让他们参与到公司的经营管理工作中，形成了党员、干部带头，人人担责、齐头并进的良好氛围。

2017年，一汽集团启动全面深化战略改革，薛耀担任模具公司党委书记、董事长，接过了一汽模具制造有限公司掌门人的重任。经多年沉淀，薛耀积累了丰富的经营管理经验，面对市场竞争日益激烈、生产超负荷和改革发展迟缓的三重挑战，他率领一汽模具公司领导班子成员，深入学习和研究集团战略部署和战略目标，坚定不移推进全面深化改革。薪酬改革快一步，引入先进人力资源管理理念，对人力资源体系进行整体诊断，统筹形成"3P"带宽薪酬体系，完善员工激励约束机制。发展规划快一步，迅速谋划公司未来三到五年发展目标，启动模具公司集团化发展战略，准确把握商机，投资建设天津工厂。薛耀频繁往返长春和天津，协调政府资源，推进项目进展，一期仅15个月就实现投产。青岛分公司采用创新商业模式，轻资产运营，业务覆盖环渤海经济圈及华东沿海经济发达地区。在产品规划部署方面，各业务板块呈事业部式发展模式，制定模具公司"631"战略目标，履行"再造一个模具"的发展责任。在体系提升方面，按照产品诞生流程重新梳理价值链，推进专业化管理，进一步强化项目、营销、财务、人力、安全物流等职能，强化体系管理部门牵头作用，推进精益生产，提升项目管理、快速产出能力。

作为一汽模具公司的党委书记，薛耀认真履行"第一责任人"职责，坚持党要管党、从严治党的方针，推动党委领导核心作用发挥，实施党建共建，推动党建经营融合。注重加强干部人才队伍建设，成立一汽模具大学，创建知享学堂，建立公司经理人员能力模型FAWTDL1515,拓展经理人员视野和思维模式，提升专业技术管理人员专业能力和素质。他积极践行"双关心"文化，经常深入一线，与员工沟通交流，为企业发展营造和谐环境。在薛耀的领导下，模具公司经营质量和品牌形象不断提升，公司于2017年、2018年连续两年获得一汽集团"模范党委""模范单位"称号。2019年上半年，他个人荣获一汽集团创业"优秀人物"称号。

多年来，薛耀始终践行"铭记责任、求真务实、海纳百川、自强不息"的哈工大精神，不断取得职业生涯中一个又一个的成绩。面对激烈的市场竞争，他坚信能够和大家一起不断推动企业经营发展进步，一汽模具"中国第一，世界一流"的企业愿景一定能够实现。

（孙翰凝撰）

感恩母校,感恩一汽

——记哈工大1989届汽车设计与制造专业毕业生 张建松

时光如梭,岁月如歌,转眼间走出母校校门已经30余载,我也已经步入知天命之年。匆匆间母校已走过了100个春夏秋冬,2020年母校迎来100年校庆,作为哈尔滨工业大学的一分子,我为母校百年来取得的成就感到由衷的骄傲和自豪!也借此机会向母校汇报一下自己工作成长的情况,感恩母校对自己的悉心培养!

合资公司锻炼成长

1987年,老校友耿昭杰厂长为了心中的轿车梦,和杨士勤老校长一起决定厂校联合办学,创建了哈工大汽车学院,开启了中国高校教育改革的新篇章,我有幸成为哈工大汽车学院的首届学生。1989年毕业后,按照联合办学的合同直接到一汽工作，我被分配到了集团质量监察处，跟着师傅学习轿车产品的质量管理。从踏上工作岗位开始，我始终不忘母校的教诲，在工作岗位上勤勤恳恳，兢兢业业，认真踏实地干好每一项工作，干一行，爱一行，努力做到爱岗敬业，认真地践行着哈工大人"规格严格，功夫到家"的校训。见习期满，我就独立承担工作任务了，在工作中经常受到领导和师傅们的表扬和肯定。师傅们那时经常夸我的一句话就是："哈工大的学生就是不一样！"每当听到师傅们这样说，我心里总是非常激动，我庆幸自己没有给母校抹黑。

1991年，一汽-大众公司成立，在当时的情况下，合资公司工资待遇、劳动管理及养老保险等政策都不明朗，大家对合资公司还很不了解，很多人都怕合资公司管理严格，不自由，又没有退休养老保障，所以都不太愿意到合资公司工作。我凭着自己对轿车的热爱，义无反顾地选择了一汽-大众，于1992年4月来到了一汽-大众工作，投身到了自己喜爱的轿车事业中。干轿车既是耿昭杰厂长的梦想，也是我们这些血气方刚的年轻人的梦想。到了一汽-大众公司以后，因为考虑到自己将来要跟德国人打交道，必须通过语言关，我就利用业余时间积极学习德语，经过半年的业余苦读，顺利通过了公司脱产外派德语培训的考核。1993年上半年我到上海同济大学接受了为期半年的德语强化培训，为自己德语水平的提高奠定了坚实的基础。在后来的工作中，我利用各种机会练习和提高自己德语的会话能力，很快就可以跟德方同事自如地进行技术沟通和交流。

因为我的语言优势，1998年领导对我的工作进行了调整，安排我负责质保部的项目管理工作，先是负责奥迪200 1.8T项目。奥迪200 1.8T项目是公司的一个过渡项目，工作量相对较少。1999年5月奥迪200 1.8T项目投产后，我正好赶上宝来A4项目启动。通过奥迪200 1.8T项目的锻炼和我的表现，质保部领导决定把宝来A4质保部分这个具有挑战性的任务交给我来负责。宝来 A4 项目是一汽－大众真正自己组织的第一个全新整车项目。当时的项目团队大部分是年轻人，因为产品是德国大众已经投产的车型，所以开发工作的压力相对较小，工艺规划也是委托德国大众规划部负责的，我们一汽－大众的规划部主要是负责协调工作，压力也相对小了很多。但质保规划和实施，根据当时质保部部长刘承义的要求，一定要自己做，通过项目锻炼队伍，我们不能事事都靠德国人，而是要争取能够尽快独立承担质保项目规划的工作。刘承义部长的决定是正确的，但在当时也要冒影响项目进度的风险。不敢承担风险，就不能增长才干，我们质保部的项目团队达成一致，宝来 A4 项目一定要自己干，而且一定要干好。受领导的信任和委托，我勇敢地承担起了宝来 A4 项目质保的工作重任，在宝来 A4 项目从 1999 年 7 月启动，到 2001 年 8 月 1 日投产这两年多的时间里，因为时差的关系，需要利用晚上的时间跟德方同事沟通交流项目的进展情况，我几乎每天都要工作到晚上十点多，周末和节假日也几乎没有休息。宝来 A4 项目使我的德语水平又有了一个飞跃，同时我的项目管理知识和综合能力都得到了快速提升。宝来 A4 项目投产后，被公司评为特大立功项目，我也因为工作出色被授予 2001 年度公司立大功个人的荣誉称号。

  2001 年底，宝来项目已经顺利投产，我又被调整到现生产质保科，主管总装范围的生产质量保证工作。2002 年，我被授予公司 2002 年立功个人称号。我不管在工作上，还是在其他方面的表现上，都努力起到模范带头作用，2001 年和 2002 年连续两年被授予公司标兵党员的荣誉称号。根据综合表现情况，2003 年 2 月我被公司经管会任命为现场质保二科的经理。2005 年，因为公司第二生产厂开迪车型即将投产，而且二厂是一个新厂，质保队伍也需要重新组建，在部领导和经管会领导研究后，我又被任命为新建的二厂质保科的经理。这个任命为公司节省了一个德方经理的位置，每年可以为公司节约开支近 200 万元。

我在二厂质保科经理的位置上工作了两年半，根据公司发展的需要和自己的意愿，我参加了一汽集团外派德国大众一年管理研修的学习。2008年10月底，研修学习结束后，我被任命为质保部批量生产外协件质保科的经理。这也是一个年轻的团队，组建时间短，大部分成员是2008年毕业的大学生。带领着这样一个年轻的团队，我勇往直前，不怕工作中的任何困难与挫折。我们加班加点，我们无怨无悔，为了公司经营目标的实现，更为了我们自己的美好未来。一年下来，我们取得了骄人的业绩，所有车型的外协件质量历史性地全面达到了目标要求，把外协件对整车生产的影响降到了最低点。2011年2月，我被任命为奥迪质保部部长，负责一汽－大众奥迪品牌的质量管理工作，成为一汽－大众公司的一名高级管理人员。

为自主轿车贡献力量

2012年9月，根据集团自主轿车发展的需要，集团公司决定把我从合资公司调到一汽轿车公司质保部担任部长职务，负责轿车公司自主轿车的质量管理工作，加强对自主轿车的质量管理。从合资公司到自主战线，个人工资收入要大幅度降低，在当时的情况下，合资公司的同事很少有人愿意回到自主战线，但考虑到集团公司对自己的培养，考虑到老厂长耿昭杰办合资公司的初衷，我毫不犹豫地接受了组织安排，开心地回到了自主轿车战线，和轿车公司的同事们一起，为一汽自主乘用车努力地奋斗着。

到轿车公司后，我把在合资公司工作20年学到的先进质量管理经验和方法引入到了轿车公司的质量管理中，进一步健全夯实了轿车公司的质量保证体系，并通过自己在合资公司工作建立的良好人际关系，积极协调沟通，请一汽－大众的同事来给我们轿车公司的同事讲授合资公司的先进质量管理方法和技术。特别是在新产品项目管理和外协件质量管理方面,双方的沟通交流促进了轿车质保部员工能力的快速提升,为自主乘用车质量体系能力提升打下了坚实的基础,也让轿车公司奔腾品牌的质量水平有了明显提升,受到了市场客户的肯定和认可。在 2013 年国家质检中心组织的轿车产品市场调研中,奔腾 X80 车型投放当年就获得了国产中型 SUV 市场排名第一的优异成绩。

为红旗复兴再立新功

2017 年 8 月,一汽集团的领导层发生较大变化,中央任命徐留平同志接任徐平同志为一汽集团新董事长。徐留平董事长到任后,大刀阔斧进行改革,对集团经营格局进行调整,为了实现红旗品牌的复兴,把红旗品牌的经营调整到集团层面管理。

2017 年 9 月集团人事制度改革后,集团质保部职能发生了较大变化,在以前单纯管理的基础上增加了外协件和售后质量改进等职能。但改革

之初，集团质保部体系能力较弱，在实操方面缺一个懂业务的管理领导，集团层面负责红旗生产质量的副总经理邱现东对集团公司层面质量管理方面的人才进行了调查，把我从轿车公司质保部挖到了集团质保部，做副部长配合金锋部长抓红旗品牌的产品质量工作。

到集团质保部以后，面对缺乏实战工作经验的同事，我利用各种机会把自己 20 多年的经验耐心地做给他们，带领他们结合公司的新项目边干边学，同时也跟当年初到轿车公司一样，积极协调一汽－大众的同事来给集团质保部的同事做培训，帮助集团质保部的同事快速提高业务技能。在我的带领和培养下，集团质保部项目管理和外协件质量管理水平有了质的飞跃，现在项目管理和外协件管理都能够满足红旗复兴的需要，为红旗品牌取得市场成功贡献了我们质量保证的力量。看到红旗投放市场的新车型 H5、HS5 等接连获得成功，作为毕业于哈工大的一汽人我感到由衷的骄傲和自豪！

寄语母校永葆青春

得益于母校"规格严格，功夫到家"的校训，在母校学习的四年，我打下了坚实的理论基础。走上工作岗位以后，基于在母校培养出来的学习能力，我在工作中继续不断结合岗位学习，一步一步从一名普通技术人员，成长为一汽集团的一名中高级管理人员。回顾自己这 30 年走过的路，我有很多话想跟母校说。

通过在工作中接触到的不同高校的学生在工作中的表现，感觉在"规格严格，功夫到家"的校训下培养出来的哈工大学子，理工的技术功底绝对是非常棒的，但感觉我们哈工大学生普遍有个短板，就是工科气息太浓，人文方面的修养较弱，逻辑思维偏工，系统思维能力有待加强。因此也希望母校在未来课程设置方面，能够适当增加一些"四书""五经"之类的传统文化的教学，提高一下我们哈工大学子的传统文化修养。

坚实的理论功底加上适当的传统文化修养，一定会让哈工大学子走上社会以后变得更加强大！

母校作为国内数一数二的高等工科院校，按照创建世界一流大学的战略目标稳步发展，已经拥有了一校三区的战略布局，为母校迈向国际一流大学打下了坚实的基础。作为哈工大学子，在母校百年校庆之际，真诚地祝愿母校在迈向世界一流大学的建设道路上稳步前进，为国家建设不断培养、输送高素质的技术人才，为实现习近平总书记擘画的中国梦贡献我们哈工大的力量！

我在一汽的"功夫"足迹

——记哈工大 1994 届工业电气自动化专业毕业生　曲红梅

带着对母校的不舍，也带着对未来的无限憧憬，1994 年的夏天，我来到了共和国的长子、中国汽车工业的摇篮一汽。七月的长春郁郁葱葱，一汽红色砖瓦的苏式建筑群在蓝天下显得古朴而厚重，蓦然间我仿佛回到了哈工大校园，回到高耸塔尖的主楼，同样的建筑风格让眼前的一切显得如此亲切和熟悉，我在这里开始了我的职业成长。

回首我在一汽的工作经历，可以分为四个阶段。第一阶段可以说是成为汽车人。一入职，我来到了第一轿车厂，这里是红旗轿车诞生的地方，洋溢着红旗人的勇气、信心和智慧，老一代红旗人精益求精的工匠精神感染了我，也塑造了我，成为我一直以来坚信民族工业会有美好的未来并为其自豪的源泉。

我入职时迎来了红旗车自主发展新阶段，大红旗国宾车恢复生产，小红旗批量走向市场。我的第一

个岗位是装配工艺员，这与我的大学专业自动化着实有些距离。回想起校园计算机原理老师知识终身更新的教导，在老红旗造型设计师程老的教导下，我开始了在新领域的开拓，这也是红旗人敢于挑战、不设限、不服输的精神。白天我深入现场，从装配工艺到零件，不放过工作中的每个细节和问题，不懂就向老工艺员和现场工人师傅学，晚上回到宿舍自学《汽车原理》《发动机构造》等，很快我就从汽车的门外汉，成长为一名合格的工艺员，从主管内饰，一直到主管总装车间工艺。这一阶段我从学生成功转换为一名工程师，这种专业的跨度，养成了我职业生涯中终生学习的勇气和习惯，可谓"功夫"初练。

第二阶段扎根为专业汽车人。从小红旗车型到奔腾平台，从电气零件设计到电气原理设计，从编制标准到引入平台，十年间我从一名电气工程师成长为电气专家。汽车故障率60%来自电气系统，系统中有数十个控制器，上千条的电气回路。面对设计复杂性、售后问题不确定性和紧急性，电气设计师勇气和智慧的背后是扎实的专业基础和严谨的工作作风。当时奔腾B50刚上市，市场高频出现安全气囊故障灯报警，面对新车上市的质量稳定的压力，我带领团队，连夜奔赴各问题车现场，总结故障车使用规律，锁定可疑点，更改控制器回路设计、线束屏蔽设计、传感器封装工艺设计，对生产工艺每个环节进行全面检视，增加问题检出设备，改进控制工艺，通过快速改进稳定了质量，保住了声誉及新车上量。实践中不断践行哈工大人的"规格严格"，让我在专业上可谓"功夫"小成。

第三阶段转型为产品管理经理。德鲁克说过："无论多么优秀的个体都无法与优秀的体系抗衡。"在一汽大型企业中，我有幸成为一名产品管理经理，涉猎设计标准、数据管理、产品诞生流程的研发体系建设，以及平台化模块化开发管理，完整组织策划了BOM（物料清单）体系，实现了从业务到组织再到信息系统的一体化建设：与德国大众对标识别出核心业务的缺失及差距，搭建从研发、生准到生产完整BOM业务体系，构建并统一规范了各阶段技术标准，从整车编码到零部件编码；研发建立BOM组织，完善了生准生产阶段的BOM职能；开发信息系统，支撑BOM在线管理，建立产品数据同步关系，设定设计变更管理规范；面向多车型及可配置订单管理，设计 BOM 配置体系及规则，实现了汽车基础数据的贯通和开发管理协同，提升了管理效率，成为业内对标先进。产品体系建设和管理需要一群人的"规格严格"，我把这称为众人"功夫"的集成。

第四阶段为综合管理经理。如果说前几个阶段变换的是维度，这一次作为集团体系和信息化经理人员，变换更多的是视野。面对全新的挑战，我再次构建了自身的知识体系，系统学习战略管理、组织资源管理、精益管理以及新一代云计算、人工智能、区块链等技术。一汽传统的制造企业如何勇立时代潮头，迎接数字化时代的全新挑战，需要高阶体系管理者引导建立以用户为中心的数字化思维，引导产品及服务的重构，构建企业的生态竞争力，重构业务价值链体系，变革内部机制，提升运营效率。在探索中，不断构建集团数字化管理体系、数字化技术体系。这不仅需要学习，更需要思考深度和洞见，需要顶层的设计思维，这是"功夫"升级。

26 个春秋，我从哈工大学子成长为一汽的建设者，从一汽厚重的文化开始，在民族担当、大国工匠精神熏陶下成长，26 个春秋是一段不断践行"规格严格，功夫到家"的道路。每年的七月，一汽都会迎来一批朝气蓬勃的哈工大人，这里将会不断留下一段段青春奋斗的"功夫"足迹。

踏实做事就是不忘初心

——记哈工大 1994 届电化学工程专业毕业生　包亚忠

　　百年时光,在悠久的历史长河中,只是短暂的一瞬,但是这时间却可以让一所学校走过艰辛,走向辉煌。回顾哈工大百年的风雨历程,它始终坚持在传承中发展,在发展中创新,从哈工大走出来的包亚忠一直为母校深感骄傲与自豪。

　　现任长春一汽富晟集团有限公司副总裁、吉林省工商联常委的包亚忠于 1990 年考入哈尔滨工业大学电化学工程专业,成为一名骄傲的哈工大学子。1994 年 7 月,包亚忠大学毕业,进入一汽工作。

　　在一汽这所大学校里,包亚忠经受了不同岗位的历练。毕业后,他先是在一汽热处理厂当工艺员、工长,后来因为日语优势竞聘到一汽进出口公司工作。2000 年 4 月,包亚忠调入一汽集团公司办公室公共关系室,并从 2001 年 4 月起被组织选为时任一汽集团公司总经理竺延风的秘书,一直到 2005 年 10 月，又被派往日本，当时他的身份是一汽进出口公司总经理助理兼一汽日本公司总经理。2007 年 10 月，包亚忠从日本回国，一汽集团委派他到一汽富维东阳公司（当时叫长春富奥东阳塑料制品有限公司）任中方总经理。2010 年 10 月，一汽富维控股该公司之后，包亚忠出任总经理。2016 年 8 月，包亚忠任一汽富维副总经理兼富维东阳总经理。到 2017 年 10 月 18 日卸任为止，包亚忠在富维东阳度过了他职业生涯里重要的十年。

这十年里，在包亚忠的带领下，富维东阳制订并实施了"十二五"战略规划，完成了长春、佛山、青岛、天津四大基地的战略布局，并提出了更具发展潜力的"2020 战略"。富维东阳也从一个只有 446 名员工、年销售收入 2 亿元、连续 6 年亏损的小型汽车零部件企业，成长为员工近 2 500 人、年销售收入超过 25 亿元、赢利能力稳步提升的大型汽车外饰零部件企业集团，多次获得一汽-大众、一汽轿车等主机厂优秀供应商、十佳供应商荣誉。

"那几年我们发展是相当快的。"回想自己在富维东阳十年的工作经历，包亚忠感慨良多。2007 年接手这个企业，对包亚忠来说是"临危受命"也不为过。"当时的富奥东阳只有两个厂房，院子里空空如也，2 个亿的规模，446 人，我记得当年累计亏损 4 000 多万元，公司发工资完全依靠贷款，可以说到了举步维艰的地步，集团公司也很不满意。"不怪集团公司领导在大会上对富奥东阳点名批评，那时一汽-大众、一汽轿车常常因为富奥东阳保险杠供应不上而影响整车下线。这时到任的包亚忠压力可想而知，他深感责任重大，上任之初就向全员提出："要为荣誉而战，为生存而战。"

企业不景气，光有理念和豪情不行，得从治本入手，要潜下心来做实基础。从 2008 年开始，包亚忠率领团队"内练内功，外树形象"，着力提升公司的五大能力，即生产制造能力、质量保证能力、成本优化能力、项目管理能力和研发能力。2010 年，包亚忠在五大能力全面提升的良好基础上又提出建标准、建流程、建体系。建标准是为了解决工作质量问题，建流程是为了解决工作效率问题，建体系是为了提升企业能力。

有汗水就有收获，有付出就有回报。2010 年是富维东阳人值得骄傲的一年，这一年他们在扎扎实实、科学有序的努力之后，取得了令所有员工为之振奋的漂亮成绩单：销售收入突破10亿元，公司赢利水平也进入了亿元俱乐部。

2013年，是富维东阳成立十周年。在庆祝大会上，有的老员工感慨万千，甚至热泪盈眶——是公司蒸蒸日上的发展让他们的辛勤努力有了丰厚的回报。企业发展好了，员工待遇有了大幅度提高，获得感、幸福感全面提升，他们由衷地为自己是富维东阳人感到自豪。

2015年，包亚忠带领团队开始为生机勃勃的富维东阳谋划未来，制定"2020战略"，对富维东阳面向未来的市场、产品、规模、赢利能力做出全面的规划。

2007—2017年，包亚忠和他的经营团队率领全体员工稳扎稳打，一步一个脚印，用十年的艰辛努力为富维东阳开创出一片艳阳天：这期间，公司销售收入实现了从2个亿到25亿元的增长，让富维东阳从一个名不见经传的小型汽车零部件企业成长为富维公司乃至一汽集团旗下外饰板块的核心支柱企业。

由于业绩突出，包亚忠于2009年、2011年两次被评为"中国一汽优秀员工"，并被评为2011—2013年度一汽集团"模范共产党员"；在2009年、2010年两次被授予高新区"经济发展突出贡献奖"，并被评为2009—2012年度高新区"经济发展突出贡献企业优秀经营者"；2011年度被评为"长春市十大优秀青年企业家"，获得2015年度高新区"五一劳动奖章"。2016年6月，包亚忠由一汽集团公司推荐，代表一汽参加了国务院国资委举办的中央企业青年领导人员国际化经营管理学习交流项目（韩国三星班）的学习培训——19家大型央企每家只推选一位，这是一汽集团对包亚忠的高度认可，他因此也倍加珍惜这次难得的学习交流机会。

十年来，富维东阳在谋划好企业经营发展的同时，也培养出一批优秀的管理人才和专业技术人才，既满足了富维东阳自身快速发展和几大基地建设的需要，也为富维和一汽集团输送了十多名优秀年轻骨干。

从2017年5月开始，包亚忠任职富维公司副总经理，他肩上的担子更重了：在分管富维外饰板块业务的同时，还分管了财务、证券和售后备件销售工作。他先后出任了富维东阳、富维延锋彼欧、富维曼胡、富维伟世通、天津英泰等多家公司的董事长或副董事长。2018年初，包亚忠协助总经理策划并推动了一汽富维进一步深化混合所有制改革工作。

2018年6月，包亚忠的职业生涯又进入了一个崭新的阶段：到长春一汽富晟集团有限公司任副总裁，分管战略发展和新产品开发工作，并于2019年4月兼任长春富晟汽车饰件有限公司总经理。

长春富晟汽车饰件有限公司的前身是长春一汽富晟汽车毯业有限公司，成立于1997年10月，是长春一汽富晟集团有限公司的控股子公司，主要从事汽车地毯、隔音垫、顶棚等软内饰产品的生产营销。包亚忠上任后，对企业战略进行了重新梳理，进一步理清了企业发展的方向和思路，并于2019年11月，将企业名称由"长春一汽富晟汽车毯业有限公司"变更为"长春富晟汽车饰件有限公司"。名称的变更是业务拓展的需要，将原来单一的业务扩展为内饰、外饰"双主业"经营，扩大产业线，新增顶棚、商用车外饰、乘用车轮罩等新业务，目的是全面提升企业竞争力。

改变的不仅是企业名称，执掌富晟饰件后，包亚忠从生产经营到企业形象管理都进行了大刀阔斧的改革，持续地提升企业成本优势及各项经营指标，对内给员工创造崭新的办公环境，对外提升公司形象和综合竞争实力，做到内外兼修。体现在成效上，可以说是立竿见影。2019年，他们获得的新产品生命周期收入增长了一倍，突破20亿元！2019年9月，包亚忠他们为公司制订了新一轮的战略规划。"我把它叫作'登峰计划'，核心内容就是到2025年，力争把企业规模提升到15亿元！"包亚忠信心十足。

哈工大是工程师的摇篮，这里有着让包亚忠这样的学子受益匪浅的工程师文化，这使包亚忠即使走上领导岗位，依然习惯于躬下身来，深入到一线去了解情况，熟悉设备、熟悉工艺、熟悉人，解决实际问题。在富奥东阳初期，设备出故障是常有的事，不能快速排除故障就会影响生产，包亚忠总经理总是到现场去与相关人员共同查找问题、解决问题，跟员工一同加班到深更半夜也是家常便饭。因此，在员工眼中，包总是令他们又敬重、又佩服的内行总经理。"能跳进去，也能跳出来"，这是包亚忠对自己的一贯要求。

身为哈工大众多学子中的一员，工作多年来，"规格严格，功夫到家"的校训精神，包亚忠始终铭记于心。不管在哪一个岗位上，他都勇担责任，恪尽职守，严谨务实，并且坚持不断地充实自己，带领自己的团队审时度势，谋划在先，做实基础，稳扎稳打，一步一个脚印地开创出一片崭新的天地。

所有过往皆为序章。在包亚忠看来，走出校门20余年，踏实做事就是一个学子对自己母校的一份由衷的、长久的敬意，就是不忘初心——过去是，现在是，未来依然是。

（于春燕撰）

母校给我底蕴，一汽给我舞台

——记哈工大 1982 届供热与通风专业毕业生　张　明

母校伟大，师恩难忘

1960 年，张明出生在吉林省辽源市的一个干部家庭，父亲是市文教系统的干部，母亲是百货公司的职员，后调到辽源市五中做后勤工作。受家庭的熏陶，张明从小就爱学习，很勤奋。

1978 年，成绩优异的张明如愿以偿地考上了心仪的大学——哈尔滨建筑工程学院。这所与哈尔滨工业大学同根同源的大学，1959 年与哈工大分离独立，1994 年改名为哈尔滨建筑大学，而 2000 年又戏剧般地叶落归根，与哈工大重新合而为一。"我刚一入校时，就发现学校阶梯大教室讲台上方醒目的位置写着'工程师的摇篮'几个大字，虽然那几个字有些破损，却在我心中留下了深深的烙印。"张明说。

哈工大很多优秀的老师都令他敬佩不已。还记得上大学二年级时，在学习专业

课流体力学时有一位教师，名字叫王慕贤，一上课把教案往讲台上一放，一眼都不看就开始讲。王老师讲课逻辑性强，板书流畅，丝丝入扣，让学生一听便懂。张明清楚地记得，上完一堂课，王老师满身全是粉笔末，一头大汗，课间爱抽烟。"他的讲课，在我一生学习中留下了深刻的记忆。"张明说，像王老师这样认真负责、高水平的老师，在哈工大数不胜数。

"还有教我们供热工程的贺平副教授，教我们空调工程的陆煜副教授，都是高水平的资深教授。正是有了他们，哈工大才在那个人才断档的年代，培养出众多社会主义建设急需的优秀工程师，正所谓名师出高徒。"张明感慨道。

"哈工大最伟大！"这是张明对自己母校由衷的礼赞。在哈工大优良学风的影响下，张明整个在校期间始终以刻苦学习为己任，始终保持各科平均成绩在90分以上，成为"三好学生"。"可以说，正是哈工大优良学风的熏陶，育人园丁的精心培养，才使得我们在大学里学到了真东西，养成了求真务实的作风。这为我毕业后投身一汽的数十年工作中能够发挥自己的聪明才智，奠定了良好的基础。"

终身学习，永无止境

对张明来说，上大学是有时限的，但学习没有止境。

1982年8月，张明大学毕业，分配到一汽基建处设计室工作。此后，他先后担任一汽集团公司基本建设管理处工程科科长、副总工程师、一汽房产管理处副处长等职务，如今为长春一汽建设监理有限责任公司董事长、吉林省建设监理协会会长、吉林省招标投标协会副会长、吉林省建筑业协会副会长。

随着岗位的变化，张明的工作也越来越忙，但是他始终没有停下读书、学习的脚步。他感谢一汽的培养，十分珍惜每一次系统学习提升的机会。

1993年3月，一汽集团派他到湖南大学脱产学习监理业务基本知识和操作技能，这在很大程度上强化了他从事监理工作的业务能力，也是他至今还从事并坚守这个行业的重要因素。"很可能我一辈子都不会离开这个行业了。"他说。

1995年9月，一汽集团又派他到大连理工大学脱产学习了MBA全部课程，此次深造也让他终身受益。1996年7月，他选择一汽长春藤大学(MBA)继续学习，并获得美国颁发的硕士学位证书。2016年3月，他又参加了在清华大学举办的"卓越商道与创新经营高级研修班"，2018年7月毕业。

在清华大学两年多的学习，让张明受益匪浅。这期间，张明结合研修班的课程，认真研读了《孙子兵法》和《资治通鉴》等中华文化典籍。

他说："《孙子兵法》是我国古代著名的兵书，也是世界上最早的军事理论著作。该书总结了春秋末年及以前的战争经验，着重讲述战略战术的运用，包含着朴素的唯物论和辩证法思想，创立了较系统的军事理论。我一直都希望能真正读懂这本书的内容，这次在清华大学通过于长滨老师的讲解，终于读懂了。于长滨老师高度概括这本书的内容，把它归结为四个字——'灵活、主动'。我再加上四个字——'活学、活用'。在读《孙子兵法》的过程中，我有一个感悟：商场如同战场，兵书里所讲的全部军事原则，商场上都适用。"

《资治通鉴》也是一部让张明受益良多的好书。他记得，在清华大学学习过程中，肖阳老师也用四个字给出精准的解释：弱势管理。一个聪明的管理者，如何在相对弱势的情况下，用四两拨千斤的方式，顺势而为地解决企业核心问题，这就是弱势管理。"我们在日常的工作中，也迫切需要掌握这种管理上的艺术和技巧。抓大放小，把事情做成做好。而弱势管理的原理，对于监理工作更具有特别重要的指导意义。我们从事的监理行业是建筑业五大主体中最弱的一方，在工程费用的占比及收益、各方的关注程度和相互约束的力度等方面，监理方都不是处在强势和处处主动的位置。但也正因如此，才有利于我们精心做好自己的事情，并去开辟事业上的蓝海。如何灵活主动地运用弱势管理理论解决实际工作中的具体问题，也是我一生中最大的收获和追求之一。"

毫无疑问，多年来的坚持学习，不仅使张明增长了知识，更让他开阔了眼界，拓展了思维。

走向市场，快速成长

在张明的职业生涯中，2000年，无论是对他所在的一汽基建处，还是对他本人来说，都是不平凡的一年。

这一年，国企改革大潮，把具有业主和监理双重身份的一汽监理公司"无情地"推向了市场。那时，他们虽然还是完全意义上的一汽人，却要独立行进在市场之中，走上自主经营自负盈亏之路了，作为掌门人的张明顿感压力倍增。紧接着的又一个机遇，把刚刚独立运行的一汽监理公司推向了市场竞争的风口浪尖。

那是2002年，一汽集团开始在天津建设一汽丰田。在新的机会面前，刚刚步入市场不久的一汽监理公司是否有勇气去参与竞标？要知道，一汽监理公司之前从未接触过长春之外的市场，而这次参与天津一汽丰田建设监理招标的还有天津汽车检测中心所属的监理公司，他们有着明显的"地利"优势。更让人担心的是由于竞相压价，要想拿到这个项目，很可能还赚不

到钱，甚至会赔上几十万！在这样的情况下，干还是不干？当时公司领导班子会上意见分歧很大，大家顾虑重重，争论很激烈。但当时兼任监理公司董事长的社会事业部部长李光坚定地主张，一定要走出去！他说："我们不能只看眼前，要放眼长远，一汽监理公司要想长足发展就必须走出去，有一汽做后盾，我们要抓住机会，放手一搏，公司才有可能逐步由弱变强。"最终他们做出了正确的决定。这次走出长春大本营、进军天津的成功，对公司以后的发展具有里程碑意义。张明说："有了这个第一步，才成就了后来公司在全国范围内开展业务的长足发展。"

"在我们的企业文化里，全心全意为业主服务，公正、科学办实事，是我们企业的宗旨。监理费可以打折，但是服务不能打折，这是我们一贯的原则。必须把所有项目经营好、服务好，这是我们应该做的，也一定要做到。"张明说。正是由于这种坚持不懈的努力，公司业主满意度始终保持在90%以上。

2001年，根据《公司法》的相关规定，一汽监理公司与吉林省建筑科学研究设计院合资，组成有限责任公司；2002年，申报监理资质晋级，获得甲级监理企业资质；2003年与解放公司合资组建造价咨询公司；2004年成立招标代理机构——长春万正招标有限责任公司。

2008年，一汽监理公司又面临着大型国有企业主辅分离、辅业改制的大变革，此后改制企业彻底剥离国有身份，变为民营，实行资产多元化。张明说，从2000年的公司独立，并以国有身份自主经营自负盈亏，到2008年改制，这可以看作是一汽监理公司由国有改民营、完全以市场主体身份走入市场浴火重生的辉煌序曲。张明感慨道："如果没有之前几年勇闯市场的历练，一汽监理公司很可能要在市场上摸爬滚打更长时间，摔更多的跟头，吃更多的苦头。"

担责奉献，义不容辞

2008年5月12日汶川大地震牵动着亿万国人的心。一方有难八方支援，在省委、省政府的领导下，省建设厅组织吉林省多家优秀企业进入灾区，承担黑水县"一院二校"和"吉林大道"对口援建任务。2009年2月，张明接到时任省建设厅质检站站长李振的电话，得知省建设厅推荐一汽监理公司承担吉林省援建受汶川地震影响的四川省黑水县工程项目的监理任务。他二话没说，行！国家有难，匹夫有责！不讲代价，这是一项政治任务，是我们应该承担的社会责任。

黑水援建任务是异常艰巨凶险的。初到黑水，监理人员除了要时时克服强烈的高原反应外，还多次遇到险情，有时甚至是与死神擦肩而过。他们派出的援建人员克服重重困难，24小时坚守现场，对工程质量精益求精，对安全工作密切关注，夜以继日地奋战了400多个日日夜夜，终于保质保量提前完成了任务，并得到上级主管部门、业主方和同行业的好评。

在整个援建期间，张明也曾先后五次亲自奔赴黑水工作现场。"记得2010年6月，我从广州飞到成都，同行的还有杨智慧、蒋瑞海、耿涤三位同仁。当我们从成都机场飞到黄龙机场时，我感到头像要炸了一样，非常明显的高原反应，恨不得立即飞回成都。可是责任在身，必须咬牙挺住，第二天我们又坚持坐车到了黑水县。此后，我又先后四次到黑水。一次比一次深切地感受到，我们的员工，是用自己的生命、意志和聪明才智为援建事业做奉献。没有他们的奉献，即使我泪洒黄龙，壮烈在黑水，也无法完成这伟大的事业。"

之后不久，张明偶遇时任吉林省副省长的竺延风，竺延风对一汽监理援建黑水项目给予高度肯定，张明表示：这是监理公司改制后承担的一项非常重要的任务，它既是政治责任，也是社会责任，同时也为监理公司在以后的执业中赢得了很好的社会效益和经济效益。

攻坚克难，屡创佳绩

2015年7月15日，由一汽监理公司承办的全国监理企业经验交流会在华天大酒店举行，中国建设监理协会会长郭允冲到会，省住建厅范强副厅长致辞。开会期间，张明得知一汽监理公司参与的"一汽－大众青岛建设项目监理投标"备案受阻。因为该项目对公司的影响重大，情况紧急，张明决定向郭会长、李站长请假，立即赶赴青岛。

该项目投标备案受阻的原因是，根据青岛当地的管理规定，外省市监理公司入青岛开展业务，参与项目建设的监理人员需通过由当地建设管理部门组织的业务培训，否则禁止进入当地监理市场，但这时距投标只剩下一周的时间，按常规根本来不及。

7月18日，张明一行五人在即墨市与有关部门协调此事，期间得到了吉林省建设厅解国峰总师、建设部逄宗展司长和孙照华等人的大力支持。经协调，当地管理部门破例为他们组织了专场考试。令张明欣慰的是：他们公司二十多名参试人员全部通过了考试。当年8月3日，一汽监理公司中标，从此又开辟了华东监理市场。这样，一汽监理公司从2003年进入天津一汽丰田监理市场之后，又于2005年跟随一汽集团的步伐顺利地走入四川成都，并在此后若干年之内不断服务于一汽集团所属的广东佛山、辽宁大连、山东青岛、天津、福建宁德等地的外埠企业的建设项目。为站稳市场抢得了先机。一汽监理公司的健康快速发展赢得了原一汽老厂长耿昭杰的夸赞："张明，你们干得好，企业足迹遍布大江南北。"

说起耿厂长，张明的敬重之情溢于言表，他说耿厂长是对自己影响很大的人。记得第一次去看望耿厂长时，老厂长跟张明他们谈起哈工大对自己的培养，谈自己对民族汽车工业的理解，感慨党和一汽对自己的栽培，这些话都对张明产生了很大的影响，他对这位自己打心眼儿里十分尊重的老领导，同时又一直引以为傲的学长充满由衷的敬意。

"几次近距离的接触，让我对耿厂长敬重有加，他对民族汽车工业怀有一腔赤诚，永远给人正能量，具有远见卓识，老厂长一直以来都在倡导要进行绿色工厂建设。"张明在探望耿厂长之际，见老人在读《菜根谭》，并在书上做了好多批注，张明回来后也深读此书，受益匪浅。这就是榜样的力量。

感恩一汽，放眼未来

2018年9月，长春一汽建设监理有限责任公司迎来了改制十周年。这十年，一汽监理公司的发展也是有目共睹的，他们已连续五年主营业务收入在5 000万元以上。

这年10月，在庆祝吉林省建设监理协会创新发展二十周年大会上，一汽监理公司收获了"吉林省优秀监理企业家""吉林省工程监理先进企业""监理大师"等众多奖项，这标志着他们在全省193家监理企业中稳居"十佳"之列，其中的招标代理业务已连续三年荣获国家级先进企业！

这年11月，中国一汽集团公司党委召开第十四次党代会，明确到2023年，集团公司要实现整车销量超过590万辆、营业收入超过9 000亿元、利润超过800亿元的宏伟目标。一汽监理公司的发展离不开一汽集团这块沃土。说到公司取得的成绩，张明的说法是：一方面得益于一汽集团在国内突出的影响力，背靠一汽集团是一汽监理公司能够一次次取胜的重要因素；另一方面要归功于自身的不懈努力，这是一个企业立于不败之地的不可或缺的内功。张明表示："我们要乘这次大会的东风和一汽未来大发展的契机，制定一汽监理公司未来五年发展的企业战略。迎难而上，抓住机遇，分析市场，团结一心，锐意进取，向着高质量发展坚定而行。"

从1982年到2020年，哈工大学子张明在一汽这片沃土上已经工作了38年，他说："是哈工大培养了我，是一汽培养了我，更是中国共产党教育和培养了我们这一代人，而我们又正好赶上了中国全面改革开放的40年，伟大的时代给了我们干事创业的舞台，我们理应做出不负国家、不负时代的贡献！"没有豪言壮语，却铿锵有力，掷地有声。张明也讲出了一代哈工大学子的心声，优秀的品质、优良的作风、坚忍不拔的毅力，充分体现了哈工大人的传承和发展，这也将会是以张明为代表的长春一汽建设监理有限责任公司企业文化发展秉承的宗旨。张明将带领他的团队，在新时代的大舞台上充分展现自己，贡献毕生才华。

（于春燕撰）

不忘初心，铸产业强国梦

——记哈工大 2003 届焊接专业硕士研究生　方永平

方永平，中共党员，2003年1月毕业于哈尔滨工业大学材料学院焊接专业，现任中国一汽特种产品业务部部长。方永平1984年参加工作，先后担任一汽轿车厂车身设计工程师、一汽汽研所轿车部管理科副科长（主持工作）、一汽汽研所轿车部部长、综合计划管理部部长、一汽轿车股份有限公司一轿厂厂长、一汽华利（天津）汽车有限公司总经理、一汽轿车股份有限公司总经理助理、一汽－大众生产总监兼轿车一厂厂长，2017年11月任一汽集团产品策划及项目管理部（特种产品业务部）副部长兼特种产品业务部部长。1999年荣获一汽集团先进高级经理称号；1999年顺利完成"9910"阅兵检阅车生产、服务和阅兵保障工作，荣获一汽集团公司立大功个人称号；2000年荣获一汽集团公司先进高级经理称号、一汽集团公司优秀共产党员称号；2019年荣获一汽集团公司"1910工程"卓越贡献个人称号。

2019年10月1日，红旗检阅车圆满完成了中华人民共和国成立70周年庆典检阅任务。10月11日，阅兵联合指挥部副总指挥、中部战区副司令员张旭东一行到访一汽，向中国一汽赠送"聚力阅兵 共铸辉煌"锦旗，表达对中国一汽在中华人民共和国成立70周年国庆大阅兵中红旗检阅车研发生产和服务保障工作的充分肯定和赞扬。

2019年10月25日，特种产品业务部荣获"1910工程"卓越贡献团队称号。荣誉的背后离不开"1910工程"团队588天的辛勤付出，更离不开特种产品业务部的掌舵人方永平的领导。

奋斗不止，奏响红旗最强音

红旗品牌作为中国轿车工业的开端，是中国自主、自强民族精神的体现，在国人心里，它有着其他品牌所不能代替的位置。2018年1月8日，徐留平董事长在人民大会堂发布新红旗品牌战略，确定新红旗产品布局由L、S、H、Q四大系列组成。其中，L系列为新高尚红旗至尊车，代表国产汽车品牌的最高水平。2017年改革之后，方永平回归红旗，成为L系列领头人。

迎面而来的第一个挑战就是接下2019年国庆检阅车的研制任务。而距离交付只剩下短短的18个月。使命感和责任感让方永平毫不犹豫地接下了这项光荣而艰巨的任务。面对困难，他没有止步不前，带领团队深入研究产品方案，多次到北京与上级部门沟通交流，凭借多年的工作经验和奋不顾身的坚韧，经过五百多个日夜的奋战，终于在2019年6月成功交付。

2018年1月，红旗品牌战略发布，红旗L5开创中国自主品牌之先河，启动高端定制业务。在红旗L5定制缺乏经验和借鉴、缺少体系支撑的情况下，方永平创造性、灵活性地带领项目团队团结一致、攻坚克难，组织解决了800多种零部件供应资源问题、400多种试生产和路试暴露的疑难问题以及多项历史遗留问题。在定制化选项开发方面，他深入调研用户需求，组织策划了24个定制项，有效提升生产组织效率，形成了中国一汽首个高端定制车管理流程。2018年8月1日，首批定制车在红旗60周年纪念活动中交付，标志着红旗定制战略落地，定制体系能力建设初见成效。

在方永平的带领下，红旗 L 平台重新理顺了产品线，完善了平台迭代关系，为后续产品向平台化、模块化发展，不断探索新的成本优化模式，打下了坚实基础。

创新方法，培养能打硬仗的团队

2017 年中国一汽管理架构改革后，团队人员短缺，具备 L 平台项目经验的人力资源更是短缺，常常是一个同事要兼顾多个项目，加班加点甚至不眠不休成为常态。

面对这样的困境，方永平看在眼里急在心上，如何把团队能力搞上去成了当务之急。在讨论工作时，更侧重于找到如何高效完成的路径，他会把理论和经验传授给大家，既解决困难又讲授原理。在寻找解决问题的新方法、总结方法论上，他带领团队不断探索，始终把培养年轻人、给新人创造锻炼机会放在首位。这些年来，他带领团队讨论、调研、实践，对平台化模块化的思考贯穿他的工作始终。仅 2019 年，他就在工作之余向员工专题讲述了特种车改制工艺分析、创新技术新方法在特种车上的应用、小批量成本控制办法等，带领团队学习、探索、总结工作中遇到的各项问题。

为保证新中国成立 70 周年庆典任务顺利完成，方永平和特种保障团队一起驻扎在北京，为了保证万无一失，"十一"前的日子他夜以继日地工作，晚上参加演练，白天带领团队解决问题。在他的带领下，特种产品保障团队多次获得上级用车单位赞扬。

方永平始终坚守初心，怀抱产业强国的梦想，深深植根于一汽的沃土，为一汽再创辉煌贡献力量。

（李丹阳撰）

一个小梦想，决定了我的成长之路

——记哈工大1989届车辆工程专业毕业生　金叙龙

1985年初夏，我在老师的指导下填报了哈尔滨工业大学机械制造与设计专业。我来自浙江义乌农村，当时对应该上哪所大学、学什么专业，并不太清楚。我记得班主任跟我说哈工大是最好的大学，另外男孩子走得远一点儿，分配工作的时候回浙江的机会更多。一位要好的同学建议我学机械专业，因为学机械可以干汽车，从此"干汽车"就像一颗种子埋在了我的心里。当聆听了耿厂长在哈工大的演讲后，这颗深埋了三年的种子就发芽了，我毫不犹豫地报名转到哈工大和一汽刚刚联合成立的汽车工程学院。

由于哈工大汽车工程学院刚刚成立，缺少师资，从三年级的下学期开始，我们的专业课和毕业设计都是在一汽完成的，老师来自一汽高专和长春汽车研究所。我们非常幸运，从专业课学习开始，就跟随一汽经验丰富的高级工程师和专家，学习汽车设计和制造工艺，特别是我们的毕业设计，都是长春汽车研究所的真实的产品开发项目。而我尤其幸运，通过毕业设计，我留在了当时的长春汽车研究所轻型车部总布置设计二室，开启了我直到今天一直未变的整车设计生涯。

在随后的31年，"干汽车"这个最初非常朦胧的梦想，变成了我对工作和专业的持久热情。参加工作后的前十年，我从事轻型车整车总布置设计，这期间我打下了扎实良好的专业基础。这里有几个重要原因：一是哈工大"规格严格，功夫到家"的校训潜移默化地影响着我们，因此无论是画总布置设计图，还是到工厂配合生产，我都认认真真、一丝不苟。二是包括我的师傅张大壮在内的老专家们的言传身教。他们不仅在技术和专业能力上倾囊相授，而且在做人、学风和工作态度方面，也深深地影响了我，培育了我做人做事的态度和品格。记得工作间隙，我的大部分时间都是在技术中心的图书馆度过的。长期的工作实践和理论学习相结合，使我逐渐积累了较好的工程技术基础。

接下来的十年，我从事中重型卡车整车设计和项目管理。这十年间，对我影响最大的有两件事。一是参加一汽集团组织的项目管理培训，这次培训前后延续了一年左右，课程涵盖了管理、财务、法律、项目管理十多门课程。这次培训不仅扩大了我的视野，也使我思考问题的层次有了提高。二是经常参加市场调研，我走访了解放卡车各种不同使用场所，如山西平朔的露天煤矿、四川乐山的磷矿、江西高安的运输市场、浙江义乌的小商品运输、宁波港、洋山港等等。这些经历，在我心里建起了牢固的以市场和用户为中心的产品开发理念，对我们成功地开展解放悍威系列产品策划、开发和项目管理起到了非常重要的积极作用。

在最近的11年，我转战到乘用车开发领域。2009年，因工作需要，我调到新成立的技术中心微型车部，担任第一任部长。在接下来的五年时间里，我们融合来自技术中心和吉林汽车的员工，培养新入职的员工，从不到50人发展到约150人，并培育发展出一支具有进取精神和凝聚力的队伍。在这五年里，我快速完成森雅M80、森雅S80和佳宝年型的开发，助力吉林汽车在2010年销量快速增长到15万辆；完成了全新佳宝V80系列、V60系列和森雅R7 SUV的策划和开发，其中森雅R7成为一汽自主乘用车第一销量过万的车型。如果加上R7的变型车和奔腾X40，到目前为止两个车型的累计销量已经超过20万辆。

2014年4月，我调任天津一汽副总经理，兼产品开发中心主任，负责规划、产品开发和工艺技术。在5年多的时间里，我通过复盘"十二五"的经验教训，制订了"十三五"规划；完成了骏派A0级系列D60、A50、CX65，A级系列产品A70、D80、A70EV、D80EV等车型的开发、生产准备，实现了天津一汽产品结构的转型升级。在新产品的生产准备过程中，不仅实现了生产工艺和装备的现代化改造，同时引入先进的工艺思想和方法。当然我本人也在工作过程中积累了生产准备与工艺方面的知识和经验，加深了对同步工程的理解。

回顾31年的工作经历，一汽就像一所伟大的大学，让我走出校门后能够继续学习与成长。对于我来说，技术中心不仅有良师益友、丰富的图书资料和实践机会,更有良好的干事与成长环境。记得 2002 年左右,为了解决项目组的协同设计问题,作为一名普通的主任工程师,我提出希望在 INTRALINK 系统基础上开发协同设计环境。令我没有想到的是,当时商用车部部长江辉立即带我找到中心主任董春波说明想法,春波主任听完马上同意立项。这让我深受鼓舞,我心里把做好此事提高到了"提高技术中心体系能力"的层面,因此在协同设计平台开发完成后,我主动组织编写了四册的协同设计及 PRO/E 建模规范操作手册。在领导的支持下,协同设计平台逐渐从我自己负责的 J5M 项目推广到整个商用车开发领域。2010 年左右,我又组织完成了基于 WINCHILL PRO/LINK 的 CATIA 协同设计平台,现在已经在乘用车开发领域全面应用。这是一个完全从基层发起的项目,并且在整个开发领域取得成功的案例,如果不是技术中心具有一个良好的干事氛围,我也不可能有这样的积极性和主动性,也不可能取得这么良好的效果。

正是因为技术中心良好的内部环境,我个人主动作为的内生动力逐渐增强。也正是因为内生动力的不断增强,我从一名只对技术感兴趣的设计师、项目经理,逐渐通过工作实践和学习,不断提高个人综合能力,走上了更加重要的工作岗位。而这一切的起点,就是那个起初非常朦胧的小梦想。

用心筑动力魂，以爱结智网情

——记哈工大 1989 届内燃机专业毕业生 李丰军

1989 年 7 月，作为一汽与哈尔滨工业大学联合创立的汽车工程学院的首届毕业生，带着母校的期望和寄托，李丰军满怀信心和希望来到了一汽技术中心，开始从事他一直追求和向往的工作——发动机的研究、设计和开发。

心脏强有力的跳动，赋予了生命的再生力和创造力。凭着对中国汽车工业的挚爱和对事业的追求，他把自己的生命脉搏和汽车的心脏紧紧地联系在一起。

1989 年至 2011 年，22 年发动机领域的辛勤耕耘，李丰军见证了中国一汽乘用车汽油机从满足国Ⅲ排放法规到满足国Ⅵ排放法规的艰苦攻关，从直列 3 缸、4 缸，到 V 型 6 缸、8 缸、12 缸，汽油机排量从 1.0L、1.5L、2.0L、3.0L、4.0L 到 6.0L，这一个个发动机产品的诞生奠定了中国一汽自主发动机事业在中国的领军地位，也使中国一汽成为国内唯一能生产V6、V8、V12型汽油机的整车企业。功夫不负有心人，在"规格严格，功夫到家"校训的指引下，他潜心学习，不仅注意向老同志学习，而且主动承担各项急难工作，在实践中刻苦钻研，同时保持积极向上的职业激情。他从一个乳臭未干的毛小伙儿一跃成为发动机设计的业务骨干，并历任发动机设计室主任工程师，室主任，部主查、发动机部副部长、部长，同时也获得了技术中心岗位能手、技术中心优秀共产党员、一汽集团公司模范共产党员、长春市百名优秀科技工作者、吉林省第二届创业先锋和中国汽车工业优秀青年科技人才奖等荣誉称号。用李丰军自己的话说："中国的汽车工业把我从哈工大呼唤到中国一汽。发动机这个汽车的心脏，牵动着我的心和它共同跳荡。我没有什么可表白的，只是希望在一汽这块沃土上能尽快生产出更加强劲、有力的高质量的发动机。"

2010年汽车产业渐渐开始转型，汽车电子在整车上的应用越来越多，一汽技术中心的领导敏锐洞察到这一发展趋势，逐渐加大在汽车电子领域的投入。2011年2月新能源部从汽车电子部分离出来，按照组织的安排，李丰军从发动机部部长调任汽车电子部部长，负责汽车电子产品和技术的开发。从发动机专业到汽车电子专业，相当于"大改行"，从舒适区来到陌生区，很多技术都是陌生的，有些术语（如test case，测试用例）也听不懂。一切从头做起，部门技术总监给他送来厚厚的一本英文汽车软件工程书，李丰军夜以继日地学习，几天就看完了。同时，李丰军开始积极参加各种部门技术讨论会、行业技术交流会，了解部门情况。在很短的时间内，他首先提出对不合理的组织机构进行改革，将150多人的电控单元室划分为四个业务科室，即主管发动机电控系统的控制一室，主管变速器电控系统开发的控制二室，主管整车控制器、电机、电池、底盘电控系统等新业务的控制三室和主管基础软件、硬件的控制四室，又将电子电气仿真测试实验业务与电气设计室分离，成立独立的科室。这种改革不仅更加明确了各科室的主攻方向，还将大量有能力的年轻技术骨干充实到领导岗位，使他们焕发出无穷的工作激情。2012年，在发动机电控系统斩首行动中，电控单元室利用十年的时间终于量产了满足国Ⅳ排放、能控制电控单体泵的第一代柴油机电控系统，整个生命周期内生产了18万套，不仅为一汽节约了3.5亿元成本（相对于购买博世的产品），拯救了国内机械柴油泵产业，同时建立起中国一汽电控系统软件的开发体系。满足国Ⅳ、国Ⅴ既能控制电控单体泵，又能控制共轨，同时可以控制五种后处理装置的第二代柴油机电控系统软件，只用了两年的时间就顺利开发完成并量产。能控制DPF满足国Ⅳ的第三代柴油机电控系统已率先在国内量产，成为中国一汽重型商用车的核心竞争力。受此推动，天然气发动机、DCT、AMT、整车控制器VCU、HCU等电控系统相继量产。李丰军针对汽油机电控系统、混合动力电控系统、电机、电池和全地形底盘控制系统等也制订了详细的开发规划。

2015年10月，按照组织安排，李丰军从技术中心调到新成立的集团产品策划项目部，负责乘用车动力总成和汽车电子的产品策划与项目管理，完成了《2016版中国一汽动力总成产品规划》和《智能网联发展规划2025》。在编制《智能网联发展规划2025》过程中，他亲自带队，多次到各分子公司、相关职能部门了解情况，并采用对标、研讨等方式，最终明确了集团公司应致力成为优秀的汽车制造和移动出行服务提供商的发展愿景，填补了集团公司在智能网联战略规划方面的空白。

如果没有强大的战略执行力，再完美的战略也只能是空中楼阁。在产品策划项目部的两年时间里，李丰军推动建立了集团车联网聚合云平台，为网联生态引进打通了渠道；明确了流量资费来源及标准；策划了A平台5车的智能网联装备，此举不仅较大提升了5车的市场竞争力，其平台化策划开发的创新模式，还颠覆了原来集团随车开发立项模式，为集团公司降低成本近亿元。

2017年9月，在集团公司提出智能网联"中国第一，世界一流"的目标之际，李丰军受命担任集团公司智能网联开发院副院长一职，次年5月，升任智能网联开发院院长。面对集团公司"中国第一、世界一流"的目标与智能网联开发院人才梯队断层且技术储备不足之间的矛盾，李丰军提前大胆起用年轻人，通过识别关键核心技术，跨领域组建攻关小组，以业务骨干作为技术带头人，以项目内部和专业内部评审的方式进行广泛的技术交流和知识积累。他还采取以老带新的方式,将年轻的设计人员分到各个攻关组,给他们压担子,"迫使"他们早日成材。同时,面对汽车产业体验化、智能网联化、共享化和生态化的发展趋势,他深知这种发展趋势已将智能网联业务推到了风口浪尖。在智能网联实际开发业务中,他确定了"狠抓体系、强化标准"的指导方针,大力推进智能网联开发院项目管理体系、知识积累体系等六大体系能力建设工作。这一系列举措的实施,终于让智能网联开发院打开了局面,从智能化的一穷二白发展到今天红旗车全系达到L2级先进驾驶辅助水平,形成L3、L4、L5级自动驾驶齐头并进的良好态势。从网联化的雏形进化为"以数据驱动服务,以账号打通生态",端、管、云全时在线的网联生态系统,赋能红旗"中国第一,世界一流"目标达成。

22年光阴,用心筑动力之魂;9年岁月,以爱结智网之情。李丰军在31年的时光里,一直践行着"规格严格,功夫到家"的校训。用实际行动先后与一汽自主发动机领域和智能网联领域的广大员工一道取得了一个又一个的突破。回首过往,曾经的拼搏与汗水换来了今天累累的硕果。当烟花散去,我们终将回归平淡。在汽车行业激烈竞争的大背景下,李丰军不曾,也不敢有一丝懈怠。展望未来,集团"831"战略、智能网联旗偲·微笑技术战略的发布,又对他提出了更高的要求。用李丰军自己的话说:"此时的我备感责任重大,在剩余的职业生涯里,我定将不忘初心、牢记使命,在自己的岗位上继续为红旗事业的发展做出自己应有的贡献,为用户带来更加极致、美妙的出行体验。"

(闫鹏撰)

严谨务实,砥砺前行

——记哈工大 1989 届汽车设计与制造专业毕业生　荆青春

我 1989 年毕业于哈尔滨工业大学。从 1989 年 7 月参加工作至今,一直服务于中国一汽,先后担任一汽-大众销售有限责任公司客户服务中心部长、大众品牌备件管理部总监、一汽解放汽车有限公司营销管理部部长兼一汽解放汽车销售有限公司总经理等职,现任一汽-大众奥迪销售事业部执行副总经理。我一直觉得,在哈工大的那四年接受到的教育和精神熏陶一直使我受益,特别是"规格严格,功夫到家"的精神,工作后我也一直用来激励自己。

严谨务实,攻坚克难

2009 年,我加入一汽解放,在全面推进各项工作的同时,我从创新的营销思维出发,从理论和管理体系上对线下推介和区域营销策略进行创新。2013 年,在瞬息万变的市场形势下,我和解放营销体系同事一起对市场进行了深入研究并迅速反应，提出全新 "3-18" 营销战略，针对主要市场、产品及合作伙伴，进行准确定位，开展服务升级工作，并积极持续推进客户关系，鼓舞营销将士做到"十五个到位"；2014 年，顺应行业发展需要，我将工作重点转向专用类市场，以国Ⅳ实施为契机，实施"4567 战略"；2015 年，我们稳步推进专用车"4567 战略"，实现专用车市场份额增长，并实施"11151 大客户开发战略"，大客户销量贡献显著；2016 年，恰逢解放卡车诞生 60 周年，经过两年的不懈努力，重卡销量连连夺冠，从"争第一"到"持续领航"。

临危不乱，砥砺前行

对于工作，我一直坚持要"规格严格"，工作要严谨、有标准，要做到"功夫到家"，要深入、精准、务实。要直面更多的机遇、挑战与磨砺，并在攻坚克难中保持前行。

我于 2016 年底加入奥迪销售事业部，担任执行副总经理。2017 年初，由于市场增速下滑、竞争形势加剧、经销商盈利下降、信心不足等问题，奥迪的销售形势格外严峻。面对内忧外患的局面，我想到了哈工大人不畏艰辛迎难而上的精神，并没有找借口或者借机放松目标的完成要求。我首先同外方总经理一起与各方充分沟通，了解需求，明确了我们的当务之急是恢复奥迪品牌形象，恢复销量和人员信心。我与团队根据当时的形势，深入一线，与各区域、投资人、经销商充分进行沟通，实地了解终端面临的困难，带领业务部门进行深入研讨，迅速制订了复原计划进行品牌美誉度修复和信心提振。从 2017 年 6 月起，奥迪品牌在 6 月—12 月连续夺得销量冠军。2017 年，奥迪品牌完成 Aak 销量 595 288 辆，市场份额 25.6%，继续保持豪华车市场销量和份额第一。

2018 年，整体汽车市场发展表现低迷，豪华车市场增速大幅下降，加上经济不稳定因素，使得 2018 年销售形势极为艰难，竞争也不断加剧。核心竞争对手奔驰、宝马的国产车数量已经同我们持平，我们的国产优势已经不复存在，而且豪华品牌价格折扣纷纷加大，使得竞争压力更加剧烈。

面对如此严峻的竞争形势，我和奥迪销售事业部同仁一起适时地调整销售策略和节奏，各个部门合力共进，高效完成了销售目标。2018年，奥迪品牌完成 Aak 销量 660 888 辆，市场份额 26.4%，继续保持豪华车市场销量和份额第一名。

无论面临什么样的形势和困难，我首先想到的都是如何快速有效地解决问题，这就离不开我们平时所下的"功夫"，一定要在平时把"功夫"做到家。这也是一直以来母校给我的精神指导，使我在多年的工作生活中受益匪浅。

革故鼎新，求索不止

在加入奥迪销售事业部三年后，我意识到面对数字化和大数据的迅速发展，现有经销商的数据质量和数据透明度已无法满足客户需求；同时，数据的缺乏也导致经销商、区域甚至本部难以进行业务提升。2019年，我和同事一起，跟各个业务部门进行多轮沟通，全力促成奥迪事业部开展经销商数字生态系统项目，综合用户在线数据、车联网数据、客户数据以及外部数据的融合，形成数据价值的变现，全方位提升业务过程数字化、客户服务数字化，全面提升数据应用，并在先期已经实现了对业务的支撑，给主机厂和经销商带来了巨大优势，同时也向精细化管理的道路迈出了坚实的一步。

在做好基础销售工作的同时，我也一直关注汽车行业的最新变化。新业务方面，未来汽车产业已经在向电动化、智能化、共享化、网联化转型。所以，我也在思考奥迪销售事业部如何在新业务领域提前布局。在前期克服诸多困难后，奥迪移动出行服务在2017年正式推出，标志着奥迪品牌在中国由单纯的车辆生产销售开始迈向移动出行服务的解决者。此外，我还意识到以车联网为核心的数字化生态圈建设将成为未来争夺客户的基础。于是我一直跟奥迪销售事业部的同事强调，一定要以用户为中心，全面提升用户线上线下的服务体验，要通过车联网和会员体系实现与用户的高频次沟通，形成用户体验感知聆听系统，逐步提高客户忠诚度，以实现用户价值的提高和释放。目前，奥迪销售事业部已经初步完成了数字化用户生态的打造。

在一汽的 31 年，我越来越觉得，学生时代锻炼的思维能力以及学校给我的精神滋养一直使我受益。我相信，在今后的工作中，无论处于怎样的境遇，我都会一如既往高标准严格要求自己，深入钻研，把功夫做到家，不断实现突破，为一汽的发展贡献我的一份力量。

在自主的道路上奋进

——记哈工大 1989 届锻压工艺及设备专业毕业生　谢文才

时光荏苒，流年似水。岁月变迁中，母校已走过了百年的风雨历程。100 年的梦想追逐，100 年的为国育才，100 年的接续奋进、砥砺前行，如今的母校已跻身国内顶尖的理工科大学前列，桃李满天下，硕果满枝，无愧于"工程师的摇篮"的美誉，成为哈工大学子的骄傲。

我是 1989 年哈工大锻压工艺及设备专业本科毕业的，之后（2002 年）又师从母校苑世剑教授攻读硕士、博士学位，专业方向仍然是锻压工艺及设备，2006 年硕士毕业、2018 年博士毕业。毕业后一直在一汽自主体系工作，先后担任了一汽车身厂工装科、技术科工艺员、组长，技术科副科长，一汽轿车技术科科长，冲压车间主任，技术发展部部长，一汽解放技术发展部部长等职务，在冲压工艺、装备技术及材料技术升级、科技创新等方面有所建树。先后荣获中国汽车工业杰出人才、吉林省有突出贡献的中青年专家、一汽集团及长春市"五一"劳动奖章和劳动模范等光荣称号，享受国务院政府津贴；获省、市及以上（含协会）科技创新奖 14 项，集团公司级科技创新奖 19 项。发表论文 42 篇，拥有授权专利 6 项。

31 年来，我谨记母校"规格严格，功夫到家"的校训，努力工作、开拓进取，一心扑在一汽的自主事业上，埋头干、大胆创，俯首耕耘，勤勉不辍。

主导建立了一汽轿车、一汽解放新的制造技术管理团队

2003 年 8 月，我调任一汽轿车公司，担任技术发展部领导职务（部长助理、部长）。当时这个部仅有 3 个科室 88 名技术人员，技术能力弱，专业覆盖面严重不足。有一天下班，我组织部门员工座谈，问大家怎么才能快速改善被动局面，提升团队能力，成为自主一流。大家都觉得不可能，因为当时的我们缺人、缺钱、缺技术。我就和大家说："面对难题，我们不要总想着行不行，要研究怎么行。"大家都很认同我的观点。随后，我们从一切有利于工作的角度出发，制订了新的团队建设实施方案，广纳贤能、对标先进、重点突破，最终用三年多的时间，打造出了一支管理有效、技术过硬的制造技术团队，基本实现了工艺技术标准化、系列化、模块化目标，为后续红旗、奔腾的量产和热销打下了良好基础。到 2016 年初我调离时，一汽轿车技术发展部已发展成拥有 11 个科室 600 余名技术人员，集冲、焊、涂、总、匹、规划、投资、工程基建于一体，门类齐全的专业的技术发展部。

在一汽轿车工作期间，我亲历了冲压技术从无到有、从弱到强的转变过程，主导创建了一个符合发展需要、业务完善、架构合理的工艺技术及管理平台。在冲压用材方面，与宝钢合作，实现了第三代高强钢 QP980 在 A130、J71 车型上的量产应用；与德国蒂森合作，实现了 1 800 MPa 热成型钢板在 J71 车型上的量产应用。在整车方面，我们通过 Mazda6 C301、A501、C131、A 级车、J5LA 等整车产品的开发、制造、量产实践，走出了一条从引进、消化、吸收到再创新、再制造的国产轿车"奔腾"之路，为一汽轿车转型升级打下了良好基础。

2016年1月,因工作需要,我调至一汽解放公司,担任技术发展部部长。上任之初,这个部只有生产准备、工程管理、投资控制3个科室70余名技术人员,当时解放公司层面对各生产单元的制造技术支持几乎是空白,新岗位带来了新挑战。关键时刻,公司领导给予我极大的支持与鼓励,让我放手去干。组织、调研、策划、讨论,建团队、理流程、定标准、出方案,我们开始了艰苦的改造历程。2017年下半年,借公司流程化组织变革的契机,我们成功实现了自主解放技术发展体系流程再造、团队重组,体系能力大幅提升。至2019年末,解放技术发展部已发展成为拥有13个科室300余名工程技术人员的大型部室,实现了从传统的冲、焊、涂、总、匹等基础专业到电子电气、智能制造等前瞻技术的全维度、全领域业务转型覆盖。多年没能解决的危房改造、自动化提升、数字化、少人化等一批老大难问题得到快速推进或解决。

其中挑战最大的是"危房改造"项目。解放公司前身是1953年成立的新中国第一个汽车制造厂,是"一五"期间建设的老厂,现有建筑物多是20世纪50—80年代建造,多数建筑物服役时间超过60年。据专业部门鉴定,四级危房60余处(人员及设备必须立即撤离)、三级危房30余处(可看护使用但必须立即加固处理),二级危房100余处,形势严峻,状况堪忧,尤其是三、四级危房存在着极大的安全隐患。一边是持续高产,一边是危房要抢险加固,问题非常棘手。更难办的是部分危房已被集团内改制企业租用多年,受经济因素影响,改制企业明知危险但仍然"赖着不走",推进起来举步维艰、困难重重。

2016年12月28日凌晨,受极端天气影响,解放卡车厂五车间(三级危房)突然坍塌,所幸无人员伤亡,但是大量生产物资被压,卡车厂面临停产危机,日损失产值将达1.5亿元以上。当日上午7点,集团公司及解放公司数十位领导临阵指挥,基于人身安全考虑不能进入垮塌现场踏查,因此迟迟无法做出决策部署。此时的我心急如焚,不顾领导劝阻,主动请缨,第一个冲进了垮塌现场实地勘验内部损失情况,为领导决策提供了准确、翔实的材料,第一时间制订出合理的资产抢救方案,挽回直接经济损失1 000余万元,得到集团及解放公司各级领导的充分认可与高度赞许。

"1228"坍塌事件的发生,加速了危房改造进程,毕竟"安全大于天"。我们抓住了这一有利时机,迅速跟进,对鉴定为三、四级危房的所有厂房逐一制订可行的改造方案,刚性执行,不论是哪个单位都不能例外。其中,最难啃的"骨头"还是四家改制企业的迁出。在劝迁过程中,我真是苦口婆心,费尽了脑筋,会议桌上谈崩了就换个非正式的场合继续谈,再不行就到家里谈,总之是谈不拢就一直谈。经过近一年的艰苦奋战,我们在确保公司利益的前提下,实现四家改制企业劝退迁出,成功解决了这一历史性难题,三年来久拖不决的集团重大安全隐患得到彻底消除,我也因此落下了"拼命谢三郎""谢老倔""谢疯子"等绰号。

从2016年开始,我和我的团队对经专业部门鉴定的300余处问题房屋进行了有计划的搬迁、拆除、加固、改造、维修,至2019年底危房改造项目全部完成、达标,得到公司领导认可和广大员工的赞扬,他们都说:"房子安全了,工作心安了。"

主导完成了国家、省、市及一汽集团多项科研攻关项目

31年间，不论工作岗位如何变化，我始终都没有离开本专业，一直工作在冲压工艺与装备技术科研第一线，担纲主导了一批国家、省、市及集团公司的重大科研项目。

2006年，我主导完成了"一模多件工艺"开发项目。一模多件项目巧妙地采用了阶梯性成型技术，以更小的成型力实现了一模多件生产，生产效率提高了两倍，模具投资降低了30%。奔腾轿车的车门内外板（一模4件）、机罩（一模3件）、行李箱内外板（一模3件）等都是采用一模多件技术生产的，提高效率的同时降低了成本。

2008年金融危机期间，轿车公司迫于成本压力，拟将从合资公司高价采购的原副车架等6个总成转为自制生产，公司将这一任务交给了我，作为技术发展部部长的我责无旁贷。该项技术的核心是前副车架主管型零件采用高强钢管内高压成型，这项技术一直被合资公司垄断，我们没有话语权，成本居高不下。所幸的是我在攻读硕士学位期间，师从苑世剑教授开展的就是小红旗轿车转向节臂内高压成型研究，对内高压成型工艺有一定的了解和积累。在立项之前，我也曾多次到合资公司进行"技术调研"，对该零件的成型工艺以及技术关键点有初步的认识："该零件采用三序，分别是弯管、预成型和内高压成型，关键是要控制弯管工序件的壁厚减薄率。"这项技术的另一个关键环节是内高压生产线（国内主机厂首条）和内高压模具。内高压生产线包括数控弯管机、预成型压力机和内高压成型机，为了控制弯管工序件的减薄率，要将常规的弯管工序件减薄率严格控制在10%以内，对弯管机供应商提出了更高的要求。模具方面，由于当时国内模具供应商还不具备设计和制造内高压成型批量生产模具的能力，模具采用国际招标，供应商为国外某知名企业。在模具国外验收环节，根据项目节点，已到发货时间，但供应商不肯发货，原因是制件不达标，内高压成型工序有裂纹。通过现地现物的分析，我发现在模具供应商处生产的弯管工序件壁厚减薄率最大为15%，找到了问题所在。我当时心里非常清楚，是供应商弯管工序件减薄率控制不足，但没有明说，只是在预验收合

同上签了字，要求供应商马上发货，后果由我自己来承担。供应商看到我这么坚决和有信心，也就同意发模具了。模具到达轿车公司现场后，通过采用我们的弯管设备，成型后零件问题消除，通过批量验证后，无缺陷产生。国外来的调试工程师都觉得很惊讶，问我为什么，我把问题所在告诉了他们，他们无不竖起大拇指。

2009年下半年，"奔腾B50副车架等六总成自主开发"项目顺利验收完成，与合资公司相比，实现整线降投资50%，内高压生产效率提升20%，批量生产废品率降至0.2%(合资厂1.5%)以下，制件最大减薄率降至16.7%(合资厂25%)。如期实现奔腾系列轿车副车架等六总成国产化，累计实现降成本1.5亿元。

2010年，我提出并主导实施了"激光拼焊侧围加强板"项目。该项目是五六块80 kg级别不等厚高强度板，拼焊后一体冲压成型。当时马自达的西山部长对这个"大胆的想法"提出了明确的反对意见，好几次会上我们争得面红耳赤。后来，我带领团队多方论证、反复试验验证，在工艺造型、模具表面、落料模设计、材料扩孔率等多个方面下功夫，最终冲出了合格产品，在事实面前马自达专家给出了极高的评价。这项技术优势明显，国际领先。直到现在，我和西山部长见面，他还总是说："谢桑敢想敢干，是汽车界的人才。"

31年一路走来，也曾有过迷茫和彷徨，但我都成功走了出来。2019年，我完成了凝结自身工作经验和技术路线的《汽车板材先进成型技术与应用》的撰写（2019年4月出版发行），为国内汽车制造企业及高等院校汽车相关专业提供了一部颇具参考价值的专著。我常和身边的人说："是哈工大培养了我，如果说是一汽给了我一片翱翔的天空，那么哈工大就是那个为我插上翅膀的人。"

感谢母校，感恩一汽。

做"规格严格,功夫到家"的一汽人

——记哈工大1998届焊接专业毕业生 张晓胜

张晓胜,自1998年从哈工大焊接专业毕业后就在一汽工作,先后在一汽车身厂、一汽-大众、一汽轿车、集团发展部、技术中心、集团工程部工作。他从一名普通的工艺技术员成长为现在一汽集团工程部的部长助理,作为集团的工艺技术带头人,堪称一汽青年人的榜样。跟他一起工作过的人都知道,从毕业踏上工作岗位起,"规格严格,功夫到家"的作风就一直是他最好的名片,指点着这名哈工大人在工作岗位上取得一个又一个的优异成绩。

刚参加工作时,张晓胜在一汽车身厂担任技术员,简单基础的岗位从此多了一位踏实肯干的青年。在工作岗位上他勤奋刻苦、兢兢业业,把从学校学到的知识与品质融入实际工作中。在生活中他严于律己,宽以待人,利用业余时间不断学习提高。通过优异表现和卓越绩效,年轻的张晓胜得到了领导和同事们的交口称赞。从车身厂、一汽-大众到一汽轿车,他在多个重要的岗位踏实工作,从普通的技术员,一步步成长为主管、科长。张晓胜用不懈奋斗取得了一个又一个成绩，先后获得长春市青年职工"十佳创新标兵""一汽-大众卓越贡献立功个人""一汽轿车自主功臣""轿车公司十佳青年""一汽集团岗位新星""中国一汽标准成果一等奖""中国一汽科技创新奖一等奖""第二届央企青年创新奖""第一届央企青年五四奖章""长春市科学技术进步奖""吉林省杰出青年岗位能手""中国机械制造工艺成果一等奖""第九届国际发明展银奖""中国汽车工业科学技术奖""中国机械制造工艺杰出青年""中国一汽沈曾华自主创新奖""中国一汽干事创业先进奖"等多个奖项，享受吉林省政府津贴。

2011年张晓胜进入一汽发展部，以着眼整个一汽集团全局的角度开展工艺规划的工作，进行了自主体系整车和动力总成产品的生产准备，建立了集团公司内制资源（工艺路线）管理工作流程，规范了集团工艺路线管理，发布了《集团公司自主产品内外制配套资源策划管理办法（试行）》，为生准阶段的产品工艺路线管理奠定基础。从开展同步工程工作，依托集团公司核心资源，逐步扩大产品同步工程的范围和深度，到"轧制差厚板的开发及其在汽车冲压件上的开发与应用"打破了国外技术垄断，具有自主知识产权的工艺技术在一汽开始应用，张晓胜完成了从一名基层管理者到行业领军人才的提升。

2017年，张晓胜积极响应集团公司"全面振兴红旗品牌"的号召，在全面深化改革大潮中，承担起红旗产品工艺管理与开发的重担。在将近一年的艰苦工作中，张晓胜克服体系重构、人员数量和能力不足所带来的诸多困难，不畏艰险、殚精竭虑，全面完成各项工作，取得了卓越成绩，为红旗产品生产准备的推进、红旗工艺技术体系的构建做出了贡献。

立足长远，创新建设中国最先进的智能绿色工厂

长春红旗工厂是当前唯一专门生产红旗产品的制造基地，也是集团

传播红旗品牌形象的重要窗口。改革前的红旗工厂制造技术水平不高，以手工生产为主，智能和信息化程度较低。厂区内的建筑破损，车间内部的观感较差。为了从工艺技术上支撑红旗"极致品质"目标的达成，更为了切实提升红旗品牌形象，张晓胜主动请缨，承担了长春红旗工厂改造扩产项目工作组组长的重任。

项目伊始，张晓胜系统梳理了红旗工厂现状，立足长远，明确了"四高（高质量、高效率、高素质、高体验）"和"四化（柔性化、智能化、体验化、数字化）"的整体目标。在工厂改造过程中，张晓胜始终坚持将工艺选择和红旗产品的未来需求紧密结合。

为了适应未来红旗产品多品种小批量的特点，他在总装和焊装领域开创性地提出了"岛式布局+自动导引运输"，构建智能线间传输系统，采用三位伺服柔性定位，创新实现多车型柔性化生产，在国际属首创首用。在冲压修模区设计一拖四布局，建立调试中心，实现预批量功能，缩短周期，国内首创。集团内首次采用主拼飞行夹具，创新实现了一次总拼和二次总拼车型的共线生产，打造了红旗柔性化生产系统。

为了打造红旗产品的极致魅点和极致品质，他前瞻性地规划了8500T钢铝混合冲压线和两步法涂装前处理工艺，一汽集团自主品牌首次具备了钢铝结构零件的成型和油漆生产能力。采用激光点焊和CMT BRAZE+钎焊技术，有效规避了传统焊接的缺点，实现了高效、高强以及高焊接可达性，提升了外观质量。总装车间采用全线电动拧紧工艺，有效保证了连接的有效性以及可追溯性。在国内首次采用行业最新的绿色激光扫描测量技术，实现100%关键尺寸及间隙面差监控。

为了打造绿色环保智能工厂，张晓胜在国内领先提出微正压冲压车间的方案，采用全封闭调试区、独立卸货通道以及人员进入吹洗的方式，提升了车间清洁度。他设计了双天车自动换模工艺，实现了生产和辅助过程无人化，线外换模时间减少50%，为国内首创、国际领先；引入线尾自动装箱工艺，使用人工在线检测、自动装箱和AGV转运技术相结合，国内领先；将空压机、焊钳循环水余热回收，热量用于冲压、焊装、总装三个车间的冬季采暖，国内独一无二。在喷气室和烘干炉改造中，他大力推动弹性能源技术落地，使得全新红旗工厂的废气排放、污水、回收利用能力达到了国际先进水平，工厂低碳化水平得到了飞跃式提升。

勇挑重担，精心打造红旗首款纯电动车高精度车身

红旗EV是红旗历史上第一款纯电动SUV。2018年3月，红旗EV出现白车身外协冲焊金属件拖期问题，原有的项目团队无法保证相关零件的有效改进，如果不能及时解决，EV白车身匹配进度将会拖期，整车的投放必然无法保证。届时不仅会影响年度销售目标的达成，更会成为全新红旗战略规划落地的障碍。在这样的危急关头，张晓胜喊出了"这

个困难我来扛"的口号，主动承担起这一意义重大的急难险重任务。

为了掌握问题的第一手资料，张晓胜发扬"五加二、白加黑"的奋斗精神，加班加点，不分昼夜，辗转在"河北泊头、山东烟台、吉林长春"三地七厂之间。为了保障问题的迅速反馈、解决措施的有效落地，他扎根现场，协调冲压、焊接、匹配分析、采购、质保等多方面资源，采用日例会制度推进项目并现地指挥三轮匹配工作。为了解决侧围骨架与地板主拼干涉的问题，他亲自动手，通过对门槛、纵梁等主要干涉点的两轮手修，结合零件数据分析，查找出单件回弹及焊接夹具精度不足等16项原因。通过问题的及时整改，地板与侧围的间隙从改进前的 –6 mm 变为 0 mm，顺利解决了骨架与地板的干涉问题，保证了车身主焊线的顺利通过。短短几个月时间，张晓胜发现并组织推进153余项次问题的整改，为项目挽回60个工作日时间，为保证6月底车身PCF（车身尺寸验证），12月底达成项目目标，起到了关键性作用。

创新技术，积极推进前瞻性研发和应用成果转化

张晓胜始终践行集团公司"创新发展"指导理念，他坚信实践是提升管理能力的重要方法，积极投身工艺创新开发实践活动。因多年积累的技术经验，张晓胜往往能系统地掌握工艺技术发展规律，找到最优的发展方向，带领团队取得多项重大成果。

在轧制差厚板在汽车冲压件上的开发与应用上，他带领团队自主开发完成轧制差厚板冲压件全套生产工艺，替代不等厚激光拼焊板，使一汽集团成为国内第一家、国际第二家掌握差厚板冲压生产技术的企业。多段不等厚板材冲压成型具有明显优势，具有不可替代性。项目以天津一汽骏派A70车型左前纵梁内板为载体，先后完成了轧制差厚板原材料、差厚板模具及差厚板冲压件的开发，并进行了材料性能、焊接全破坏、白车身匹配、实车碰撞、质保路试等应用试验，实现了轧制差厚板冲压

件的规模化生产，并且搭载整车实现了大批量应用。

张晓胜完成了国内主机厂首条内高压生产线的开发，承担了"国家04重大专项"，完成了国内主机厂首条内高压成型生产线建设，整线设备包括数控弯管机、预成型压力机和内高压成型机。

张晓胜还牵头建立了预批量中心和几个关键工位的预批量生产线，模拟正式生产线进行调试、解决问题、工人培训等，工装设备到货后先安装在预批量中心，新产品在预批量生产线上调试，工人在预批量生产线上提前培训操作，成熟后转到正式生产线，简单验证一下通过性就可以生产，大大减少了占用正式生产线时间（不影响现产车型的产量），同时也可以缩短生准周期两个月。

通过这些技术的突破，一汽集团的工艺技术水平迈上了新的台阶，为集团的未来发展和战略转型提供了有效支撑。

注重实效，大胆探索党建工作模块多样化

在承担行政领导工作的同时，张晓胜还担任发展制造部党总支组织委员的职务。他时刻不忘以一名中共党员和新时代红旗人的标准严格要求自己，充分发挥党员的先锋模范作用。同时，他不断深入学习党的十九大报告中的新思想、新观点、新论断，按照要求提高认识、统一思想，严于律己，严格要求自己学理论，重实践，将思想和行动统一到党的十九大精神上来。在党总支工作当中，他大胆创新，积极探索新模式，务求取得新成效。他组织高级经理走出会议室，在室外面向全体党员结合业务讲党课，探索了党课组织的新形式。他通过组织党建知识竞赛、学习遵义会议精神、观看黄大年情景剧等活动，激发了党员同志学习的积极性和热情。他带领党员同志参观长春烈士陵园、李放展馆，将对烈士的缅怀转化为大干红旗事业的动力。新的发展制造部党总支自成立以来，先后组织高级经理讲党课5次，开展各类学习活动50余

次,提升了发展制造部党员拼搏向上、勇往直前的实干精神,取得了良好的效果。党员同志们都交口称赞:"张晓胜同志不愧是业务党建双创新的典范。"

毕业22年,张晓胜同志从一名学子成长为一汽制造领域的领军人物,这棵在哈工大校园里孕育出的幼苗已经在一汽成长为葱郁的大树,而这位"规格严格,功夫到家"的一汽人,正在新的岗位上,书写着未来的辉煌。

(王翔撰)

我与一汽铸造共成长

——记哈工大 1989 届铸造专业硕士研究生　马顺龙

回首往事，与铸造结缘已 30 多年。在这 30 多年中，我经历了大学铸造专业、研究生铸造专业的学习，经历了一汽铸造不同技术岗位、管理岗位的历练，也从一个侧面经历了我们国家铸造，尤其是汽车铸造由小变大、逐步变强的过程。回忆往事，感触颇多，深感无悔。

铸造专业学习的经历

与铸造结缘，来自于大学所选的专业，当时并不知道铸造专业是学什么的，但选了，就坚定自己的选择。大学四年自己最深刻的印象，就是获得了洛阳工学院 1986 届优秀毕业生的荣誉。本科毕业的同年，我考上了哈尔滨工业大学铸造专业研究生，师从贾均、陈玉勇教授。读研究生期间，在导师的指导下，我的研究生课题"氯化稀土变质剂在铝合金中的应用"

获得了航空航天工业部1990年科技进步奖二等奖和一项发明专利。大学和研究生的铸造专业学习，不仅使我学习了铸造专业的理论知识，更掌握了铸造专业分析问题、解决问题的思路和方法，为以后从事铸造专业工作奠定了良好基础。

在一汽铸造的工作经历

能到一汽工作，是令人喜悦的。1989年我毕业来到一汽，被分到了第二铸造厂，也就是现在的一汽铸造有限公司铸造二厂。当时，第二铸造厂可以说是世界最先进的铸造厂，新设备刚刚安装完成，尚未投产。为了学有所用，记得分到第二铸造厂后，虽然有留在科室工作的机会，但我还是自愿要求深入一线，从熔化车间工艺员做起。当时的熔化车间，采用两套20 t/h热风除尘冲天炉与45 t有芯工频炉双联熔化。生产球墨铸铁时，铁水经过多孔塞脱硫包脱硫流进工频炉，经过球化和合金化处理成QT450-10、QT550-3、QT550-6三种牌号，从而生产曲轴、凸轮轴等铸件；生产灰铁时，经过炉前处理成HT200、HT220、HT250三种牌号，从而生产缸体、刹车鼓等铸件。我在熔化车间经过了十年炉火的历练，不但掌握了熔化的技术工艺流程，还逐渐参与到车间管理中。从1992年起，我先后担任熔化车间主管技术的主任助理、副主任和主任职务。由于熔化车间既生产多牌号灰铁，又生产多牌号球铁，生产和质量保证难度非常大，我和车间有关人员，搞攻关，建制度，建立工艺操作标准并在车间内推广贯彻，做了大量烦琐细致而又复杂的基础工作，从而保证了使用一种原铁水生产多种牌号铸铁材质的生产和质量保证需要，为第二铸造厂生产各类轻轿汽车铸件材质稳定合格做出了贡献。在这期间，我作为主要负责人参加的大型热风冲天炉的研制及薄壁高强度灰铸铁生产质量控制项目，获得了1993年度吉林省科技进步奖一等奖；参加的采用新型孕育剂生产薄壁高强度灰铸铁、球铁20 t/h热风冲天炉高温炉渣烧结的研究等项目，不仅满足了生产应用，创造了经济效益，还获得了一汽集团的科技进步奖三等奖、四等奖。1996年10月，我被破格晋升为高级工程师。通过在铸铁熔化车间的工作，我对铸铁熔化、材质处理、质量稳定控制等认识更深了，对球铁、灰铁的生产技术、工艺、流程的掌握达到了比较高的水平。

1998年，我调任第二铸造厂厂值班主任，主要负责铸造生产过程的管理及现场质量管理，对整个铸造工厂的管理有了一个全面的了解。在职期间，我圆满地完成了各项生产任务和质量指标，之后还担任过铸造二厂综合科科长，主要负责厂的管理体系、质量体系的建立健全和部门经济责任制的考核。在这期间，我学习及推广邯钢经验，在铸造二厂尝试了成本倒推的经济责任考核办法，收到了良好效果。

2001年4月，我调任一汽铸造公司技术部部长助理，主持技术部的工作，主要负责铸造公司的发展规划、技术管理和信息化。在任职期间，我组织编制了铸造公司五年发展规划，建立了铸造公司网站、信息平台，开展了铸造ERP系统的初步应用工作，促进了铸造与信息化技术的结合。

2002年7月，我成为一汽集团的高级经理，升任一汽铸造有限公司人事部部长。我在人力资源和绩效管理方面深入开展研究和实践，特别是激励铸造专业的技术人员配合生产一线开展研究和创新，在技术人员的绩效考核和绩效管理方面制定了一系列的政策和制度，取得了良好效果。多岗位的综合历练，使我开阔眼界、积累底蕴，提升了综合能力，为干好铸造事业奠定了良好基础。

2003年5月，我转任一汽铸造公司铸造研究所所长，重新回到了铸造技术队伍。当时我主要负责公司新产品开发管理、铸造技术项目的策划和实施管理、新产品开发试制、铸造检测、铸造技术管理等工作的领导和策划。在新产品开发方面，我积极参加工艺方案的策划和评审，组织制定了"新产品先期质量策划程序文件""新产品开发项目制管理办法"等，规范新产品的开发，提高新产品开发的成功率。同时，针对汽车铸件开发周期较长这个难题，我积极思考，认真分析，大胆假设，仔细求证，撰写了《缩短汽车铸件的开发周期》一文，在《汽车工艺与材料》杂志上发表；在科技项目研究方面，我一方面做好项目的策划、立项论证和实施管理，以保证科技项目符合性、前瞻性和预期效果，另一方面，我积极参与到重大项目的方案策划、计划制订和实施工作中。例如，我曾参加了一汽集团科技项目"DEUTZ发动机铸件的材质及工艺开发项目"，此项目在铸造公司首次成功实施发动机缸盖立浇工艺，并获一汽集团科技创新奖四等奖；我主持并组织了计算机模拟技术应用，优化铸造工艺，降低成本项目，在铸造公司创造了经济效益逾千万元；组织并参与了铸铁熔化多用废钢和低成本合金元素优化研究项目，为铸造公司每吨铸件降低成本近1 000元，年可降成本200多万元；为满足一汽集团整车发展需要，我主持开发了高硅钼、高镍耐热球铁材质及其轿车排气管铸件，满足了轿车国产化的需要。同时，为了加速复杂汽车铸件试制，我还主持了复杂铸件快速开发项目，通过建平台、技术瓶颈研究突破、配备合理的装备等，实现了复杂铸件快速开发；组织开发了一体化QT600-5解放重型汽车桥壳，该产品自主设计，材料、生产工艺自主开发，国内首创，达到国际先进水平，极大地提高了解放重型汽车市场竞争力。

此外，我积极组织铸造技术力量参加国家和省市科技项目，亲自参加了国家科技支撑计划课题子项——轻合金压力及差压铸造技术与成套设备研究课题典型铸件的研制，主持和研究了国家科技支撑计划绿色制造关键

技术与装备项目中铸铁件在线孕育及喂丝球化工艺研究子项,项目申报获得科技成果。2008年,吉林省中断了多年的正高职称开始评审,我顺利晋升研究员。

2011年3月,我调任特种铸造厂厂长,全面负责一个专业厂的工作。特铸厂是能够同时生产壳型工艺、熔模工艺和树脂砂工艺产品的专业厂,可以生产球铁、铸铁、铸钢、耐热钢及多种合金钢材质的产品和各种复杂构造的高科技含量铸件,为一汽集团重、中、轿、轻等各类车型配套生产铸件200余种,用户包括一汽解放、一汽轿车、一汽-大众、上海大众、大连华锐。主持专业厂的工作,我深感责任重大。安全消防不能出问题,铸件质量、准时发交更不能出现差错,同时,质量提升、降本增效、新产品开发、员工积极性的调动等工作对企业发展也至关重要。我把压力化作动力,在厂班子和员工的支持下,积极开展工作,取得了比较好的效果。2011—2014年特铸厂连续四年盈利,但在2015年汽车发展新常态的情况下,由于主导产品受整车的影响产量断崖下降,特铸厂开始严重亏损,我又开始面临着严峻的扭亏任务。在专业厂工作,管理一个厂,我深深感到在辛苦工作的同时,自己的管理能力、技能能力也在增长,每天上班早来晚走,感到非常充实。壳二、壳三车间投产时的喜悦,大众三代发动机EA211曲轴废品降下来时的喜悦,仿佛就在昨天。

2016年8月,我由特铸厂来到一汽锻造(吉林)有限公司任党委副书记兼总经理。这种跨行业对我来说又是一个新的挑战,虽然都是基础行业,但工艺不同,行业标准也不同,需要重新学习新业务、新知识。为了快速进入角色,我工作时间向下属学,业余时间向书本学,短期内实现了从门外汉到业内人的转变。

来到锻造公司后,我亲自参与重点事项策划,重点关键环节亲自把关,现地现物发现问题,及时协调解决关键节点问题。通过加强全过程质量控制、质量攻关改进、推进BIQ(铸就质量)、开展QC(质量控制)活动等一系列措施,材料利用率、过程审核符合率、废品率对比指标都有大幅提升。对公司制造技术管理、标准化作业推进、智能制造、新产品开发、定额标准、技术论文等管理进行明确分工，逐步提升公司整体管理水平。为了向精益要效益，我在锻造公司策划了经理人员"精益论坛"，坚持对经理人员进行精益培训，并当老师，讲精益，明确公司精益理念，营造精益氛围，到现场督查重点精益问题，务实推进精益十要素和精益价值流项目。

通过科学谋划，积极进取，锻造公司克服了钢材涨价风险，化解了工资总额不足等一系列困难，为实现扭亏为盈打下了坚实基础，也走出了多年的困境，2016 年同比扭亏 1 731 万元，2017 年盈利 867 万元，同比扭亏 5 617 万元，实现了扭亏为盈，使公司走上了良性发展的道路。

2017 年 10 月，伴随着一汽集团的改革，我通过竞聘走上铸造公司副总经理岗位，分管铸造公司技术领域工作，肩负起整个铸造公司技术研发、技术体系管理、新产品及模具开发等工作。在铸造公司面临市场化改革、经营压力增大的形势下，技术领域工作也面临着更加严峻的挑战。在技术研发方面，我带领团队开展公司技术发展方向调研及研讨，重点在新能源、轻量化、结构件等前瞻产品领域开展研发，并在新能源电机壳、动力总成空心支架、蠕铁缸体、商用车刹车盘等方面实现成功开发及产业化。为了提升公司研发创新能力，我组织了与吉林大学、沈阳工业大学、沈阳铸造研究所等多家高校及企业建立战略合作关系，并通过产学研联合开发，在产品结构优化设计、无机黏结剂材料等方面取得丰硕成果。在技术体系方面，我通过技术体系例会、专业厂调研服务、专业学组模式建立等方式，集中公司技术力量，在公司核心材料技术、制造技术、职能制造等方面开展攻关，为公司整体生产经营提供有力支撑。

从事铸造行业工作的经历

从 2005 年筹划成立吉林省铸造协会开始，我就开始兼职从事铸造行业的工作。2008 年中铸协汽车铸件分会成立，我先后兼任吉林省铸造协会常务副会长，中铸协汽车铸件分会秘书长和全国铸造学会、中铸协相关分支机构的有关副主任或委员。通过组织开展协会工作，在代表一汽铸造履行社会责任的同时，我了解了行业发展趋势，广结了朋友，提高了自己组织行业活动和把握行业技术、热点的能力。

回顾自己的工作经历，我深深感觉到提高工作能力和技术水平的一个主要途径，就在于要不断学习，勤于思考，善于总结。我经常把总结的结果形成论文，或投稿或会议发表。《有芯工频炉保温期间球铁贴水碳的损失及预防措施》《铸造生产过程中的废弃物循环再利用》《缩短汽车铸件的开发周期》《新型环保自硬砂的研制及应用》等论文陆续在铸造行业相关杂志上发表，在行业中获得了积极的反响。

在提升自己的技术水平的同时，我也没有忘记帮助和培养年轻人。工作中，我通过布置任务、面谈、工作研讨等方式进行指导，随时把专业技术和管理的总结成果、心得体会等，传递给年轻一代。2005年，一汽集团和哈尔滨工业大学联合培养工程硕士研究生，我作为一汽集团方面的导师，配合学校导师，指导了三名学生完成课题研究，目前，三人都已成为一汽铸造的骨干。

转眼间，从事铸造事业已31年，从当时的莫名踏入，到现在的深深热爱，我深感有付出就有回报，就会干一行爱一行，希望自己能在未来的时间里，继续发光发热，为铸造事业、为一汽事业贡献力量。

以不懈的奋斗报答母校

——记哈工大1988届焊接工艺及设备专业毕业生　付文池

　　百年规格擘画，盛世桃李芬芳。2020年，哈工大迎来100周年校庆。仿佛转瞬之间，我从哈尔滨工业大学毕业，已有32年。校园图书馆的灯光时常闪现在脑海，教室黑板上工整的字迹历历在目……光阴无情，学子有意。我时常思念青春校园的翰墨书香，时常想起严谨治学、勤勉授业的老师亲切的笑脸。我庆幸，人生最好的年华按照"哈工大规格"浇筑，骨子里融入了优秀的成长基因；我感恩，"规格严格，功夫到家"的校训，在我踏入社会砥砺奋进的过程中，激励我以高规格的治学底蕴、严格规范的求是功夫，在事业上求真务实，在生活中自强不息。

　　1988年9月，走出校园，我追随着学长耿昭杰的脚步，踏入了中国第一汽车制造厂的大门。一头扎进专业里，在车间一线，焊接工艺员我一干就是七年。这是一个从量变到质变的积累过程。初出茅庐之际，冲劲儿十足、沉稳不足是年轻人的共性。幸运的是，我遇到的师傅们是质朴善良的，我工作的环境充满友爱和温暖。在与工人师傅打交道的过程中，他们教会了我培养耐心和毅力以及遇事沉着的态度。从一个样件的焊缝到一批合格白件流转到下道工序，由一种零件的版本号升级演变到一个车型配套工艺的改造与衔接，通过与一线员工反反复复的磨合和沟通交流，渐渐地，我从中学会了在突发事件和无序现象中沉下心来，溯本求源发现真因，扫清一个个制约生产的障碍。其间，我组织并策划主导完成 CA141 驾驶室卧铺加宽现生产改造这一重点改造项目。彼时，解放白车身换型改造进入关键的环节，我深知肩负重任，感觉到仿佛有无数双眼睛在盯着我、无言的声音在催促着我，真切地感受到来自周围的压力。同时，我自己也给自己施加了压力，起早贪黑、风雨无阻、一心在生产一线摸爬滚打：查图纸，拆设备；指导示范操作要领，制定标准作业手顺；干部服穿得比工作服还"千疮百孔"，卡尺却擦拭得比眼镜片还要透亮。对工艺水准的要求是：焊就焊得天衣无缝，做要做到完美无瑕。任焊花飞溅，照亮我匍匐精益焊接的历程。压力变成了我前行的动力。潜身一线，让我全面深入地掌握了焊装生产线从工装设备调试到机器手程式化重塑等工艺设计和控制。当初在哈工大实验室里精益求精、反复校准的训练培养了我严谨的学术作风；千百次对研究课题里论证数据的溯本求源、严密逻辑推论的思维强化，塑造了我严肃求实的做事品格。"标准、精细、极致"，已成为我工作中铁打的定律、不变的初衷。

得益于对工作严谨务实的执拗劲儿、按规格严格行事的忠厚劲儿，我先后担任了焊接车间主任助理、副主任、支部书记兼主任。面对角色转换，重任压肩，深厚的治学底蕴使我气定神闲，导师谆谆教诲给予我无穷力量："人生要敢于接受挑战，经受得起挑战的人才能够领悟人生非凡的真谛，才能够实现自我无限的超越，才能够创造魅力永恒的价值！"我走上领导岗位以后，发现从管技术到管人是一个大的跨越。对人的管理其复杂性和不确定性是技术工作所无法比拟的。管技术一是一、二是二，不能模棱两可；而管人却是一门艺术，它体现在激发人心、解决矛盾、善于总结、选人用人、换位思考、科学预见和决断等方面，涉及原则的把握和规则的确立等等，在这些方面我都得从头学起。遇事除了跟老领导请示、找经验丰富的同事交流之外，还经常与员工沟通、唠家常，了解他们心里真正想的是什么，日常工作中对他们的理解和包容、宽慰和引导，逐渐使我们之间产生共鸣。如此，在关键时刻，我所说的话和做的事，都能"落到点子上"，得到大多数人的认可赞同。在焊装车间开始新车型试制、CA141垂直转产的最关键时刻，工艺设备改造迫在眉睫、压力重重，但是当我把面临的形势告知员工，要大家共同分担的时候，员工们个个摩拳擦掌，跃跃欲试：一起筹划立项，共同为焊装生产工艺布线，给机器手设备调试，或带病坚持工作，或加班加点赶制新产品，或彻夜不眠探讨攻关课题……大家奔着一个目标拼尽全力，不计较分内分外、不计报酬、不图回报。终于，在全员共同的努力下，白车身换型焊接成功上量取得了突破，加速了换型改造的进程，结束了解放车构造30年一贯制的历史。这段经历让我从一个单纯的工艺技术人员蜕变为一个真正的管理者，这段往事至今依然使我记忆犹新：凝聚力和向心力会激发出战无不胜的团队的力量。

2002年9月，我调任天津一汽夏利汽车股份有限公司质保部部长，两年后因业绩突出，走上天津一汽夏利汽车股份有限公司轿车一厂厂长岗位，组织并策划完成夏利焊装两三厢混流生产的改造。彼时，天津夏利这一品牌的声名响彻祖国大江南北，我亦因此而备感自豪。工作中，我自始至终都坚持"规格严格，功夫到家"，不折不扣，故而由衷欣慰。自2006年到2012年的六年间，我担任一汽集团技术中心海南汽车试验所副所长并主持工作。这里的任务，主要是在祖国最南端、在热带气候条件下进行汽车和其他部件的使用试验以及样品的专门试验，为制定改进供热带国家使用的汽车道路试验、环境适应性测试、电气设备、仪表、油漆、电镀层、橡胶、塑料制件及其他机器产品的质量标准积累并提供宝贵资料。我在任内，立项实施"汽车腐蚀可靠性行驶试验规程"，标志着海南所可靠性试验研究达到新的高度。2009年，海南所综合性能试验广场改造项目完成功能性验收。目前广场占地面积近90 000平方米，是国内最大的综合性能试验广场。

从来没有设想过走上领导岗位，但是经过多年的历练和奋战一线的经验洗礼，我一路踏实笃行，一路成长蜕变，也肩负起越来越重的责任。这是哈工大精神在实践中的成功验证，这是百年校训勉诚励志的实例呈现。我遵循，所以我有强劲的前行动力；我信奉，所以我虔诚地贯彻始终。我在一汽解放汽车有限公司车桥分公司任职期间，一岗双责、重任在肩：强化党风廉政建设责任制，扎实推进"四严一强化"专项工作；深化"一、二、三"工程，通过凝聚团队，激发广大员工的创造活力，使他们全面融入"队伍职业化、质量精细化"等经营工作；建立和运行KPI2.0-4.0俱乐部活动机制；汇集分公司拔尖人才的聪明才智，解决突出问题，拉动员工成长，大大提升员工职业化水平；周密部署"4491"工作计划，亲自起草经理人员10项规定动作，在学习上及时纳入新精神、新要求；组织并策划"1441"工程，围绕中心抓党建，抓好党建促经营，利润总额完成目标的145%……可以说，我和我的团队在困境中卧薪尝胆、背水一战。突破，总在克难奋进中一扫阴霾，使前方的道路豁然开朗。

随着汽车行业市场化竞争愈演愈烈、汽车产业升级转型在即，企业外部竞争压力转化为内部挖潜的压力和动力。逆水行舟，不进则退。在领导岗位上，我深知自己还有许多不足，知识的积累和储备计划常因工作繁忙而搁置，在新时期中国汽车产业发展大趋势面前，还需要擦亮眼睛洞察一切。时代发展在提速，战略谋划的思维亦应突破固有的条条框框，以创新的姿态去迎接新一轮工业革命的到来。同时，我深知一份承载着5 000多人团队的重任担在肩上，使命激励我必须以顽强的意志和坚定的信念凝心聚力，让企业的大船在改革中求生存、在创新中求发展，乘风破浪，扬帆远航。

作为一个团队领导者，我秉承着严谨务实的工作作风沉入一线，向工艺标准要产品、向产品规格要质量。在一汽解放卡车厂担任党委书记、厂长以来，我坚持推进由数量型向质量、效率、交期型工厂转变，日产520辆再创新高，确保全年高产任务完成，有效支撑了解放中重卡持续领航；坚持技术领先，坚持精益投资，积极推进J7、新J6P和J6P等新车型的顺利投产。在信息化大潮汹涌席卷汽车行业之初，坚持智能化制造技术路线，大力推进新材料应用、新标准建立和信息化建设工作，实现PDM（产品数据管理），搭载CAPP（计算机辅助工艺过程设计）及辅材管理提升工厂辅材管理水平；整车BCM（车身控制模块）、车队管理模块等检测系统的开发及使用，既提高了整车检测技术标准和工艺水平，又满足了不同客户群体对整车定制化的需求。我们坚持精益生产，对标先进企业，引入专家人才，打造样板车间和样板线，提升工厂整体精益制造水平。生产经营方面开足马力一路向前，在创新管理机制方面还是令人颇费心思的，以求支撑解放"中国第一，世界一流"的战略目标。在检视内外差距、查摆问题之后，对管理机制的创新力，是我们面临的严峻考验。这需要对创新管理机制进行深度剖析和思考，将机制体制的运行逻辑关系理顺，从而创新性地打通人事管理的"任督二脉"，使生产力得到最大的释放和提高。在这个前提下，对评价优秀改善案例、制定外包商管理文件等设立仲裁委员会，实施管理创新；对一线员工奖金分配规则加以明细化、激励化；以两个负面清单约束产品质量、工作质量；以工艺纪律、质量门、装备管理执行标准三个标准清单，来加强对操作者的作业管理；以质量红黑榜和夕市会制度，来打造"质量第一"的浓厚卡车质量文化氛围。一切管理方法的应用，究其终极目的，就是要生产优质的合格产品，满足用户的需求。

紧锣密鼓的项目频频催征，纷繁庞杂的管理事物纷至沓来。我也曾备感焦虑，也曾深陷迷茫。但是，潜意识里总有一股力量推动着我激流勇进，督促我逢山开路、遇水架桥，不达目标誓不罢休。我多年来率技术团队研判策划，最终组织完成J6焊装车间"6090"的产能提升，实施可动率由86.6%提升到90.3%，日均产量由473辆提升至520辆；J7新车型新建焊装线达到国内商用车领先水平；J6主焊线和后围线FAE项目，一切以用户为中心，切实解决了用户抱怨的难点问题；推动T099新建焊装线车门里板焊接总成采用激光远程扫描焊工艺，提升工厂工艺水平。我日夜奔波在家与单位之间，少了休息日，多了伏案疾书与深入车间生产线的时间，不是我不觉疲惫，不是我不懂得享受生活。在我心中，在哈工大获得的知识与做人做事准则的浸润滋养，给我以勇气、给我以力量，犹如滔滔江水，取之不尽用之不竭，助力我在前行的道路上披荆斩棘，奋勇向前。投身一汽，建设一汽，我深感自豪：虽苦犹甜，痛并快乐着。人到中年，犹如水到中游浪更急、人到半山路更陡。而我愿意在前行路上，迈出我坚定且从容的步伐，永不停歇。有人曾问我：像年轻小伙般使不完的精力从何而来？我笑而不语。脑海中浮现的，是大学校园的青青草坪；是身着运动服带球突破、如猛虎下山，一阵旋风似的闪转腾挪，赢得比赛后，在午后的阳光里奔跑的景象。多想静静地坐回曾学习生活过的寝室里，与室友探讨潘际銮的焊接热裂纹的机理，多想重温在月光下漫步林荫道畅谈理想与未来的那段青葱岁月……

时间就像风一样，风干光阴流转的岁月，却让记忆的梵婀玲在脑海中清晰地唱响《哈工大之歌》："为了理想，为了未来，我们携手在滔滔的松花江畔。校园菁菁，书声朗朗，朴实无华的沃土桃李芬芳。自豪的哈工大，我们成长的摇篮，你就是我们的骄傲，你就是我们的梦想……"是的，没错，哈工大——我引以为傲的中国一流高等学府，不仅拥有先进的教学设施、优秀的师资力量，更有如潮水般从全国各地涌来的发愤图强的莘莘学子。参加工作30多年了，而母校那一草一木，那一楼一景，早已深深镌刻在我的心中，使我备感亲切。记忆中，红日初升，霞光万丈，如信念的火焰灿烂辉煌；鳞次栉比的教学楼巍然矗立着，仿佛在呼唤新时代有志青年投入她的怀抱，又好似正目送饱学者奔赴祖国建设最前沿，在各行各业学以致用、添砖加瓦。母校啊母校，您一定也在翘首以盼，有朝一日，学子们经风雨，历风霜，勇闯天涯，载誉归来……

抚今追昔，鉴往知来。哈工大始终秉承"铭记责任，竭诚奉献的爱国精神；求真务实，崇尚科学的求是精神；海纳百川，协作攻关的团结精神；自强不息，开拓创新的奋进精神"，一路负重前行、一路高歌猛进。我们有理由相信，站在大时代前沿，面对机遇与挑战，哈工大将迸发出新的更强劲的蓬勃生机和活力，未来将发展得更加美好。而作为哈工大学子，驰而不息、不懈地为实现中国梦而奋斗，就是对母校最深情的告白和最好的报答！

经历32年奋斗历程，我收获了学以致用的成就感；伴随着解放品牌技术上不断升级换代，我在解放重卡的崛起之路上奋力奔跑，经受了重重考验和历练，也践行着我产业报国的初心使命。所行所得，无不受益于对母校优良传统的传承、对质朴校训和师长克难奋进、求真务实精神的笃信笃行。有鉴于此，我深深感恩于一汽解放事业对我的千锤百炼，焊铸了我刚毅隽永的工作履历，更深深感恩于我的母校——是哈工大精神的鞭策激励，成就了许许多多如我一样的祖国建设者"哈工大规格"的无悔人生。

小处显规格，细处见功夫

——记哈工大 1996 届汽车拖拉机制造与维修专业毕业生　丰永刚

我 1996 年毕业于哈工大汽车拖拉机制造与维修专业，加入一汽至今，先后在一汽集团技术处、规划部、组织人事部、天津一汽夏利和一汽解放工作，其间在国务院国资委挂职一年。现任一汽解放战略管理部副部长（主持工作）。

从校门入厂门，工作以来，我先后在一汽经历了母校 80 周年校庆、90 周年校庆，现在又迎来母校百年校庆。回顾过去，无论是当初进入哈工大学习，还是毕业后双向选择进入一汽工作，点点滴滴，深入骨髓的是哈工大"规格严格，功夫到家"的校训，虽深知自己离校训的要求差距甚大，却时刻不敢忘记校训的要求。如果说工作上取得了些许成绩，那恰恰是母校培养的结果，是母校"规格严格，功夫到家"的要求驱动的结果。

母校百年校庆之际，谨记录工作中的一些小事，抒发对母校的感激之情。

一次"当教员"的经历

参加工作后不久,一汽集团提出干部要"过四关",其中的"汽车关"要求每个人都要较为系统地学习汽车相关知识并通过考试,各单位自行组织培训。我所在的技术处,领导点名毕业于哈工大汽车设计专业的我做"教员"。当时公司下发了简单的"教学大纲",基本上是大学《汽车构造》的主体内容,比我们在学校学习的要简单多了。负责培训的同事告诉我,按照这个大纲讲就行了,太深了大家不容易理解,考试也不容易通过。于是,经过一周简单的准备我就要"开讲"了。

当时任技术处副处长的蔡绍彦是我们哈工大的学长,也是吉林校友会的副会长。他得知我即将"开讲",只对我提了一个要求:"既要理解集团的要求,又要有哈工大规格!"

这一句话点醒了我!集团的要求和哈工大的规格是一致的,那就是"规格严格"!简单照本宣科虽然可以完成任务,但不能达到集团的真实要求,也不能使同事们真正地"过关"。

我迅速调整了节奏,经过和主管培训的同事沟通,把培训开始时间后延了一个月。这段时间,我把大学《汽车构造》课本找出来复习,和编制培训大纲的同事交流提炼要点,重新编制部门的培训教材和课程安排。初稿完成后,又和完全没有学过《汽车构造》的同事交流,听他们的意见和建议。经过半个月的准备,我发现本来自己认为轻车熟路的培训内容居然变得很陌生,连走上讲台的信心都没有了,因为大家都反映"太理论化了"!

向蔡处长汇报了自己的感觉和大家的反映后,他提示我:"你是给一群非汽车专业的老师傅讲《汽车构造》,这就要看你的功夫是否到家了!"

这句话再次提醒了我,要理解培训对象的性质和他们的诉求,把相对专业的东西讲得让非专业的人听明白才是真功夫!当时技术处负责集团的技术中心(虚拟)建设、科研管理、标准专利管理、合理化建议和新技术推广管理、展览管理等,我们的工作对象都是各自领域的专家,不能"外行管理内行"!

我再次和处里的同事们交流,去其他开展有关培训的单位旁听,听宿舍学化学干涂装的室友的意见和建议……

又过了两周，我满怀信心，用"汽车为什么能前进、停止、转向、后退？"开始了培训。两个月的八次培训，收获了超高的出勤率、如潮的好评（甚至还有附近单位的人来"蹭课"）和同事们非常好的考试成绩。我的培训还获得了集团相关部门的奖励。

那是我第一次把自己的专业课培训上升到是否符合"校训"要求的层面，第一次真正体会并深入了解"用户需求"的重要，也深刻体会到"规格严格，功夫到家"的精神实质，更深刻体会到学长们的言传身教。

一次"熬通宵"的经历

2004年，集团和一家企业谈合作。当时我在集团规划部任总体规划室副主任，领导指定我做项目联络人。对方派出的核心团队有非常丰富的资本运作、项目管理和合作谈判经验。谈判进行得非常艰难，对方认为我们是国有企业，决策慢、流程长，甚至认为我们老国企一定反应迟钝，骨子里就认为我们没有效率。

7月中旬双方开始接触。在经历了连续8个小时交流后，晚上10点大家约定第二天再接着谈。

回到房间后我却怎么也睡不着，翻看着厚厚的会谈记录和前期准备的资料，我决定把会谈内容系统整理一下，包括项目的背景、双方的诉求、交换的信息等，为后续谈判做准备。

经过一夜的整理、校对，第二天早餐前，我把打印出来的材料给双方领导看（当时条件有限，为提高效率，我们出差都带着便携式打印机和打印纸、墨盒）。当25页的会谈记录递给对方项目负责人时，对方非常感慨：一汽人现在都这么干工作吗？和以前不一样了呀！

有了整理后的材料做基础，后续的谈判工作进展得很快，双方决定上午的谈判分开进行，一组由双方高层进行小范围实质性谈判，另一组围绕我整理的材料进行细致的确认。到中午，谈判基本结束，合作的大方向已经敲定。

午餐时，对方高层坦言，一汽的合作意愿和对项目的理解与把握让他们深受触动，坚定了合作的信心。从一汽方项目团队的工作作风看，项目在双方的共同努力下一定会做好。

这个项目让我体会到了成功的喜悦，也让我再次深深领悟"规格严格，功夫到家"的精神实质：任何工作都需要有"严格"的要求，对自己要严格、对细节要严格、对过程要严格，才可能有"到家"的结果！

一次挂职的经历

2014年，一汽集团派我到国务院国资委挂职。

和我们同期挂职的有来自其他央企和地方国资委的共60多人，分布在国资委的各个厅局，我在综合局挂职调研员，协助有关领导处理部分央企的考核工作。

到国资委工作后，换了工作地点，换了工作环境，换了工作内容，但严格要求自己、严肃对待工作的作风不能换。在完成挂职工作的同时，我也在思考怎么才能为集团做出更大的贡献，让自己一年的挂职更有意义。经过一段时间的思考和观察，我主要完成了两方面的工作：一是近距离学习其他央企，二是搜集整理有关信息。

在近距离学习其他央企方面，我和"挂友"们一起组织或者参加局里的调研，先后到三峡、商飞、国网、华电、中移动、大唐电信等央企去调研和学习，并互相交流各自企业在改革发展中的优秀案例和最佳实践，既开阔了自己的眼界，也宣传了一汽。

在搜集整理信息方面，我充分利用在国资委接触信息时间早、覆盖面广等特点，在严格遵守有关规定的前提下，将信息分类整理，以信息通报和专题报告形式反馈给集团和有关部门，既展示了挂职的工作成果，又在一定程度上加强了集团和国资委的沟通。其间，我了解到国务院国资委在解决国企"三供一业"问题方面将开展试点，试点期间会有较大的政策支持力度，而吉林省和一汽集团都没有在初步考虑的试点范围内。我迅速将上述信息反馈给集团有关部门，积极协调集团和吉林省国资委一起向国务院国资委汇报并争取试点机会。经过各方共同努力，为集团"三供一业"剥离争取了较大的政策支持。

以上这些都是"小事"，都是"细节"，但也就是这一件件小事、一处处细节组合在一起，才成就了大事，也成就了个人。母校的教育培养是基础，一汽的锻炼机会是土壤，每个在一汽的哈工大学子的成长都离不开这两个前提。母校百年校庆之际，作为在一汽工作的哈工大学子，由衷感谢母校的培养与教导，也祝愿百年哈工大在新时代再创辉煌，为民族复兴做出更大的贡献！

坚守在解放阵地上

——记哈工大1989届金属材料专业毕业生 葛立双

2018年12月的一个夜晚，寒风瑟瑟，灯火阑珊，在长春，一个静谧的小区房间里却是一片生机盎然，不时传来阵阵欢笑和掌声。一位慈祥而睿智的老者居中而坐，他就是耿昭杰先生。他身旁是来自哈工大威海校区的客人和第一届哈工大汽车工程学院的毕业生代表。王剑锋副院长正在汇报哈工大汽车工程学院成立30周年庆典的准备情况。30年前，耿昭杰亲赴哈工大，与哈工大时任校长杨士勤共同谋划厂校联合办学事宜，是哈工大汽车工程学院的缔造者。正是耿昭杰在哈工大礼堂做的那场精彩演讲，点燃了我们心中汽车梦的激情，让我们几十名学子，义无反顾踏入长春这座著名的汽车城，成为哈工大汽车学院第一批学子。

我1989年毕业后进入一汽，先后在汽车厂发展处、规划部和解放公司工作，大部分时间工作内容与解放汽车有关，可以自豪地称自己是解放人。从2008年担任规划部商用车室主任时，我就开始做解放商用车"十二五"

规划。2010年7月，我通过公开竞聘，走上了解放公司规划部部长的岗位，成为"十二五"规划的践行者：完成150亿元的投资，实现解放产品全面升级，推出战略产品J7；丰富主打产品J6的产品线，新增了J6H系列和J6F系列；军品实现突破，开发了中型高机动战术军车MV3；开发了11L、13L重型发动机系列和3L轻型发动机系列；实现主要生产基地全部升级——完成了长春基地面向J7及MV3的升级改造，建成了青岛即墨新基地，完成了成都基地面向J6的升级改造，完成了无锡重型发动机基地的建设，完成了大连轻型发动机基地的建设。

创新产品策划工具方法，提升解放产品商品力

2011年是解放公司全面开展平台产品策划的一年，包括J7、JH6、JL01等产品。解放产品已历经六代，开发技术与验证能力相比以往已有了巨大的飞跃，走在了国内同行的前列。即使如此，我们仍然存在产品开发与市场需求不相适应、产品市场投放率较低的问题。如何提升产品开发有效性呢？

一、总结以往产品策划的成功经验

1. CA6DL发动机是一个非常成功的项目开发案例，通过成立专项项目小组，全员参与，每周例会，计划严密，并逐步将商品概念纳入策划。CA6DL产品的投放是成功的，项目策划模式是成功的。

2. 521整车项目是面对当时严峻的市场环境以及在产品市场适应能力差的条件下，对J5系列产品进行了重新定义，产品结构调整，纳入商品策划概念，组建了快速有效责任分明的项目组织，形成了一套行之有效的项目管理方法和产品策划方法，为后期产品开发提供了可参考、可继承的理论与实践经验。

上述项目的成功经验是：建立了商品策划理念；领导亲自挂帅，提升了执行力；组织落实、责任落实和资源落实。

二、通过重点产品项目策划的实践，创新完善产品策划手段

产品策划的核心，是从研究用户需求开始，形成商品概念、制定目标，确立性能、质量、成本、工艺、维修等指标，使其最大限度满足用户需求。

1. QFD 质量功能展开

20 世纪七八十年代，QFD（质量功能展开）在欧美及日本车企得到广泛应用，使得工程设计更改减少 40%～60%，开发周期缩短 30%～60%，开发成本降低 20%～40%。

我们 J7 项目组与咨询公司一起开展了以客户为导向的 QFD 的商品策划工作：应用 VOC（客户之声）提炼客户需求，对其重要度进行排序；搭建 QFD 模型，对产品功能属性重要度进行排序；通过相关度分析，先将客户需求转化为产品功能属性，再转化为子系统需求，从而将客户语言落实为可操作的工程语言。

通过开展 QFD 活动，我们获得了面向客户的开发理念和方法途径，提高了 J7 的市场定位、产品定位、竞争定位的精准度。

2. SE 工程

SE 工程是在汽车设计阶段进行工程化可行性分析，使汽车开发及相关性过程（包括制造过程和支持过程）并行，实现一体化设计。这种工作模式使设计人员从初始就考虑全生命周期中所有要素，采用跨部门跨专业的同步作业模式。

JH06 白车身开发采用了同步工程，技术中心和解放公司成立了专门的 SE 工程小组，初期利用外部咨询模式，培养了一批 SE 工程专家。同步工程的开展，使产品工艺性得到充分重视，设计人员站在成本控制的角度进行工艺论证，提出材料利用率、零件数及模具套数等关键工艺性数字化指标，提高了制造工艺的可实现性，为降低开发成本、缩短开发周期、保证质量和提高生产性效果打下了坚实的基础。

3. 模块化工程

模块化生产是所设计生产的零部件能最优组合或通用，实现高效率与高质量生产，还能满足用户的个性化需求，模块化追求的目标是效益最大化。

商用车的领先者 SCANIA 是模块化的倡导者和践行者，这家百年老店只在 2008 年金融危机时出现过一次赤字，模块化是其制胜法宝。它遵循的设计理念是"最独特的设计就是最简单的设计""模块化设计从简化零部件设计开始"。

我们的模块化工程，以解放457桥作为工作初期的尝试和探索。我们建立了一套总成模块定义方法和流程，遵循模块化设计三原则，即主要部件间接口标准化、标配零件组合差异化、同种产品解决方案统一化；制订了457桥的模块化方案，完成了457桥的模块定义，即范围、功能、变体等关键要素。这套方法和流程效果非常明显，零件品类降低了30%，为后期总成设计提供了先进的设计理念与方法。

总之，我们在工作中，既借鉴原有的成功经验，又发扬创新精神，大胆尝试，在项目实践中不断地总结、归纳，通过改善，形成了一套适合解放商用车的商品策划体系，助力产品竞争力不断得到提升。

改善投资项目管理，提高解放制造能力水平

"十二五"是解放工艺提升、产能提升的五年，投资额度大，投资项目多，项目管理工作任务艰巨。

为解决项目拖期、超支等问题，我们在"投资项目管理程序"的基础上，制订了"解放重大投资管理方案"，在项目管理质量、进度、成本三要素中，突出抓计划管理，强化项目实施方案审批、计划审批、用款审批管理及变更管理，强化推行项目经理负责制。

提倡"承担责任，沟通合作，快速反应，学习创新"的十六字方针，以"落实责任、落实计划、落实资源"为手段，突出"创造价值，打造体系，培养人才"的管理理念，积极推进丰田工作方法（TBP），培养员工的策划意识、解决问题意识和持续改善意识，要求员工结合日常工作，从小事入手，切实解决身边的问题，持续改善提升部门的质量意识和工作质量。

1. "一个计划三张表"

青岛即墨基地建设是解放的重点工程，投资大、实施难度大，在项目管理中，除了成立项目组，按照"解放重大投资管理方案"进行管理外，我们特别注重处理好解放公司管控与发挥青汽积极性两者之间的关系，制定了"一个计划三张表"的管控模式，即项目资金分解计划、项目变更申请表、项目采购方案审批表和项目采购确认表，在项目实践中，既能有效

控制投资，又能提高运行效率。

项目自 2011 年 10 月启动，在各方共同努力下，2014 年 11 月顺利投产，车身冲压为全自动化生产线、纵梁为辊压工艺原材料采取 EPS 钢免喷丸、车身主拼夹具采用 open gate 提高了制造的柔性化、车身涂装可实现水性漆工艺、总装采用整体喷漆，工艺水平国内领先。项目按期投产，并节省投资 1.88 亿元，大大提高了青汽的市场竞争力。

2. "一封信"

2014 年，为了开拓西南市场，成立项目组，将 J6 产品导入成都工厂，我作为项目经理，给项目组成员写了一封公开信。

各位同事：

大家好，欢迎加入 J6 导入成都工厂项目组！

我们已经有了明确的项目目标：导入车型、销量规划、生产纲领、质量目标、目标成本和 SOP 点。

我们的项目管理构架属于矩阵式（非强项目制）管理模式，涉及长春、青岛、成都三厂及多个职能部门的工作，管理关系比较复杂。为使团队组织有力、运行高效，我们将不断健全团队管理制度，创造良好的沟通环境，尊重每个人，让每个人积极为团队发展贡献自己的智慧和力量。

一、我们提倡团队精神

1. 发挥个性——团队精神的基础

加入我们项目团队的人员皆是各部门的业务骨干，团队业绩来自于你们个人的成果，团队依赖你们的共同贡献而得到实实在在的集体成果。团队精神要求每人都勇于承担责任、发挥自我去做好每一件事情。就是说，团队效率的培养，团队精神的形成，其基础是尊重你们个人的兴趣和成就。

2. 协同合作——团队精神的核心

团队精神强调的不仅仅是一般意义上的合作与齐心协力，它要求发挥团队的优势，其核心在于大家在工作中加强沟通，利用个性和能力差异，在团结协作中实现优势互补，发挥积极协同效应，带来"1+1>2"

的绩效。因此，共同完成目标任务的保证，就在于团队成员才能上的互补，在于发挥每个人的特长，并注重流程，使之产生协同效应。

二、我们提倡对计划要心存敬畏

1. 制订一个切实可行的工作计划

我们制订计划，关键看其是否切实可行，项目执行的过程就是使实际结果与计划目标不断符合的过程，因此我们制订计划要以务实的态度，将目标转化成一系列具体、能够执行的措施，并在执行过程中不断完善。

2. 强化团队对计划的执行力

国家倡导依法治国，而项目之"法"就是计划。如果说制订计划的过程是一个"上下同欲，产生碰撞，达成共识"的过程，那么项目实施过程就是考验大家执行力的过程了，我希望大家心中有"法"，对计划心存敬畏，不讲理由、不讲条件，我们的任务就是不折不扣地完成计划。

无须赘言项目之重要性，希望全体同仁共同打造一个"上下同欲、目标明确、责任清晰、组织有力、运行高效"的管理团队，圆满完成项目任务，更祝愿每个人的事业伴随着项目的成功不断发展！

项目是这样策划的，也是这样做的，在团队的共同努力下，项目的生产纲领、质量目标、目标成本和 SOP 点全部按照计划完成，为解放公司开拓西南市场做出了贡献，项目成员也得到了锻炼和成长。

面向未来，对解放公司制造技术发展方向的建议

解放公司通过"十一五""十二五"的发展，制造技术水平不断提高：生产力区域布局合理；四大工艺生产流程较为完善，以 J6、J7 为代表的产品质量、精度保证能力得到市场认可；车身等专业装备国内一流，自动化、机器人等技术达到国内先进水平；通过 J6、J7 等项目实践，积累了产品过程开发的经验。但目前也存在长春、青岛和成都三地工艺平台尚未实现统一规划，工艺开发、同步工程整体能力弱，新技术、新工艺、新材料储备及应用不足，技术管理、生产管理水平有待提升等问题。解放公司的制造

技术仍处于工业 3.0 阶段。

面向未来，建议解放公司走"提升自动化、建设信息化、预留智能化"之路。提升现有装备的自动化率，提高现有制造技术信息化、企业管理信息化水平，实现信息化系统之间的数据共享与互通，为远期智能化打好基础；针对工艺技术提出产品平台化需求，为实现装备平台化、工装通用化打好基础。在此基础上，面向质量、能力、经营保证程度达标和升级，以开放的思路，通过内部机制、技术、装备的完善和提升，通过制造工艺的整体完善与创新发展，最终建立解放制造标准，实现同类制造工艺的充分协同提升，达到制造技术水平国内领先，实现制造工艺管理的数字化、信息化动态管理。

感恩哈工大。我本科学的是汽车设计与制造工程，在职期间，我又回到母校攻读了金属材料硕士学位，秉承了哈工大"规格严格，功夫到家"的校训精神。我基本理论扎实，工程训练环节过硬，动脑动手能力较强，日后工作上手很快。哈工大把我培养成一名光荣的共产党员，"八百壮士"的艰苦创业精神一直激励着我，让我在工作中不断前行。

感恩一汽、感恩解放。31 年来，我与汽车结缘，与一汽结缘，与解放结缘。解放已连续三年市占率第一，成为中重型汽车市场当之无愧的领导者。是一汽解放这个大舞台，让我为之奋斗，让我与之共同成长。

劲风满帆图新志，砥砺前行正当时。衷心祝愿哈工大明天更美好！衷心祝愿一汽解放明天更美好！

HIT，一直激励着我不断前行

——记哈工大 2004 届机械设计制造及其自动化专业毕业生　杨小军

每每听到别人谈起哈工大，我内心的自豪感和荣誉感便油然而生。"211 工程"首批重点建设高校、首批"985 工程"重点建设的 9 所大学之一、世界双一流大学建设高校 A 类、"工程师的摇篮"、中国的"麻省理工"等，这些荣耀都是指我的母校——哈尔滨工业大学。

注定选择，永远牵挂

哈工大，我的选择，还得从 2000 年我参加完高考说起。高考成绩公布后，紧接着就是"二次高考"——填报志愿。说实话，当时对大学的概念并不是太清晰，对各个高校的情况一无所知。对我而言，除了清华、北大、复旦等耳熟能详的少数知名高校外，陕西老家的西安交通大学一度成为我高中的奋斗目标。可偏偏在填报志愿的过程中，不安分守己的我，对外面的世界充满了无限向往,急切盼望冲出"重围",走向更远的地方。

记得填报志愿的那天,在小伙伴的陪伴下我研究报考指南到深夜,逐一对照录取分数线,梳理有可能录取我的大学,当看到哈尔滨工业大学时,我随口说了句"哈工大"。这是发自内心的呼唤,第一声就让我感觉如此亲切。再看看学校位置,够远!"对上眼儿了",于是我瞬间做了决定,在报考志愿栏中毅然决然地写下了"哈尔滨工业大学"。

来到哈工大后,庄严的图书馆、宽敞的阶梯教室、美味的学子食堂、暖心的公寓……一座座教学楼、一排排教室、一幅幅景象,无不吸引着我。四年来,更让我深受洗礼、浸润灵魂的是"规格严格,功夫到家"的百年校训,从严治学、从严治教、从严育人,尽责尽力、狠下功夫,严谨务实,为每一位哈工大学子注入了灵魂 DNA。

走进一汽,沉心积淀

2003 年,学校组织大三学生下厂实习,地点就在长春一汽,这是我第一次来到一汽。厂区规模之大、职工人数之多、生产设备之繁、产品加工之精,无不震撼着我。实习结束前在一汽举办的校友聚会上,一汽哈工大校友分享奋斗经历,让我印象最深刻的是学长田雨时田总,他以激情四射的演讲生动描绘了哈工大学子在一汽大舞台大显身手的华彩篇章,"规格严格,功夫到家"的校训一次次在我心中激荡,台上的学长发出对学弟学妹的真诚邀请,台下的我听得热血沸腾,拿起事先准备好的求职简历,直奔主席台,想当面表达我急切盼望加入一汽的愿望。我要像学长一样,在一汽这片沃土上茁壮成长、绽放光芒。从那时起,来一汽的信念深深地扎根在了我心里。

我如愿来到了一汽。毕业后,我成为一汽技术中心的一名车身设计师。当时正赶上策划长头商用车项目,我从竞品硬点测量、断面测绘、结构分析、逆向建模、性能对标等方面,全方位了解汽车车身产品信息,恶补了机械专业毕业生所欠缺的汽车基础知识。通过狠下功夫,经过大约两年的努力积淀,我开始负责现生产长头车改型升级项目,结合项目工作进一步熟悉汽车四大工艺。我每周至少去解放公司生产线三次,每次都是大半天。现场学习冲压工艺和各个工序，了解白车身焊接工艺及焊接要求，现场研究分装与总装关系，系统学习涂装全流程。学习了解得越多，反而越感受到汽车四大工艺的复杂程度，唯有以严格的要求，持之以恒下好功夫，才能真正学懂弄通，真正把工艺要求融入到产品设计过程当中，开发出好的车身产品。在近十年的时间里，我养成了勤于下车间、向工人师傅学习的习惯，不断做好积淀。与此同时，我先后负责J5R长头车开发项目、N2系列驾驶室开发项目、V91-MPV开发项目、JH6车身开发项目、车身总布置参数化设计系统开发等，较好地完成了总布置相关工作；参与J6R项目、L330项目、J5系列、J6系列、J7产品开发等项目，圆满完成了承担的任务。"规格严格，功夫到家"激励着我在项目中练就本领，增强了哈工大人在一汽的担当和自信。

2013年，从事汽车设计工作已超过九个年头的我，按照组织安排，走上了纪检监察岗位。我也认为规格严格的作风适合严谨的纪检监察工作。三年的纪检监察工作中，我也是在校训指引下做好每项工作，基本搭建起纪检监察工作体系。之后我又被调整到技术中心党委组织宣传岗位，负责开展技术中心党建工作。从工程师到政工师，跨度比较大，但是既然选择，就必须做好，因为我是哈工大人，要捍卫母校的荣誉，要为母校争光。在抓党建工作近两年的时间里，我争分夺秒、夜以继日地工作，年加班超过280天。技术中心党建KPI考核一举跃升至全集团第二名，党建工作水平有了较大提升，证明了哈工大学子在政工领域也是大有作为的。

拼搏奋进，一往无前

2017年9月18日，一汽集团开始了雷霆般的改革。因为烙下了哈工大的印记，我始终觉得哈工大人不能在一汽集团改革中掉队。通过积极备战，我成功竞聘到处级干部岗位，担任一汽集团研发总院党群工作部部长（之后兼纪委副书记）。改革之后党群各项工作都有了更高要求，标准的提升凸显出体系及能力的短板，为了加快补齐短板、强化体系，我带领党群干部开启了更为猛烈的拼搏奋进,全员加班加点,与时间赛跑,以仅有原四分之一人力完成全院党建各项工作。改革后的快节奏、高强度,一度使我疲劳作战,但我最终坚持住了,为什么?从内心深处来讲,哈工大人不服输的精神在支持,"规格严格,功夫到家"的校训在引领和激励。

成功的改革,一定是除弊革新,人才辈出。在一汽集团这次改革中,众多哈工大学子脱颖而出,纷纷走上了中层领导岗位,哈工大人的精神在一汽改革中得到了良好体现。

登高望远,尽职尽责

根据一汽集团干部挂职交流安排,自2018年9月起,我挂职于国务院国资委任协会党建局调研员(正处级)。站在国家平台上,视野宽、交流广、责任大。我所承担的各项工作,都是以"规格严格,功夫到家"为要求,我坚决做好每一项工作、担起每一份责任、回敬每一份信任,高质量地完成交办事项,最终得到了国务院国资委有关领导的肯定和认可,得到了同

志们的好评。

抓住机会，从严要求，下足功夫，一年多的挂职促使我的人生格局大幅提升，视野更加开阔，理论认知更加深入，交际圈和朋友圈得到扩展，信念信心更加坚定，种种收获，都离不开哈工大的激励。

期许未来，哈工大更加辉煌

百年校庆，百年发展，百年辉煌。未来的哈工大一定能砥砺奋进、勇往直前、续铸辉煌，不断开拓新的伟大事业，为国家和人民做出新的更大贡献；一定能持续创建世界顶级实力的理工科院校，在世界范围享有很高声望、产生重要影响，成为引领全球高科技和高等研究的学术殿堂。未来的哈工大人一定能继续秉承"规格严格，功夫到家"的校训，以严格的作风、过硬的功夫，在各自领域拼搏奋进，贡献哈工大人的光和热。

践行校训，锤炼自我

——记哈工大 2009 届电机与电器专业毕业生 高洪伟

我是黑龙江大庆人，从本科到博士一直就读于哈尔滨工业大学电气工程及自动化学院，从 1999 年入学到 2009 年毕业，在哈尔滨工业大学整整十年的时光让人难以忘怀。"规格严格，功夫到家"，现在的我对这句校训的理解越发深刻，相信每一位哈工大人对此都会有不同的感悟，如果说哈工大人身上有哪些共同的烙印，我想这八个字应该最贴切不过。

在踏入校门那一天我给自己定下了一定要继续深造攻读研究生的目标，四年的大学生活，简单而又充实，教室、图书馆、自习室、英语角、操场……功夫不负苦心人，大一过四级、大二过六级、大四结业时所有科目均在 90 分以上，我以年级第二名的成绩顺利被保送到本专业硕博连读。第一次深刻理解什么是"规格严格，功夫到家"，还是第一次与博士导师佟为名教授见面的那一天。导师给我定的研究方向是现场总线技术，侧重汽车CAN（控制器局域网络）总线（这个研究方向也为我将来加入一汽埋下了伏笔）。虽然现在CAN总线在汽车上的应用已经非常成熟了，但在2003年时还处于起步阶段，国内可参考的教材和文献非常有限，那时仅有一本国内学者翻译的CAN总线ISO国际标准的书，导师把这本书送给了我。然而，当我翻看这本书时，眼前的一切确实使我感到震惊，每一页工整的字迹、密密麻麻的批注与标注、每个字句、每个标点符号、每个不同的解读……简直如同赋予了这本书全新的生命。我对这本书视若珍宝、保存至今，每当工作出现些许懈怠时都会翻看一下，时刻激励自己，不忘校训、传承精神。2009年，我顺利通过博士论文送审和答辩，获得了梦寐以求的博士学位，并获得了当年黑龙江省优秀毕业研究生荣誉称号。在博士学位授予仪式那一天，很荣幸是我非常尊敬的杨士勤老校长给我拨的流苏，老校长"恭喜你，好好干，为社会做更大贡献"的嘱托我始终铭记在心。面临就业时，我做了一个大胆的决定，不留校、不进站，走向企业、走向社会，虽然在大多数人看来博士留校更安稳更适合，但我更想用自己的所学打造产品来为社会做贡献，在另一个全新的舞台上施展自己的才华。就这样，我选择了汽车行业，选择了让我一直向往的中国一汽，选择了一段新的精彩人生。

2010年，我正式加入一汽轿车股份有限公司产品部，成为一名车载网络设计师，入职后正值奔腾B90立项研发，这是奔腾研发团队真正自主开发的一款车型。在电子电器领域，独立网关、5路CAN总线、30多个CAN控制器在当年绝对是自主产品的最高端水平，然而那时人少、团队年轻、缺少经验，对于刚起步的车载网络团队来说挑战巨大。因为我是博士毕业，可以看出领导和同事们对我的期望很大。记得有一天，领导把我叫到办公室，提出让我全面负责B90的整车网络设计工作，刚听到这个消息时说实话我有过短暂的犹豫，一直在问自己："我能行吗？""干不好可咋办？"我毕竟刚刚入职不久，对整个企业的研发体系和流程了解还有限，尤其是发现在学校所研究的和企业所需要的还有较大偏差，自己还有很多产品知识需要学习。然而，我能体会到领导的良苦用心，是在给我压担子，为我提供锻炼的机会，再想到自己投身汽车产业、来一汽的初心，想到我们哈工大人百年来不屈不挠的奋斗与实干精神，我毅然决然地承担了此项任务，心里也暗想绝不能给哈工大人丢脸。从那天起，我从每一个信号、每一个协议、每一个定义开始，研究成千上万页的专业文献、国际标准、技术资料，这项工作远比想象的要困难和复杂，任何一个网络参数和信号定义出现偏差都有可能给整车开发带来严重的影响。就是在这样艰难的情况下，我顶住了压力，高质量、出色地完成了 B90 整车网络诊断开发工作。在三年的时间里，我主持技术研讨、评审 100 余次，亲自实地解决开发问题 300 余项，制定、审核从系统级到控制器级的网络诊断规范 70 余份。在解决的众多问题中，生产线和售后诊断设备的开发问题也是非常重要的一环，之前一直没有能力形成自主的规范与流程，导致生产线和售后诊断设备的开发成本居高不下，而且技术一致性和延续性也较差。为了改变这种现状，我主动请缨，挑战这个任务，深入现场考察工艺排布，虚心向现场的师傅们求教，逐项疏理多年来源于生产线和售后部门的各种关联信息与问题输入，经过近一个月的日夜奋战，制定了一套完整的生产线检测和售后诊断设备开发规范与流程。现如今，这套平台化的生产线及售后诊断规范与流程已经成为大家心目中的范本，其技术含量高、方案清晰、可操作性和可移植性好，得到了生产技术部门和售后部门的一致好评。这套平台化规范与流程的形成直接为公司后续每个车型项目节省 100 多万元的开发成本。三年来的辛苦付出与努力没有白费，我直接主持开发的网络诊断技术先进、可靠性高、稳定性好，为轿车公司多款重磅车型的成功上市提供了保障，我带领的网络诊断开发团队实现了全面自主化，开发能力在行业中也处于首屈一指的地位。

　　虽然在车载网络方面取得了一点点成绩，但我一直有一个心结，就是如何才能走上国际主流的电子电器 V 字形正向开发道路，在这方面我们还缺少非常重要的一环——电子电气架构。如果说车载网络是整车的神经，那电气架构就是整车的大脑。在新 B50 项目之前，我们整车电气开发一直采用自下而上的逆向开发方式，非常容易出现系统之间的不兼容和不匹配问题。2012 年，我主持组建了轿车公司第一支电子电器架构专业队伍，相当于电气的总布置，自上而下进行需求捕获、功能定义和功能分配，填补了轿车公司在这一领域的空白，实现了正向开发的体系支撑与跨越。在轿车公司的七年，我从一名普通的网络开发设计员、电气集成组的组长，逐渐成长为带领电气集成开发与测试九大模块业务的电气系统科的科长，自己的努力和付出也得到了领导和同事们的认可，我先后获得了一汽集团第七届优秀大学生成长奖和第二届吉林好青年（创新创造）等荣誉称号。

在汽车产业转型与变革的大背景下，一汽也在转型浪潮之中奋进，新能源、智能网联、移动出行发展迅速。2017年9月18日集团改革，我应聘到集团总部新成立的智能网联开发院担任项目管理处处长，投身到红红火火的智能网联事业中。智能网联作为新一轮汽车产业革命的重要风口，任重道远，两年来我主持开发了奔腾D-LIFE1.0、搭载红旗全系车型的"红旗智联1.0到3.0"平台产品，我也在这个过程中逐渐成熟、自信。

真的非常感谢这个伟大的时代，感谢一汽这个蓬勃发展的大平台，能有幸成为其中的一员，我感到无比骄傲和自豪。这些年来，我一直在

自主产品研发战线工作，从奔腾到红旗，无论走到哪个岗位、做什么工作，我始终不忘自己是一个哈工大人，"规格严格，功夫到家"的校训也是我的座右铭。我虽然取得了一些成绩，但也深知自身还有很多不足，始终以身边许许多多在一汽管理、技术重要岗位上拼搏的优秀哈工大学子为榜样，时刻激励和鞭策自己一定要百尺竿头、更进一步，踏实做人，认真做事，精益求精。在百年校庆到来之际，作为一名在一汽的哈工大学子，我祝愿母校"光辉历程更辉煌，人才辈出代代强"，我也相信未来会有更多的哈工大人投身到一汽的事业之中，"规格严格，功夫到家"的精神也一定会代代相传。

半生缘·一汽情

——记哈工大 1998 届汽车与拖拉机专业毕业生　兰晓兵

　　距离那个甫出校园的青葱少年与一汽结缘那一天已经过去 22 个年头了，如今的我虽多了些雷厉风行，岁月积累下来的经验让我在对一汽丰田大刀阔斧的营销革新之路上每一步都走得果决高效，但你依然能从我身上看到斗转星移却不变的情怀。第一次是在众人不理解中踏入自主品牌的大门，第二次是对民族汽车工业永不泯灭的热情，一如初心，致真致极。

请回答 1998

　　人的一生，总有些阴差阳错，也有说不清的冥冥之中自有天意。

　　我结缘一汽，既是阴差阳错和自有天意的结合，也是时代发展的必然。1998 年，即将从哈工大汽车工程学院毕业的我，本来已经将目标锁定在北京市公交集团，这是一个令人艳羡的国企，能解决北京户口。因此，我早早就签了三方协议，开始专心做毕业设计。当时我和一部分同学在一汽进行毕业设计，我作为班长，主动联系并带领同学们去参观一汽-大众。当时真的被震撼到了，没想到一汽-大众生产工厂的设备能够那么先进，那个年代就已经全部是自动化的数控加工机床，那就是我梦想中工作的地方！恰好当时一汽-大众也在招应届毕业生，我的条件完全符合，但是已经签了三方协议，如果毁约要交 2 000 元的违约金，这对当时的我来说真的是一笔巨款。没想到，当我把真实情况反馈给一汽-大众时，后者爽快地决定帮我把违约金解决了。如果没有一汽-大众的爽快，也就没有今天的我了，每当提起这事时，我仍然充满感激。

我与一汽的缘分从此开始。

22 年职业生涯的四次成长蜕变

进入一汽-大众后，我被分配到售后领域负责培训，当时，合资外方提供的技术参数和技术图纸非常有限，我不甘心坐在办公室里。当时技术培训分得很细，有电器、发动机等不同领域，我负责的是自动变速箱。哪怕到现在，国内的自动变速箱技术依然比较落后，更不要说那个时候了。于是，我跑到省图书馆找资料，研究了整整两个月，一边找资料一边准备课件，经过充分的准备加上科班出身的基础，在内部试讲中一次性通过，从此开启了为期四年的技术培训生涯。

2002 年，一汽-大众奥迪销售事业部成立的时候，既懂技术又年轻干练的我被调到奥迪事业部，负责整个华北区的售后服务和大客户工作。这个时候，我刚刚在技术上获得战略性初步成功，又转换跑道进入了另一个全新领域：区域管理和大客户服务之路。

如果说过去四年里，我肩负的是品牌防守的责任，在那时要解锁的则是前端推广的任务——一个幕前的角色。

众所周知，当时的华北区肩负着为首长用车提供保障的任务，绝对不能出一星半点儿差错。当时我们要对接的包括国管局、中直管理局、中央警卫局和军队四总部等，一旦有问题，就需要及时处理。作为一个理工男，我虽然不算特别擅长处理这些复杂而细致的问题，但在售后领域四年的经历，让我习惯了遇到困难时如何披荆斩棘，也习惯性地在每个位置都尽能力做到极致，也正因为如此，我的工作得到了用户的一致好评。

这一干，又是四年，在再一次完成众人眼里的转型时，我又迎来了人生中另一个重大的转折点。2006年9月，一汽成立红旗事业部，希望能够复制奥迪的成功经验，并从集团中调兵遣将，支援红旗。在北京已经有很丰富工作经验的我被"点将"了。彼时，奥迪发展如火如荼，而红旗则刚刚起步，不仅收入会下降很多，前景如何也还未可知。这是一场输多赢少的博弈，也是一次毫无悬念的较量，但向来行事果决的我却并不是这么想的——当我决定加盟红旗的时候，大家都觉得我疯了。

我并没有把别人的不理解放在心上，在合资公司的岁月里，那些难以言表的坎坷带给我的不仅是学会攻坚克难的能力，更在我内心深处埋下了一颗正在萌芽的种子——我们应该有一个属于这个民族的汽车品牌，并且有为之奋斗崛起的能力。我内心其实是有红旗情结的，希望自主品牌能够做好。就这样，我完成了从合资到自主的跨越，也在工作后的第一个十年里，完成了从技术岗到管理岗的身份跨越。

2009年，我调到奔腾事业部，次年5月，我来到一汽客车负责销售。

命运似乎向我下了份有意思的战书，每隔四年，就经历一次职业生涯上的转变，准时得像四年一届的奥运会和世界杯一样。如果说之前的挑战只是跑道转换，那么这一次是直接换了个比赛场地。从乘用车到商用车，难度系数又上调了一颗星。从天之骄子的卖方市场，到人微言轻的买方市场，我第一步要做的就是放下过去的骄傲。对于年轻气盛的我来说，这种云泥之别是一场极大的考验。电影《无问西东》中有这样一个片段：昆明的雨季来临时，索性放下书卷的先生在黑板上写下"静坐听雨"几个遒劲的大字。这足以形容我当时的心境——静坐听雨无畏，无问西东求真。于无声处听惊雷，这是一次态度转变的磨砺，也是职业生涯里的一次重大蜕变。

2012年，我调任一汽丰田，直到今日，已过去八载有余。

可以说，在过去这20多年的时间里，从合资到自主再到合资，从技术到营销，从乘用车到商用车再到乘用车，我基本上在一汽的所有业务板块转了一圈，兜兜转转，又回到了最初的原点，但这个时候的我已经不再是

20 多年前那个初出茅庐的年轻人了。在技术培训、售后服务、区域管理、大客户、销售和市场营销等不同的业务部门进行锻炼，实现了整个营销闭环的学习和蜕变成长，这些日积月累下的点点滴滴汇聚成一个完整的全能型人才，我将过去的每个日夜、每次难关都转化成战斗经验值，而一汽丰田迎来的，正是这样一个熟悉汽车销售全链条的营销人。

燃情岁月，开启二次创业新征程

正是有了在各个业务板块、不同岗位的锻炼，从 2016 年起，我担任一汽丰田销售公司企划部部长，负责车型战略、商品企划、整车供需、市场公关等七个部门的工作。这在别的企业，是不敢想象的。毕竟，这些部门都非常重要，而且事无巨细，工作量非常大。以市场为例，就包括公关、广告和数字营销三个部门，每个部门又都承担着非常重要的使命。这得益于一汽丰田有强大的体系，而且同事们也都非常给力。

事实上，从 2018 年开始，中国汽车市场就进入了新的发展阶段，增量市场变成存量市场之争，而且，在"新四化"的大背景下，传统车企在向新能源车企转变，同时现在也是智能网联、自动化的培育期，又是移动出行的过渡期，竞争环境极其复杂。这样的大环境，对于汽车企业来说既是机遇，也是挑战。而对于从业者来说，则意味着更大的压力和工作强度。我有时候一天要开十几个会，加班也是家常便饭，同事们也都如此。

对于汽车企业来说，产品永远是最重要的，只有生产出满足消费者需求的产品，才具备核心竞争力。因此，商品企划部门就必须充分了解市场的需求，然后跟研发团队进行沟通，把市场的声音有效传递到产品的研发阶段。正是过去 22 年的历练和学习，让我的营销经验得以在一汽丰田开花结果。在 2016 年到 2019 年这短短四年的时间里，我策划了 10 场新车型的上市和品牌发布活动，并推进了一汽丰田内部营销节奏、结构体制、市场推广、工厂供需和商品企划等一系列的变革。也正是这四年，一汽丰田实现了从 500 万辆到 700 万辆的跨越，并开启了二次创业的新征程。

如果说产品是生命的话，那么销售就是灵魂，市场瞬息万变，只有把握好供需关系，才能实现厂家和经销商的双赢。从事过经销商管理的我，对于经销商的生存情况非常了解，因此，在做整车供需的时候，也尤为精确。我们经销商的库存一直非常合理，一般在 1.0 以下。这样经销商资金周转快，不会有太大的压力，有利于整个链条的良性发展。除了产品和销售外，营销也至关重要。一汽丰田的营销已经从 1.0 时代、2.0 时代发展到目前的 3.0 时代，也就是从卖产品、卖服务到目前的卖情感，做有温度的营销，回归原点，拥抱客户。营销 3.0 时代要从三个层面深入推进：首先是产品必须满足用户需求；其次是在品牌打造上要改变不同方式，加强互动；第三就是要真正地深挖用户体验，把一汽丰田"用户第一、经销商第二、厂家第三"的经营理念落到实处。

在此基础上，我带领公关团队，在 2018 年成功发布了一汽丰田企业品牌口号——"致真致极"。从价值观到方法论，向外界明确了企业的核心价值：以真实、真心、真诚，实现与消费者的共鸣；用极致的产品、服务，为消费者创造差异化优势。始于初心之真，成于匠心之极。"致真致极"是一汽丰田第一次对外发布品牌口号，这既是对一汽丰田品牌理念的浓缩，也承载了消费者的期待，我们将继续深化客户体验和品牌内涵，持续提升品牌美誉度，并坚持创新思维，拥抱客户，实现真正自我赋能。

这一点从 2019 年全新一代卡罗拉的上市也可以看出。全球销量超过 4 700 万辆的卡罗拉，一直是"幸福家轿"的代名词，但这句话隐藏的含义是，因为卡罗拉而幸福。而在全新卡罗拉上市的时候，一汽丰田将其定义为"My Way 为爱行我路"。之所以选择"My Way"这个主题，是因为每个人对于幸福的定义是不一样的，每个人都应该追求属于自己的幸福。同时，在这个更富温情的主题下，选择用音乐这个易于沟通的载体，会取得非常好的传播效果。得益于品牌理念的明确、多款新车的陆续上市和更富情感的沟通方式，一汽丰田的销量持续逆势增长。更重要的是，助力一汽丰田实现"从生产销售型企业"进化到"用户型企业"的转变，与消费者实现精神层面的共鸣。

对于营销而言，创新是唯一的生命力，要维持一个品牌的活力，就需要永不停歇创新的脚步。在过去几年里，一汽丰田在营销创新层面做了诸多有益的探索。以软、硬、虚、实相结合的方式——软即文本内容、品牌活动；硬即广告强曝光；虚即线上的企划部三室整合传播；实即各种落地展示体验活动——不断加强协同，提升传播效率，使一汽丰田的品牌更有温度。在这个过程中，一汽丰田内部多点开花，涌现出不少值得借鉴的案例。

"致真致极"要求在品牌层面"锐化品牌标签"，营销层面"与消费者产生共鸣"，为此，在近年多款新车密集上市、媒体环境越来越多元化的背景下，一汽丰田与各类媒体进行更加充分、及时、有效的信息沟通和传递。从亚洲龙上市前的"喜茶"，再到卡罗拉上市前的"奈雪"，用"网红"的方式，打造"爆款产品"认知，通过一次次用心的沟通，成为朋友圈的彩虹。在数字营销方面，一方面强化一汽丰田智能平台，提升电商营销效率，另一方面以"两微一抖"作为平台，构建粉丝营销矩阵，推动一汽丰田的自媒体营销，仅微信平台，就形成了1 955个朋友圈，直接覆盖20.5万人，一次有效的传播理论上覆盖2 000万人。当然，有效的传播必须要有好的内容，丰潮世界+亚洲龙双极人生粉丝团就是一次消费者好评如潮的有益尝试。

在一汽的22年里，我已经学会将品牌主旨刻入骨髓里，所以也将"致真致极"这四个字渗进了所有工作日常里。正是这些或大或小，涉及方方面面的改善、疏导、重组，有效地提升了运营效率，一汽丰田的企业形象也在其中得到了有效提升——通过问题真发现、方案真落实，最终推动"致真致极"落到实处。

如今，展现在中国汽车面前的，是与过去迥然不同的结构性变局。这里既有"新四化"浪潮席卷下的暗潮涌动，又有产品同质、竞争白热的危机四伏，局部市场高频动荡，整体市场的微增长成为新常态。看似波澜不惊、整体平稳的背后，新一轮的洗牌已经开始酝酿。与时尚潮流结合得更紧密，也源于企业定位转变的需求。一汽丰田正在从生产销售型企业进化到用户型企业，在这个过程中，"由物及心"是完成进化的关键所在。

当梦想照进现实,唯有致真致极地不断努力

一汽是最好的老师。在一汽工作这 22 年的时间里,我经过不同公司、不同部门、不同岗位的培养和锻炼,丰富了经验,也提升了阅历,希望能够学以致用,回馈一汽的培养。

事实上,我与汽车的结缘并不是从入职一汽才开始的,而是可以追溯到小时候。作为一个出生和成长于黑龙江偏僻农村的孩子,小的时候,天气特别冷,骑自行车上学的时候,手被冻得不行,偶尔有小轿车驶过,我就非常羡慕,心想,汽车真是了不起,长大了一定要从事跟汽车相关的工作。这个小小的汽车梦,在我的心里慢慢生根发芽。从小学习成绩不错的我,在高考填报志愿的时候,毫不犹豫地写上了"哈尔滨工业大学汽车工程学院"。四年的大学生涯,对于我的改变是巨大的。上大学之前,我思想比较闭塞,在大学里,可以说成长比较快,也意识到当时中国汽车工业的落后,以及汽车对于国民经济的支撑作用。那个时候,我就立志要一辈子从事汽车行业。

当梦想照进现实,能做的只有致真致极地投入。一汽的培养和成长,改变了我的人生。这么多年来,我一直以自己是哈工大人和一汽人而自豪。2018 年我们刚好毕业 20 周年,大家相约回母校看了看。虽然已经过去 20 年了,但哈工大的校训"规格严格,功夫到家",至今都影响着我,让我在做每一件事情的时候都不懈怠,严格要求自己。

如今,哈工大已经走过了整整一个世纪,培养了无数学子。作为其中的一员,我不仅感谢母校的悉心栽培,也由衷地祝福母校明天会更好!

宝剑锋从磨砺出，真功源自历练来

——记哈工大 2003 届机械电子工程专业硕士研究生　厉健峰

我 2003 年毕业于哈尔滨工业大学，现任一汽智能网联开发院智能空间开发所所长，主要从事智能座舱产品与技术开发。

多年来，作为电控产品项目负责人，我承担并完成多项科技攻关项目，获得中国汽车工业科技进步奖一等奖一次，一汽集团科技创新奖一等奖两次、二等奖四次、三等奖三次。作为红旗 HS5 车型智能网联平台负责人，我洞悉国内外智能网联发展趋势，以"阩旗"技术品牌战略规划为指引，聚焦智能的驾乘安全、极致的人机交互、伴侣式舒适体验三大方向，以用户五觉体验为中心，开展智能娱乐、智能灯光、智能音响、智能显示、智能办公、智能交互深入研发，打造了行业领先的双 12.3 寸液晶连屏中控、双声源智能语音体验、253 色氛围灯、虚拟环绕音响等多个红旗魅点产品。

同时，我规划了智能空间开发所的发展战略，建立了智能空间产品策划、设计、验证、评价等多维度开发体系，培养了智能空间设计开发科研技术人员；发表相关学术论文4篇，授权专利13项，其中实用新型8项，软件著作权1项，发明专利4项；组织参与编制集团企标20余项。

2003年，我怀揣着开发汽车的梦想，加入了中国一汽技术中心，成为一名汽车电子工程师。在这里，我第一次接触到了中国汽车工业的历史，尤其是中国一汽的发展史，第一次看到了我们引以为傲的第一辆东风牌轿车，心灵被深深震撼了，我下定决心，要为中国和一汽开发全新的红旗轿车。经过培训和学习，我完全认可了一汽的企业愿景和"争第一、创新业、担责任"的价值理念，并积极实践学习、创新、抗争、自强的企业精神，努力学习专业知识，积极锤炼业务能力；同时时刻谨记校训"规格严格，功夫到家"，将其应用到实际工作和生活中，经过几年的汽车研发工作和学习，逐渐取得了一定的成绩。

自参加工作以来，我一共参加过30多个项目开发工作，涉足电子电气架构开发，网络诊断开发，动力总成、底盘和辅助驾驶电控系统开发，灯光、操纵件、传感器和执行器开发等大部分电子电气专业领域，获得过"中国汽车工业科技进步奖一等奖"等多个国家和集团奖项。

2009年以来，我担任过一汽技术中心汽车电子部电控产品设计室代理室主任和室主任、一汽技术中心乘用车电子电气开发部零部件室兼系统集成应用室室主任等职务，在业务发展规划、专业建设、体系建设、团队建设等管理工作以及项目开发管理工作方面都取得了优异的成绩。

记忆最深刻的是作为A级车平台项目汽车电子负责人，我主持了A级车电子电气架构开发、通信诊断开发、各电控系统和零部件的开发，整车电子电气HIL功能、整车电磁兼容性等测试，整车标定等电子电气的设计开发工作。各项技术基本都是首次开发，几乎没有成熟经验可以借鉴，但我的初心不改，与团队探究技术原理，彻夜讨论技术方案，废寝忘食，将问题逐一解决，最终保证了奔腾B30和骏派A70的顺利投产，以及A-SUV的电子电气平台化开发。

2018 年我开始担任一汽智能网联开发院智能空间开发所所长职务，新的职务使我受到了挑战。因此，我深入查找与汽车强国的差距，全力识别"卡脖子"技术和核心能力，在新时代、新红旗战略引领下，制定了智能空间所 1318 中期（3～5 年）发展战略，即实现由二次开发模式向自主开发模式的一次战略转型，自主开发三个域控制系统产品平台，打造一个具有红旗基因的人机交互平台，掌控八项核心技术，实现可持续的、迭代升级的创新发展，支撑红旗战略落地。

功夫不负有心人，经过一年的努力奋斗，所内已经完成车身域控制器验证样机的软硬件开发，已完成氛围灯控制器应用软件基本功能开发，完成信息娱乐域控制系统主机部分模块和算法的开发，并成功应用在 IVI2.0 平台产品上，具备了 UI/UE 自主设计能力，完成了 N701 车型 HMI 自主设计。

在负责整个所工作的同时，我还是智能网联开发院红旗 H5 和 HS5 车型电子电气平台总负责人，主持了红旗 H5 年型等系列车型电子电气开发工作，解决了 H5 市场售后用户抱怨问题和市场质量问题。带领团队开发了 H5 周年纪念版专属设计，并保证节点前顺利投产。优化提升了 H5 年型车灯光系统、仪表系统、智联娱乐系统和车身系统的功能和配置，全面提升了整车魅点，全力支撑红旗双率达标。创新性地利用车机、手机 APP 进行用户满意度调研和利用后台大数据解析进行车辆故障分析，开创了一汽智能互联系统应用的先河，成为革命性的发展趋势。H5 年型车完成后，马不停蹄，我马上开始主持红旗 HS5 车型电子电气开发工作，而 HS5 智能空间负责零部件的开发更具有挑战性，全新的电子电气架构平台，首次开发以太网技术、OTA 技术和信息安全技术，配备手机叫车、自动泊车、拥堵跟车、高级巡航、全地形识别等智能化功能，全车 LED 外部智能动态迎宾灯光，多彩氛围灯，双 12.3 寸一体屏车载信息娱乐系统 IVI2.0 平台等，体现了一汽最新的电子电气技术和产品平台，全面提升了红旗的整车竞争力，为 HS5 最终成为爆款产品打下了坚实的基础。

HS5 开发中让我感触颇深的是首台试制车下线后的问题解决过程。由于众多电子产品功能均是首次搭载，同时涉及 50 多个控制器的全新开发，各电器设备控制逻辑错综繁复，在这种技术新、周期短、开发工作量大的情况下，我带领团队狠抓落实，攻坚克难，全体团队成员在近三个月里每天晚上六点开始点检问题，有时甚至开会到深夜，直到所有问题都得到点检和落实。现在回想起来，过程虽然艰辛，但团队成员总是能干劲十足、迎难而上，一点点查找问题、发现真因，将硬骨头一点点啃下，最终，我们一共解决了千余项电器问题，保证了HS5产品及时上市，团队和我个人能力都得到了巨大提升，同时也获得了满满的自豪感。我相信，只要我们志存高远、众志成城、不断奋斗，再难的研发问题都能一点点解决。

经过多年的努力学习和工作，我的各方面能力都得到了极大的提高：具有较强的感召力，能够为部门和团队制定科学合理的愿景、目标，凝聚团队成员，使大家为同一个目标奋勇前进；具有较强的问题解决能力，能够发现问题，找到问题的根源，采取行之有效的措施解决问题；具有较强的大局观和前瞻能力，能够从全局出发，制订合理的能力、技术和产品规划；具有较强的执行力，勇于承担艰巨的任务，不找任何借口，全力以赴完成工作；具有较强的管理能力，能够全力推进部门体系能力建设，使部门管理逐渐规范化、标准化。

继往开来，作为从哈工大走出来的一汽人，我会继续以"规格严格，功夫到家"的校训作为思想指导，发挥哈工大精神，展现和扩大哈工大人在一汽的力量，全力以赴，为实现部门管理规范化、产品开发标准化、专业能力深入化的目标而奋斗，为实现新红旗新梦想贡献自己的全部力量。

建功新时代，丹心著华章

——记哈工大1991届内燃机专业毕业生 牛丹峰

牛丹峰，高级工程师，1991年毕业于哈尔滨工业大学内燃机专业，毕业后直接分配到中国一汽工作。现任中国一汽工程与生产物流部制造规划及项目管理处处长。

参加工作29年来，她始终坚持自己的人生信仰和价值追求，始终践行着哈工大精神，用一名哈工大学子的赤忱丹心，奋发进取，积极向上，追求卓越，勇于担当，不断超越自我。29载栉风沐雨，29载砥砺前行，她用自己的青春和热血，智慧和汗水，在一汽这片沃土上不懈奋斗，奋勇拼搏，写出了自己人生的华彩乐章。

2003年12月，牛丹峰被一汽集团公司团委授予一汽集团公司团委"青年岗位成材建功能手"，她负责的"CA6102B多点电喷发动机生产准备项目"被评为"青年岗位成才建功成果"。2016年3月，牛丹峰被一汽集团公司评为2015年度"中国一汽巾帼建功先进个人"。她还多次获得"优秀共产党员""优秀党务工作者""党员先锋品牌项目"等称号。

倾心产品技术开发，延续发动机产品生命周期

技术开发是新的科研成果被应用于新产品、新材料、新工艺的生产、实验过程。做好产品技术开发，不仅需要智慧和勇气，更需要有坚韧不拔的毅力。

为完成汽车发动机产品技术研发、延续产品生命周期这项艰巨任务，牛丹峰巾帼不让须眉，不畏艰难，勇挑重担，冲锋在前，倾尽全力。担任一汽解放发动机分公司产品工程部部长及一汽靖烨发动机公司技术中心常务副主任，是她职业生涯当中一个精彩亮丽的阶段。在这几年间，她先后组织完成了CA4GZ-E3四缸多点电喷汽油发动机开发、CA4GV-E4四缸四气门汽油发动机开发、CA4SH-NE3四缸多点电喷天然气发动机开发、CA6GH-E3六缸多点电喷汽油发动机开发、CA6SH-ME4六缸多点电喷甲醇发动机开发、CA6SH-ME3六缸多点电喷甲醇发动机开发、CA6SH-NSE3六缸两用燃料发动机开发、CA6SH-NE4六缸多点电喷天然气发动机（"863"计划项目）等。

这些适应性产品的开发，有效地延长了CA6102发动机（一汽二次创业，解放CA141车的心脏，世界最大的汽油发动机）的生命周期。她也取得了很多科研成果：参加的"LPG、CNG汽车关键技术研究与开发"项目于2007年11月22日获中国汽车工业科学技术进步奖二等奖；参加的"电控喷射单一燃料中型商用车CNG发动机产品研究与开发"项目（国家十一五"863"计划项目），于2010年6月22日通过科技部验收等，同时取得了天然气发动机谐振进气管实用新型和一种天然气发动机快速燃烧室发明两项重要专利，在《技术新视野》《现代车用动力》等国家级刊物上发表了四篇有价值的论文。

为完成这些项目，作为部门领导，她注重发挥团队的作用，在工作中根据每个员工的特长，合理地分配工作任务，并对他们的工作进行指导和

管理；组织每个员工对自己的工作制订详细的工作计划，并对每个员工的工作计划进行审查，在计划实施过程中适时跟踪，掌握计划执行过程中遇到的问题，指导员工及时解决问题；组织、参加每个项目的方案论证，确定最终方案，对每个员工的设计方案、图纸、文件认真审核，做到下发的文件问题最少，保证了产品开发工作的顺利高效开展。

回忆起在一汽靖烨发动机工作那段激情的岁月，她提到，当时技术中心员工分在两地办公，一部分员工在山西省晋中市，主要负责新产品的开发；一部分员工在长春一汽，负责生产工艺。作为中心常务副主任，她带领部分长春这边的员工往返晋中和长春，经常周一至周三在长春这边办公，周三晚上就起程，辗转北京赶赴晋中，周四中午一到晋中办公室，就着手对晋中部分一周工作内容进行审核、指导，吃住都在租住的办公楼里，周末又急忙赶回长春，开始下一周的工作。那个时候，一汽技术中心发动机排放检测资源紧张，他们只好到天津汽车检测中心进行发动机排放检测，每当这个时候，她都亲自带领技术员赶赴天津汽车检测中心，亲自守在检测台架旁边，直到检测结果满足国家排放标准，这个时候她才会露出欣慰的笑容，迎来片刻的心情放松。这时候，她的孩子还小，刚上初中，正是需要家长关心、照顾的时候，她就在这样的工作负荷和家庭负担中，硬撑下来了，辛苦可想而知。但她凭着一股韧劲儿和满腔的热情，取得了骄人的业绩，绽放了人生的光彩，也践行了哈工大"规格严格，功夫到家"的校训，践行了哈工大人无私奉献的精神。

不忘初心，继续前行，全力助推红旗品牌振兴和一汽各项事业发展

疾风知劲草，烈火见真金。2017年9月18日，一汽进行了全面深化改革，扩大了原发展部的职能，重新成立了发展制造部，由原来六个部门（发展部、规划部、生产部、保卫部、社会事业部、技术中心工艺部）通过功能、职责重组而成。恰是在这个集团需要、任务艰巨的时刻，牛丹峰放弃了在丰田体系的工作，竞聘回到集团公司，回到发展制造部，担任投资管理处处长。改革后，集团决定由总部全面运营红旗品牌，为完成新时期赋予的新任务，

适应集团改革发展新要求,作为发展制造部投资管理处处长,她深感肩上的责任重大。为助力红旗品牌振兴和一汽各项事业发展,她雷厉风行,工作不知疲倦,认真做好每项具体工作。没有日常休闲,只有一周接一周、一月又一月地加班加点。越是在困难的时刻,越能看到她的身影,越是极致的挑战,越能见证她的坚守与执着。

在投资管理方面,她实施积极主动的固定资产投资管理,健全管理机制,为项目建设合规、高效提供靠前服务,有效控制投资风险。2018年全年新批复基本建设项目81项,投资规模583.5亿元;在建的基本建设项目141项,年内计划完成投资228.1亿元,实际完成投资173.5亿元,集团整体投资完成执行率76%;针对"十一五""十二五"期间完工未验收的181个项目,开展竣工验收工作,年内完成竣工验收77个项目,完成后评价两个项目。

2019年累计新批复项目78项,新增固定资产投资规模296亿元;预计到年底,累计组织完成项目备案材料审查及审批60项,完成62个项目竣工验收及四个项目后评价。在建168个投资项目,年度计划投资259.6亿元,截至10月末,完成投资163亿元,投资执行率89%。

在总图管理方面,她统筹红旗品牌建设用地需求,精心策划搬迁步骤及节奏,亲自协调关键节点达成,实时跟踪进展,确保目标达成。在2018年,为服务红旗品牌基地建设,优化工厂布局,高效配置土地资源,她克服各种困难,组织搬迁、拆除一厂区建筑物25处,拆除车百仓库及民宅三栋;参加项目选址26处;办理产权证54个;实现一汽集团下属普雷特公司搬出一厂区的目标(原计划2012年搬出一厂区)。

其中普雷特公司搬迁工作面临的难度非常大,为解决好历史原因造成的诸多棘手问题,牛丹峰以一颗赤诚的心来投入,根据集团对改制企业的扶持政策和措施,针对普雷特公司提出的一些诉求,做了大量细致而艰苦的工作。在详细调查研究的基础上,她多次与普雷特进行艰苦的对接谈判,制订了周密的普雷特搬迁工作方案,并通过了集团总经理办公会的审批。此方案使普雷特公司的搬迁工作得以顺利进行,得到了普雷特员工的信任和信服。

另外，为建设红旗小镇拆除车百仓库及三栋民宅也是一项非常艰巨的任务。中国一汽与吉林省政府要倾力打造新红旗绿色智能小镇项目，该项目将建设成集旅游、观光、生产于一体的省市重点示范性工程，因此，必须对红旗工厂周边环境进行综合治理。该项目建设用地涉及一工厂区5号门区域（长青路以东、迎春南路以南、原东风副食商店以西、一工厂围墙以北），该区域土地权属为中国一汽，根据项目进度，必须于2018年7月末前完成该区域地上物的拆除。该区域地上物中的仓库及三栋平房宿舍权属为汽车城百货大楼公司，三栋平房由车百大楼的原职工租住，但因历史原因，租户几经更换，房屋大部分为小饭店，拆迁的难度之大可想而知。在这样的困难面前，她没有退缩，而是组织汽开区拆迁办公室与车百大楼进行艰苦的谈判。功夫不负有心人，经过多轮的谈判，终于得到了车百大楼的同意，由汽开区拆迁办组织拆除工作。在拆迁过程中，她与拆迁办保持密切沟通，随时跟踪进展，终于在规定时间内完成了拆除工作，为一工厂区5号门建设扫清了障碍，为红旗品牌60周年庆典的亮丽环境提供了有力的支撑。

一汽自建厂至今已有60多年的历史，多年来，在资产管理中产生了大量的闲置、低效、无效资产，也遗留了大量的历史问题。她积极组织业务梳理，做到工作有条不紊，快速推动历史遗留问题的解决。通过盘活资产，实现保值增值。2018年、2019年两年内，共清理闲置土地近800万平方米，通过转让、政府收储、租赁等方式，收入近30亿元；移交资产经营公司30余处闲置建筑物，盘活使用，创造价值；清理历史遗留状态不清资产90处，或销账，或移交，或使用；组织一汽家园、54C、28B产权证办理。

历史遗留问题有很多与职工群众的切身利益息息相关，是职工群众非常关心也非常难以解决的热点和难点。牛丹峰勇于担当，主动攻坚，求真务实，直面挑战，破解了很多历史遗留问题，受到了有关领导和职工群众的点赞与好评。她协调解决一汽家园小区业主产权证问题，在这里特别值得一提。一汽家园小区2 216户业主产权证未能办理问题是历史遗留问题，年代久远，情况错综复杂，直接影响员工及家属切身利益，群众意见很大。

在发展制造部成立之前，业主多次组织上访，也没能解决产权证问题。牛丹峰接手该任务后，本着为民服务的思想，热心协调业主、开发商、房地局、规划局、国土局、人防办等，历经八个月的艰苦努力，终于理顺业主产权办理流程；在协调业主、开发商矛盾时，面对双方剑拔弩张的局面，她耐心说服双方坐下来解决问题，为他们提出解决问题的思路、方法。就这样，经过不懈努力，终于解决了困扰住户14年没有房屋产权的问题，业主拿到第一批产权证的时候，欢天喜地、敲锣打鼓地为集团送来了感谢信，为发展制造部送来了锦旗。牛丹峰的工作为一汽集团赢得了声誉，树立了为民解忧、竭诚服务的良好形象。

解决J19项目办证问题。为认真贯彻落实党中央、国务院国企改革重大决策部署，以改革为动力做强做优做大国有企业，助推东北经济全面振兴，中国一汽启动了商用车板块上市重组工作。通过重组，盘活存量、创造增量，借助资本力量，加快转型升级，实现国有资产保值增值，持续保持中国一汽商用车行业领先地位。重组中，一方面，需对中国一汽下属公

司在长春市的部分土地、房屋资产权属进一步规范。由于时间久远，土地及房屋资产历经变化，情况各异，土地分宗、空地移交、权属改变、在建工程、历史遗留、无籍房等相互交织，权属办理千头万绪、极其复杂。另一方面，受时间约束，需 7 月 10 日前完成资产重组的置入置出及权属办理。为解决好这一难题，自 2019 年 5 月初开始，牛丹峰通过市工信局协调市规划和自然资源局、市住房保障和房屋管理局、市城乡建设委员会、市国土测绘院等 16 个委办局，召开 12 轮对接会，梳理资产权属办理明细，明确任务、落实责任。5 月 27 日，长春市周贺副市长组织召开市政府各委办局权属办理工作协调会，明确各部门任务，正式启动权证办理工作。由于情况复杂，她组织一汽总部、解放公司、轿车公司相关人员，加班加点，全力配合各委办局需求资料，每天跟踪各方的进度，及时协调解决权证办理过程中的问题。精诚所至，金石为开，在她的辛苦努力下，7 月 10 日，涉及资产重组的 296 本不动产登记证没有拖期一天全部完成。这在咨询机构开展过的国企资产重组工作中是第一家。这项工作也得到了集团公司领导的高度认可。

推进"三供一业"分离移交，为一汽集团改革发展做出贡献

"三供一业"分离移交是党中央、国务院的战略决策部署，中国一汽作为中央直属特大型国有企业，把"三供一业"分离移交列为集团董事长重点督导的集团重大业务项目，认真研究、周密部署、狠抓落实。自 2017 年 10 月开始，集团"三供一业"分离移交工作进入了第二个重要阶段，也是最后的攻坚阶段，即集团外埠单位的"三供一业"分离移交，涉及柳州、无锡、海南三地的集团所属企业，由发展制造部代表集团负责组织实施。

为完成工作量多、移交难度大的三地"三供一业"分离移交，牛丹峰作为项目主要负责人，认真研究国家有关"三供一业"分离移交最新政策和要求，精心组织，攻坚克难，扎实推进，要求项目负责单位克服各种困难，增强紧迫感、责任感和使命感，要勇于担当，主动作为，深入研究解决问题和困难的办法，加快工作进度，打好"三供一业"分离移交的攻坚

战。同时她牵头在发展制造部组成集团"三供一业"分离移交专项工作组，从制订周密工作计划到按计划按步骤实施，做了大量艰苦细致的工作，坚持每周召开一次专题工作例会，共同研讨分离移交工作方案，解决工作中遇到的各种难题，每月要向集团董事长汇报一次工作进展情况及存在的问题。她多次赴海南、柳州、无锡三地进行"三供一业"专项工作指导和推进，并与当地政府及接收单位进行对接交流和谈判，协调解决移交中遇到的各种难题，对于一些特别棘手的难题，本着在合规的前提下，让国务院国资委满意、让地方政府满意、让职工满意、让接收方满意的原则，采用了创新式的工作作法，采取了超常的举措，确保了各项工作及时有效的推进。在各方的共同努力下，历时一年，克服各种困难，付出了许多智慧和艰辛的努力，取得了突出的工作业绩和可喜的工作成果。按期实现外埠单位共23个分离移交协议的签署，并且节约分离移交资金近千万元，特别是无锡的物业移交节约资金达645.72万元，为集团公司的改革发展做出了重要贡献。集团"三供一业"分离移交工作得到了国务院国资委的充分肯定和高度赞赏，评价集团"三供一业"分离移交工作推进过程中注重工作的落实，真抓实干，进展速度快，费用控制好。同时集团还被发改委列为"三供一业"分离移交清算试点单位。

工作着是美丽的，这句至理名言一直是激励牛丹峰做好本职工作的精神动力。干一行爱一行专一行，牛丹峰就是这样，把做好本职工作作为一种责任，在工作中寻找快乐和美丽，在工作中不断提升自我价值。

牛丹峰始终对培育她成长的母校哈工大一往情深，她说："哈工大为我的一生奠基，我感恩母校的培育。作为哈工大的一名学子，我一定要做哈工大精神的传承者和践行者，在人生的旅途中不断奋斗，树起哈工大精神的丰碑。"

把事情做到最好，把工作做到出色。牛丹峰勤勉敬业，尽职尽责，为企业发展倾注无限挚爱，不仅是企业的一名优秀管理者，更是群众眼中的一名巾帼女杰，她始终坚持自己的人生信仰和价值追求，不断奋斗，坚毅前行。

路漫漫其修远兮，吾将上下而求索。为了红旗品牌的振兴和一汽事业的发展，她将继续用实际行动书写对工作的大爱。建功新时代，丹心献一汽，在挑战中续写人生的华彩乐章，彰显"自强不息、坚韧刚毅、智慧豁达的新时代女性风采"，以自己优异的工作成绩为母校增光添彩。

（王志刚撰）

用研发的火种点亮心灯

——记哈工大 1997 届汽车设计与制造专业毕业生　宋子利

宋子利，1997年毕业，同年7月在轿车公司第一轿车厂参加工作，2001年竞聘到一汽技术中心轿车部车身设计室，2017年1月任一汽技术中心乘用车院车身开发部代理部门负责人，2017年10月，任中国第一汽车集团有限公司研发总院车身开发部部长。

回顾自己的职业生涯，宋子利说，总装厂是埋下火种的地方；B70项目是"炼金石"；红旗H7项目是一个里程碑；改革重组是一段新里程的起点。

1993年，宋子利前往哈工大学习。得益于哈工大优秀的教学资源，他获得了丰富的理论知识和严谨的治学态度。母校给予他的不仅是知识的积累，更有对未来的憧憬和规划；耿昭杰等优秀校友取得的非凡成就激励着每一个哈工大学子，宋子利就是其中一员，他期望自己也能投身到自主汽车事业中，为中国汽车工业发展做出自己的贡献。这一段人生中宝贵而又短暂的大学时光，在他未来的工作生涯中产生了巨大的作用。

1997年7月，宋子利胸怀满腔热情来到一汽，被分配到轿车公司第一轿车厂，从事小红旗的现场工程师工作。在努力学习工艺知识的同时，面对一个个总装问题，他苦苦思索如何从根源上解决各类问题。他对自己的目标愈发清晰，搞研发，只有了解为什么，才能知道怎么做。正是这种不断探索的精神，为他以后工作中取得的成就埋下了火种。

2001年是一汽改革之年，凭借着在轿车厂积累的丰富的工艺知识和实践经验，他成功竞聘到技术中心轿车部车身设计室；2003年伊始参与到第一代奔腾B70的研发工作中，直到2006年8月B70成功上市。在这个一汽首款自主研发的乘用车项目中，他努力工作，理论联系实际，不断丰富专业经验，提升自己的管理能力。他善于举一反三，有强烈的大局意识和全局观念，仅仅三年，就凭借积极的工作态度和扎实的专业功底，被评为技术中心先进工作者并担任车身设计室主任助理。2008年，宋子利凭借在B70项目中优异的工作表现，荣获奔腾B70项目一汽集团科技进步奖一等奖。

2006年，由于在工作中的突出表现，他被技术中心选中参加一汽集团赴德国大众研修班；2007年，他远赴德国奥迪公司研修一年。在奥迪公司的一年中，他努力学习奥迪的产品开发流程和先进的管理理念，他谦虚的工作态度及勤奋的工作精神，受到导师的高度评价。2008年，他到一汽-大众产品部车身科研修，在单位加班加点的工作之余，也不忘继续学习，每天下班总会带一些与车身技术相关或者与研发管理相关的资料回家学习。他说："我在一汽成长，是一汽这块深厚土壤培养了我；我所取得的一切，要感谢一汽各位领导多年来的器重和栽培。我将更加努力工作和学习，为一汽的发展贡献力量。"

迎难而上，勇攀自主高峰

2009年3月，面对可以留在合资公司的工作机会，他毫不犹豫地选择结束在一汽大众的研修，回到技术中心投身到红旗H7车型的研发工作中，在集团项目组长徐世利院长的领导下，他负责整车总布置工作。作为红旗复兴战略的第一款车型暨国内首个自主全新开发的C级轿车，仅全新零部件就有1 180多种，技术难点之多、难度之大是无法想象的。压力是空前的，但他没有犹豫，他说："像H7这样的全新高级轿车开发，即使在世界顶级车企也是难得一遇，能干好这个项目，此生足矣！"

接下来的1 000多个日夜，他全身心地投入到这个项目中。没有合适标准、没有合适规范、没有合适方法、没有技术支持，一切工作仿佛无从开展。但他没有气馁，他不断在脑海中搜索着在奥迪研修的资料，并翻译成中文跟大家一起研讨，加强转化；他不断扫描着H7的供应商，并组织相关领域设计师开展供应商走访交流，为我所用；他不断向业内专家咨询，获取关键知识要点并在不断的对标过程中转化吸收，摄取所需。他运用在奥迪公司研修时所学的知识，结合当时红旗研发情况转化应用，创建了《产品开发质量管理办法》和《零部件成熟度检查表》等控制方法，形成了基于零部件的开发进度及风险管理手册；运用车身设计的经验，指导设计师优化零部件结构，打造高精度整车；他运用B70开发经验，指导设计师优化技术方案，降低整车匹配难度；他运用在总装厂工作时掌握和积累的工艺知识，指导设计师逐件开展数据检查……处处留心皆学问，他将自己十余年工作经历中发现的问题和积累的丰富经验运用到红旗H7的研发过程中，在设计和试生产阶段规避了大量装配问题和变更问题的发生。

在宋子利看来，"现场"十分重要，设计问题的解决离不开"现场"。汽车市场竞争激烈。市场对红旗的质疑，既是大家对红旗的期盼，也是对红旗高品质的要求，是揉不得半点儿沙子的。他总对大家说："真相只有一个，现场有你想要的一切。"从车型试生产开始，他就成立问题解决公关小组，带着团队全天候服务于现场。为了加速问题解决，他推行了"三会一课"工作模式。早会布置当天任务；晚会点检当天工作进展，研讨后续工作计划；专题会讨论问题解决方案；重大技术难点成立课题小组，专项解决。从试生产到整车量产的400多个日夜里，他天天加班，跟大家研讨问题解决方案。在红旗H7车型上市前成功解决设计问题1 154项，已知问题无一例流入市场。

在项目组团队的共同努力下，2012年7月15日，红旗H7终于下线了。红旗H7不仅填补了国内C级轿车的空白，也为红旗复兴迈出了坚实的一步。伴随着项目的成功，他自己也在不断成长：2011年，宋子利加入中国共产党，并获得2012年度一汽集团"创先争优"优秀共产党员、技术中心"创先争优"模范共产党员等称号；2013年，他晋升为一汽技术中心轿车部整车设计室主任；2014年，因红旗H7项目荣获一汽集团科技进步奖特等奖和中国汽车行业科技进步奖特等奖等。

新起点，聚力新红旗研发

2017年10月，宋子利担任研发总院车身开发部部长，在红旗品牌发展的起点期，为了适应新红旗发展需求，他以满足用户使用场景为出发点，建立了打造精品车身的工作方针，提出"快、轻、精、魅"的工作方向。在取消上部车身试制的模式下，以140人的团队应对HS5、HS7等10多个车型项目同步开发的并行研发，困难程度可想而知。他迎难而上，快速搭建开发队伍，积极梳理部门规划，全面统一开发标准，识别提升短板业务，建立了部门标准化断面库、标准化结构库、精良性设计指导手册等多项开发指导文件。这是一个新的起点，未来有更多的挑战需要面对，但他已经百炼成钢，将会遇强更强。

在与红旗鱼水共存的23年里，宋子利从工艺到研发、从子项目经理到项目经理、从车身设计科员到整车科长再到车身开发部部长，见证了红旗的兴衰沉浮，也成就了一代代红旗产品的投产。逝去的是无悔青春，收获的是累累硕果。

这一切成绩的取得，要感谢一汽这个干事创业的大舞台和各级领导的关心关爱，更与他的母校哈工大的教育是分不开的，哈工大"规格严格，功夫到家"的校训，一直贯穿在他的工作生活中，不断激励他迎接一个又一个新的挑战！

（师进刚撰）

扎根沃土，长成大树

——记哈工大 2005 届材料加工工程专业硕士研究生　张立文

1998 年金秋时节，我作为一名走出大山、冲过高考独木桥的学子，怀着青春的梦想，背着行囊来到了向往已久的北方知名学府——哈尔滨工业大学。在接受入学教育的过程中，我对哈工大有了进一步的了解，"规格严格，功夫到家"的校训牢牢地印入我的内心，我树立了"努力学习，报效国家"的理想。在七年的学习生涯中，我努力地学习专业知识，同时积极参加社团活动，配合学院进行学生的管理工作，出色地完成了本科、研究生的全部课程。功夫不负有心人，在硕士论文答辩的过程中，我的论文被评为"优秀毕业论文"，同时我获得"国防科工委委属高校优秀毕业生""哈尔滨工业大学优秀毕业生"的称号。

在大学里，我是一名贫困生，得到了老师和同学无私的帮助，学校的老师为我申请勤工助学的机会，同时在精神上给了我极大的鼓励，使我顺利地度过了大学的生涯。记得入学的时候，我找到了当时负责我们班级的辅导员，向她说明了我的家庭情况，希望在未来的学习期间能够进行勤工助学。辅导员非常热心地帮助我，为我提供学校内勤工助学的岗位，为我申请助学奖学金，还帮助我联系家教的工作。在读研究生期间，院办公室为我提供了辅导员助理的岗位，帮助学院开展学生管理的工作，在解决我的生活问题的同时，还锻炼了我的综合管理能力。在激光实验室做课题期间，我的师兄们对我的课题提供了悉心的指导，使我在做研究课题的过程中积累了丰富的经验，能够参与一些型号项目的研发工作，自己动手，为国防贡献力量。

哈工大严格的学风也为我未来的工作打下了坚实的基础，哈工大七年学习的经历，是我人生一段宝贵的回忆，在那里有我尊敬的师长，有我可爱可亲的同学，有我流下汗水的实验室，所有的一切都使我终生难忘，参加工作后，我经常用哈工大的校训时刻提醒自己，"规格严格，功夫到家"，时刻提醒自己，要严格要求工作标准和质量，做一名优秀的工程师，不让一个问题从自己手中流出去。

2005年，我通过校园招聘，来到了一汽轿车股份有限公司工作，在一汽的培养下，我逐渐由一名普通的技术人员走上了领导岗位。一汽给了我施展才华的舞台，我把从学校学到的专业知识应用到工作中，一汽也为我提供了学习的巨大空间。在一汽的15年工作历程中，我深刻地意识到，年轻人要有远大的理想，要为我们的事业坚持到底。对于这些年的工作经历我简单总结有三个阶段。

初入职场，专业知识与业务深度融合

在一汽轿车股份有限公司做焊装工艺员期间，我虚心地钻研工艺技术，同时把学校学到的知识融入到业务中。初入职场，一切都很陌生，我的科长给我找了一个师傅，指导我快速熟悉业务，从图纸、工艺文件到机器人操作编程逐步进行深入学习，很快我就掌握了焊装工艺员的业务。在此期间我经历了马自达WGN等车型的生产准备，熟悉整个工艺准备流程。这个项目使我掌握了工装夹具的设计原理及调试要领，同时独立完成了侧围自动线的编程调试工作，当时自己一个人拿着编程器在生产线里工作了一周

的时间，有时感到枯燥无味，就是机械地编程调试，但是当完成测试后，看着机器人娴熟地抓件焊接，内心的成就感油然而生。技术人员应根植于现场，新人就像一棵小树苗，只有扎根于坚实的大地，在组织的培育下，才能成长为参天大树。

2006年6月，出现了一次激光焊接质量不良的问题，当时这个焊接技术由外部供应商提供，产品的合格率很低，影响了生产，我作为激光焊接专业毕业的技术人员，在厂家驻厂分析促进，通过查阅大量的技术文献，独立编制了《激光焊接质量控制标准》，以此为依据，与供应商签订了技术协议，为后续的合同管理提供了技术依据。在此过程中，我感觉到技术人员应该广泛学习行业内的标准规范的知识，要像一个渴求知识的人，在浩瀚的知识海洋中贪婪地吸取知识，逐渐扩大自己的视野和丰富自己的知识结构，为将来更大的发展空间提供基础。

在M6板材国产化项目推进过程中，我配合项目组开展焊装领域的生准推进工作，完成了从板材实验到产品试装投产的工艺开发等一系列工作，历时半年，终于成功地实现了侧围外板等15种冲压件的国产化，为此获得了2007年一汽集团"科技创新奖二等奖"的荣誉。在这段时间我逐渐由一名技术员成长为核心的技术管理人员，并且获得了轿车公司"十佳青年"、一汽集团"优秀员工"的称号，技术人员就要把自己所学的知识与实践相结合，通过不断钻研，提升自身的专业技术能力和创新的精神，并且瞄准目标坚持到底。2007年，我参加了焊装车间降低焊接飞溅的项目，当时日本马自达的专家进行支援，在这个过程中，我对焊接飞溅的机理和控制方法有了全面的了解和掌握，并且在生产线上不断地测试分析，终于找到了合适的焊接工艺规范空间，实现了飞溅率大幅降低。在这个过程中我一直思考，为什么我们没有一个焊接参数的数据库呢？在焊装技术科内，有一个EXL版的焊接参数小软件，可以依据材料进行参数输出，但是材料只能用日方的编号，如果国产化就不能实现。当时我对这个软件进行反编译，在软件后台把设计的规则弄清楚了，但我发现制作这个软件需要一个焊接规范的数据库，否则无法实现。当时我非常有挫败感，因为我们整个工艺体系没有数据库或标准文件，但功夫不负有心人，一次偶然的机会我在日方专家的电脑里看到了这个标准文件，在我虚心的请求下对方提供了这个标准，我迅速地将这个标准完善到工作的标准文件中。

岗位锻炼，提升管理能力

经过五年的专业技术岗位的工作锻炼，2010年9月，通过公开竞聘，我走上了二级经理的岗位，作为一汽轿车二工厂焊装车间副主任，主要负责工艺、质量、维修等领域的工作。在这段工作的经历中，我的视角由单一的技术专业向整体全局的管理转变，面对车间可动率低下、质量问题多的状况，带领技术人员、车间班组管理人员开展全员提升的活动，通过亲力亲为、有效引导等方式，使车间的可动率由60%提升到90%，完成了全年的生产目标。2011年，我带领的车间获得了轿车公司"十佳科室""模范团队"的称号。在工作中，焊装工艺员的工作经历使我时刻用技术创新的思维思考问题，记得有一次焊装主焊线涂胶枪与机器人抓夹干涉导致胶枪损坏，每个胶枪成本10万元左右，每次停工1个半小时，多次停台困扰着我们的维修团队，当时厂家和维修技术人员束手无策。得知这个情况后，我组织维修工班长换个思维思考，在零件变形无法规避的情况下，指导维修人员从实时检测的角度入手，创造性地提出胶枪柔性检测零件的思路，我们的维修工长迅速进行尝试，很快找到了检测的方法，成功地设计出机器人涂胶防碰撞系统，并申请了国家专利。关于这件事情我的总结就是，无论在什么岗位上，无论是管理创新还是技术创新，创新的意识都要时刻保持。类似这样的创新改善，在我带领的团队中表现得非常活跃。在焊装车间工作的两年，收获最大的是建设了一支优秀的团队，高昂的斗志、创业的激情，至今还使我感动，为了自主的事业，我们一汽人一直在拼搏努力，在市场低迷的情况下还在努力坚持。

2012年，受组织的委派，我来到天津一汽丰田工作，负责泰达工厂车体部第二装焊课的整体管理工作。在合资企业里，企业文化、企业的管理模式以及合资双方的工作主导权都是我面临的全新的课题。入职伊始，我认真地思考管理现状，分析日方管理的思路，制订了整个外派期的工作规划，就是学习日方先进管理方法、维护一汽在合资公司的整体利益，同时逐步掌握核心的技术，初步掌握管理的主导权。在初期，首先与日方干部沟通，在人事管理方面达成了一致，即中方主导管理，日方配合。通过人员的管理权的明确，解决了多头管理的问题，这为后续技术主导提供了基础。当时在合资企业里，日方牢牢地掌控着生产线的规划、投资、采购等方面的主导权，我在这个过程中配合中方管理层，组织技术人员通过对标，学习一汽自主的投资经验，主动地进行方案策划、设计，为决策层提供了强大的支撑。印象最深的是，所有的采购设备都是日方采购的日系产品，价格远远高出集团的水平。在这种情况下，我在新车型生准、备品工厂建设、三坐标设备投资的项目中，提前策划，把技术人员送回一汽进行培训学习，成功地完成投资方案的策划设计，在天津一汽丰田公司的投资评审会上顺利通过，为公司节约了近 2 000 万元的投资，同时也打破了日方设备采购的垄断局面。

提升跨专业管理能力，积极投身红旗事业

从合资企业回到集团后，我在集团发展部乘用车生产准备室工作。在这段工作经历中，我进一步开阔了视野，熟悉、掌握了整车生产准备全过程的业务，对产品诞生流程有了深入的了解，同时对整车的投资管理、产品的开发、工厂的建设等业务有了全面的学习，积累了经验。在这期间我负责集团公司自主乘用车的多个车型的生产准备管控工作，通过开展同步工程、智能制造的技术的应用、创新业务的开展等，提升了自身的业务能力并开阔了管理视野。

2017 年 9 月，一汽集团改革后，我竞聘到红旗工厂负责制造技术和质量管理工作。在这段工作经历中，我从一个技术管理干部逐渐转变为质量管理干部，涉足技术和质量管理两个领域，进一步提升了自己的管理能力，尤其在负责质量管理工作过程中，能够完全从客户的角度去思考产品的育成、管理，而不是从原来单一的技术角度，一汽红旗的产品"极致标准、

极致要求"的理念深入内心，在每天日常工作中都时刻牢记。

为了提升红旗产品的市场竞争力，2017年10月开始，红旗质量提升工作组成立，作为一名成员，我组织工厂各领域人员开展质量评价等级奥迪特降分活动。通过一年的工作，奥迪特的等级由6.8级提升到1.5级，达到了合资同级别产品最高水平。红旗产品得到了包括中央领导在内的客户的一致好评。红旗产品的市场认同度极大提升。2019年，红旗品牌逆势上扬，创造了汽车寒冬的神话。

作为一名哈工大的学子，我时刻不忘"规格严格，功夫到家"的校训，时刻不忘母校的培养，我将在红旗事业的复兴道路上，不忘初心，砥砺前行，让母校以我为荣。

情系哈工大，奉献在一汽

——记哈工大 2002 届热能与动力工程专业毕业生　蔡文学

"盛世东风入泮宫，百年名校焕新容。崇楼映日连广宇，绿树擎天拂晴空。遍地春晖花似锦，满园秀色草如琼。千姿万态呈异彩，隐隐文光射九重。"借用此段文字，为我的母校建校百年送上祝福！

我叫蔡文学，回想起 22 年前的这个时间，在填报高考志愿的时候，出于对汽车的热爱，我所报的三所院校的第一专业都是汽车专业，也许那个时候就注定会与汽车结下不解之缘。当接到哈尔滨工业大学录取通知书的时候，我的心里充满了幸福和自豪。这次高考是我人生的第一次重要转折，我从辽宁的小山村来到了美丽的海滨城市威海，进入了我梦寐以求的学校，开始了我的大学生活。

现在还清晰地记得，我手握录取通知书，经过九个小时的火车、七个小时的轮渡、一个小时的公交车到达哈工大站下车时的情景：满是荒草、黄土的地面上，一条水泥路通向远处的几栋小楼。这与想象中的哈工大差别很大呀，我心里顿时凉了半截。但当我走进校园，热闹的锣鼓声、招展的彩旗和老师、学长的笑脸，瞬间把刚才的不开心全部冲散了。辅导员向我们介绍，哈工大威海校区是1997年刚刚建成运行的，我们1998级是哈工大威海校区汽车工程学院招收的第一批新生，我们学校后续会建设得更好！岁月不居，时节如流，美好的时光总是短暂的，但每每回想起在母校的学习生活，一切都恍若昨日，历历在目。A楼灯火通明的自习教室，山顶宁静的图书馆，欢声笑语的三公寓，熙熙攘攘的小食堂，常在梦中萦绕。紧张的学习生活，愉快的文体活动，融洽的师生交流情景，不时在脑海中浮现。记得大二分专业的时候，我毫不犹豫地选择了内燃机专业，当班主任问我为什么选择这个专业的时候，我说："听学长们说这个专业很难学，报的人不多，我喜欢有挑战的事情。另外，发动机作为汽车的心脏是核心的部件，所以我选择这个专业。"在大学的学习生活中，母校"规格严格，功夫到家"的校训深深地烙在我的心中，由于我是农村考出来的学生，英语底子薄，计算机在上大学之前都没有接触过，为了不被同学落下，我常常在熄灯后拿着手电筒在被窝里学习英语、C语言的课程。母校严谨求实、刻苦勤勉的治学风气，老师们的谆谆教导，不仅使我获得知识，也培养了我认真严谨的做事风格。老师们在教学的同时，也注重加强对学生们思想、品格的教育，帮助学生树立正确的人生观、价值观、世界观。当时我们班级的辅导员裴老师，经常给我们开展思想政治教育工作，与我们交流思想，他后来成了我的入党介绍人。我于大三的时候光荣地加入了中国共产党。

2002年，短暂而美好的大学生活结束了，告别了朝夕相处的同学和老师，我怀着激动而忐忑的心情踏上了开往长春的列车，中国一汽是中国汽车工业的摇篮，我的下一段人生旅程将会在这里开始。毕业后我先后担任过一汽技术中心发动机部附件室排气系统设计工程师，策划调度部综合计划调度室项目助理、项目经理，项目管理一室主任，一汽青岛汽车研究所研发管控室主任、所长助理，解放公司商用车开发院造型所高级主任、负责人。

2002年毕业的时候我被分配到技术中心发动机部附件室排气组担任设

计工程师，负责排气系统设计。由于大学时主要学习的是发动机方面的相关专业知识，对排气系统的了解不是很多，为了尽快适应工作要求，我从图书馆找来了很多专业书籍，学习排气背压、噪声控制、吸声材料等方面的知识，同时我的师傅、师兄在工作中也教我排气系统设计的原理和经验，专业组的韦中老工程师带我到消声器厂学习消声器的整个生产制造过程。通过一年的学习和锻炼，我已经能独立地承担设计工作，参与完成了 J4、J5 等车型的排气系统设计。在工作的同时，我积极参加组织部门、科室的各项文体、团建活动，在 2004 年的时候被任命为发动机部团支部书记，初步培养提升了自己的组织能力和沟通协调能力。

2004 年 11 月，我从技术部门调到了策划调度部综合计划管理室，从事研发管理工作，先后担任 CA6DN1、CA6DM、CA6DL、V6、JB8、J 车共轨等发动机开发项目的执行经理及 V12 发动机开发项目的项目经理，主要负责产品开发阶段项目团队组建、计划的编制与控制、资源协调与配置、内外部接口关系协调、开发过程控制等相关工作。在开发过程中与解放公司、无锡柴油机厂、集团公司职能部门进行有效的信息沟通、问题解决、计划及资源协同，有力地保障了项目运行的外部条件。组织所负责的发动机模块项目与中心各相关业务部门进行计划对接、资源落实、风险识别、过程质量问题解决等，有效地保障了项目运行的内部条件，确保了产品开发工作的顺利完成，目前已成为一汽主销产品，支撑了集团产品战略的实现。

2012 年我担任项目管理一室主任，负责技术中心全面计划管理、预算管理、考核管理、资源调配等综合性事务，制定发布了各类管理办法、流程、模板等，有效地保证了中心各项管理工作的开展。尤其是建设了技术中心全面预算管理系统，实现了预算管理的 IT 化。我从 2005 年开始负责中心研发费用管理工作，通过长期的经验积累、数据统计、业务识别，逐步将研发预算的科目、公式、经验数值等固化，形成模板，为研发费用管理的 IT 化奠定了基础。2010 年 3 月中心启动了"研发费用管理&控制系统"项目，通过策划、论证，将在系统中实现预算编制、预算变更管理、任务单、采购申请、出差申请、合同审批、验收、报销、借款、需款计划等功能，实现费用全过程IT化管理。作为项目主要的方案规划、制订、组织者，我牵头完成了项目策划、实施阶段大量的需求调研、流程梳理和优化、方案制订、业务划分、模板定制、员工培训等工作。目前已完成系统开发及测试，共定制8个模块、23个应用程序、133个流程、45张报表，全面支撑研发费用管理、控制需要。系统于2012年1月1日正式上线使用。系统上线后，解决了研发费用的预算编制、执行及结算没有统一的平台进行管理，信息、数据相互割裂，无法对研发费用进行总体分析、事前控制及积累数据的问题，满足中心未来的异地化管理，提高工作效率，做到费用"事前有计划，事中有控制，事后可测量、可考核"，实现管理变革。

2015年至今，我任青岛汽车研究所所长助理兼研发管控室主任、商用车开发院造型所高级主任和负责人，在此期间完成青岛所筹备建设，负责青岛所项目管控、流程体系建设、采购业务、投资发展；按照集团战略部署，推进完成青岛所各项筹建工作，于2015年4月正式挂牌运行；组织开展红旗、

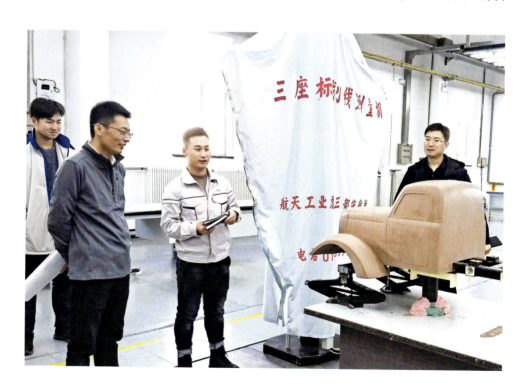

奔腾、解放三个品牌的 21 个造型项目开发，包括 HS7、红旗 EV、J6P 年型、J6L 等；J6F、JK6 在与国外造型方案 PK 中获胜，J6P、JH6 及 100 多项适应性工作按计划完成，提升了解放产品竞争力。

回顾过去，我们无比感念，母校给予我知识和严谨的作风，一汽给予我干事立业的舞台；展望未来，我们信心十足，哈工大会更加美好，一汽也会屹立于世界先进汽车企业之林！在这个特殊的日子里，让我们再次向母校致以最诚挚的祝福，愿母校永远辉煌，永远充满生机！

不忘师恩，努力奉献

——记哈工大 1999 届汽车内燃机专业毕业生 张余民

我是 1995 年考入哈工大的。我家在榆树市乡下，邻村有个高我几届的孩子考上了哈工大，毕业以后找到一个很不错的工作，十里八村都以这个孩子为傲。所以，在我没上高中的时候，我知道的名牌大学，除了清华、北大，就只有哈工大了。到了高三报考的时候，我也就毫不犹豫直接报考了哈工大。

我很荣幸能进入哈工大，在母校的点点滴滴都是我一生的财富。毕业以后，我发现哈工大的学生都很感激母校，校友之间总是惺惺相惜。在校期间，我感受最深的有两个方面。第一个是严谨的学风。进入哈工大校园，每个教室里面都是埋头苦读的同学，你稍微偷点儿懒，可能就找不到座位了，我们经常因为找座位花费很长的时间。如果你不努力学习，就会感到心里没底儿，因为都知道母校的校训是"规格严格，功夫到家"，成绩不过关，任凭你说多少好话，那些老教授也绝对不会对你放松要求。第二个就是家庭般的温暖。母校的师长十分爱护那些家庭困难的学生，学校也想尽办法来帮助他们，提供各种助学金、奖学金等，助学金在毕业的时候还可以减免。每年冬天来临之前，汽车工程学院的老师们还会组织一次捐赠活动，提供一些必要的御寒衣物给需要的同学。辅导员老师也始终默默关注那些来自困难家庭的学生，在必要的时候为他们提供帮助。在哈工大，没有人会因为家庭问题而自卑，都以学习成绩论英雄。

提到母校，我印象最深的是我们敬爱的班主任赵桂范老师，相对来讲大学的班主任职能是弱化的，但哈工大当时为了让刚进入校园的新同学有个过渡期，给每个班都配了班主任，任期一般是半年或者一年。赵桂范老师带了我们四年，她心思特别细腻，同学们无论有什么困难，她都及时帮助解决，谁思想出现问题，她都会及时发现，并不厌其烦地开导，甚至把同学叫到她家里，让她爱人陪着一同开导。毕业这么多年，母校的老师永远是我们做人做事的榜样。

我的毕业设计是在汽研所进行的。毕业以后分配部门的时候，本来人事部门要把我分到发动机试验室，可能看到我实习的地方是轿车部，所以后来又把我改分到了轿车部。我刚参加工作前几年，一汽的轿车还是以红旗世纪星为主，发展自主轿车还处于探索阶段。我很感谢学校对我们的教导，在校的时候，各位老师总是教导我们，在单位一定要多努力，多去主动找活儿干，不挑剔，多付出，所以我毕业以后，每天都忙得不亦乐乎，早上来得最早，拖地、打开水，晚上走得最晚，关电脑、锁门，看到哪位老师傅有活儿了，主动去帮着干，所以很快地，在科室里面就和大家熟络起来，老师傅们也愿意干什么都带着我，安排我做一些事，让我很有成就感。

我第一个真正完整做过的车型项目是欧朗。在此之前，我们专业的轿车开发能力仍停留在奥迪国产化的水平，在做欧朗这个项目的时候，很多流程规范、标准都是空白的。在项目开发过程中，我的自尊心被刺痛了，我就暗自下定决心，一定要通过这个项目把我们专业的家底攒起来，能力建起来。所以我一边干一边总结，等到这个项目结束的时候，我又领着大家写了详细的项目总结，编写了一套完整的专业设计规范，建立了本专业完整的开发标准。现在回想起来，做这些事的时候，自己并没有想到任何回报，只是觉得应该做，就做了。应该感谢母校那些师长对我潜移默化的影响，作为哈工大人，不计回报的付出，是我们集体的性格，我们在付出的时候，不需要掌声，不需要认可和关注，我们只是乐于奉献，乐于去做对别人、对集体有意义的事情；也感谢技术中心的领导，他们认可了我的付出，让我从组长成长为科长助理，再到部门负责人，2017年又给我机会让我负责特种车的项目管理工作。

H7蓝途车项目是我第一次作为项目经理参与的项目，该项目一共规划了四款车型，很荣幸，我负责的项目成了最后唯一做成的。这款车是在红旗H7基础上匹配新的动力总成。当时中心领导为了培养我们这批专业负责人，要求我们每人负责一个项目，这样才能对项目有更好的理解和支撑。我当时可以选择熟悉的欧朗平台，但我觉得自己作为专业负责人，应该全面了解所参与的所有平台，所以我选择了更具挑战性的H平台。蓝途车的核心使命是降油耗，李骏主任曾鼓励我说："我给你的指标是8.5升，如果你能降到8.3升以下，每降低0.1升，我奖励你一万元！"刚开始的时候我也心里没底，毕竟基础车的油耗还是有点儿高，不知道换了动力总成能降到多少，而且第一次匹配GDI发动机和DCT变速器，还有很多不可预见的匹配难题，但我还是暗下决心，一定要做到最好。我从相关专业挑选人员组建项目团队，一方面帮我出降油耗方案，另一方面帮我评价标定匹配方案。首先，我们把所有降油耗的方案全部在车上体现，先不去管驾驶性的问题，这样，第一次油耗摸底就达到了7.6升，然后我们就有了信心，开始在不牺牲油耗的前提下，去逐一解决驾驶性的问题。在这个过程中，有个小插曲，有同事认为我好大喜功，报告中心领导说我不管驾驶性，只关注油耗。我向李骏主任汇报的时候说："谁敢说牺牲了油耗，驾驶性问题就一定能解决？谁又敢确定，不牺牲油耗，驾驶性的问题就一定解决不了？"李主任看我态度坚决，说："我支持你，你干吧！"就这样，我们陆续解决了50多个AVL专家都束手无策的驾驶性问题，同时解决了多项NVH难题，最终油耗稳定在了 7.5 升左右，超额达成项目指标。也正是这个项目，让我增强了干自主的信心，也让我得到了更多的认可。所以我觉得，在工作的时候，只要能做到全身心投入、排除杂念，一定能够把工作干得漂亮。

这两年，我主要从事的是特种车辆的项目管理，同时负责过一段时间的特种车辆服务保障。2018 年，我到集团的特种产品业务部兼职做 L 平台的项目管理处负责人，我现在从事的工作大多是保密的，不能宣传，好像把自己隐藏了一样，我倒很喜欢这样，不被关注，有的时候反倒能把更多的精力投入到项目之中，乐在其中。

哈工大人，有哈工大人的性格，有"规格严格，功夫到家"校训培养出来的严谨作风。从毕业到现在，我一步一步成长，正是得益于母校对自己的悉心栽培和教育。我也相信自己，在一汽这片沃土上，必定能做出更好的成绩，不负母校，不忘初心。

坚定信念，勇攀高峰

——记哈工大 2004 届焊接技术与工程专业毕业生 王泽鹏

王泽鹏，2004 年毕业于哈尔滨工业大学材料学院焊接系，先后在一汽富维、一汽集团新能源汽车分公司、一汽集团新能源开发院和一汽集团新技术及创新业务管理部从事工艺技术、产品开发、生产制造、质量管理、项目管理和新能源产业资源布局工作，历任富维车轮二厂技术质量经理、富维技术中心工艺主任、新能源分公司制造技术部部长和产品管理部部长、新能源开发院项目管理处处长和集团电池合资负责人。

勇于挑战，建设西南基地

2010 年，在一汽集团主机厂布局西南的战略背景下，一汽富维第一时间启动了成都的产业化布局，进行自主和合资零部件的多公司基地建设。其中自主板块的成都车轮分公司建设也成为重中之重，这不仅可以支撑主机厂的发展，还能够辐射长春区域外的市场。成都公司的建设总投资为1.6亿元，设计标准产能120万套，峰值产能180万套。这是车轮公司建厂以来首个绿地建厂、异地建设和应用最先进技术的全新公司建设项目，且投产时间刚性大。其工艺覆盖冲、焊、涂和装配等技术，在借鉴以往经验和规避以往问题的基础上全新规划升级，这就使得项目面临准时投产、高标准建设和技术突破等多重复合型的挑战。公司大范围筛选和多轮研讨后决定任命年仅30岁的王泽鹏为公司规划和筹建负责人，这副重担落到了他的肩上。至今回想起来，他依然对当时感到的压力记忆犹新。

整体研究，前瞻策划。"凡事预则立，不预则废"，王泽鹏深知这样一个全新、长周期的复杂项目，一个完整、合理和详尽的计划是项目成功的关键保障。于是，他带领各专业项目成员进行集中封闭式研讨并反复论证推演，加班加点、披星戴月地用一周多时间完成了以前期可行性研究为起点，涵盖厂区布局、工厂设计、工艺规划、设备采购和安调、产品认可、小批量和量产的全过程、全领域的系统性和科学性强的大计划。此外，建立了以日、周、月为周期的日沟通会、周推进会和月评审会推进机制，结合问题清单和阶段性总结等管理方式，以确保及时解决问题和控制不确定性风险。

结合历史，开放创新。因为新课题是层出不穷的，所以技术升级和持续改善也是永恒不变的课题。为了在新公司避免以往生产和质量方面的问题，工艺设计和工艺规划升级成为关键点。他对当前和历史问题进行分析，深入论证过程要素，采取技术升级和针对性设计的方式，融入了最新技术和创新设计。最具代表性的有轮辋滚压由液压驱动改为伺服电驱动、设备主轴采用涨紧式、涂装线采用卧式和立式组合泵、天然气三温区烘干系统，这些大胆的创新工艺当时在国内都是首次采用，经过验证，效果良好，效益明显。在此过程中，"突破传统，大胆创新"逐渐成为王泽鹏的工作特点和工作作风。

有志者，事竟成。成都车轮西部基地从选址到产出产品交付，历经三年，项目比原计划提前80天SOP，总投资节约近1 000万元，复盘测算经济指标优于预期，最终在 2013 年顺利通过集团公司验收，2014 年生产线开始产能提升拉练，2015 年超目标实现年产 160 万件钢轮。这样的成绩不仅充分验证了成都车轮基地的工艺规划、装备能力，更是对项目经理王泽鹏及其团队的充分肯定。

跨界朝阳，转战新能源领域

2013 年下半年，富维车轮西南基地项目顺利通过集团公司验收后，王泽鹏通过集团内部竞聘，跨界来到汽车行业的朝阳领域，入职新能源汽车分公司。

面对新的业务领域，作为技术部长的王泽鹏利用业余时间快速自学新能源知识和业务，在岗位上坚持团队管理、专业技术两手抓，经过四年多的努力，逐步建立了职责清晰化、管理精细化、开发流程化、文件模板化的部门文化和风格。在他的带领下，产品管理部发展成为公司内作风优良、成果显著且具有引领作用的优秀团队。

边学边干，学干结合。初入新能源汽车领域，王泽鹏通过多种方式虚心学习，既包括业余时间的自学和针对具体问题的小范围研讨，还包括通过各个业务领域的日常汇报和参加行业会议不断地、快速地增加新能源汽车业务知识储备。王泽鹏充分发挥了自己的学习能力，通过边学边干、学干结合，不到一年的时间，就由新能源汽车领域的门外汉成长为新能源汽车产品管理领域的专家，尤其是对部门全部业务的运行情况和短板问题有了清晰的认识，为后续各项工作的开展和成果的取得奠定了基础。

大刀阔斧，勇于改革。经过一年时间的了解和酝酿，为了解决产品管理部部分业务运行不畅、部分人员干劲不足的问题，在公司领导的支持下，王泽鹏大刀阔斧地对部门组织架构进行了调整，重新规划成立了整车开发组、电气开发组、电控开发组、电池开发组和试验认证组，搭建起部门一位部长、一位高级专家、一位主管、五位组长、五十余位员工的全新架构，并分级授权，极大地提振了团队全员的士气，提升了各项业务的运行质量。

产品管理，成果显著。2016 年至 2017 年，是新能源汽车分公司产品管理领域收获丰富的时期。在流程编制方面，全新编制和修订新能源汽车整车开发、整车控制器（VCU）开发、电池管理系统（BMS）开发、电池包（PACK）开发、试验管理、产品认证等15份流程、规则；在作业指导文件编制方面，完成整车总布置设计指导书、电池包总布置设计指导书、HIL测试指导书、纯电动车电池管理系统标准测试指导书等21份作业指导文件和170余份标准工作模板表单。建立了电气台架实验室（包括整车电气台架、自主电池包、自主VCU和BMS台架等）和特种试制与试验检修间（展车试制、试验车检修、核心部件对标分析）；在动力电池自主设计开发方面除满足整车常规需求外，还可实现半小时从 $-30\ ℃$ 升高至 $0\ ℃$，满足北方冬季低温下使用需求，提升用户使用效率，且SOC估算精度误差小于5%，达到国内先进水平。

新能源汽车分公司产品管理领域这些成绩的取得，得益于全体员工的共同努力，更少不了王泽鹏在两年多的时间内倾注的心血和精力，正是在他的带领下，产品管理一线员工得到了快速的成长，业务骨干得到了充分的锻炼，部门业务取得了长足发展。所有的这些，公司领导都看在眼里，对王泽鹏这种既敢打敢拼又心思缜密的工作特点十分认可，每年他的个人绩效都处于公司中层干部前列。

突破创新，新能源事业再出发

2017年9月，集团公司改革之际，王泽鹏竞聘到新能源开发院项目管理处担任首任处长。为了完成项目管理处核心团队搭建及职责梳理，打通院际业务流，保证产品开发及科研项目的顺利交接，他继续发挥持久作战能力，带领处内不足10人的团队加班加点，终于在100余天的"百日奋战"后，在新的岗位上取得突破，完成了处内体系框架搭建与核心业务流程建立，并依据集团战略制定了新能源发展规划和路线图，为项目管理处后续各项工作的开展奠定了坚实基础。

体系建设，夯实基础。新能源项目管理处作为集团公司深化改革后新成立的部门，业务流程、管理办法等亟须建立，王泽鹏带领团队围绕体系能力和项目管理业务，组织相关专业搭建整车开发流程、总成开发流程、试验标准和流程等，形成整车、总成产品从设计开发到试验验证的闭环体系能力。他带领团队围绕集团新能源旗羿计划，以产品为主线、以创新求快变、以技术引领发展，快速打造红旗新能源平台，彰显红旗新能源澎湃动力。在产品项目方面，红旗EV、HQE320、奔腾C105EV等12款整车项目、FME电驱动及FME动力电池等总成项目按计划推进，其中140 kW电驱系统、52.5 kW·h电池包等产品按计划投产。在技术开发方面，重点在燃料电池、固态电池、分布式驱动控制技术等方面进行技术研究，提早布局。其中燃料电池完成国内首台50 kW级乘用车用燃料电池发动机研发，2018年10月13日在嘉兴成功点火，峰值功率50 kW，最高效率55%，体积比功率400 W/L，性能水平达到国内领先水平。

产业布局，放眼未来。在快速打造新能源平台的同时，王泽鹏一直高度关注新能源核心总成的产业化布局，他广泛利用国内外各种资源，扎实推进新能源领域的技术合作和产业资源落地。其中，动力电池按照集团公司的"两全、三统一"策略和"一中一外、一南一北"的整体布局方式，基本完成"一中"布局，合资公司生产动力电池的电芯和模组，产品将满足红旗、奔腾、大众等品牌的多款新能源汽车需求。同时，在构建电池全生命周期闭环管理的前提下，由王泽鹏主导策划成立的电池PACK公司与回收利用公司正在按计划快速推进……

虽然王泽鹏已从哈工大毕业16年，但"规格严格，功夫到家"的校训却一直深深影响着他，不断激励他用所学所思为一汽美好的明天努力奋进、为民族汽车产业的发展贡献力量。

祝愿他在新的岗位上继续不畏挑战、勇攀高峰，取得更大的成绩！

（周海涛撰）

"规格严格"，助力红旗飘飘

——记哈工大 1995 届汽车设计与制造专业毕业生 刘英杰

在 2010 年出版的《哈工大学子在一汽》中，原一汽厂长耿昭杰谈道："1985 年我当了厂长，第一次出差就到了母校哈工大，我建议哈工大要培养汽车专业人才。我说汽车是产业里的产业王，对国家的 GDP 拉动很大。汽车是高科技产品，能改变一个时代。一个工业大学没有汽车专业是不行的，哈工大杨校长也非常重视，说学校已准备把现有的某几个专业、某几个班级改为汽车专业，还提出一汽和哈工大联合办学，这样哈工大汽车工程学院就办起来了。"前人栽树，后人乘凉。在当时这种创新的"3+1"办学模式下，刘英杰于 1995 年 7 月从汽车工程学院的汽车设计与制造专业毕业并分配至长春汽车研究所，从事汽车振动噪声性能控制研究工作，一干就是二十多年。回想自己学习和工作的经历，除发自肺腑地感恩哈工大和一汽的培养外，他体会最深的就是"规格严格，功夫到家"这八个字。

在"3+1"办学模式下，在1993—1995年期间，刘英杰多次到一汽实习锻炼，并从1994年下半年开始在变速箱厂技术科进行毕业设计工作。在工厂导师的严格指导下，他了解了016变速箱及整车生产制造的全过程，理解了各专业分工合作的重要性，同时也认识到汽车领域所需的知识如同海洋，四年的校园学习积累的知识远远不够，这些认识与思考也帮助他在工作后迅速进入新角色。1995年7月，毕业后的刘英杰到汽研所强度振动研究室工作，同年到汽研所工作的应届毕业生有40多人，均为来自全国各大高校的"高手"。在联合办学模式下，他感觉一汽就像自己的家，建设家园绝对不能落后，心里默默给自己定了中期目标——三年后在同期工作的人员中出类拔萃。当时的强振室可谓人才济济、设备先进，他所在的班组有留美、留日的噪声专家，科室有国内顶尖水平的六通道道路模拟机等一系列设备，实习及毕业设计阶段积累的认识与思考帮助他迅速完成角色的转变。为了尽快融入组织，他根据当时专家多、计算机人才少的情况，结合振动噪声测试的数字分析逐渐替代模拟分析的趋势，很快给自己确定了以软件编程提高测试数据分析效率的成长路径，把个人成长纳入组织需要的大环境。

当时强振室只有一台486计算机，具备同步采保功能的采集卡很少，需要自行开发接口程序，而大学期间学习的编程语言远不足以支撑这项工作，开发数字化分析系统的工作可谓困难重重。同年分配到汽研所的董立甲（现研发总院试验所高级主任）给了他巨大帮助，分担了采集卡的调试及硬件接口程序编写等重要工作。就这样，在一些新毕业生还在适应环境时，他已经进入了高强度的学习工作状态。刘英杰作为科室当时科研项目及北京四季青排气系统消声室建设项目的软件系统唯一负责人，工作排得满满当当。白天除了学习传感器、数字信号处理、振动及声学知识外，还要接受科室老专家们"一对一"的辅导，晚上又从零开始学习C++编程语言。当时科室加班一般不允许超过晚上九点，每天安全科人员巡逻完后就会锁上科室大门，由于他常常加班，时间久了，他们都成了朋友，他便可以享受多加班的"待遇"。作为一个菜鸟程序员，他享受过单一模块调试成功的喜悦，但也经历过软件规模加大和功能增多带来满屏的编译错误、执行死机、运行蓝屏等苦恼。从最后一个离开办公楼到逐渐变成通宵，与时间赛跑的两年时间里，他不仅掌握了振动噪声基本理论，还按期完成了排气系统和转向机系统的声学分析软硬件系统交付、发动机气门落座冲击分析系统交付等工作。回想起那段经历，他感叹道："那段高强度学习和通宵的软件调试的经历，让我具备了接受任何挑战的底气，是学习让我充满了力量，同时也完成了阶段性目标。"

从进入哈工大第一天，"规格严格，功夫到家"的校训便深深地烙印在刘英杰的心底，随着工作阅历的不断积累，对"规格严格"的内涵的认识也在不断加深。1999年夏天的一个午休，他和同事在强振台试验室打乒乓球，这时试验室走进来两位老人。当他回头看时，只认出了时任汽研所所长周颖，后来才得知另一位是老厂长耿昭杰，两人正在检查迎接中央领导参观的准备情况，他们对试验室进出路线、六通道道路模拟机台架、试验车辆逐项仔细确认。按当时的情况，这些准备工作完全可以交给下属，但在这20分钟左右的时间里，他看到了老厂长对于工作亲力亲为、有条不紊的作风，这就是"规格严格"最好的体现。很多年过去了，这件事一直令刘英杰难以忘怀，时刻提醒他认真完成工作。

2009年以后，随着一汽技术中心业务发展的需要，振动噪声专业单独成立科室，刘英杰也逐渐由技术工作转向管理工作。此时，集团为了复兴红旗，重启全新自主红旗C级车开发的C131项目，同时把奥迪A6L作为振动噪声性能的目标。奥迪A6L一度是中国市场的标杆，而这个项目又承担着替换原有省部级用车的任务，难度之大可想而知。加之该车匹配的CA6GV30TD发动机同步开发，无疑加剧了达标难度。为此，他带领团队在开发手段和产品性能两个方面建立标准，赶超对手，即工作中的各方面真正体现规格严格。

为实现规格严格的开发手段，在2008年—2012年期间，他先后主持了"乘用车动力总成NVH性能匹配与控制研究技术开发""C级乘用车整车 NVH 性能开发及控制技术研究"两项课题研究，并且在 2009 年作为主体承建单位申报了科技部"汽车振动与噪声和汽车安全控制国家重点实验室"项目。通过技术研究，他带领的振动噪声专业掌握了整车 NVH 目标定义与子系统的分解方法、发动机 NVH 性能虚拟分析技术、进排气系统试验与仿真模拟分析技术、全饰车身建模方法、基于混合模型的道路噪声分析技术等国内领先、国际先进的开发技术，培养了一批技术骨干。他主持的"乘用车动力总成 NVH 性能匹配与控制研究技术开发"项目获得中国第一汽车集团科技创新奖二等奖，"C 级乘用车整车 NVH 性能开发及控制技术研究"项目获得中国第一汽车集团科技创新奖一等奖、中国汽车工业科学技术奖三等奖，参加的"'红旗'系列高级乘用车发动机自主开发"项目获得中国机械工业科学技术奖一等奖。汽车振动与噪声和汽车安全控制国家重点实验室建设项目也于 2015 年通过科技部验收，这一系列的努力从手段上保证了红旗振动噪声性能开发的顺利进行。

除了开发手段外，产品性能的规格严格更加重要。在 C131 开发过程中，刘英杰一直带领振动噪声团队对标先进水平开展工作。2010 年 12 月，关系到整车 NVH 目标能否实现的 CA6GV 发动机噪声与参考样机存在 5 dB(A) 的性能差距。技术中心领导从大局出发，与集团公司立了军令状。面对史无前例的降噪压力，他带领 CAE 工程师，探究每个开发方案，详细分析各个试验结果，先后进行了近三十轮的整机噪声试验和 CAE 分析，在二十多种开发方案中，锁定了链条改进等八种最终开发方案，使 CA6GV 的整机噪声最大降低 7.3 dB(A)，发动机一米噪声比丰田皇冠 V6 发动机低 2 dB(A)，达到国际先进噪声水平。此外，为达成整车 NVH 性能超过奥迪 A6L 的挑战性目标，他带领的团队定义了 138 项子系统性能指标，提升了 H 平台车身 NVH 性能，使其达到了奥迪 A6L 的水平。又以严苛的标准发现了 C131 低温起动振动异常、整车低温异响等难题。在项目组的领导下，他组织了包括轿车公司质保、技术中心设计及试验、供应商技术代表等人员参加的 H 平台异音小组，每天在 –30 ℃的低温舱里加班加点地工作，在发高烧的情况下仍然坚持攻关，最终完成了任务，有力保障了 H 平台产品顺利投产。基于这些突出表现，他获得了 2009 年—2011 年度技术中心模范党员、2012 年度一汽优秀员工等荣誉。

回想起红旗 H7 投产过程，没有"规格严格"和赶超对手的精神，是不可能实现既定目标的。2017 年 9 月，集团公司进行了新一轮改革，更加明确了复兴红旗的战略目标，成立了现在的研发总院 NVH 研究所，聚焦自主乘用车，特别是红旗的开发工作。2017 年第 35 周，徐留平董事长在红旗品质提升会上明确提出了当时 H7 的问题，确定了 2019 年红旗 H7 全面达到奥迪 A6L C7 水平。刘英杰作为负责人在集团红旗质量提升会上，接受了 2018 年 5 月 30 日前量产车气密性提升至 160 m^3/h 以下的任务，通过"超声＆烟雾"泄漏源定位技术，识别 72 处泄漏点，进行 200 个零部件改进，实现既定目标；借助整车 NVH 仿真技术以及整车 NVH 验证技术，制订 8 项方案，解决后排轰鸣问题。坚持"规格严格"的工作标准，使 H7 提前一年达到奥迪 A6L 水平。基于这些努力，国家机关事务管理局服务司给红旗质量服务团队发来了表扬信，他带领的团队获得了红旗"HQ365+1"质量先进团队称号，他个人获得了一汽集团公司干事创先任务"红榜"表扬。

冬去春来，刘英杰与一汽同呼吸共命运 20 多年，见证着一汽红旗的荣光与复兴。学海无涯"车"作舟，"规格严格"铸辉煌。母校哈工大校训的精神传统早已深植于他的内心，内化为一种不断学习、不断超越的工作信念与求真务实、开拓创新的品格作风，在实践的传承中，凝聚成红旗的时代风骨和强悍精神，他带领的 NVH 团队从客户需求出发，打造"极致品质"成为红旗秉承的价值观，这份情怀使得红旗品质深入人心，滋养和陪伴着一汽走向新的辉煌。

（郭素洁撰）

感恩百年母校，助力红旗飞扬

——记哈工大 2005 届材料加工工程专业毕业生　夏昌兴

我 2005 年毕业于哈尔滨工业大学材料加工工程专业，硕士研究生学历。现任一汽集团工程与生产物流部车体工艺处处长。在母校哈工大百年校庆到来之际，简要回顾个人 15 年来在一汽的工作经历，是对个人工作的阶段总结，更是表达对母校、对一汽的感恩之情，感恩母校的教育，感恩一汽的培养。

我个人一直认为"能把所学专业知识直接应用于对口岗位，这本身就是一件特别值得珍惜的事"，因此，从参加工作的那天起，就非常热爱焊装工程师岗位。每天深入现场，在学中干，在干中学。通过推进和承担各项目任务，快速成长为丰越公司的焊装业务能手。

作为焊装工程师，我除了完成日常的技术管理工作外，还先后担当了丰越公司二代普锐斯项目、红旗 HQ3 项目、兰德酷路泽 100 换型项目、三代普锐斯换型项目的生产及制造准备工作。特别是在三代普锐斯换型项目中，我负责项目整体推进，自主制订焊装大计划，利用自身经验组织起草了标准类文件（工程管理表、要领书、手顺书）1 000 余页，大幅提升自立化水平。我注重成本控制，通过将核心人员送到日本研修之后回国指导的方式，减少日方支援工数 20%；组织自主制作 40 余套物流台车，降成本 60 余万元，最终圆满完成了三代普锐斯换型项目，专业能力得到了公司上下的一致认可。

我注重学习丰田管理方式，一直致力于通过 QC 活动与自主改善来提高焊装工程品质。2007 年，我带领 QC 课题小组，通过"改善螺柱焊的导向结构及螺柱焊机枪头材料""优化焊接参数"等措施，成功解决了兰德酷路泽与普锐斯的底板螺柱开焊的问题，节省 80 余万元成本，获得了 2007 年度公司 QC 发表活动第一名，并代表公司参加了丰田全球 QC 发表大会。主导的"螺柱焊焊接计数器"改善项目，实现了自主制作并应用于现生产，大大提高了品质保障能力，节省了 20 余万元的外购成本。

其间，我先后荣获 SFTM 长春丰越公司"岗位新人"、SFTM 长春丰越公司"优秀员工"、一汽集团公司统战成员"爱、献、做"优秀个人、SFTM 长春丰越公司"两争两保"促发展立功个人、一汽集团优秀员工等荣誉称号。

凭借踏实肯干的优秀品格，我于 2010 年 10 月即被提拔为第一焊装科科长，成为一名年仅 30 岁的丰越公司最年轻的管理者，并在新工厂正值建设期、企业利润单纯依靠原有兰德酷路泽生产的情况下，全力挑起了公司东工厂第一焊装科的重担。

人才育成，夯实第一焊装科基层管理力量。 人才育成作为工作的重中之重，通过建立目视化管理的科内创意功夫提案活动推进体制，加强 QC、创意功夫等活动的基础知识培训，建立科内专用改善与培训场地，强化员工多技能培训并定期轮岗，2011 年实现员工 QC 活动参与率 100%，创意功夫提案也由 23 件/人增长至 38 件/人，员工多技能率达到 100%，有效夯实了基层管理力量。

生产优化，全面推进丰田生产方式实施。 通过推进自主 TPM 活动，推行设备异常目视化管理，设备可动率由 91% 提升至 99%；通过自工程完结活动的开展，生产执行率由 92% 提升至 99.8%；通过节拍变更标准化流程的制定，缩短节拍变更周期，生产更加柔性化；通过全员 QC 改善活动的开展，加工不良与辅材消耗降低了 15%。2011 年单辆车生产成本降低了 130 余元，总计为公司节约成本 80 余万元。

2012 年 11 月，我被任命为第一涂装科科长。面对涂装生产线五种车型混流、专业跨度大等难题，我敢于直面挑战，勇担重任。

提高效率，消除修饰补漆线加班超时问题。面对涂装现场的后几道工序作业延时较长、加班多、劳动强度大的问题，我带领涂装员工开展专项品质向上活动，实施防尘改善项目，提高防尘等级标准，提高涂装入口的防尘控制力度，仅用 4 个月时间，就将车身执行率由 70% 提高到 88%，补漆线员工平均每天加班时间由 3.5 小时递减为 0.5 小时，大幅提高生产效率，仅此一项每年就可为公司节省 50 余万元。

品质提升，创造涂装丰田海外监察新纪录。时刻秉承丰田体系品质优势，通过推广 QA 网络评价方法及自工程完结活动，形成了"全员贯彻、长效保持"的体系化推进模式。2013 年实现品质不良同比降低 30%，取得了丰田海外品质监查"零"不良的成绩，创造了第一涂装科的新纪录。

力保自主，确保红旗 HQ7 生产目标顺利达成。除了完成兰德酷路泽、普锐斯等车型涂装任务外，我还主动承担自主红旗 HQ7 车型的生产，克服时间紧、人员少、混流不均衡、生产难度大等困难。其间，通过 24 小时磷化槽连续除渣方式，仅用一个月时间便成功解决了 HQ7 白车身铁粉超标问题，还节约更换磷化槽液费用 60 余万元。2013 年总计完成红旗 HQ7 涂装车身 3 088 辆，为自主事业做出了积极贡献。

2014 年 3 月，公司因发展需要，将第一焊装科与第二冲压焊装科焊装工程合并为制造部焊装科，合并后的焊装科为丰越公司人数最多的科室，本人担任科长。

任职期间，通过设置各工程品质目标，实施变化点管理，每日/周品质例会推进及会议体制变更，完善科内例会制度，提高品质异常处置能力；开展 GL、TL 工程体验活动，标准作业精度向上；开展飞溅递减活动，完成对 146 台机器人的无飞溅焊接程序导入。通过上述活动，焊装科品质不良由 0.015 件 / 台，降至 0.007 件 / 台，实现品质不良率递减 50% 以上。连续两年实现丰田海外监查活动"零"不良。

建立车间 TPS 推进体制，整体规划，分步实施，全员发动，持续推进 TPS 活动。①全员参与实施活动推进，通过不断改善、现有"三票精度向上"、样板工程实施、两值作业一致化等方法，持续、有效推进活动。②以各种浪费为着眼点进行逐步改善，削减工程数，提升作业编成率。共完成改善 1 467 项，实现消减 98 人工数，编成率由 86.3% 提升至 95.6%。建立 TPS 教育体制和激励体制，共评选 31 名 TPS 优秀个人，10 个 TPS 优秀班组，提升员工自主改善意识。

集团公司一汽丰田体系整合项目

我负责一汽丰田体系整合项目大日程制定及跟踪管理、项目整合方案编制及修订工作；组织一汽与丰田双方的商务谈判 10 余次、负责并参与整合协议书、备忘录的编制及签署全过程；完成党建写入合资公司章程并调整党建组织体制，此工作成果在集团内属首次；作为集团层面协调人，负责组织协调一汽丰田体系各公司生管、生技、品保及制造领域职能和架构整合的相关研讨，组织编制各领域整合方案并向集团汇报，负责一汽丰田制造领域各工厂整合方案编制工作。

EP04（电动车）项目及丰越项目支援

作为 EP04 项目总括，我负责 EP04 项目整体大日程编制及管理、项目推进体制的制定、组织编制项目生准预算及项目可研工艺部分输入、项目整体组织推进、日程管理，通过建立定例会及专题会议制度，推动项目进展及课题解决。共召开例会 20 次，解决课题 33 项。对丰越 RAV4（330B）换型项目生准工作进行支援，重点协助制订焊装、总装生准日程计划，工艺投资方案，设备式样及分包方案等，着重对焊装进行投资优化，截至 2018 年底投资递减为 8 720 万元，降幅 15%。

生技部组建

2018年是生技部组建之年，作为负责人，我针对组建方案组织部内及公司内各部门、TTCC反复研讨、充分论证，编制组建方案，明确生技部主要职责12项，并初步确定生技部与工厂/TTCC分工，最终形成组建方案并通过一汽丰田经管会与董事会审批。

新一工厂产能提升项目及一汽丰田体系项目管理

生技部成立伊始即承担了新一工厂产能提升项目，根据公司统一部署，本着"安全优先、质量优先、速度优先"原则，作为项目总括，我组织编制土建及工艺方案，仅用一个月时间即完成项目可研审批，为后续项目快速实施奠定坚实基础。同时项目实施阶段负责项目整体组织推进，制定推进体制、安全管理体制及整体大日程、项目例会制度，共召开例会16次，解决课题15项，确保项目进度计划。伴随一汽丰田体系管理整合的推进，生技部承担了一汽丰田体系所有在建整车及发动机项目的投资与进度管控工作，负责制定了一汽丰田体系"三地六厂"的沟通协调机制，实现了对总计16个在建项目的整体管控。

2019年5月，我由一汽丰田调任集团工程与生产物流部，任车体工艺处处长，主要负责红旗品牌冲压、焊装两个专业技术领域的工作。职业生涯进入一个全新的阶段，也正值自主红旗品牌处于快速发展的关键时期，任务光荣且艰巨，我深感责任重大，决心通过不断的学习，努力拼搏，为红旗品牌的振兴、为集团自主事业奉献全部力量。

回首六年的大学时光，记忆犹新、历历在目。感恩母校教给了我知识和方法、做人做事严谨的态度、积极向上的人生观和价值观，让我结识了良师益友。工作中我将时刻牢记"规格严格，功夫到家"的百年校训，坚守一汽集团"争第一、创新业、担责任"的核心价值观，不忘初心，牢记使命。最后，祝福百年母校再谱华丽篇章，再创世纪辉煌！新红旗，让梦想成真！

不忘初心，一路奔腾

——记哈工大1994届汽车设计与制造专业毕业生 刘 阳

1994年7月，我毕业于哈工大汽车工程学院汽车设计与制造专业。在校期间，我积极参加了学校各类社团活动，分别担任了学生会学习部长和班级副班长；凭借优异的学习成绩，荣获了哈尔滨工业大学人民奖学金；在校期间还加入了中国共产党，成为一名光荣的共产党员。

梦想启航的"港湾"，是我永远的"家"

1990年盛夏，怀揣着对知识的渴望和对大学生活的憧憬，一个来自县城的年轻人踏上了有着"天鹅项下珍珠城"美誉的哈尔滨。徜徉在日思夜盼的哈工大校园里，映入眼帘的是巍峨的主楼和苍劲有力的八个字——"规格严格，功夫到家"。当戴上校徽的那一刻，心潮澎湃的我为能够成为哈尔滨工业大学的一名学子而骄傲和自豪，更为能够在有着70多年历史沉淀的学府里学习成长而激动不已。在知识求索的四年时光中，教学楼、食堂、宿舍等那些饱含着美好回忆的地方都有我忙碌的身影。时光流逝，岁月如歌，当初那个来自县城的小伙子在四年精彩纷呈的大学生活中收获了知识和友谊，拓宽了视野和思路。在经历了校办工厂、交运集团、一汽集团等单位的实习体验后，理论与实践的结合更使我迸发出强烈的产业报国情怀。孜孜不倦的求学初心与奋发图强的报国使命，是我们这代人的初心使命，更是哈尔滨工业大学学子的初心使命！

"约会"一汽，初识共和国的长子

1994年，我带着毕业设计的实践任务第一次来到中国一汽，近距离感受共和国汽车工业摇篮的魅力，新奇、激动和对先进制造技术的憧憬使我心旷神怡。在汽车研究所，我有幸参与了车身科的普轿项目，要求在捷达车型的基础上完成独立造型工作。第一次将平日里学习掌握的知识运用到产业实践中是一个令人无比兴奋的过程，在指导老师、造型设计师韩俊吉的细心指导下，我逐渐掌握了车身制表面，精通了曲面割灯口。在那个仍然以手工绘图为主的岁月里，我天天趴在图板上，用B2铅笔一个线条、一个线条地勾画，一画就是整整一天，身体的酸痛与汗水却无法掩盖内心的充实与满足。在实习阶段，我没有辜负母校的期望，没有愧对自己的辛劳，当我将三十多米的毕业设计展现在评委导师面前的时候，答案只有一个：优秀！

一次次的蜕变，一步步的成长。在实习期满时，我已深深被中国一汽博大精深的底蕴和拼搏进取的精神所吸引。如果说哈工大是我人生的一座灯塔，那么它照亮的便是中国一汽这片能够为之奋斗终身的沃土！离开奋斗的沃土，天赋的种子便寻不到春华秋实的前程，一汽，我已对你心存向往！

梦圆北国春城，我是一汽人

1994年7月11日，是我人生中新一段精彩华章的序幕，当我再次踏入长春这座城市的时候,我可以骄傲地说:我是一汽人!

20世纪90年代初期,中国的改革开放进入一个新的历史时期,中国企业在市场经济的浪潮中开始逐渐走上品牌、创新、产品多样化的现代化发展道路。在国内经济高速发展和人民消费水平持续提升的双重推动下,中国的汽车市场拉开了快速增长的序幕。面对波澜壮阔的市场经济大潮,一个怀揣振兴民族汽车工业梦想的"理工男"最终选择在营销战线乘风破浪!正所谓"不积跬步,无以至千里;不积小流,无以成江海",通过系统地学习和实践,我对营销体系的组织架构和运作模式有了较为系统的认识,为今后的发展夯实了最关键的知识基础。

营销战士初长成,"启"于合资,"捷"于自主

1996年,我开始了人生中又一次转折,承载着对营销工作的热爱,我申请加入捷达车型促销团队,踏上了"远征"西北之路。就像王法长先生接受采访时说的那样,当时的工作条件十分艰苦,对一汽人是一个巨大的考验。初期的营销工作开展得异常艰难,就算捷达创造了60万公里无大修的卓越纪录,但西北人仍叫它"小桑塔纳"。"长风破浪会有时,直挂云帆济沧海",凭借着营销人上下齐心、永不言败和勇于创新的精神,捷达车型的美誉度、知名度从那一年开始跃迁式增长,不断创下一个又一个销售纪录。捷达开始了它在中国市场的王者之路,铸就了直至今日仍然不败的口碑佳话。

而我,作为营销战线的一名新兵,非常荣幸能够亲历这段经典的荣光岁月,学习与实践的完美融合使我快速成长,更重要的是在这段艰苦奋斗的历程中我领悟到营销人的信条——永不言败!

1997—1998年,一汽集团为加速企业经营发展进行了一系列机构改革,包括捷达销售公司成立、一汽贸易总公司成立等等。与此同时,我转战红旗品牌,正式成为一名自主品牌的营销战士,新的身份是一汽贸易轿车西北公司主管计划员。

2000年初,根据公司业务发展需要,我调回贸易总公司本部工作。

由于具备一定的区域工作经验，公司将我分配到新成立的驻外管理室。就这样，我开始了销售本部的工作历程。十余年峥嵘岁月，十余年历经蹉跎，在转战红旗品牌、奔腾品牌、丰田品牌的多领域营销工作后，我也从普通员工到室主任，再到部长，直至成长为一汽轿车销售有限公司副总经理。一路走来，经历过挫折，享受过成功，承受过质疑，接受过掌声。无论顺境逆境，我始终铭记母校的校训"规格严格，功夫到家"，只有具备真本领才能在人生的道路上一路奔腾！

逐鹿自主战场，一路奔腾，一路精彩

回首过往，我将人生中最美好的岁月献给了红旗与奔腾，献给了中国一汽自主事业，对于这段流逝的青春我无怨无悔。

2006年5月，中国汽车行业第一款自主中高级轿车诞生，中国一汽将历经三年倾力打造的新车型命名为"奔腾B70"，这款车型的隆重推出填补了国内中高级轿车中自主品牌的空白，将中国轿车自主研发能力推向了一个新高度。

新品牌、新产品、新起点、新挑战！一款好的产品必须要由优秀的销售渠道推向市场。2000年以后，"4S"店模式雨后春笋般快速兴起，华丽的展厅、优质的服务、完美的购车体验使这种模式快速成为主流。奔腾品牌能否首战告捷，渠道建设是重中之重。无数个日夜和数不清的设计方案最终成就了以"一帆风顺"为主元素的"4S"店造型，那一抹红迅速扩散，坚挺地伫立在祖国大江南北！而我，是这个团队中的一员！

一款优秀的汽车产品必须怀揣着对生命的充分敬畏。奔腾B70的超高安全性甚至超过了很多合资品牌车型，但是如何让消费者感知、认可是当时摆在我们面前的难题。我有幸再次加入项目团队，在翻阅了大量国内外资料、进行了无数次数据测算后，我们提出了当时在国内史无前例的大胆方案，进行"真人实车侧翻"和"静压实验"，将车辆的安全性以最直观的形式展现给消费者。又是无数个日夜更替、灯火通明，咖啡没了又加，

香烟熄了又点。最终，我们为全国人民上演了震惊国内汽车行业的超级真人秀，奔腾品牌一炮打响！我们是最棒的营销人！

一路走来，中国一汽自主品牌实现了从无到有、从小到大、从单一到多元的发展征程。回首这一路风雨，披荆斩棘，砥砺前行，当年的青葱少年如今已是银丝斑驳。无悔的青春、无悔的梦想，坚守着母校的信条，我必将抵达"灯塔"照亮的彼岸。

新领域，新起点，永远在路上

古人云，"路漫漫其修远兮，吾将上下而求索"。在追逐梦想的大道上总要面对各种挑战。

在大数据、智能网联、人工智能等新兴业态飞速发展的时代，汽车行业正在呈现"电动化、智能网联化、共享化、生态化"的产业发展新趋势，车企正在由传统汽车制造商向移动出行服务商转变，加速布局移动出行业务是汽车制造企业抢抓未来市场机遇的关键布局。

为践行中国一汽"2025战略愿景规划"，我受集团公司委托，结束了近24年的营销工作，加入一汽移动出行事业部（一汽出行科技有限公司），远赴成都全面负责一汽与滴滴出行的合资项目，全新的领域、陌生的城市，所有的一切都将从原点开始。为梦想，再出发！

奇迹总是由勤奋的人创造，从项目启动到企业注册成立，我和我的团队创造了前所未有的速度——21天！不到一年的时间，公司的资产规模达到了1.9万辆，运营率提升至80%，并实现了单月净利的上岸！我们赢了！

"雄关漫道真如铁，而今迈步从头越。" 20余载的职业生涯，每一次角色转变、每一轮艰苦创业都是我成长进步的见证，更是我在母校学习时初心的完美展现。

在沃土中拔节抽穗

——记哈工大 2000 届机械设计、工商管理专业毕业生　卫　强

1977 年出生的卫强，于 1995 年考上哈尔滨工业大学机械设计及自动化专业，大三时又兼修工商管理专业，2000 年，拿到双学位的卫强一毕业就顺利地入职一汽–大众。2000 年到今年正好是 20 年，其间，卫强先后担任一汽–大众焊装车间现场工程师、区域主管，2007 年起担任车间党总支书记兼工会支会主席，2010 年因工作需要调任规划部工厂服务科经理，四年后又晋升为一汽–大众成都分公司整车制造部部长。2017 年，卫强通过竞聘，成为一汽–大众安全保障部部长（高级经理），2019 年 4 月开始任一汽–大众动力总成事业部总监。

初入职场的难忘时光

2000 年，在哈工大经过五年苦读拿到双学位的卫强如愿以偿地签约一汽–大众。在正式入职之前，卫强曾在 1998 年到当时的一汽工具厂实习并参观了一汽–大众，对这个现代化的汽车企业印象深刻。他自己是学机械的，对汽车企业很偏爱，所以一汽–大众到哈工大招聘时，卫强就顺理成章地签约成

功——这也是他毕业时做出的唯一选择。

到一汽-大众后,卫强被分到轿车一厂焊装车间实习——这是一个有着一汽-大众"黄埔军校"美誉的优秀团队。他的第一个岗位是捷达主焊线前顶横梁焊接分装工位,那时的大学生入职后都是先分到车间里,和工人们一起劳动,一样倒班。"那段时光十分难忘,挺累,也很充实。让我学到了许多车身焊接和设备维修知识。我们的师傅是一名维修电工,工作任务就是完成捷达前顶横梁分总成焊接工作,完成工件任务的同时还承担设备维护维修工作。在此期间,我得到操作实践机会的同时还有机会向维修技工师傅学习设备维修知识,这是我十分难得的在生产一线实践学习的时光。"

本来应该是实习半年,但是当时因为车间需要维修工程师,他在生产一线操作实习三个月后就被调到捷达车型维修区域从事维修管理工作,"跟着孙汉禹工程师学习设备维修,每天都在维修现场忙得热火朝天"。

回想起那段经历,有两件小事让他至今记忆深刻

到维修岗位后,卫强接到的第一个任务就是 EXCEL 编制,即制定维修管理工作的相关表格,没想到这竟成了卫强工作后遇到的第一个"挑战"。他说,大学期间只会应用 WORD,对 EXCEL 一窍不通。一开始看到表格有点儿无从下手,他就一边向师傅请教,一边慢慢尝试着摸索,效率很低。"这让我感到了一点儿失落,既然要做好这项工作,就必须熟练掌握 EXCEL 软件,所以我买了 EXCEL 使用教材,自学起来,很快通过自学熟练掌握了软件的应用,完成了第一个独立承担的工作任务。"

对工作之初的卫强来说,与面对 EXCEL 软件的"失落"相反,在另外一件事上他却"很有成就感",那就是在他跟着师傅从事维修工作的时候。那时,他们每天都会收到生产线提交的定位销备件加工任务,所使用的图纸都是生产线维修工人自己测绘的非标图纸,绘制不标准,并且许多技术要求都不准确,容易导致加工质量不合格,不能满足现场使用要求。卫强就想,如果把生产线所有的定位销重新测量精准,画出标准的图纸,那么以后不管谁再使用都会非常方便。"我是学机械工程的,画图是我的长项,我就想到

发挥自己的专业特长,将捷达生产线所有定位销重新测绘,确认技术要求,使用CAD绘制成标准图册。"说干就干,那时刚刚毕业的卫强精力旺盛,又是单身没什么负担,他就利用设备停歇时间,带着卡尺钻进工位设备里对定位销逐个进行测量,绘制草图,根据现场使用要求确认技术要求,并和每条生产线维修技术人员确认,晚上利用业余时间使用CAD绘制图纸。功夫不负有心人,三个月时间卫强绘制完成600多张图纸。但不幸的是,就在即将大功告成之时,一次突然停电导致电脑硬盘故障,所有CAD图纸都没了。沮丧自不必说,不过还好,手中还有草图,可以重新绘制,卫强终于在一个多月后完成了捷达生产线定位销标准图册。它的意义是什么呢?就是此后每次生产再加工定位销备件时,只需要提供编号即可使用标准图册的图纸进行加工,保证了准确性和一致性。说到收获,卫强说,对个人来说,这项工作让他很快熟悉了整个生产线;对焊装车间而言,在之后的10多年时间里,这个图册一直在应用着,一直到老捷达生产线EOP设备拆除。"这算是我为老捷达生产线留下的一笔小小的财富吧!"

"功夫到家"的实践样式

由于工作需要,2001年卫强被调到奥迪事业部,负责质量管理和体系管理。质量管理,对卫强这个一入职就与设备打交道的年轻人来说是个陌生的领域。什么是"车身匹配间隙"?什么叫"钣金波浪""车身表面坑包"?他一点概念都没有。但是他想,不会就学,咱哈工大人是没有什么困难能难倒的。"哈工大的校训就是'规格严格,功夫到家',它早已深深镶嵌在每一个哈工大人的灵魂里,并且要干就必须干好,真正做到'功夫到家'。"

那时,他每天跟工段长学习焊接车身质量缺陷的类型和特征,学习质量评价标准,产生质量缺陷的原因等方面的知识。"站在ZP5奥迪工位上拿着评价报告,一个缺陷一个缺陷仔细观察,拿塞尺量,学习用油石打磨钣金表面看波浪,戴上手套摸坑包,学习借助三色灯光看表面缺陷。"日复一日的反复磨炼,终于让卫强这个质量管理战线上的新兵渐入佳境,渐渐地,只要看到ZP5奥迪特评价报告,卫强就能很快识别出新增缺陷、重点缺陷以及原因分析方向。他的心得是：在质量管理能力的提升上是没有捷径可走的，比如车身表面坑包的识别，只能靠一次次不厌其烦地去触摸、反反复复去感受，才能找到精准的手感，才能做到"功夫到家"。他说，无论是从事设备维修还是搞质量管理，首先得让自己成为专家，先懂得工艺。只有熟练掌握工艺才能知道相关定义，要做到知其然、知其所以然。

2004年，卫强开始担任轿车一厂焊装车间奥迪C6项目负责人，这也是他首次负责新产品项目。他全身心地投入到这个项目中，带领团队在德国奥迪公司进行了为期三个半月的项目试制工作，圆满完成工作任务，也因此得到时任奥迪公司生产董事海兹曼博士的高度称赞。回国后，他又带领团队投入到设备安装调试工作中。每天早上他都直接到设备安装现场，跟踪解决问题。他整天泡在现场，每一台设备的布局、安装和调试他都全程参与，亲力亲为，连水、电布置甚至焊枪的操作都了如指掌。他工作到白班下班才回到办公室对当天工作情况进行整理、汇总，理清第二天工作重点以及项目汇报材料。"那时，加班到半夜是家常便饭，有时甚至到凌晨2点，就是为了项目能保质保量完成，这段时光是我最难忘的。后来，每次看到全程参与安装的奥迪C6焊装生产线繁忙有序地运行着，看到每一辆奥迪C6车身下线，我都感到无比自豪。"

"干就干好"的一贯思维

入职一汽-大众以后，卫强岗位变化多，专业跨度大，但是他有一个理念：不管是什么岗位，不管是否熟悉、是否喜欢，只要是工作需要，只有"干好"才是唯一的选择；不懂可

以问，不会可以学，干不好就是自己的责任。这也是他在每一个岗位上都干得足够出色的"法宝"。

2010年，卫强从焊装车间党总支部书记兼工会支会主席岗位上调任规划部工厂服务科科长，在这个最初自己不熟悉的岗位上一干就是四年。回想自己在规划部工厂服务科科长岗位上的工作，卫强说，工厂服务科的业务涉及面十分广，尤其是能源供应保障工作，需要与政府部门、集团公司相关部门、公司内几乎所有部门以及众多的各专业供应商沟通协调。在这个过程中他在专业能力、管理能力等方面得到很大的提升，其中最重要的一点就是工作前瞻性、战略性思维及全局观的提升。为保障公司中长期发展需要，他率领团队根据公司中长期规划，组织实施公司能源保障措施，将解决问题方式由事后"解决"向事前"化解"转变。他注重提升工作创新性，采用新技术、新设备、新方法解决能源供应保障难题。通过引进供电设备在线监测诊断技术、高压电缆接头绝缘在线监测技术、电压暂降防治技术、变电站无人值守装置、设备巡更系统应用以及实施供电设备检修项目发包等措施，解决生产紧张状态下，设备检修时间严重不足，维修人员不足，无法满足供电设备检修要求的难题，确保供电设备状态，供电设备故障停台次数大幅降低。

2014年5月，在工厂服务科科长岗位上做得风生水起的卫强，岗位又有了变化，他被公司调任一汽-大众成都分公司整车制造部部长。

在成都分公司的三年时间里，他率领整车制造部创新性地实现柔性生产的组织模式，成为生产组织上一个堪称"经典"的案例。那是2016年初，由于速腾车型市场需求大幅提升，需要速腾日产提升到1 100辆，但是速腾焊装生产线已经达到双班产能极限的日产1 000辆。怎么办？如果开三班就需要增加700人，而改造生产线提升节拍则需要投资超过1亿元，并且这两个方案都无法快速满足速腾的销售需求。在这种情况下，卫强牵头组建重点攻关项目组，他们打破常规生产组织模式，在同厂生产的捷达线上挖潜，创新性地提出实现柔性生产的组织模式的解决方案：即在不增加人员的情况下，利用捷达生产线双班员工（白班晚下，夜班早上）在速腾区域生产2小时，实现速腾生产线10小时+2小时+10小时的"2.2班"生产模式。经过一个月周密准备和员工培训，速腾日产从 1 000 辆提升至 1 100 辆。就这样，他们靠创新思维和科学组织解决了速腾产能的难题，从而快速满足了市场需求，并且助力成都分公司实现年产 70 万辆，这是一汽－大众单一工厂的最高纪录。

　　20 年的历程，岗位多变，挑战不断，也正因如此，卫强才得到了一次又一次突破自我、拔节抽穗的机会。这期间，他曾获得一汽－大众标兵党员、一汽－大众立大功个人、集团公司模范党务工作者等荣誉。"我很幸运，大学一毕业就来到这么好的企业，让我在学校里学到的知识、积累的经验在这里得到很好的应用，得到这么多成长的机会。"一路成长、如今已经成为一汽－大众动力总成事业部总监的卫强，对一汽－大众对自己的培养心存感恩。

（于春燕撰）

青春十年

——记哈工大 2008 届控制科学与工程专业硕士研究生　年永利

我 2002 年—2008 年在哈尔滨工业大学学习，获控制科学与工程专业学士、硕士学位，2008 年入职一汽-大众工作至今，目前在一汽-大众人力资源部任核心人才发展部部长一职。

走出校园，走过了职业生涯的第一个十年，也是我人生中美好的十年。

十年不长，弹指一挥间。回首往事，十年前校园里的一幕幕仿佛就在昨天，主楼教室里老师专业严谨的授课、"致知""格物""正心"楼里自习位置的抢占、"动物园"实验室里激烈的科研讨论、食堂里实惠美味的饭菜、宿舍里各种口音的欢声笑语、离开校园时的难舍难分……

十年不短，十年前后变化了太多，祖国强大了，社会进步了，我个人也成长了。记得国庆50周年时，我上高一，第一次离家住校的第一个假期，赶上一早的汽车，10点前回到家里看阅兵，当时家里看的还是"大脑袋"电视，还没有电话，更不用说手机。国庆60周年时，我刚参加工作不久，也刚刚结婚，在上海同济大学脱产学习四个月德语，利用"十一"假期和爱人在上海周边游玩，印象最深的就是到处洋溢着节日的喜庆和对幸福生活的赞美。国庆70周年，我已经是两个孩子的父亲，在单位里也成长为中坚力量，国庆期间陪家人在家里看70周年庆典和阅兵，感慨祖国的强大，感到无比骄傲和自豪。

25岁到35岁，是人生非常重要也非常美好的黄金十年，这是走出校园、走向社会的重要转折期，也是职业生涯中奠定基础和方向的关键选择期，更是组建家庭，承担起为人父、为人夫、为人子责任的必要过渡期。毕业十年，作为曾经的班长我组织了一次同学聚会，大家再一次回到校园，回到一公寓，回到学子食堂，回到篮球场，回忆起大学时代的点点滴滴。我们来自五湖四海，如今又扎根于北京、上海、深圳、成都等祖国各地，从事着航天、汽车、金融、核电、IT等不同的行业。从青涩的学生，到为人父母，言语中也多了许多早教、辅导班、择校等子女教育的话题。

回首十年，有太多的记忆值得回味。

2008年8月，北京成功举办了奥运会，对我而言，还有一个重要的意义，那就是入职一汽-大众。能进入一汽-大众还得感谢研究生期间的导师刘志远老师，正是参与了他带头的汽车电子科研项目，我才有机会了解并加入汽车行业。其实我对一汽并不陌生，因为刘老师的汽车电子科研项目长春实验室就在一汽5号门内，当时我们就住在765栋宿舍，每天坐车到车百，在地下美食城吃过早餐步行进入5号门，走在充满历史厚重感的厂区内，走过一个个车间、一条条石头路，在心中种下了汽车工业的种子。同时，刘老师严谨、认真的治学研究精神，实验室里浓厚的学习、科研氛围，深刻地诠释了"规格严格，功夫到家"的校训，也塑造了我对工作作风的最初认知。当时我负责的项目是车窗防夹算法，直到现在我还记得，为了准确测量气温、雨雪、路面、电磁等对软件、硬件的影响，刘老师带着我们做了大量的测试和实验：大雪天，我们推着实验台架，一会儿到室外采集数据、测试功能，一会儿到实验室里修改代码、调试参数；为了测试防夹功能，在各种路试路面上反复折腾几个小时，不少人晕得一塌糊涂……

入职后，根据专业我被分配到规划部总装规划科。说实话，当时对这个部门这个科室一无所知，分配到科室后很快部门就安排我们下到车间进行实习。实习不到一个月，我迎来了职业生涯的第一个机遇，现在回想起来这次机遇对我后来的发展是决定性的，当时公司人力资源部面向新入职大学生开展管理培训生选拔，也是一汽-大众历史上第二届管培生选拔，很幸运我通过了层层选拔，成为13名管培生之一，更加幸运的是通过参加此次活动，我有幸来到人力资源部工作。记得当时做这个选择我纠结了很长时间，作为一个哈工大的理工男，经过六年控制科学与工程的专业学习，两年汽车电子科研项目锻炼，加上偏内向不善言辞的性格特点，对人力资源一无所知的状态，如果再来一次，我都不确定是否还会这么选。当时正是尝试新事物、挑战自我的勇气促使我迈出这一步，我渴望通过这样一次尝试去弥补自己的短板，去开发自己的潜能。十年走来确实不易，也曾彷徨犹豫，但最终坚持下来，在人力资源领域工作了十年。我是幸运的，没有公司提供的职业选择机会和干事平台，没有人力资源部领导同事的指导和帮助，没有哈工大对我的培养、给我打下的坚实基础，就不会有今天的我。

2013年10月，在一汽-大众人力资源部工作了五年后，我迎来了职业生涯的第二个机遇。首先得说说一汽-大众的AC体系，AC是Assessment Center的缩写，被称为测评中心或评鉴中心技术，是多位专家通过多种评估技术,如小组讨论、角色扮演、公文筐、心理测验等,对候选人多维度特定素质进行多次观察和评价的过程,是业内公认的在潜力评估方面效度较高的工具之一,也是世界500强公司多数采用的潜力评估工具。一汽-大众AC体系导入最早可追溯到1999年,正式应用是在2003年。AC测评体系在一汽-大众快速发展过程中发挥了至关重要的作用,提高了选人用人的公信度,降低了企业用人风险,为员工明确了发展方向,促进了优秀人才的脱颖而出,促进企业上下同心,也促成了公平、公正、能力导向的选人用人文化。我是从2009年开始接触AC测评工作,并被作为测评主持人进行培养的,算起来是公司第三代的AC测评主持人。我的成长很大程度上受益于AC:一方面AC工作本身给我提供了非常好的锻炼平台和土壤,高强度、高挑战性的工作激发了我持续提升的动力,测评过程中从评委、候选人身上看到了太多值得学习的优秀样本,这些都是年轻人成长中难得的养分。另一方面,正是因为从事AC主持人工作,才有了到一汽集团锻炼的机会。2010年开始,一汽集团开始筹备建设自己的测评体系,经过几年的发展,2012年一汽集团决定从一汽-大众抽调成熟主持人全面开展测评体系搭建工作,在这样的契机下,2013年10月我来到了一汽集团组织人事部核心人才管理室工作。在这里我工作了整整四年,这四年的工作经历对我而言是非常宝贵的财富。四年中,我完成了从负责具体业务到带团队的转变,除了具体执行还要站到集团层面,统筹考虑全集团十几家不同单位来制定政策,有机会更加直接地学习并贯彻中央、国资委、中组部等下发的政策文件和相关精神。相比一汽-大众,在集团的工作中面临的局面更加复杂,管理的基础更加薄弱,肩上的责任和使命也更加重大。值得欣慰的是,在组织人事部领导和同事的指导、支持、帮助下,这四年的工作我也交上了一份令人满意的答卷。其中最核心的就是集团TAS体系的建设,到我回一汽-大众之前,TAS体系已经完全成熟运行,S-TAS、TAS、E-TAS测评分别针对高级经理后备、二级经理后备和候选人进行甄选和发展,同时测评开展所必需的案例资源和评委、主持人队伍建设都已经步入正轨。虽然后来TAS的形式没有完全坚持下来，但测评所倡导的理念文化、所应用的方法在一汽集团选人用人工作中还是产生了积极的影响。

2017年10月，又是一个转折。在徐留平董事长的带领下，一汽集团开始了大刀阔斧的组织和人事改革。非常幸运，我作为工作组成员参与了此次改革，三年过去了，现在回想起改革时的场景依然记忆犹新。印象最深的就是连续近一个月时间，每天战斗到凌晨两三点钟，有不少同事回家洗把脸、换件衣服直接来单位，有的干脆到车里眯一会儿直接加入战斗。组织人事部所有领导也不例外，后半夜听汇报、开党委会都是常态，那段时间不论几点从东风大街一号门前经过，集团A座四楼永远亮着灯。我们没日没夜地奋战，完成了很多看似不可能完成的任务，原来认为几个月甚至几年都干不完的事，一个星期就搞定。那段时间所有的工作计划都是以小时计，无论多难的工作，只要还有一个晚上时间，就不觉得时间不够用。正是这次改革，在真正意义上让一汽的员工感受到了市场的残酷竞争，快速地转变了过去保守、"大锅饭"等陈旧观念，像一支强心剂大大激发了一汽员工的工作动力和活力。这种形式的改革在一汽集团的历史上也是绝无仅有的。参与其中，我深刻体会到什么叫改革。改革需要勇气和智慧，改革是残酷的，改革给企业带来了巨大变化。集团总部改革完成后，按照安排，各分子公司也陆续启动了改革工作，我又回到一汽-大众负责公司的改革工作，又是连续几个月的日夜奋战。经过改革的洗礼，人力资源部锻炼出一支特别能战斗的团队，我也走上了新的工作岗位。改革的步伐没有停止，而是成为新的常态，世界上唯一不变的就是变化，我们唯有乐观、积极地面对变化，才能赶得上时代的脚步。

青春十年，要感谢母校的培养，让我的人生走出自己的精彩。"规格严格，功夫到家"，我牢记心中，受用一生。

传承根脉，谱写新篇

——记哈工大 1999 届工商管理专业毕业生　耿晓东

耿晓东，1999年12月毕业于哈尔滨工业大学工商管理专业，现任一汽－法雷奥汽车空调有限公司党总支书记、总经理，中国汽车工业协会汽车空调工作委员会理事长。在一汽集团原党委书记、原董事长、集团公司原总经理、哈尔滨工业大学老校友耿昭杰的熏陶下，他立志投身中国的汽车工业，用实际行动传承母校及父辈心中的神圣信念，续写两代哈工大学子、两代一汽人的传奇。

质量管理露头角，肩负重任干轿车

1985年耿晓东走进了长春第一汽车制造厂，从此开始了一个哈工大学子与一汽无法割舍的情缘。在一汽质量处，耿晓东把自己全部的精力投入到生产质量管理中，从图纸到配件、从工艺到设备、从技术到装配，这一干就是整整七年，耿晓东也从一个普通技术干部，一步步走上了管理岗位。

作为主管生产质量的副科长,他的工作重心开始转移到管理方向。在一汽质量处的几年,耿晓东除了收获汽车领域更扎实的专业技术,管理能力也得到了极大的提升。

20世纪90年代,正是一汽人如火如荼第三次创业的时代。在奥迪大批量生产前,轿车是否是市场的主流,轿车将打开一扇怎样的市场大门都是一个未知数,但是当时的一汽掌舵人对于为何决定上轿车,却有一个形象的比喻:干卡车是小学水平,干轿车是大学水平。一汽确定了大力发展轿车战略的基本思路:引进具有国际先进水平的高档车技术,通过组装生产,将其消化吸收,一方面可以挡住部分中高档轿车的进口,另一方面也为复兴红旗轿车提供必要的整车技术,通过"以轿养轿",积累资金和经验,培养人才和零部件配套体系,为15万辆轿车项目的上马打好基础。

1992年5月,经过多年历练的耿晓东因为突出的管理能力被调到一汽设备修造厂经营计划科担任科长,并担任一汽15万辆轿车合资项目可行性研究小组办公室主任,成为15万辆轿车项目设备安装改造最年轻的总指挥。其间耿晓东亲历了一汽上马轿车的全过程,也见证了中国汽车工业一段珍贵的发展历史。

从耿晓东进入一汽的那一天起,一汽就已经开始接洽轿车项目了。1987年9月18日,以技术输出为前提项目的奥迪生产线开始筹建改造;1989年4月21日,奥迪组装线建成投产。虽然当初奥迪只是一汽和大众为15万辆轿车项目附带的一个先导项目,但是后来奥迪在中国市场上的巨大成功,以及奥迪在一汽-大众所起到的重要作用,都远远超出了所有人的预期。奥迪的生产带给耿晓东的不仅仅是技术上的震撼,更多的是对未来中国轿车市场发展的思考。就在奥迪项目热火朝天开展的同时,一汽与德国大众的15万辆轿车生产合作项目开始全面启动。1992年7月1日,一汽-大众临时总装线建成,生产出中国第一辆SKD捷达轿车,这也是国内首条采用焊接机器人以及自动化生产线的最先进的汽车生产线。耿晓东指挥了捷达生产线非标设备的安装调试工作,按期保质保量完成了任务。从此,捷达进入了中国民用轿车百万级的市场……这条生产线更是为后来的宝来、高尔夫、奥迪等生产线的落成奠定了良好的基础，为一汽－大众后来的开疆拓土积累了弥足珍贵的经验。

1998年，一汽－大众奥迪C5生产线改造，时间紧、任务重，耿晓东日夜忙碌在设备安装改造的第一线。他带领团队成员刻苦攻关，积极吸收消化国外的先进技术，将装配线上引进的"悬链"技术创造性地改进成"推式滑橇"技术，极大提高了整车装配的工作效率和装配质量。这项技术当时在德国也是"不外传"的核心技术，它的改进成功填补了国内汽车装配技术的空白，为中国汽车装配线国产化做出了突出贡献。

设备修造展锋芒，重振锡柴显身手

1992年耿晓东调到一汽设备修造厂工作，不久，担任厂长助理。在一汽设备修造厂，耿晓东主抓各种生产线的安装和调配工作，先后参与指挥了成都发动机公司4J系列汽车发动机装配线工程管理工作以及安徽中银扬子汽车工业有限公司皮卡涂装线工程、柳州特种车辆厂装配线工程、一汽扬子底盘厂车架铆接线工程、荣成汽车改装厂装配线工程、四平专用车厂汽车装配线工程、无锡汽车厂汽车总装线工程、无锡柴油机厂汽车总装线工程、一汽四川改装车厂总装线工程、一汽－大众焊装车51AX改造工程、一汽－大众总装车间奥迪C3V6总装线工程、一汽大宇汽车发动机公司项目、一汽－大众C5装配线工程等重大项目。其中无锡柴油机厂汽车总装线工程是江苏一汽解放汽车有限公司无锡柴油机厂的重点项目。无锡柴油机厂是1992年加入一汽集团公司的全资企业，工厂创建于1943年，是一汽自主品牌发动机的主要生产基地、国内重型发动机的主要制造基地。这条生产线的重要性自然是不言而喻的。当时的无锡柴油机厂产品销量严重萎缩，1992年柴油机销量仅为4 715台，整车销量79辆，亏损高达1 250万元，当时的无锡柴油机厂正处在生死攸关的时刻。无锡柴油机厂正式加入一汽集团后，将原来7个系列近300个品种调整为"三机一车"，并将"6110型车用柴油机"定为企业的主导产品，而无锡柴油机厂汽车总装线工程正是转型期间的重大项目。当时的无锡柴油机厂无论是技术还是汽车生产都没有竞争力，很难在市场上站稳脚跟，每年不足百台的柴油车更是难以为继，汽车总装线的装配和投产将会决定无锡柴油机厂的命运。为此该条生产线更是被无锡柴油机厂和一汽视为无锡柴油机厂的生命线。因此，一汽指定耿晓东主抓该项目，耿晓东十分清楚身上的担子有多重，他克服了技术、资源、人员等方面的重重困难和阻力，夜以继日，提前完成了项目的装配和试车，为无锡柴油机厂上马新项目创造了必要的基础条件，争取了宝贵的时间，更获得了无锡柴油机厂的认可。

该生产线投产后，无锡柴油机厂全面调整经营和生产方向，很快扭亏为盈，从"亏损大户"一跃成为无锡市的创利税大户，在激烈的市场竞争中，从低谷一步步走向高峰。无锡柴油机厂后来被江苏省委誉为"太湖劲旅"，其中更离不开耿晓东的辛苦付出。

砥砺前行再求索，治服二铸冲天炉

耿晓东在一汽设备修造厂期间始终没有放弃对技术的研究，在管理的同时狠抓技术改造和革新。冲天炉是一汽二铸厂主要的熔化设备，冲天炉技术水平的高低，直接影响铸造生产的效率。当时我国相当多的冲天炉技术

水平比较低，存在能耗高、铁水温度低、炉况不稳定、冶金质量差、环境污染严重等弊端，严重制约了生产和运营。为了弥补冲天炉这些缺陷，耿晓东拿出了一汽老前辈艰苦创业时的工作干劲儿，一头扎到各种技术资料当中。耿晓东发现对于热风除尘冲天炉，日本有着很强的技术能力和设备生产能力，但是一直对中国搞技术封锁，因此，耿晓东拿出了不服输和争口气的劲头，刻苦学习热风除尘冲天炉的生产和技术改造工艺。此时的耿晓东已经是管理岗位的高管了，为此很多人劝他，不要把自己砸在一台冲天炉上，得不偿失；更有身边的人劝他说，这项研究风险太大、周期太长，很可能把时间和精力都搭进去也一事无成……但耿晓东不改初衷，潜心攻关、全心投入，暗下决心一定要让一汽的热风除尘冲天炉打破国外的技术垄断，为一汽争光。皇天不负苦心人，不知熬过多少日日夜夜，几十米的冲天炉他亲自爬上爬下，在充满高温粉尘的现场，他一干就是几个小时，经过一次次的反复试验，二铸厂的热风冲天炉终于在他的带领下被"制服"了，一个个弊端被清除，一个个缺陷被弥补，不仅技术得到了很大的改进，生产质量也得到了极大提升。

在一汽设备修造厂的八年里，耿晓东因为在技术上的执着和在项目上的统筹管理，被大家称为"拼命三郎"。这八年的扎实付出，也让耿晓东迎来了新的工作调整，2000年，耿晓东出任一汽非标设备技术开发有限公司的副总经理，完成了人生中的又一次转型。

合资合作擎大旗，勇立潮头创新业

1994年10月，一汽-杰克赛尔汽车空调有限公司正式成立，这是由一汽和另外两家国外公司三方合资经营的一家专注于冷凝器、蒸发器、制冷系统、暖风系统、空调总成等汽车零部件的生产企业，也是一汽重要的零部件配套企业，2009年3月变更为一汽-法雷奥汽车空调有限公司。2002年耿晓东以其出色的管理能力被一汽任命为一汽-法雷奥汽车空调有限公司总经理。

汽车产业是科技密集型产业，每一套组件都关系到汽车的平稳运行。

一汽 – 大众、一汽轿车等主机厂的车载空调一直是原厂配套，成本非常高。为此，进入到一汽 – 法雷奥的耿晓东又开启了属于他的新的创业。从设备修造向专业性极强的汽车散热系统专业转变谈何容易。耿晓东开始了新的一轮知识和技能更新。他凭借与生俱来的勤奋和睿智，在浩瀚的汽车散热、冷凝技术的海洋中如饥似渴地汲取营养，先是废寝忘食地钻进去，然后再收获满满地跳出来，把学到的知识和本领应用到技术和管理企业的实践中，继而专注于汽车空调领域的国产化研发和改进。他主持完成了 Bora A4 叠片式蒸发器项目，应用该项目还完成了一汽 – 大众宝来 A4 空调和冷凝器的配套，以及完成一汽轿车马自达 6 的冷凝器和空调器总成的配套工作；先后完成郑州日产 QW-WAGON 空调系统的开发和配套，一汽天津夏利、威乐空调系统开发和配套，高尔夫 A6 冷凝器和空调器项目，长城汽车 S08、Y08 空调系统开发及配套；同时还完成了一汽轿车 C301 空调国产化工作，并主持实施了上海大众 Model Y 空调总成开发及配套工作；完成一汽轿车 M6 冷凝器、解放卡车 76A 冷凝器、解放卡车 50A 冷凝器的国产化工作以及新宝来 Mode X 冷凝器、空调器总成、高尔夫 A6 空调器、一汽 – 大众成都 NCS 空调器的国产化工作。

随着空调技术的不断研发和应用，一汽 – 法雷奥已经具备了超强的研发能力：在 2011 年承接了一汽技术中心的 A 车空调系统同步开发工作；在一年左右的时间内完成了 V80 空调系统的工装样件认可工作，并取得一汽 – 大众公司奥迪 Q3 空调系统开发的提名信，成为该领域的佼佼者；同时，耿晓东带领自己的团队出色地完成了上海大众新朗逸空调器配套，并将空调配货的供货比例提升至 80%；奥迪 Q3 空调器实现批量生产供货；2013 年为一汽 – 大众 AUDI Q3 提供配套空调器，成为国内最具高端配套能力的汽车空调配套企业；完成空调实验室更新及国家级实验中心认可，是长春汽车零部件行业唯一的国家认证实验室。

2015 年耿晓东带领团队自主研发，开发了 12 mm 冷凝器和 38 mm 的蒸发器；完成了 V60 空调系统的设计与认证；完成 J6 卡车系列 5 个品种的冷凝器和 3 个系列空调器的设计；为一汽新能源公司配套设计了红旗牌轿车空调器和冷凝器；成功地解决了新能源汽车空调的适配和功耗问题，为新能源汽车发展提供了空调技术保障。2012年成立成都分公司，2013年公司主营销售额突破10亿元，2017年成立青岛分公司，2018年筹建佛山分公司……这一串串的成绩不仅记录了耿晓东的精彩人生，也描绘了哈工大人在一汽的光辉业绩。

行业带头承校训，不忘初心向未来

2002年，耿晓东当选中国制冷空调工业协会汽车空调工作委员会理事长，为了更好地在中国汽车工业的自主创新中发挥更大的作用，在耿晓东的提议下，2012年，汽车空调工作委员会转为中国汽车工业协会下的分支机构，耿晓东继续担任工作委员会理事长。在汽车空调协会耿晓东始终牢记"规格严格，功夫到家"的哈工大校训，每年定期组织140余个会员单位进行行业之间的产品技术信息方面的交流，谋求共同发展。通过每年四期的《汽车空调》杂志，向会员单位提供大量的汽车空调行业内部信息及产品动态，同时还及时地报道了汽车行业的最新政策要闻和市场动态，特别着重地报道了汽车行业的一年产、销情况及下一年度的市场走向预测。耿晓东多次被中国汽车工业协会评选为优秀分支机构理事长，成为中国汽车空调行业的领军人物。

今天，在汽车业界已经声名远播的耿晓东看到自己的人生履历，最让他忘不掉的却依旧是哈工大的求学经历。毫不夸张地说，哈工大既让耿晓东学到了知识，也让耿晓东学到了技能，更让耿晓东学到了方法。在一汽的工作实践中，他更加真切地体会到，最有用的知识是基础知识，最有用的技能是扎实的基本功，最有用的方法是严谨的治学方法，最实用的能力是自学钻研的能力。工作中遇到的大量技术问题都要利用基础知识、基本技能去解决，而要想在日新月异的技术发展潮流中不落伍，还得利用原有的基础知识和基本功去钻研新的知识、新的学科和新的技能。他坚信，不断发扬百年哈工大的敬业、实干精神，中国汽车工业的明天一定会更加辉煌！

（陈勇撰）

百年校训蕴春华，四载师传结秋实

——记哈工大1989届自动控制专业毕业生 王 威

王威，1967年1月生，中共党员，高级工程师，1989年毕业于哈尔滨工业大学自动控制专业，2004年获得哈尔滨工业大学工程硕士学位。1989年在一汽解放变速箱分公司（原一汽变速箱厂）工作，先后担任电气工程师、动力科科长、设备工装部部长、厂长助理、生产总监、质量总监、总经理助理；2010年5月就职于大众一汽平台零部件有限公司，先后任成都分公司中方厂长、佛山分公司中方厂长、天津分公司中方厂长，现任大众一汽平台零部件有限公司党委书记、中方总经理。

1989年7月，王威铭记融入血液的母校教诲，怀揣学子的报国热忱，以优异的成绩从哈尔滨工业大学自动控制专业毕业，来到一汽变速箱厂工作。面对一汽气势磅礴的大工业体系，面对现场热火朝天的劳动场面，王威胸中油然产生一种难以抑制的激动，这种激动是因为，"规格严格，功夫到家"的哈工大校训将通过自己的双手和大脑在一汽这块沃土上得到验证；这种激动是因为，青年学子终于有了用才华与实干回报祖国和母校培养教育的机会；这种激动是因为，自己幸运地得到了一汽这样能满怀壮志、豪情不断、砥砺前行、创造未来的展示平台。

　　王威分配到的变速箱厂，原来只是一汽发动机厂一个车间，变为独立分厂才一年多。进口了不少日野公司的技术设备，当时变速箱厂的数控机床技术和数量，在一汽各分厂都属领先，新产品、新工艺，是每一名变速箱人的骄傲。刚毕业的王威来到一汽变速箱厂如鱼得水，所学自动控制专业知识和工厂的现场管理、生产操作、设备运行高度吻合，他一下子就扎进去，不知疲倦地工作。每天奔波在生产现场，耳边时刻传来机器运转的轰鸣声，在他耳朵里仿佛是动听的乐章。大学四年的寒窗苦读，转为工厂里真刀真枪的实干，这一切让王威备感兴奋、充满干劲儿。北方的冬夜是寒冷而静谧的，但王威的思绪却似骄阳如烈火。人回到宿舍，心还留在生产现场，满脑子里飞速运转的都是如何保证设备的稳定运行。日复一日，年复一年，王威和同事一起，和工人一道，不知排除了多少次机器故障，不知进行了多少次技术改造和创新，不知完成了多少次生产线作业效率的提升。经过在变速箱厂八年的摸爬滚打，王威一个初出茅庐的年轻技术员，凭着自己不懈的努力，把聪明才智与生产实践紧密结合，使自己脱颖而出。1996年，29岁的王威被提拔为变速箱厂动力科最年轻的科长，负责设备的电器维修和管理工作。当时，一汽变速箱厂正在全面推行准时化生产方式，引进生产日本LF06S变速箱产品后，由数控设备印刷电路板产生的故障对设备开动率造成了很大的影响，生产车间频频发出抱怨。而在当时的一汽变速箱厂内，还无法完成此类故障的自主维修。面对困难与压力，王威主动向厂领导请缨，牵头建立了数控设备维修实验室，他亲力亲为带领公关团队，研究维修方案，配置实验资源，克服资料不全、技术不成熟等困难，发扬蚂蚁啃骨头的精神，边学边干，土法上马，不断改进，反复试验，最终攻克了进口设备控制电路板自主维修这一难题，更重要的是为工厂培养出一批高技能的维修人才。与此同时，他自己通过学习实践、再学习再实践，充实和提高了自己的知识储备和专业技能，磨炼成更成熟的生产管理者。在随后的几年里他先后担任一汽变速箱厂设备工装部部长、厂长助理等职务，成为厂里的技术骨干和管理骨干。2004年9月，一汽变速箱厂合资成立一汽伊顿变速箱有限公司，王威先后被任命为生产总监、质量总监。其间，王威被合资公司选派到伊顿波兰工厂接受生产、质量培训，更使他进步神速。回厂后，王威带领他的团队，从强化质量体系入手，促进公司质量管理水平和产品质量全面提升，夯实了公司最基础的管理体系，提高了现代化企业的管理水平。2007年8月王威被任命为总经理助理，成为变速箱厂不可多得的技术和管理骨干。

2010年4月，大众一汽平台零部件有限公司开始筹建成都分公司，是其在外埠建立的第一个分公司。5月王威被任命为大众一汽平台零部件有限公司成都分公司中方经理。公司初建，白手起家。王威来到成都市郊的龙泉驿镇，成都分公司的厂房刚刚搭起框架，没有运转的设备，员工也没有到位。他迅速了解、判断成都分公司的规划与生产特性，运用多年积累的企业管理经验，竖起大旗，招兵买马，很快组建了管理团队。阳春五月，成都已进入酷暑季节，王威带领团队挤在闷热、潮湿的集装箱板房里办公。时逢雨季，工地一片泥泞，王威经常一头汗、一脚泥地穿行于办公室和厂房之间指挥施工和生产准备。同时，在生产、安全、质量、成本、人事、环境等各方面制定流程规范，有条不紊、大刀阔斧地开展分公司的工作。经过数月艰苦奋战，厂房竣工、设备运转、团队建成、建章立制，成都分公司在王威与同事兢兢业业的拼搏中步入正轨。到2011年9月，仅一年零四个月的时间，成都分公司顺利实现首款产品新速腾SOP。2012年初，为配合一汽–大众实现新速腾产量的极速提升，成都分公司从年初单班生产、日产100辆份，到第11周双班生产、日产接近300辆份，再到第24周实现满产、达到日产800辆份，乃至下半年在部分时间实现日产接近1 000辆份。一个新工厂只用十几周的时间，实现大产量10倍速度提升是前所未有的纪录。一汽–大众成都分公司为了抢占市场先机，要求大众一汽平台零部件有限公司成都分公司跟上整车厂在10个月内完全具备满产超产的生产能力。

这是一个非常严峻的考验。面对任务与困难，王威带领团队不断优化管理、狠抓设备环节，坚持质量先行、带头跟踪、重点落实，问题各个击破，逐一解决，跟上了整车厂产量迅速拉升的生产节拍，圆满完成了任务。

2014年，一汽-大众进行新速腾后桥扭力梁结构到多连杆结构的切换，并要求新旧产品在保证日产1 000辆份的情况下，于一个月内完成切换。接到任务后，王威迅速制订实施方案，在保证老产品生产的同时，合理组织人员，逐工位分析解决问题，最终顺利完成新旧产品的垂直切换。德国大众公司的审核专家来到平台公司审核各分公司工厂管理，在审核总结会上，德国专家对公司经管层说："要想学习大众集团底盘零部件工厂优秀的管理经验，不必路途遥远地飞往德国，去成都分公司就可以了。"在王威的带领下，成都分公司成为大众集团底盘零部件体系的标杆工厂。过硬的企业管理水平、出色的中外方协调能力，使王威得到公司董事会、经管会的充分肯定。王威快速建厂、快速投产一炮打响以后，大众平台公司开始复制王威模式，先后委派他担任大众一汽平台零部件有限公司佛山分公司中方厂长、天津分公司中方厂长（完成天津分公司的组建工作）。王威都创造性地圆满完成了任务，取得了斐然业绩。2018年6月，王威被任命为大众一汽平台零部件有限公司党委书记、中方总经理。

百年风雨，岁月如歌。每温校训，春风化雨润心灵。王威为自己是一名哈工大学子而骄傲，为深受一汽的栽培而感恩。路漫漫其修远兮，将哈工大的优秀精神和优良传统继承与发扬，让母校明日以自己为傲，王威为此终生上下求索。

百年校庆寄语：无论我们身在何方，无论我们经受了多少风吹雨打，母校永远是我们灵魂深处的圣地。"规格严格，功夫到家"的校训，教会了我们诚实宽容，教会了我们奋斗拼搏，让我们的生命之舟在岁月的长河中乘风破浪，驶向辉煌与荣誉。今欣闻母校百年校庆，我在此献上一名学子最衷心的祝福，愿母校桃李满天下，再造百年辉煌！

（唐革田撰）

做哈工大精神的传承者和践行者

——记哈工大 2007 届材料成型及控制工程专业毕业生 程丽琳

光阴荏苒，岁月匆匆。我于 2007 年离开母校到一汽，先后在铸造一厂、铸模厂、铸造公司实习工作，担任过模具设计员、宣传干事、团委书记等职。现任一汽铸造有限公司团委书记兼企宣室主任。

虽然离开母校已有十多年，但对母校的思念之情、感恩之心却不曾随着时光的流逝而淡漠和疏远。就在去年"十一"假期，我再次踏入校园，又一次看到了壮丽的主楼、熟悉的操场、高大的梧桐树……四年大学生活像电影般在眼前闪现，恍如昨日。恩师的教诲，言犹在耳；"规格严格，功夫到家"的校训，铭刻心间。作为哈工大人，我感到骄傲和自豪，她给了我一种责任，一份勇敢，让我无畏，敢于面对一切困难和挑战。

2007 年 8 月，带着导师的期望和同学们的祝福，我怀着设计工程师的梦想，迈进了一汽的大门。由于在学校学的是材料成型及控制工程专业，铸造公司成了我专业对口的第一选择。其实在学校时，我们曾来过一汽参观学习，当时已经对这种老牌生产车间的状况有所了解，不过真正开始实习时，艰苦的工厂环境还是给我们来了一个结实的下马威。当时我被分配到铸造一厂灰芯车间实习，每天跟着师傅在车间检查砂芯质量，查看制芯机状态，学习制芯工艺等，甚至还上手帮忙推推芯车。一天下来，戴着安全帽、大口罩，全副武装，仍然满身尘土、十指黝黑，从鼻孔到嗓子都被三乙胺的气味熏得辨不出饭香。尽管如此，年轻人总是对工作和生活充满了希望。我把"规格严格，功夫到家"的校训作为约束，没有因为自己是个女生就降低要求，也因此得到了车间领导和同事们的一致认可。

半年后，实习结束，我被分配到铸模厂从事模具设计工作。铸模厂是铸造公司里唯一一个冷加工单位，与实习时学到的传统铸造工艺有很大区别。刚开始，由于对生产工艺流程不熟悉，各种设计软件运用不灵活，很多问题都显得十分棘手。但巧的是，设计部的部长、我所在的工作组组长还有师兄、师姐好几位都是哈工大人，并且都是这支设计队伍的中流砥柱。优秀的前辈就在身边，"好好干，不能给学校丢脸"成了我那时候真实的心态。在他们的悉心教导下，我没给自己退却的理由。面对数据繁杂的图纸、指令繁多的操作系统，我认真学习，埋头做事，深入现场，扎实严谨，默默梳理自己的思路，精进自己的操作；从最简单的手工芯盒、锻模做起，逐渐到成套的砂芯模具、曲轴、后桥、复杂的缸体缸盖等，还经手了不少按国外工艺进行国产化的产品，承担了设计数据库多套制芯机的标准化工作，圆满完成了多项设计任务。慢慢地，我从一个缺乏设计经验的初学者成为一名合格的金属模设计员。直到现在，我仍然清晰记得师傅常说的一句话："设计是个精细活儿，图上的毫厘之差，到了产品上就是大问题。"话很朴实，道理却和校训如出一辙。没有严格的要求、扎实的功底、辛勤的付出，就不会在成长路上迈上一个又一个台阶，收获成功和喜悦。

五年后，机缘巧合下，我调整岗位到了铸模厂党群工作部，负责宣传工作。挥别专业技术领域，一脚踏进政工序列，对我来说一切都是从零开始，一切都是学习的过程。在这个战场上，我把工科学生的耐心细致、一丝不苟的劲头，用在了宣传工作中。"天下之大，必作于细"，记得刚开始写新闻报道时，经常一遍遍修正文章角度，从调整结构到遣词造句、校正标点，就为了能写出一篇一次通过的新闻稿。我了解生产现场，了解制造技术，具备扎实的专业基础和严谨的工作思路。后来，在策划主题活动、开展形势教育、选树典型人物等各个方面，我都抱着孜孜不倦的态度，不断琢磨，不断创新，深入调查研究，反复推敲细节，能力得到了快速提高。集团的报纸、网站、杂志上，开始频频出现我的名字，我推选的典型人物频频在集团活动中亮相获奖，我也能够在一汽范围内分享主题实践活动的开展经验，还获得了优秀党务工作者、十佳作品等多项荣誉。

2017年，我通过E-TAS测评，竞聘到铸造公司团委担任团委书记。和年轻人在一起，好像总有数不清的点子和活力。我结合前期在宣传体系积累的经验，迅速带领铸造青年，风风火火地扯起团委工作的大旗。在两年多的时间里，我通过青年文化节、青年林、援助贫困学生、青年培养计划等活动，将团委逐步建设成青年想得起、找得到、信得过的组织。同时，在团委书记的岗位上，我认识到自己管理能力的欠缺。独木不成林，团结协作才能迸发出更大的力量，才能锤炼出一个团队的品质。为此，我积极组织共青团体系的团干部，参与方案策划，参加素质能力培训，独立承担大型活动，使自己和团队共同快速地成长起来，也培养了自身的团队管理能力。铸造团委和我个人连续获得一汽集团的模范团委和团干部称号，铸造共青团工作在集团内成为响亮的品牌。

时光如流水。仔细算算，如今我已经毕业13年了，不论是从事模具设计工作，还是党务工作，我一直秉承校训，严格要求自己，踏实做人，认真做事，力求工作做到位，功夫用到家。正因为如此，我也在这些年取得了一些成绩。未来要走的路还很长，我会努力做好哈工大精神的传承者和践行者，将哈工大的精神和优良传统作为我漫漫人生旅途的行动指南。

至严至臻，慎始慎终

——记哈工大 2014 届车辆工程专业毕业生 邓 薇

"规格严格，功夫到家。"

我与百年校训，结缘于 2010 年。入学仪式极其庄重，大屏幕上"规格严格，功夫到家"八个浓墨重彩的大字，只匆匆一瞥，便铭记在心——这是我校的校训。从此以后，它便潜移默化地指引着我，让我平心静气，潜入上下求索的研学之旅中。

少年人总是意气风发，入学时就读材料科学与工程专业，资质尚浅，眼界尚窄，能力尚缺，与这所严谨沉稳的大学尚不相容。而学校西门旁便是海，朝曦夕月，涛声阵阵，从未停歇。哈工大便是在这样浪漫而具有特色的地域环境中，扎扎实实，一步一个脚印，走出了属于自己的风采和名气。在这样的治学氛围熏陶下，我对自己的学习生活开始进行严格规划，同时也时刻铭记"功夫到家"的教诲，对自己的目标有了具体而明晰的设想。大一结束后，我以专业第二名的成绩，成功转入车辆工程专业，有幸与学校顶尖的老师、同学朝夕相处。我在这样一个专业质量过硬、师生素质极高的环境中，求学四年。2014年毕业，通过哈工大的帮助，我与一汽结缘，现就职于一汽丰田技术开发有限公司平台及动力总成开发部新能源开发课。一路走来，看似顺风顺水的坦途中，离不开哈工大的浇灌与栽培，引导我至严至臻，慎始慎终。

无论是身处学校，还是已涉职场，于我而言，每一次的节点转折、能力提升、意识提高，都留下了校训的痕迹。

大二时，刚刚转入新专业，一身傲气还未消散，高手如云的班级里依然自我沉溺，考试时就被恶狠狠地挫了风头——专业门槛高、知识架构复杂、思维转型缓慢、成绩落入中等。我的辅导员从未忽视过学生的心理状态，循循善诱，为我提供了及时而有效的指导："成绩并不能说明什么，重要的是你是不是真正掌握了课程的要领。规格严格，功夫到家，只要你努力了，学到了自己该有的本领和功夫，就不要气馁。坚持下去，你一定会得到属于你的东西！"话虽朴实，但无一不是真理。在这样一个自我认知调整的重要节点转折中，我摆正了一味注重表面功夫的心态，摆脱了大学生所谓的"为分而学，为奖而学"的肤浅认知，彻彻底底全心全意地投入到专业学习之中，专注于自我学习能力和专业素质的提升。四年之后，回过头来，豁然开朗。规格严格，说的就是不忘初心，不染浮躁，学到实处，落到要处，慎始慎终，才能不枉心血，达至炉火纯青，功夫到家。

初入公司，犹如雏鸟投林，从零开始。我一脚踏入了产品企划部，参与的第一项工作是770A项目的准入，我负责会议纪要的撰写及整体的日程管理。本以为书面文案，无须记挂在心，但请示领导审核过后，收获了一页通红，修改印记密密麻麻，让我很是惭愧，像是回到了被老师教育的场景里。转换了新的环境和身份，不知不觉间就没了"精气神儿"，松懈了态度。再回头仔细琢磨研究科长提前给我的《会议纪要撰写技巧指导书》，一字一句仔细研究，规整学习，才明白会议纪要是会议精髓，是项目推进的指导性文件，必须认真思考、深度提炼。所有的进步，一定是缓慢而有力的，撰写四五次会议纪要后，科长的一句"不错，越来越像回事了，进步很快嘛！"让我很是欣慰。学生时要注重夯实自己的专业基础，工作时要弥补自己的空白短板，以完善自我为动力，才能持续而长久地发展下去。特别是自己上手时，大到样书和图纸准确无误地提交，小到对标活动中一个螺丝钉的分析，虽然这些在外人眼中看来无足轻重，但都需要我们每个一汽丰田人认认真真对待，踏踏实实执行。都说职场会磨灭一个人的心性特质，但在一汽丰田，我再一次得到了能力提升，寻觅到了校训的崭新诠释：严谨细致，无处不在；规格严格，无处不及。

"车到山前必有路，有路必有丰田车"，相信社会各界对这句宣传语一定不陌生。在公司工作得越久，我越能意识到，这是一种独特的担当意识。刚来公司时对"担当"这个词很陌生，在学生时代，甚至中文交流中都很少听到，但在一汽丰田，时不时地会听到"这个项目的担当是谁"。在中日合资企业中工作的我，慢慢地被熏陶，理解了什么是担当，担当代表的是"至严至臻，慎始慎终"的意识代表与行动体现。刚来公司两年，科长安排我做自主车型企划的辅佐工作。那时我仍随意，只把辅佐当打杂，称不上项目担当。后来在师傅的带领下，我慢慢熟悉了开发设计流程、项目企划书的撰写方法、市场调查的方法等等，日积月累，深入渗透到每一环节中，逐渐意识到，在一整套精密复杂的运行系统中，容不得任何闪失，绝不能妄想一口吃一个大胖子。必须严谨，必须深入，必须"功夫到家"，然后才能担当，才能顺利推进工作，才能游刃有余，做到万无一失。我用六年的工作时间来领悟"担当"两个字，我做过770A准入、VA/VE、IQS/PQS、BMC自主车型企划、公司能力规划、3IN1等相关工作，每一项工作不只需要弄清楚工作内容、工作方法，更需要按照流程梳理工作，深度了解每一步的核心问题，通过PDCA不断提升能力，最终解决，切实无误地提交成果。

"担当"这两个字，向来不容易。当个人意识拔高之后，这份态度由工作渗透进了生活，将"至严至臻"落实到点滴之中，无疑是"功夫到家"

的一种延伸和扩展。

领导同事、家属爱人、老师同学，无一不认同哈工大"规格严格，功夫到家"八字校训。因哈工大而结缘的老公，在工作上负责整车的碰撞试验，于他而言，更容不得半点儿马虎。传感器的位置贴得不对，或者车辆的摆放角度错误，就会全场失败，更会白白牺牲一辆价值不菲的认证车。我们在工作、生活中，也在以"规格严格，功夫到家"互相要求，不断进步。2017年，我们的"哈工大二代"诞生了，希望她在今后的成长过程中也能践行"规格严格，功夫到家"，健康成长！

恰同学少年，风华正茂，一眨眼却已是毕业六周年。全家有幸回母校参观，母校又是一副崭新的面貌，莘莘学子春风得意，涛声依旧。而哈工大的百年精神却如酒般愈久弥香。"规格严格，功夫到家"，桃李不言满庭芳，弦歌百年今又始。

谨以此文，祝愿母校生日快乐！积历史之厚蕴，宏图更展，再谱华章！

在广阔的平台上创佳绩

——记哈工大 2010 届机械设计制造专业毕业生　代　晶

2010年我从哈工大机械设计制造专业毕业，来到了汽车城长春，加入了一汽-大众汽车有限公司生产管理部。

全新的领域，全新的知识，全新的环境，工作的场景与我的想象大相径庭，一时间竟有些沮丧。回想起在大学学习时，很多任课的教授、讲师都曾和学生们说过：不想学习，就不要来哈工大！学习是哈工大人的根本，无论从事什么样的工作，只有不断学习进步才不枉为一名哈工大人。面对不太对口的实际工作，老师的谆谆教导又萦绕于耳旁，于是我脚踏实地，从头开始。从箱单发票核对开始，特殊订货、空运费管理、瓶颈件管理……一项一项逐步学习。白天工作时间紧迫，我就利用下班时间，留在办公室学习阅读各种流程文件、操作手册和供货协议，一项一项填补自己的知识空白。初到一汽的很多个周末，我都是在车间和学姐学长们一同度过的，在他们的帮助和指导下，我了解了生产工艺和造车过程，建立了对汽车制造行业的直观架构。在车间学习的过程中，我感受到了哈工大人的学习精神，虽然学长们只比我早入职一年，但对于各自的岗位已经是驾轻就熟，讲解深入浅出，让我受益匪浅。在一路追赶、一路学习中，我翻越了"新人墙"，在工作的第一年就从一个"物流小白人"转变成一名"业务能手"。

汽车是传统制造行业，物流是传统行业中的朝阳产业，供应链的升级是车企利润的新增长点。站在这样一个平台上，怎能无所作为？于是我主动请缨，承担了业务难度更大的物料预测和需求能力管理工作。2011年我作为生产管理部的项目负责人，联合采购部、管理服务部，一起开发了需求能力管理系统。系统上线后，最大的难题就是数据积累，数据质量的高低决定分析结果的可靠程度。母校踏实做学问的作风提醒我，要想获得好的结果，没有捷径，只有一个实验一个实验地尝试，一个算式一个算式地分析。针对重点供应商，我坚持现场走访，逐个调查零件生产工序，遇到瓶颈工序，直接在线旁记录生产节拍。我曾经走访过一家供应内饰盖板的供应商，这是一个典型的小批量多品种的生产企业，供应的各类盖板有上百种，每种盖板都有 5～6 序且混线生产，我与供应商的工艺员和计划员一起找出生产过程的瓶颈，划分零件组，从中午一直讨论到傍晚。对供应商反馈的产能核查表，我都组织召开物流、采购、供应商三方电话会议，进行逐条审核澄清。仅 2015 年一年，我共实地走访供应商 18 家，组织三方产能核查电话会议 93 次。在我的带动下，全组同事共同努力，产能数据积累从年初的不足 10% 提升至年末的 70%。有了强大的数据基础，需求能力管理工作日渐铺展开来，预警零件产能，大大降低了供货风险。该项目也获得了一汽-大众跨部门团队合作奖。

2015 年之后，汽车市场一路震荡，除了产品竞争，各车企也在客户响应上寻找突破点。我所在的大众品牌开展了订单相应周期缩短的项目。这是订单模式历史性变革，我有幸成为项目负责人，开始了艰难的项目历程。

除了协调组织项目的无数轮方案研讨、零件分析、供应商走访、订单平衡例会等内容,更大的挑战在于项目对传统业务的变化和冲击。每周都要面对近 10 万条预测数据,这些数据支撑着每周数十亿元的物料订购,不容有任何差池。"规格严格,功夫到家",母校的校训早已深深刻在心中,我深挖细抠数据计算的每一个环节,从上下游系统和计算逻辑上找问题、求突破。记得在一次差异的核查中,我发现系统计算数值显示为 0,但实际是一个小于 0.1 的小数。差异虽小,但有的零件单车用量较大,加之日积月累,也会有整包装不采用的风险。于是,我对造成这种计算结果的原因进行分析,对计算过程加以修正,避免了类似情况的发生。数据修正是个细致活儿,经过一年的摸爬滚打,数据准确率从 90% 提升至 99.5%,有力支撑了项目的开展和完成;经过两年的实践应用,大众车型的订单响应周期缩短到两周,达到了行业先进水平。我们的项目成果获得了公司总经理的点赞,我们整个项目团队荣获一汽 – 大众立大功团队荣誉。

时光向前,2019 年,我很幸福地成为一位母亲,有了一对聪明伶俐的双胞胎女儿。我的先生也毕业于哈工大,我们相约等孩子懂事了,要带她们回到母校,去看看夜晚灯火通明的自习室,去听听早晨学子树林里的读书声,去闻闻格物楼前郁郁盛开的紫丁香,去感受哈工大朴实求真的学风。

期待下一个十年,我在一汽的广阔平台上再创佳绩,为母校增光。

祝愿哈工大永葆活力,为祖国输送更多高质量人才。

最好的选择，勇敢地担当

——记哈工大 2011 届车辆工程专业毕业生 范 超

我叫范超，2011年毕业于哈尔滨工业大学（威海）汽车工程学院车辆工程专业，毕业至今，在一汽解放公司财务控制部先后担任目标成本管理员和材料成本控制室主任，如今兼管材料成本控制室、收益控制室两个科室业务。

重大选择

我与哈工大的缘分要从 2007 年 6 月说起，那时候的大连天气忽冷忽热，高考之后的心情没有想象中的放松、兴奋，十几年的求学生涯倏忽而过，还没做好心理准备，人生下一阶段就接踵而至。窗外的知了叫个不停，我手里拿着已经起皱的报考志愿表，听着 beyond 乐队的《海阔天空》，望着一直在厨房忙碌的母亲的背影。她一直没有回头，或许母亲是想将这个时间全部留给我自己，毕竟该说的都说了。许久之后，我起身拿起椅背上的薄外套。

"妈，下午我去趟学校。"

"决定了？"

"嗯！"

"是想坐汽车、火车还是轮船？"

"我还没坐过轮船呢，我想试试。"

其实没有太多的调查研究、利弊权衡、前景分析，年轻的心虽然因未知而犹豫不决，但终究也因未知而笃定前行，这就是我人生中第一次重大选择。

痛快的择业

2011年毕业季，威海的6月，没有春天的凉风习习，也没有盛夏的烈日炎炎，气候清爽宜人。哈工大校园篮球场上，几个年轻的身影汗流浃背，一个纤瘦的身影熟练地胯下运球加上灵活地转身，一道优美的弧线，篮球弹筐而入，又是一记绝杀。

"老范，这是最后一场球了，你这也是画上圆满的句号啊！"

"时间不早了，本打算结束了，你这么说，再打五个球！"

"咱们这一届运气好啊，工作好找，你的offer都不错啊，公司你不是去调研过吗？你是杀向南方，还是奔赴北方啊？"

"这事早定了，我还是喜欢北方！"

这一次的选择没有犹豫。

果断的决策

2017年，长春的6月，冷气还未完全散尽，柳絮纷飞。东风大街120栋的会议室中，研讨的声音此起彼伏，是否要做零部件目标成本全覆盖的议题已经讨论一个多小时了，仍未有定论。

"非项目类零部件产生的原因多样且复杂，如法规、质量改进、品质提升、成本改善等，而且产品开发周期极短，艺准文件下发后，一周内采购部就要定路线，时间会被压缩得很短。没法开展完整的目标成本管理。"

"非项目类零部件的数量种类非常庞杂，2018年设计新增零部件就超过两万种，分析任务太重了，我们就三五个人怎么干？而且新件的数量逐年增加，这是常态化的工作，一旦干了就得长期坚持下去。"

"多年来此领域采购价格制定流程已经固化，如何打破固有流程，灌入财务控制环节，实现目标成本控制？"

"困难是有，但是办法总比问题多。首先，咱们可以先明确原则。结合解放公司实际，明确成本分析为主，结合整车定价方案，控制采购价格，作为目标成本制定原则。其次，咱们可以对零部件进行分类，根据其成本特点制定不同的管控策略，比如管束、线束类占比接近一半，我们可以与采购部商定规则，公式定价，定期抽检，提高工作效率与准确度。此外我们可以跟公司领导汇报，在 ERP 系统上建立目标成本管理模块，在原有采购定价流程基础上，增设控制环节。总之，我们的目的就是站在公司的角度为零部件定价增加最后一道防线，减少风险。所以全覆盖必须做，而且要无限期地做下去。"

面对收益管理的薄弱环节，虽然需要耗费我们大量的时间精力，但站在公司利益的角度，这一次的选择果断而坚定。

沉重的抉择

2018 年 6 月虽然比以往微凉一些，但是大街上的柳絮少了不少，医院走廊上穿梭着医患忙碌的身影。在早产病房里，护士说："你们家的宝宝各项指标目前都正常，明天可以出院了。"

"谢谢护士，谢谢！"我跟妻子喜极而泣。

我也终于体会到人兴奋到一定程度之后是笑不出来的，这段时间真的是度日如年，往事种种，击打得我泪如泉涌。

四个月前，怀孕的妻子独自去 S 医院做四维彩超。我从单位赶过来的时候才得知，妻子随时有流产的可能，必须立即卧床静养，还需要打点滴保胎。家里人一筹莫展，毕竟当时才 23 周，如果现在早产，婴儿的死亡率基本上是 100%，我们家人必须细心看护。在忐忑不安中度过一个月，在第

27周的时候,大夫将我叫到办公室:"目前,以我们的经验最多还能保一周,由于孩子发育较慢,一旦出生,存活的概率只有50%。"虽然之前已有心理准备,但此刻一种无奈与无助在内心深处蔓延。不行!我得为孩子做点儿什么,这是一个父亲的本能。当天我就联系

朋友去本市最好的J医院走访调研,经了解,J医院对于早产儿的医疗能力更强一些,但是有两个风险,如果送到J医院,途中救护车的颠簸,可能导致妻子随时生产,另外J医院的保胎能力不如S医院,去J医院应该不超过三天就要生产,要知道宝宝在妈妈肚子里多待一天,就多一份生存的希望,更长时间地保胎还是出生的第一时间接受最好的治疗,如何抉择?我陷入了沉思,这次的选择太沉重,因为赌注是孩子的生命,而且这个决定只能自己做。没有时间犹豫了,我开始慎重考量每一个细节与风险,甚至在纸上比比画画算概率,当做出决定的那一刻,额头上已沁满汗珠,其他的只能交给运气。好在所有的结果都是在之前的计划与推演之中,三天后妻子在J医院顺利生产,宝宝及时接受良好治疗,安全度过危险期。

需要掂量骨肉至亲生命的重量,这一次抉择非常沉重与痛苦,在上天的眷顾下,结果还算不错。

母校教会我什么

莫尔有句名言:"人生中最困难者,莫过于选择。"离开母校这几年,

我发现哈工大教会我的不仅仅是拉格朗日定理、发动机万有特性曲线，真正融于血液、化于骨髓的是面对困难时理性深度的思考、冷静客观的决策、严格高效的执行。"规格严格，功夫到家"内涵不单单指学术本领过硬，更是一种生活态度与人生哲学，能让我面对窘境时谋后而定，行且坚毅。这是我从母校得到的最大的收获！

2020年6月，母校百年校庆，作为在一汽工作的哈工大学子，我必将秉持"规格严格，功夫到家"的校训，演绎好在家庭、公司、社会中的角色，不辜负母校的教育与栽培，同时祝愿母校越来越好，为社会输出更多优秀的人才！

传承母校精神,争创岗位先锋

——记哈工大 2005 届机械设计制造及其自动化专业毕业生　高解放

传承母校精神,在一汽创业

在喜逢母校百年校庆前夕,荣幸接到校友会通知,谨以此文纪念母校盛典。为此,我花了一周的时间,将母校 90 周年校庆之际出版的《哈工大学子在一汽》一书认真读了一遍。我被书中每一位充满激情和正能量的校友所感动,被一个个鲜活的故事所震撼。

书中展现的不仅仅是校友故事,更是一部宏大的一汽创业史,一部哈工大学子为中国汽车工业发展的奋斗史。

书中有 1935 年从哈工大毕业,在东北长春建设起第一汽车制造厂,开创了中国汽车工业新纪元的一汽首任厂长郭力老学长;有被称为"中国汽车大王",带领一汽接续创业,走向产品多元化,管理现代化新辉煌且极具个人魅力的耿昭杰厂长;有到美国

奇迹般成功拆解捷达生产线设备，促成一汽的轿车先导工程成功落地的崔明伟副总经理；有带领一汽轿车成功走向资本市场的李启祥总经济师；有知时善行、务实善进，曾经领导中国最大的汽车零部件公司的田雨时校友……

由于我在一汽-大众工作的缘故，在工作中又接触到了书中提到的几位校友：有脚踏实地、视野开阔、才华横溢的邱枫校友；有酷爱学习、勇于创新、吃苦耐劳、不忘初心的许万才校友；有充满激情和梦想、永争第一的张建松校友；有求真务实、作风严谨踏实的刘延昌校友……

除了这些前辈，还有很多跟我年龄相近甚至比我还年轻的学弟学妹在各自的岗位上精益求精、拼搏进取，他们身上体现出"坚韧、学习、进取、创新"的品格，与哈工大"规格严格，功夫到家"的校训精神一脉相承。

严标准，下功夫，争创岗位先锋

我在2005年从哈工大机电学院机械制造及自动化专业硕士毕业后，直接进入一汽-大众。我负责的第一份工作是非大学专业的物流规划，母校给予我的"严标准、下功夫"的习惯，以及不怕苦不怕累的那股劲儿，为我积极学习物流专业理论知识、深入现场、和工人打成一片去解决问题提供了不竭动力。功夫不负有心人，2008年，也是我工作刚满三年、符合公司后备推荐条件的时候，我被部门推荐成为后备经理候选人，并在当年获得了一汽-大众首届"希望之星"荣誉称号，也承担起了公司很多重要的车型项目和物流园区建设项目。在此期间，我还主导推动一汽-大众物流包装标准化工作，解决了长期困扰公司包装种类繁多、质量偏差的问题。在2009年底，作为一汽-大众华南项目物流负责人，我全程参与了华南（佛山）基地的可研、选址、规划、建设，并在2012年初，被公司任命为佛山分公司物流规划与管理科经理，参与到佛山工厂的运营管理中。

2017年，我被委任为佛山生产管理部部长，也有幸成为当年一汽-大众 L1.5 级经理中最年轻者之一。在成为佛山生产管理部部长以后，我带领佛山生产管理部秉承"严标准、争第一"的精神，以党建行政均非常优异的成绩回馈公司对我的信任。通过创新高效的生产组织，佛山工厂的效率已经由规划之初的 60JPH 稳定提升至 63JPH，两期工厂的产能可以增加 3 万辆车；我作为佛山分公司成本优化负责人，全面开展全员成本意识提升、创新成本优化方法，深挖潜能，连续两年优化工厂成本均在 2.6 亿元以上，为公司全年利润目标达成贡献着力量。物流体系能力提升方面，连续两次获得德国大众集团 VDA6.3 审核 91% 符合率的高分成绩，也成为大众康采恩首家全新工厂第一次审核就超过 90% 以上符合率的工厂。人才育成方面，部门员工连续两年参加正式 AC 测评通过率 100%，并建立了良好的后备人才梯队；党建绩效／安全绩效连续两年在公司内排名第一。

母校"规格严格，功夫到家"的校训精神深深地烙印在我的心里，15 年的工作过程中，我抱着对组织负责、对员工负责、对自己负责的态度，从不得过且过，没有"差不多就行"，只有高标准，严要求。因此，我也多次获得优秀共产党员、立功个人、集团先进个人等，我所在的团队也荣获立功团队、集团先进团队等荣誉称号。

母校和校友精神为我指明方向

随着技术的进步及国际国内环境的变化，汽车行业在新四化（网联化、自动化、共享化、电动化）技术的推动下，各种新技术、新品牌、新商业模式层出不穷，整个中国汽车工业都将面临巨大的挑战。我也常常思考，作为后辈，当我们的前辈将发展中国汽车工业重任的接力棒交到我们这一代的手上时，在这种 VUCA 时代，我们能做什么？该怎么做？翻开书页，我在郭力、耿昭杰、崔明伟、李启祥、田雨时等老一辈汽车人的"坚韧、学习、进取、创新"的精神中又找到了答案。不忘初心，牢记使命，不管未来多么艰难，坚定意志，砥砺前行永远都不会变；抓住一切机会学习新技术、新商业模式，不断进取，寻求突破和超越；同时还要在现有的基础上，创新求变，突破提高。

在看了校友会发的电子版的《哈工大学子在一汽》后,我深受鼓舞,特地购买了一本《哈工大学子在一汽》纸质版的书,放在办公桌最显眼的位置,它已成为我的精神食粮。每当我翻开书页,一段段激情燃烧的岁月便跃然纸上。老一辈人不畏艰辛,把自己的全部精力都投身于一汽事业的那种无畏精神,激励着我不断前进。

别样的镜像：在传承中成长

——记哈工大 2010 届机械设计制造及其自动化专业毕业生　高启威

还记得毕业那年的夏天，白天特别炎热，但到了晚上又有一丝清凉。同学们聚在学校的体育场上，与屏幕那边威海校区的学子们一起，欢庆哈工大的 90 周年华诞。大家回顾学校的历史，细数琳琅满目的成就，强调校风与哈工大精神，展望光明的未来，无比热闹和开心。

转眼间，已经迈进在一汽-大众工作的第十个年头。时间给予的是长情也无情的陪伴，默默无声又行色匆匆。早已告别青葱的岁月，褪去了稚嫩的容颜。每日的工作与生活占据了全部的精力，紧盯现在、展望未来，回忆已经是一件越来越想不起来去做的事情。然而一些东西就在那里，不会经常出现，却也一直陪伴和影响着你。一汽哈工大校友会欢庆母校 100 周年的消息不经意间映入眼帘，思绪瞬间又回到了那段闪耀着光辉又弥漫着芬芳的岁月中，发现那些记忆原来一直那么鲜活、清晰。

老爸一直教育我，学知识和学做人同等重要，要努力认真学习，考上哈工大。然而高考发挥不稳定，填报志愿时预估的分数对我很不利，不上不下，很难抉择。求稳我应该去报考一些其他口碑也不错同时录取分数线稍低的学校，但是多年的梦想实在难以割舍。最后在老爸的"大不了从头再来"的鼓励下，志愿毅然填报了哈工大。我幸运地被哈工大录取了，以理学院材料化学专业大一新生的身份，开启了大学生涯。

大一入学后炎炎夏日的军训，满脸的汗水，却为了站军姿而不敢擦，导致被风吹后满脸的汗迹，和家人视频都给他们吓了一跳。一位位风格各异却又优秀卓越的老师，让上课变得很有意思，同时不再像高中那样生怕学生漏掉哪一块知识点。哈工大的老师更多的是在启发，让你对这个知识点感兴趣，引领你走向正确的方向，并分享关键的地方以及诀窍以提升效率，让你自己去领悟和努力，这着实让我头疼了一阵子……第一次期中考试，高数 30 分满分，因为没复习好才考了 19 分。辅导员对我耐心但也严肃地劝解："很多人一进入大学，就放飞了自我；飞得久了，就再也找不回曾经的自己了。大一是整个大学的基础，这次考试连 20 分都没上，以后怎么办？"我立刻打起精神投入到学习当中，也第一次接触了图书馆。期末的高数考试考了 50 分满分，却也如辅导员所说，最终期中期末加一起得了 69 分。导员看我像个霜打的茄子，又过来安慰和劝解我，说看到了我的潜力，学习就像长征，一开始的失利不算什么，贵在坚持。从此，我天天不是在教室，就是在自习室，甚至第一段懵懂的感情，都是因为两个天天学到自习室关门而不得不一起走的人，走习惯了成了伴……期末考试后，辅导员通知我，因为考到了专业的第二名，获得了转专业的资格，专业随便挑。这又刷新了我的认知，因为努力竟然可以改变命运。经过慎重思考，作为哈工大机电学院机械设计制造及其自动化专业的一员，开启了大学的余下生活。

印象深刻而又有意义的事情不胜枚举，这里挑几个典型的回忆述说一下。

当时的 IT 技术虽然不像今天这么发达，但制造业也实现了从制图到建模的全软件化。即使这样，大二我们依然兢兢业业地上了一年的手绘工程制图课程。还记得老师第一天就跟我们说，手绘制图是根本中的根本，这个掌握得不精，后面的都白搭。为了画好，不断练习，线怎样画得粗细均匀、纸面怎样能保持干净，各种结构、剖面、符号的表达……每次离开座位，桌底下都能看到橡皮屑留出的脚印。记得当时我工程制图考了满分，老师却跟我说，就应该这样，哈工大的校训就是"规格严格，功夫到家"。从此我懂得了，全力以赴、认真细致不是什么优点，而是哈工大人本来就应该有的样子。大三时参加科技创新大赛，对微型雷达俯仰机构进行改进，团队分工画了大小几百张图纸，做了几百个模型。后期伙伴们去负责跑加工、修精度，我负责学编程做单片机控制机构动作。从无到有的学习令人痛苦，但是依然坚持下来了，因为要做就做到最好。记得那一天特别冷，伙伴们在车间跟件，宿舍的人睡了，我跑到一楼微波炉室一边冻得发抖一边编程做界面。大半夜的突然有人敲窗户，一看是他们做完了件回来，手上拿着肉串来看我。大家一边吃着串、吐着能凝结成雾的哈气，一边看着我刚做好的演示界面，一起哈哈大笑。原来投入、合作是这么令人开心的事情。大四时我考入了一汽-大众的预开发，想着德语应该很重要，又一边做毕业设计，一边学习德语。那时候从实验室回寝室时，经常能看到早上四五点起来晨跑的大爷，着实身心俱疲。但是结果也令人开心，毕业设计顺利通过，德语也通过了四级考试。

2010年8月3日，我进入一汽-大众，告别学生身份，开始了正式的工作。我刚到公司时被分到了发传厂发动机车间，对怀揣工程师梦想的我来说，这里简直就是天堂。我望着各种生产线，简直挪不动步，追着工程师和工人问这问那。每次拆装发动机，简直就是久别重逢的奖励。生产线上干了一上午，腿酸得都走不动道却笑得很开心。工长和工程师语重心长的教诲、公司提供的各种专业和非专业能力的培训，不停地为我充电，让我成长。白天努力工作与学习，下班后学习新求精中级课程，继续夯实德语基础。每次下课狂奔到公交站以免错过末班车，上车后身上被汗水打湿的棉服结成的冰霜，又在公交行驶中慢慢融化，格外提神……这段说起来略显苦涩的赶车记忆，无论是当时还是现在想起来，都很开心。

实习结束后来到奥迪销售事业部负责人事工作，对于当时的我来说，是一个很大的挑战。过往多年积累起来的专业知识、技能，在这里似乎派不上用场。望着身边的人满嘴的 ROI 基尼系数，做的 PPT 精美无比，与人沟通得体自然，而且总是自信大方，自己的一切都显得有些格格不入，感觉又回到了那个 30 分满分却考了 19 分的时候。努力地学习，努力地做好 PPT，努力地去掌握沟通与协调的技巧，却进步缓慢。这时身边的领导陶总、主任展术，还有师傅徐姐，都给了我无私的支持与鼓励。针对我因为进步缓慢而沮丧的情绪，徐姐来安慰我，说每个企业都会有新人，而新人通常都是勤勤恳恳、任劳任怨努力学习的，但是当他们努力了两年、三年，却没有成果时，很多人都放弃了；而那些坚持下来的人，通常都会取得成功。在领导和同事的鼓励下，我选择继续坚持。一方面扬长，用自己当年的代码功底，转战 Excel 战场，通过编写函数将三个人半天的工作量，缩短到半个小时。另一方面改短，PPT 是薄弱项，就猛攻 PPT，选择去给新大学生讲 PPT 制作课程，倒逼自己。啃了不记得多少本 PPT 相关书籍，看到后来看一本 PPT 的书只需看一眼目录再简单翻翻就可以放一边了。第一次给

大学生上课就成了大学生培训讲师满意度排行榜第二，后来更是受邀去给公司一些部门同事做PPT的分享。

　　做成的事情多了，自信也慢慢建立起来。不断从事新的领域，招聘、培训、绩效、薪酬、企业文化、员工关系、体系、行政，甚至土建装修，走了一圈儿。学习，改错，坚持，直到看到成果，也慢慢地成为一种习惯。做招聘时，待在招聘现场一天不吃一口饭，为了挽留候选人不断地打追踪电话，看书、报班培训学习各种招聘技巧。做培训时，为了能辨别课程质量，反复看书，反复看课程视频提升鉴赏能力，跟课程销售打电话打到耳朵疼就为了能多争取权益。做绩效时，为了提高工作效率，跟IT工程师一起研究系统流程图，面向700多个员工一对一发放问卷并回收了近500份，就为了弄懂绩效管理的症结。做薪酬时，从咨询公司说什么是什么，到后来能够从专业的高度跟咨询公司争论得面红耳赤，并最终让咨询公司出具更合理的方案，再到后来自己能够独立设计薪酬方案。做土建时，扎在现场跟工人混在一起，每天离开工地后，都是一个"老爷爷"的模样，满头灰白的头发，脚一跺，地上就会升起一团白气……

　　一汽-大众是一个公平的地方，也是一个充满激情与力量的舞台。经过七年多的努力，我获得了组织的认可晋升为主管，以更广阔的视野，更丰富的资源，去更大的舞台上，迎接更大的挑战，并努力做出更大的贡献。一度以为，今天的一切，都是自己付出努力而得到的。没有思考过，哈工大和一汽-大众教了我什么，给了我什么。

　　突然发现，一切都源于哈工大，继承于一汽-大众。二者之间就像镜像一样，有那么多相似的地方！对于新人，二者都给予了宽容的态度与无私的关怀，提供丰富的资源供其吸取知识营养，放松要求或面临挫折时，都有人及时站出来，给予支持与指导。只要你肯努力，就给你提供奖赏。是哈工大塑造了我的根骨和韧性，而一汽-大众又是最适合这种根骨成长的沃土。转专业的经历，让我在面临新部门时能够不至于惊慌；从头学起，也是自学校起就有的伏笔；投入与合作，每一件事情都要"规格严格，功夫到家"，做到最好，是在哈工大学到的精神，也是一汽-大众的一贯要求。原来，我的一切，都是在哈工大学到的，而又都在一汽-大众这个环境中得以全面的应用，继而在这种镜像的环境中，在相同的精气神的传承中，不断成长！

今年是母校100周年校庆之年。90周年，我的感情是开心。100周年，我却找不到一个准确的词语来描述心情。有骄傲和自豪，母校一直在前进发展，各种成就如雨后春笋连绵不绝；有感恩，感谢母校帮我树立了正确的价值观，教会了我一身的本领，让我能够进入社会后不断前行；同时也有责任与负担、歉疚与惭愧，自己在过往的工作中，没能时刻牢记母校的教诲，偶有懈怠，同时自己在树立哈工大学子正面形象、起到示范作用上，还有很大的发展空间。祝哈工大100岁生日快乐，祝母校未来会更好！而我也会继续牢记校训、牢记哈工大精神，作为一名哈工大在一汽的学子，与一汽-大众共同前行！

哈工大校训伴成长，一汽精神引前行

——记哈工大 2007 届电气工程及其自动化专业毕业生　宫　健

记得 2010 年母校 90 周年校庆之际，在《哈工大学子在一汽》一书中，我读到郭力厂长、耿昭杰厂长和各位杰出校友的故事，崇敬佩服的同时也备感亲切。那些真切的故事，哈工大学子的情怀与精神，为我们年轻校友树立了榜样，给了我们巨大的力量，在后续的工作与生活中产生了潜移默化的影响。如今，听闻校友会即将启动编写第二部《哈工大学子在一汽》的书，而且有幸在书中表达对母校的祝福和对成长之路的心得体会时，备感幸运与激动，愿我的分享能够带给年轻校友们一些启发和思考、一些鼓励与温暖。

青春回忆

2001 年 9 月，在父母陪伴下，19 岁的我走进了哈工大校园，而在我读本科和硕士的六年中，父母都没有再来过哈工大，这代表着我走出了父母的庇护，开始独立地学习与生活。每天与老师、同学们相伴，汲取广博知识的营养，体验青春韶华的愉悦，既有课堂、实验上的凝神专注，也有球场、网吧中的肆意欢笑，那种天高海阔任我飞的自由、朴实无华亲如手足的情谊，现在回想起来，真的是人生中一段美好的时光。

回想起来，红楼、大教室、电机楼、科学园、图书馆、一公寓、学子食堂、篮球场，都是再熟悉不过的地方，然而更深刻的印象，则是"规格严格，功夫到家"这八字校训，在专业课程中、在电气实验中、在金工实习中……都体现得淋漓尽致，几年下来已深入骨髓，在后续的工作和生活中，也持续提醒着我们不忘初心、严于律己，指导着我扎实细致、努力奋斗。

结缘一汽

一定是特别的缘分，才可以一路走来变成了一家人。早在2004年，我就已经与一汽结了缘，当时系里的实习单位正是一汽，而当时所住的实习生公寓，距离我现在的家不足一公里。那时我参观了解放、一汽-大众、铸造、热电等工厂，在轰鸣的钢铁丛林中感受现代化工业的震撼，印象深刻，听了一汽三年建厂、四次创业的光辉历史，深深感受到一汽人自强不息、艰苦奋斗的精神，尤其是红旗的故事更是让我热血沸腾。从那时起，我在心中也埋下了一颗种子，直到2007年8月，我怀着满腔热情，走进了一汽技术中心，成为一名新能源电机工程师。

学习成长

一汽的老厂长饶斌曾说过："一汽的光荣传统就是学习。"学习创新、忠诚自强是一汽历史中不可或缺的精神，在我13年的工作生涯中，也是靠着这样的精神不断提升自己，才能够从技术研发到产品开发，再到产业布局，挑战不同领域、各种各样的工作。

入职初期，我的主要工作是配合新能源车电机系统的装配和调试，恰逢2008年北京奥运，我们接到了"绿色奥运"新能源车示范运行任务，开始特别激动，可真做起来却非常头痛。当时新能源车技术新、故障率高、资源短缺,可是团队人又少、经验不足,而且只有10个月时间,只能干中学、学中干,技术参数不懂的向导师和同事咨询,结构工艺不会的找工人师傅请教,并自己动手学习安装、调试、维修电机系统,大家经常弄得满身灰尘、满手伤口,数次拼到后半夜。当时大家编了顺口溜:"周六一定不休息,周日休息不一定。"从装车、调试到北京运维,每个人都累得又黑又瘦,几位同事甚至病倒住院,但是看着我们的新能源公交、新能源出租车从鸟巢、水立方驶过,所有苦累都被抛到脑后,心中只有说不出的骄傲和自豪。

回忆13年的职业生涯,由于部门和业务的快速发展,我的岗位也经历了多次变化,我先后担任过电机系统工程师、电机性能工程师、专业组长、科长助理、科长、项目经理、主任……在党工团方面我也做了广泛的尝试,做过工会主席、团总支书记、党支部副书记、党总支委员……尽管一路走来,我未能成为某一领域顶尖的专家,但这些丰富的工作学习经历让我积累了很多非专业方面的知识,也收获了不少的认可与荣誉:优秀党员、优秀员工、模范党务工作者、集团科技进步奖……能够在组织需要的各种岗位都贡献一点力量、得到一些收获,也是幸福的。

挑战极限

2018年,因为一个大胆的选择,我从研发领域转到了管理领域,开始负责推进电池、电机等新能源产业布局落地项目。一汽的新能源正处于战略转型基点期,完善的产业布局是新能源事业发展的重要基础,对我来说是个令人兴奋的新起点,然而没想到这也是我工作以来遇到的最大挑战。产业布局项目的复杂程度完全超出我的想象,工作涉及战略、技术、法律、财务、生产、采购、营销、公司治理、项目管理、商务谈判等多个领域,一些领域是完全陌生的,尽管相关部门都给予了大力支持,但是作为项目经理,我需要了解各领域情况并进行综合评估与判断。没办法,还是两个字——学习。我花了大量的时间查阅资料,向专业人员请教,但仍然无法在短时间内做好项目工作,在巨大压力之下,我的心脏和眼睛甚至出现了问题。然而我是幸运的,新调入的领导,也是哈工大的学长——王泽鹏,给了我极大的帮助，他是一位典型的哈工大人，以实际行动践行"规格严格，功夫到家"的校训，用哈工大校训和一汽精神激励我，指导我结合实战对思路、概念、方法和专业知识进行学习提升。在他的帮助下我逐渐找到了感觉，开始推动项目走向正轨，同时随着知识和经验的积累，我在项目推进和问题处理上也越来越有自信。如今我负责的项目已接近成功，真心感谢王泽鹏学长和每一位帮助过我的领导和同事。

未来寄语

西城男孩有首经典的歌曲叫 *You Raise Me Up*，今天我想把它献给哈工大和一汽，是你们，造就了今天的我！感谢你们，教会我坚定自信、踏实前进！感谢你们，给予我能力孝敬父母、宠爱家人！现在，我很喜欢马拉松，哈马和长马赛道上都有我的足迹，在我看来，生活也像马拉松一样，无论阳光灿烂，还是骤雨狂风，只要一步步稳稳地跑下去，就能到达 5 km、10 km……未来的路还很长，但既然选择了远方，便只顾风雨兼程。

最后，祝福母校百年庆典书香永驻，祝愿一汽梦想成真再创辉煌！

感恩母校培养，扎根一汽创造

——记哈工大 2008 届机械设计制造及其自动化专业硕士研究生　龚金成

又是一年金秋十月，火红的枫叶在秋风的拂动下飘下来，落在了略带凉意的地上，让我不由得回想起初到东北的情景，那座改变我命运的象牙塔——哈尔滨工业大学；脚踩刹车，从后视镜里瞥一眼后座熟睡的孩子，静静地等在红绿灯路口，一辆辆小汽车从眼前飞驰而过，又让我无比坚定地扎根一汽——这个助我成长，为我分忧的大家庭。

感恩母校

2006 年 8 月底，我怀揣着研究生梦想，在中国几何版图的中心——甘肃定西，踏上了去往东北的列车。在妈妈的眼中，去哈尔滨就相当于去俄罗斯，坐火车要一个星期，去了就到了天边了，啥时候能再见一面都相当困难。而源于一个哈工大梦，我毅然决然选择了北上，来到了梦寐以求的哈尔滨工业大学——这座闻名全中国的工科学校。本科毕业于贵州大学的我，尽管以专业排名第一的身份被成功保送，但在精英满地的哈工大，一点儿优势都没有，甚至担心他们会不会不包容我？会不会排外？就这样我开始了"规格严格，功夫到家"的研究生生活。

感恩母校哈工大，因为她包容。

我刚到宿舍报到，宿管阿姨问："孩子，搁哪儿来的？"

"甘肃。"

"哦，那老远呀，辛苦了。我是四公寓宿管阿姨，这是你的被品，你的寝室在139……"

"谢谢，我自己来。"

一阵寒暄在满是东北味儿的氛围中结束，心里美美地抱着自己的被品，仔细琢磨着："这儿的东北话，怎么和电视剧里的东北话有点儿不一样呢，这阿姨真亲切呀！"就是这样，就像到家了一样，可以说，我没有再像本科时那样，经过很长时间才适应大学生活，在这里很快就适应了环境而且投入到紧张的学习中去了。

感恩母校哈工大，因为她认真。依然记得袁哲俊老先生上课时，精神矍铄地讲解激光加工，用两只手巧妙地比画着，一看即懂，他老人家每次上课都提前到，且从来不带助教；也记得卢泽生教授上课时，从整齐的板书可以清楚地感受到，粉笔经过岁月的磨砺，才能在他手中绘就如此漂亮的课堂板书；还记得博士师姐，放弃家庭的团聚，认真教我做实验、改论文；更记得导师每每亲切的关怀；还有那每时每刻都座无虚席、灯火通明的红楼教室和图书馆……我想，也正是哈工大的认真，吸引了来自世界各地的优秀学子齐聚一堂，让他们在感受校训的同时，提升自己。

感恩母校哈工大，因为她的实力。研究生毕业找工作，是件稀松平常的事，然而之于我则大有不同，当时听到一汽-大众招聘，心里就兴奋不已，因为我知道，我距离我最喜爱的汽车行业越来越近了。自打有记忆起，我就喜欢拖拉机，时常追着拉化肥的手扶子跑好久好久，就是为了看一眼转得飞快的飞轮，还有趁机闻上几下冒出来的蓝烟，总觉得那是一股香味儿。对车的喜爱，让我毫不犹豫地选择了一汽－大众。还记得我的面试官李松梅部长和刘明辉经理和蔼可亲地让我做自我介绍，我用英语介绍了一遍我的学校生活和对汽车的热爱，或许正是因为这样，因为哈工大，我才有幸来到一汽。

感恩母校哈工大，她包容、她认真，她真的很有实力。

扎根一汽

一汽集团，作为汽车工业的共和国长子，为中国汽车工业的发展和崛起做出了不可磨灭的贡献，每每别人问起我的职业和工作单位，我都十分自豪地说："第一汽车集团公司。"以前是，现在是，将来更是。

我是一个出生在西北，读书跨越西南和东北的农家孩子，有了一汽集团这么好的单位和平台，扎根一汽就自然而然、理所应当了。

2008年，在这里与我的爱人相识、相知、相爱；

2009年，在这里买房、结婚；

2013年，大宝龚玺在这里出生；

2016年，二宝龚贺在这里出生。

为了表达对美好生活的感恩，给孩子所起的名字都是那么喜庆，众人一听就乐，我想不为别的，自然好记、开心快乐就好，大宝在同学们中间，只需要一次介绍，就能让大家铭记在心，能感觉到他心里也挺得劲儿。

现在妈妈也来到了她心目中远在天边的东北黑土地，陪伴着两个孙子快乐成长。

爸爸也常常跟老家的街坊邻居，说起孩子和一汽集团，嘴角总挂着满意的微笑……

的确，是一汽－大众这个大家庭深厚的底蕴和文化，帮助我成长，让我过上了富足的生活，也让我的孩子一出生就变成了城里人，是一汽－大众让我安心地扎根这里，为了美好的明天而努力奋斗。

一汽厚重的历史，就是我奋斗的初心；

一汽转型的当下，就是我奋斗的动力；

一汽美好的未来，就是我奋斗的方向。

传承校训

"规格严格，功夫到家"，是响当当的、传遍全国的哈工大校训，它时时刻刻激励着哈工大学子，不论走到世界哪个角落，心中始终秉承校训的理念，严谨认真对待工作。

初到一汽-大众，我是一个愣头小伙子，虽然研究生论文获得了金奖，但依然不能很快匹配上我的岗位要求，是"规格严格，功夫到家"的校训激励着我，不分昼夜、加班学习，努力弥补自己专业上的不足。我用了两个月的时间，顺利接管了前辈交付的"奥迪 C6 灌蜡线搬迁项目"，我还在 2010 年 2 月 14 日的新员工交流会上，代表科室新员工做了演讲。

也正是"规格严格，功夫到家"的校训，让我从一个机械专业工程师，成长为高级工程师、自主分包项目负责人，我成功打破国外垄断，优化了公司投资结构，培养了国内核心供应商的装备制造能力，制定了相关专业模块标准文件，强化了体系建设。自己也成功转型，成为一汽-大众后备经理梯队中的一员。我很庆幸自己在"规格严格，功夫到家"校训的指引下，始终不放弃努力，始终坚定前行的方向。我相信，一汽-大众在众多哈工大学子的不懈努力下，一定能成功转型，始终保持行业第一集团军地位。

创造价值

我认为人生在世，一切荣誉莫过于创造价值，一切尊重都源于创造价值，而我在一汽-大众的职业成长，就是不断创造价值，在企业实现发展的同时，让自己的价值得到体现。

2013 年至 2016 年，是我职业生涯中十分值得骄傲的三年。在汽车涂装设备高度垄断的大背景下，秉承"规格严格，功夫到家"的校训，我主动请缨，全权负责一汽-大众历史上第一个涂装车间分包项目，在德国奥迪连续五次拒绝后，强势打响了自主分包战略的首场战役。通过对标分析，合理切分项目标块，邀请国内外七个优质模块供应商参与竞标，成功将设备投资优化掉15%；同时全面组织评价国内核心供应商的体系能力，将国产化率从36%提升到64%，直接节省进口设备运费和关税6 130万元，节省规划费约2 350万元。

成功的经验不能唯我独享，我及时总结并改进首次分包的不足，将其应用推广至佛山二期、长春Q工厂、青岛及天津项目，成功巩固了分包战略的成果。天津涂装项目国产化率已经达到了惊人的90%，实现了零规划支持和项目全过程自主化管理，该项目更是实现了历史上绝无仅有的23个月荒原建厂投产的世界纪录，我想一定有哈工大人"规格严格，功夫到家"的校训精神使然。

写在最后

感恩母校，扎根一汽，传承校训，创造价值，这是我心路历程的主线。谨以此篇心得献给百年哈工大，祝福母校再接再厉，再创辉煌。

这篇心得，以叙事的方式，描述了我学习、工作和生活中的几个小故事，也可以说是微不足道的小故事，就是希望更多的哈工大学子，从我的叙述中得到那么一点点启发，继续秉承"规格严格，功夫到家"的校训，走到哪都脚踏实地，为自己所在的岗位及职业、为自己家庭幸福、为社会进步和国家发展，创造更大的价值。

让我们哈工大学子共同携手，书写属于我们自己的辉煌，铸就属于一汽的美好明天。

青年政治骨干的自我修炼

——记哈工大 2009 届机械设计制造及其自动化专业毕业生 郭连飞

2019 年 10 月出版的《中国共青团》杂志刊登了由我执笔的《中国一汽的长子之责》一文，写作过程中，我更深刻地理解了"长子之责"的内涵。长子是一家之长，要带领家人把日子过好；长子是兄弟姊妹之师，要传道授业解惑；长子是建功立业之首，要不断开启新征程。我感恩一汽对我的悉心提携，她让我内生了深邃的长子情怀；我感恩母校赋予的"规格严格，功夫到家"的校训，她让我时刻秉持实干精神。当获悉校庆征稿时，我虽自知远远比不了前辈们有那么多的光辉业绩，但还是想从年轻人的角度聊几件事，表达为母校百年校庆而生的喜悦。

与一汽的命中之缘

汽车工程学院是哈工大与中国一汽合作办学的结晶,我从 2005 年入学开始,就开始了与一汽的命中之缘。大三时,我来到一汽实习,在一部车床旁边看见了一份圆珠笔画的零件图,我至今记得那些精致的螺纹线条、尺寸标注。作为工科生,自以为对机械制图司空见惯,但是端详着我用 CAD 都做不出来的手工零件图,有一种现代建筑学徒膜拜前辈能工巧匠的感觉,我对一汽的工匠精神更加感兴趣了。在实习期间,我聆听了师傅们讲述三年建厂、垂直转产、火车头取暖、狮子和羚羊赛跑、一吨重的大奖章等鲜活的故事,作为土生土长的吉林孩子,本就对一汽充满好感,在那之后感情更加深厚了。

大四的我考研失利,想想自己付出了那么多汗水,这样的结果真的有些接受不了,院里的老师马上叮嘱我:"抓紧落实工作的事!"这就是 2009 年初的那个冬天我必须要面临的棘手事情——招聘季已过,就业问题已拉响警报。我有些羞涩地来到哈尔滨校本部,在兄弟学院昔日同窗的帮助下,一次次走进为数不多的几场招聘会,晚上回到宿舍心不在焉地等待结果。终于,有三家企业为我敞开了大门,而我最终选择了天津一汽。当我接到签约通知时,兴奋地跑到校门口买了一把羊肉串,第二天签约的哈特宾馆成了我最重要的地理坐标。

感恩天津一汽

我对天津一汽的了解始于一本书——《夏利中国》,夏利这个曾经全国最响亮的品牌带给这家企业深厚的底蕴。2009 年起,我从一名技术员、党办干事成长为团委书记、办公室主任、组织室主任,其间还获得了到合资企业天津艾达自动变速器有限公司锻炼学习的机会,我汲取了丰富的养分。

"真信、真学、真懂、真干、真坚持"是天津一汽全面对标丰田的指导思想,我担任天津一汽团委书记时,意识到学丰田要从青年做起。我成立了"如何运用方针管理助力复合型团务人才培养"课题研究团队,邀请各单位党委书记召开共青团工作方针发布会,将方针向基层团委分解,直至分解到团支部重点工作,原原本本地做好过程管理。为了更好地围绕中心、服务大局,我带领着天津一汽职能部、整车和动力总成制造、研发、销售、物流等各体系青年拜访一汽丰田各相关体系,以"彩虹工程"为名义全面对标,结成了8个对子,通过为期一年的立项、签约、沙龙、互访、成果发布等环节,攻关完成了14项课题,青年的能力得到了很大提升。此后,"彩虹工程"项目经验在一汽共青团体系进行了发布,得到了一汽全团的高度认可,也因为天津一汽共青团学丰田的先进成果,我们获得了中央企业"五四"红旗团委的称号,我也获得了中央企业优秀共青团干部的荣誉。

当下,天津一汽正在面临混合所有制改革,无论如何我都希望她变得更好,因为我对她充满了感恩,她是我职业生涯的知心人、热心人、引路人。

打造一流合资企业共青团组织

2018年11月21日,北京的一个寒冷夜晚,我带着骨干团干部研讨到凌晨一点,希望以最高的效率(15天)完成一汽丰田第二次团员代表大会的全部任务。到凌晨三点多时,我竟然紧张得睡不着了,随即给团干部发微信,当然不是打扰,而是独自从千丝万缕中理清思路,又一个多小时,才告一段落。转天我带着大家前往一汽丰田北京三元桥店学习,其间召开了团代会第一次筹备会,请各位骨干按分工安排相关工作任务,由于预案想得周到,标准化文本做得到位,产出物明确,再加上"每个人过筛子"般的业务指导,那天的工作安排效率很高,当天就有了很大的进展,为后续工程打下了扎实基础。

我们成立了临时编辑部,计划出一期《一丰青年先锋号》特刊。12月4日,也就是大会召开前夜,当我拿着样稿走进一汽丰田党委书记、常务副总经理王刚同志的办公室时,他特意推迟了后面的工作安排,与我谈了一个小时,谈话间充满了一位党委书记、老团干部对年轻人、后辈的关怀激励和工作指导。王总还为我们的特刊亲笔题写寄语,当我拿着寄语原稿回到彩排会场时,大家无不兴奋至极,因为这是对我们的巨大鼓舞。然后就是抓紧排版、校对、印制、装订，十几个人忙活到晚上一点多才大功告成。令我最感动的是，本来我想让大家先回家，我再最终确认一下各个细节，但是大家见我还没走，纷纷回来搭把手。一汽丰田的团干部都是兼职的骨干，高负荷工作了一天，还要加班筹备团代会，那天晚上的方便面加火腿肠吃起来分外香。

有了这样的组织力，转天的团代会非常顺利，105名代表选举了一汽丰田第二届团委委员，我光荣地当选了团委书记。对于一家合资企业，特别是刚刚开启体系整合的一汽丰田来说，能够有18位处级以上干部出席团代会，讲政治、高站位、实推进、高效率，是我们打造一流合资企业团组织的坚实基础。

2019年5月10日，我策划召开了"一汽丰田纪念'五四'运动100周年暨二次创业青年激励大会"。在两级主要领导的见证下，605项青年开源节流课题在会上发布，大会还发布了《一汽丰田党委关于在二次创业中进一步加强党建带团建工作的实施办法》，大家进行了宣誓："三箭齐发，双线作战，一丰必胜，青年当先！"

经过紧张的立项、攻关、过程跟踪、三级评审，11月14日在长春丰越公司，11月30日在泰达工厂，12月2日在天津一汽丰田发动机有限公司，我参加了每个单位的青年立功竞赛成果发布会，经统计，全部课题的开源节流效果额超过2 800万元，我们还培养出了一批青年文明号、青年安全生产示范岗、青年质量先锋岗、青年突击队、团员先锋岗。共青团中央组织全国青年马克思主义者培养工程国企班学员到一汽丰田开展了实践调研，学员们对一汽丰田共青团工作成果给予了高度评价，《中国青年报》《共青团新闻联播》进行了报道。

努力成为青年政治骨干

2019年5月，经一汽集团推荐，我有幸成为首届全国青年马克思主义者培养工程国企班学员。

这注定是一段难忘的经历。在中央团校，我学习了《习近平谈治国理政》等多部理论著作，整理了28页的理论学习课堂笔记，受团中央组织部、光华科技基金会之邀赴遵义参加了中越青年发展论坛,近距离体会了井冈山精神,深入京津重点企业和雄安新区开展调研,在济南参加了党的十九届四中全会精神专题研讨,在工作实践中完成了《合资企业团组织服务青年成长成材实践研究》论文课题。

书到用时方恨少,越学习越发现自己与真正的青年马克思主义者相差甚远,研读《关于费尔巴哈的提纲》《共产党宣言》等原著要具备丰富的历史、哲学、实践思维,我白天聚精会神地上课,晚上还要捧着电脑完成单位的工作,能力恐慌、知识恐慌成为常态,有时甚至睡不着觉。每当这时,我会用三个场景激励自己:一是每次青马理论学习上课前,老师说"同学们好"之后,我们会集体喊出"中国好,中国兴盛,我的责任";二是当年的一汽夜校和当下的一汽总部 NBD,夜晚灯火通明,青年们求知若渴、建功立业;三是当年熄灯后集体在走廊里啃"英语六级"的场景。面向前方,除了实干没有捷径,回归初心使命,这不正是一名青年政治骨干应该经历的自我修炼吗?

致敬哈工大百年校庆,祝福新一汽、新红旗、新梦想、新征程。

百年芳华哈工大，勇者追梦闯天涯

——记哈工大 2010 届机械电子工程专业毕业生　何　鹏

时光荏苒，距离从母校毕业已经整整 10 个年头，这 10 年自己早已完成了一名学生的蜕变，经历了很多的人和事，回顾这一路走来，职业成长的底色中总有母校的影子。我毕业的那年正好赶上母校 90 周年校庆，一转眼，又迎来百年校庆，在这重要的时刻，我也想回忆一下自己和母校的故事，以及她对我深远的影响。

2004 年的我还在读高三，说实话在报考志愿之前，哈工大这三个字并未出现在我的视野之中，自己对哈工大是一所什么样的学校并不了解。记得当时在报考志愿之前，母亲从宣讲会上拿回来各个大学的宣传册，这些就是我当时报考参考的重要依据。当时哈工大是为数不多的几个给我留下深刻印象的学校——宣传册很朴素，可翻开后却是实打实的成绩，各种专业的介绍、各个院士的介绍，让我对这样一个低调却实力超群的学校重新进行审视，也正是这样一种独特的气质吸引着我，从此开启了和母校不解的缘分。

我2004至2008年就读于"机械设计制造及其自动化"专业，当时是到二校区报到的，所有的专业在大一组成了基础学部，不做专业上的区分，统一学习基础知识，当时印象深刻的有几件事。一是阳光大厅的自习室晚上10点关门，10点钟一到，永远是最热闹的时候，所有上自习的学生一起走出大厅，几百号人的场面十分壮观，学习氛围极其浓厚，回寝室的路上大家仍在热火朝天地讨论着。二是当时上课的老师，印象最深刻的是高等数学和线性代数，经常是一节大课上完，四块黑板至少写完一遍到两遍，没有直接投影讲课的时候。按照老师当时的说法是只有每个理论公式亲自推导过，才能让学生对里面的逻辑关系体会得深刻。现在回想起来，老师们严谨治学的态度让人肃然起敬。三是当时学校时常会邀请一些专家、学者在阶梯教室介绍自己的研究领域及成果，印象中有一次邀请的是王树国校长，让他来给大家讲他对大学以及哈工大的理解，王校长介绍了他个人的成长经历以及他对哈工大新生的期望，整个会场气氛特别热烈，每个人在听完校长的讲话后都有一个强烈的愿望——好好利用大学难得的机会，充分实现个人的自我价值。

后来随着自己逐渐升入高年级，也从二校区的校园来到了一校区，课业任务更加繁重，对母校的了解和认识也更加深入。"规格严格，功夫到家"是每名哈工大人行为的缩影，小到每个知识点的学习，大到论文的撰写及学术研究领域的钻研和探索，包括每个工科专业必需的各种实习，务实的老师、同学们都在默默践行着，而群体的这种共同气质也在不知不觉中影响着其中的每一个人。毕业多年后的今天再回想自己走过的路，愈发能体会到母校对自己的这些影响，在我之后的工作、生活中发挥的积极作用。

我2010年7月硕士毕业后，就以应届生的身份加入到一汽-大众，来到的第一个部门就是质保部，负责整车的生产质量。每天接触最多的就是生产现场，解决处理各种质量问题，一干就是五年。这五年让我有一种很强的踏实感，这种感觉来自于做实事就能创造价值的工作本身。在这期间，我不仅了解到整车生产的全部过程，也亲自参与及主导了很多现场质量活动，还见证了公司整体的快速发展和跨越，能够身处其中，备感荣幸。

2015年至今，我的工作内容发生了一些改变，虽然还在质保部，但是工作方向转向了新能源质量，其实新能源汽车在一些自主品牌中早就开始推行，一汽-大众也注意到了这一革命性的技术趋势带来的变化必定是颠覆性的，所以开始着手于转型和布局——自制电池、插电式混动车型、纯电动车型等各个项目越来越多，如何能保证这些全新产品的质量，交付给用户满意的产品，是我现在思考的问题，特别是自制电池这一新能源汽车的核心部件，它的质量尤为重要。现在电池的复杂程度已经远不是汽车中任何一个零件能够相提并论的了，摆在我们面前的课题挑战巨大，但又意义非凡，能够身处这样一个风口位置，近距离见证和参与行业的转型和变更，同样既让人感到荣幸，又有沉甸甸的责任。

我的职业生涯并不长，仅仅10年，回首这10年，哈工大和一汽-大众是对我成长最重要的两个地方，一个教会我应该成为什么样的人，一个提供舞台让我施展才华。今年母校百年校庆，我也正好在一汽-大众工作10年，我怀着激动的心情记录下这些，衷心祝福我最亲爱的母校生日快乐，祝愿母校能够再创辉煌。无论毕业多久，那里永远是承载着我最美好的回忆和永远牵挂的地方，而我也为自己是一名哈工大人而感到无比骄傲和自豪。

十年成长不寻常

——记哈工大 2011 届锻压专业硕士研究生 车长勇

母校哈工大的百年校庆之际，作为一名亲历母校 90 周年校庆现场的学子，既感慨又激动。自哈工大求学到进入一汽-大众工作的十年，一直感受着母校的滋养，感受着校友一代一代传承哈工大"规格严格，功夫到家"的校训精神。饮水思源，十年感恩、十年成长，不断学习、挑战自我。

母校印象，耳濡目染

2009 年，我从"火炉"重庆到"冰城"哈尔滨，投入哈尔滨工业大学的怀抱，成为一名哈工大学子。我满怀感激，充满力量，无比自豪，也许正是这"淬火"一样的经历练就了我更为沉稳、踏实、坚韧的性格。

我清楚地记得，2010年6月6日学校举行90周年庆典晚会，我们班坐在观众台的前面，刚好有幸被直播镜头拍到。晚会结束后，一向沉稳的父亲打电话无比欣喜地说："在哈工大校庆晚会的电视直播上看到你了！"让我切身感受到作为哈工大学子的父亲有多么的骄傲和自豪。

回忆求学岁月，依稀记得自称"费老"的费维栋老师特别幽默，能把晦涩难懂的材料物理课讲得深入浅出，时不时即兴配几句诗歌，赋予复杂的原理以"灵气"，课程生动、条理清晰，即使下午第一节课学生也从不犯困。

让我难以忘怀的还有哈工大宿舍楼的自习室，理论考试前些天的凌晨三点多还有不少同学在"鏖战"复习。我的寝室在第八学生宿舍楼的222室，上下铺，两人一张书桌，公共卫浴，简单且温馨，我们"四口之家"为它赢得哈工大"文明寝室"和材料学院"最佳创意寝室"的荣誉称号。冬天清晨，零下二三十摄氏度，学校还有不少师生坚持晨练，偶尔还能看到穿短裤的"硬汉"。在方便食堂，"馅饼西施"不仅人长得漂亮，而且馅饼口感和服务态度都堪称"规格严格，功夫到家"。

设计毕业课题期间，导师的专业勤勉务实精神和课题组学长的"传帮带"促进我成长，时任材料学院院长的苑世剑导师不仅在开题和实验过程中给予我很多指导，还在百忙之中逐字逐句修改我的毕业论文。正是有他们的精神激励和帮助影响，我才非常荣幸地被评为"哈尔滨工业大学优秀毕业生"。

求学期间，最大的收获就是学会持续学习、独立思考、大胆实践，最幸运的事情莫过于在2010年5月成功通过一汽-大众预开发班的选拔测评，随后在学校参加公司组织的德语学习班，这给了语言禀赋不好的我一次"笨鸟先飞"的机会。为此，我对哈工大和一汽-大众是充满多重感激的。

入职初期，如饥似渴

2011年8月，我从哈工大来到一汽-大众，头半年的时间在轿车一厂冲压车间实习。车间就像知识的天堂，我天天沉浸在现场，多看、多问、多学和多思，跟现场工人学习钢板类型、模具结构、生产质量等，工人师傅说，"咱车间经理李烨和专家孙胜伟都是哈工大毕业的，好好干吧"，眼神中充满了期待。

2012年初，新员工二次分配部门，我进入规划部，在冲压规划科开始从事工艺技术工作。当时部门面临的一个大问题就是自主能力不足，好多技术问题需要依靠外方专家和供应商解决，成本高、效率低、进度不受控。为此，部门提出自主规划的战略举措，我也主动投入到自主规划事业中，加班加点学习冲压模具结构、工艺设计、自动化模拟等专业知识和CATIA、Autoform、Digsim、Delmia等软件技能，带着在哈工大的专业知识基础和如饥似渴的学习热情，很快就开始独立承担工作。同年，得益于在哈工大积累的德语基础，毕业刚满一年的我被派到同济大学脱产半年学习德语，早上6点起床晨读，晚上自习到10点，习惯成自然，快乐充实之余，思考未来在工作岗位上如何创造更大价值，回报公司的培养之恩。

技术攻关，自强不息

2013年，在佛山一期冲压自动化生产线项目和高尔夫A7模具调试的关键节点，我代替外方专家，在现场作为技术支持攻克了调试过程的多个现场难题，实现了自动化模拟工作的完全自主，首次实现全新Crossbar技术在一汽-大众的应用。不仅实现了新技术自主，摆脱对外方的依赖，成本节省100余万欧元（按照Audi报价保守估计），还将这项技术传承应用到长春二厂，提升了10%的生产效率，成功解决了一项2015年公司级难题——长春冲压产能瓶颈。为此，个人获得公司"希望之星"荣誉称号，第一次体会到技术的力量，真切地感受到自我实现的成就感。我认为，这是哈工大给予我的独立思考和"自强不息，开拓创新的奋进精神"所造就的。

驻德仨月，心存感激

2014年，得益于兼有技术积累和德语基础，我有幸被公司选派到德国工作三个月，负责新车型 Bora NF 和 Jetta NF GP 项目开发认可关键阶段的 ENP（全称是 Entwicklungs Naher Planungsleistung，开发相关的规划任务）工作。具体来说，主要是接收造型、总布置、表面、FOP（Father of Part，零件之父），德国大众 FE、Bertrandt 设计公司的产品数据输入，反馈工艺性评价建议，保证产品的可制造性，实现造型与工艺完美结合。最终实现两个项目包括侧围在内的车身覆盖件模具全部国产化生产，这对于自主规划战线的冲压规划人来说意义是重大的。驻德工作经历对我影响很大，我每天感觉浑身有用不完的劲儿，如饥似渴，除了完成正常业务工作外，还主动学习产品开发流程、观察德国人工作的习惯、了解知识管理的方法，也对一些问题进行了思考，转变了一些固有观念。回国后，我被任命为大众 T-Roc 项目冲压规划的项目经理，开始兼职管理项目工作，在工艺技术的专业基础上，拓展了产品项目流程、商务合作和 TQC 方面的认知。面对这些开阔视野、学习提升的机会，我想对公司说："因为有你，心存感激。"

管理提升，勇于挑战

2015 年，我被任命为部门级项目负责人，牵头建设标准规划数据库。当时，公司主题词是"夯实"，公司三地四厂的生产布局已经落地成型，青岛、天津工厂的规划布局正在酝酿筹备，历史项目中经常存在"被同一块石头绊倒多次"的问题，为避免在青岛、天津工厂的新项目中重复发生历史问题，规划部提前部署"夯实"工作——知识管理项目，经过前一年探索，进一步明确建设标准规划数据库。实事求是地说，这是一个"前人栽树、后人乘凉"的项目。所以，在整个部门 18 个科室推进的过程中遇到了不少阻力，曾有人评价说这项工作不亚于做两个车型项目。当时，如何把我们一个 10 人工作组的经验总结好并推广至近 1 000 人的整个规划部成为我面临的一个管理课题。哈工大"规格严格，功夫到家"的校训，给了我一种责任，一份勇敢，让我无畏，敢于面对一切困难和挑战。逢山开路，遇水搭桥。在部门领导支持下，作为工作总牵头，我协调 18 个科室 30 人的兼职项目团队，组织召开近 60 次专题会议，最终建成标准规划数据库。实现将个人经验变为团队经验，减少团队"被同一块石头绊倒多次"的弊病；方便员工培训与学习，为全员规划能力的迅速提升提供知识源泉；完成专业知识、历史项目和新项目数据的积累与传承，在公司 2018 年"攻坚"之年发挥了重要作用，也为未来新项目的突破和创新提供了源泉。通过减少汇集/发散材料等待的时间、节约开会打印时间、信息流通畅（员工—员工—主管—经理—部长）、出差代理方便、工作交接方便等，实现部门工作效率提升；为无纸化会议和移动办公创造了条件。为此，团队荣获"夯实基础团队"荣誉称号，个人荣获"管理提升奖"和"优秀党员"荣誉称号。

驻德半年，促成合作

2016 年至 2017 年，公司派我赴德国工作半年，这次工作地点是大众总部的冲压工艺规划部门 PTW/C，也就是我们的德方对口部门，主要任务是负责 Bora MQB、A-SUV、T-Roc、Sagitar NF 四个项目冲压的 ENP 工作，解决 KE（方案决定）遗留问题，伴随产品开发实现 P 认可（规划认可）和 B 认可（采购认可）。哈工大"规格严格，功夫到家"的校训，赋予我一种使命感，让我没有满足于简单地完成工作任务，而是立志要把握好这个增进了解、赢得信任、建立联系的好机会。合作过程中，我谦虚谨慎交流学习、不卑不亢表达观点、恰如其分展现能力，同时也通过细微之处尊重德国文化，自信地展示中国文化。随着彼此熟悉，逐渐建立了信任，探讨的话题也越来越深入，最后，我们还策略地探讨了德方工作负荷情况、未来可能的分工模式、KE 到 DF（造型冻结）之间 ENP 的主要内容和工时等敏感话题，充分交流了意见，为未来谈判奠定了良好基础。在出国前，我曾负责过四个项目的 ENP 费用谈判，发现不好谈，硬砍顶多打八折，ENP 费用居高不下。回国后，刚好赶上 2017 年四月 B-SMV、A-SUV Coupe 两个新项目在进行 GSV(Grundlag Satz Vertrag，基础框架合同）中的 ENP 费用谈判，我被领导派为谈判代表。因为有过驻德合作的经历，我增加了谈判的底气，变换了谈判策略：不再用硬砍的谈判策略，而是改为先细化工作内容，按分项进行报价，然后作为 AG（甲方）确定委托 AN（乙方）的工作范围。经过两次电话沟通和几封邮件，很快实现最为理想的谈判目标：仅委托 KE 前的工作和 KE 后造型表面评价部分。最终节约 2 000 万元人民币，并提前 10 个月主导开发，还为进一步提升自主规划能力创造了实践机会。回国后，我还被任命为奥迪 T99 NF 项目冲压规划的项目经理，在大众项目管理的基础上，积累了奥迪项目管理的经验。

支援集团，拓宽视野

2018 年以来，公司派我支援集团，在人力资源部（党委干部部）从事经理人员管理工作，主要负责领导干部管理、董监事管理、八个二级单位领导干部的 BP（业务伙伴）和处室综合管理等工作。我以一丝不苟的工作态度、废寝忘食的实际行动和坚韧不拔的执着精神，在工作中贡献自己的一份力量。其间我有幸亲历 2018 年集团公司第十四次党代会和 2019 年中央巡视工作，进一步拓宽了视野，开阔了眼界，也引发了对公司、对行业、对国家等的一系列思考。也许，我们生活在五千年来最好的一个大时代，但"世界处于百年未有之大变局"的小时代。2018 年，中国汽车市场出现了 28 年以来的首次下滑，而从 2019 年上半年的数据来看依然不容乐观，此外，经济增速下降、国六等因素对汽车产业亦产生较大影响。2018 版《汽车产业发展政策》规定：2022 年取消乘用车外资股比限制，同时取消合资企业不超过两家的限制。面对种种变化，如何应对外部压力激发内部活力，成为当前人力资源管理的一项课题；如何管理服务好领导干部这个关键少数队伍，成为当前岗位面临的重要课题。

感恩一汽-大众，带给我认知上的改变，让我从一名现场实习生变成了一个会技术、懂管理的人，成长为一位爱岗敬业、勇于担当的一汽-大众"希望之星"（个人荣誉称号）。一汽-大众，20520（我的幸运工号），因为有你，心存感激。

路漫漫其修远兮，吾将上下而求索。在未来的工作中，我将继续向各位校友学习，弘扬"铭记责任，竭诚奉献的爱国精神；求真务实，崇尚科学的求是精神；海纳百川，协作攻关的团结精神；自强不息，开拓创新的奋进精神"的哈工大精神，践行"规格严格，功夫到家"的哈工大校训，努力成为一名优秀的哈工大学子。时值母校百年校庆，祝母校桃李满天下、人才辈出、蒸蒸日上！

不忘设计初心，牢记工匠使命

——记哈工大 1996 届焊接专业毕业生 黄大巍

1996 年 7 月，我从哈尔滨工业大学材料学院焊接专业毕业，走进"中国汽车工业的摇篮"——中国第一汽车集团有限公司，跨入了"中国汽车工厂设计的摇篮"——机械工业部第九设计研究院有限公司。我时刻把"规格严格，功夫到家"的校训作为自己的行动指南，伴随着汽车工厂设计的发展，不断经历着蜕变和成长。

谦逊好学——在工作中不断成长

1996 年，刚毕业的我被分配到了机械工业部第九设计研究院（现机械工业部第九设计研究院有限公司），成为机械化部的一名设计师。面对成千上万的图纸需要学习，面对从手绘图纸到电脑 CAD 的跨越，种种困难没有吓倒我，反而增加了我勤学本领、创新设计的工作干劲儿。作为年轻人，我抓住每一次宝贵的学习机会，不断充实自己的知识储备和专业技能。在成长的道路上，我深知"学无止境"，2007年我在未脱产的情况下完成了吉林大学博士的攻读，获得了工学博士学位，并且在2013年加入浙江大学机械工程学院博士后流动站工作三年。每到一个工作岗位，我都会以学习的姿态定位自己的工作，在干中学，在学中干。在"规格严格，功夫到家"校训的鞭策下，我多次获得集团和公司先进个人称号。

责任担当，彰显领导魅力

在领导和同事的认可下，2009年我进入技术开发部担任部长助理一职，承担起三维设计的开发与推广工作，我组织建立了基于Automod的设备运行仿真模拟模型，实现了九院从无到有的突破，目前仿真模拟已经应用到了特斯拉、红旗、大众、奇瑞等多个整车厂的项目建设中。2013年至今，通过出色的工作和领导的认可，我又先后担任机械化部门主任、部长。作为一汽九院最大部门的领导，我自愿放弃所有的节假日和休息日，将全部精力投入到生产管理当中。在一汽-大众58天的总装改造项目中（普通项目建设需要150天），作为项目经理，我全程跟踪项目的建设过程，每天工作至凌晨，在项目团队的密切组织下，最终实现了汽车生产改造的奇迹。多年的锻炼和学习，使我积累了丰富的实际工作经验，部门由最初的十几人发展到80人。管理中，我不断思考应对变化，结合实际，取其精华去其糟粕。将"规格严格，功夫到家"与九院的"视用户需求为己任，为用户创造竞争力"的核心理念紧密结合，理论联系实际，在工作中不断学习，在实践中不断创造，恪守"集纳先进技术、精心设计服务、持续改进创优、赢得用户满意"的质量方针，在科研、工程设计、项目管理等方面均取得了优异的成绩，交出了完美的答卷。

感恩奉献，践行初心使命

回首来时路，郁郁满芳华。多年来，我感恩哈工大的谆谆教诲，感恩哈工大培养的"规格严格，功夫到家"的工匠精神，感恩九院"视用户需求为己任，为用户创造竞争力"的用户意识，本着"让客户的事业更加成功"的服务理念，完成了一个又一个突破，创造了一个又一个奇迹。

时值母校 100 周年校庆，我知道，最好的礼物就是坚守岗位，不忘设计初心，牢记工匠使命。将"规格严格，功夫到家"作为生命的守则，并将之发扬光大。感恩母校，生日快乐！

践行校训，做好公司的管家和参谋

——记哈工大1998届会计学专业毕业生　皇甫丽芳

我1998年7月从哈工大毕业加入一汽大家庭，曾在一汽实业总公司、一汽社会事业管理部从事财务管理工作，2001年11月加入长春一汽富晟集团有限公司，历任审计部主审、财务部经营控制室主任，现任财务资本部部长，同时兼任下属两个集团化公司财务总监，高级会计师。

22年的不同岗位、职位的工作经历，历练了我认真细致、雷厉风行、务实创新的工作作风，在每一个岗位上我都尽职尽责完成自己的工作，发挥参谋和助手的作用。

刚毕业在一汽实业总公司计划财务部工作期间，我在从事住房资金核算时，核对了全厂上万名职工以住房公积金缴纳房款的有关账务，使每笔账务清晰明了。维护了售房业务程序中所有房源情况，对售房资金与一汽集团所属100多家分厂的10万多条交款记录逐一清理核对，累计追回职工欠缴售房款百万余元，为公司挽回了经济损失。

在担任一汽社会事业管理部资产资金管理会计期间，我制定了资产管理办法并有效实施，保证了资产的安全。我加入非经营性资产剥离项目组，与改革办有关同志一起对一汽所属非经营性资产剥离情况进行调查，独立从财务角度对非经营资产及费用状况进行了调查统计，为一汽实业总公司对非经营性资产顺利剥离、接收奠定了良好的基础。

在从事内部审计工作期间，我建立了标准的内部审计工作底稿，制定了公司内部审计管理制度、办法、流程、程序文件及实施细则；搭建了各个审计项目的模板，使内部审计工作更加标准化、系统化、规范化。结合公司情况；建立了内控体系四大循环（购货与付款、生产、销售与收款、筹资与投资循环）模型，开展内控体系审计工作，提高了集团公司总体管理水平，达到了事前防范目的，避免了集团资产损失，起到了保护公司的资金和资产安全完整的作用，同时保证了集体企业改制的顺利进行。

2012年长春一汽富晟集团公司改制以后，面临着旗下中外合资公司、内资公司参半的状况，且中外合资公司涉及中美、中德、中日合资，不同的公司财务管理模式均有差异，如何用一套高效且高水平的财务管理模式来管控所属公司，且拉齐中外及内资公司的财务管理水平成了集团公司财务管理面临的重大问题。经过半年多的时间，我带领财务团队通过调研，从富晟公司角度对旗下所有公司设置了一套与国际准则接轨、符合中国会计准则要求的富晟公司财务体系，统一了核算政策、统一科目和核算流程，实施标准成本，并组织完成了ERP实施。解决了中外合资公司额外做中方报告的问题，提升了内资公司的财务信息质量。同时依据配套的核算体系，搭建了清晰、系统化的预算、分析体系，实现了核算、预算、分析的一体化，同步组织完善了富晟集团公司全面预算与经营计划的模板及编制审批流程，规范了集团经营计划及全面预算工作的开展。集团内全面推行月度经营分析、滚动预测，提升数据分析、预测时效性，缩短发现问题的周期，做到早发现早解决，为领导决策提供依据，做好领导的参谋与助手。该工作模式也与合资工厂财务管理模式全面接轨，提升了富晟集团整体财务水平。

持续的成本管控，是打造集团成本优势、提升竞争力的长效工作。2018年从一季度经营预测，看到主要客户预测销量持续下滑的情况，我向总经理反映了问题，提出应对经营环境的"降本增效"工作要求，对增收、材料成本控制、费用控制、投资管控、现金流控制提出了具体的改善要求，并下达了新的降成本目标，同时开展总结所属公司成本管理经验的活动，确定了几种成本管控模型，组织、安排优秀企业进行成本管理、成本模型的经验分享；共享管理工具、方法，在集团推广多个成本模型，帮助企业提升成本管控能力及找到更多的降本增效的方法，保证了集团整体年度降成本目标的达成。2019年，我带领团队持续关注宏观经济形势及主要客户变化，在上年底刚定完年度经营目标及降成本目标的情况下，于2月28日在集团层面组织召开了降本增效工作会议，在各公司原目标基础上追加了新的降本增效目标并列入考核，在上半年工作会议中分别对集团全年收入情况及集团利润情况进行预测并预警。根据预警情况，对各企业在材料成本、控制费用、控制招聘、控制投资等方面又提出明确要求，组织各职能部门按月跟踪各公司执行情况，通过从年初及早推进，到每月的预警及跟踪，确保了年度集团经营目标的达成。

在基础管理、经营计划、成本管控各项工作做得卓有成效的同时，资金管理方面也在不断创新。2018年9月，我带领资金管理团队提出在富晟集团部分企业成立"资金池"的设想。方案一经推出，引起了总经理的高度重视，总经理掷地有声："要成立就成立全集团的资金池！"

2018年12月，经过详细调研、严密论证、精细测算，《全集团成立"资金池"方案》通过了总经理审批。其间，财务资本部梳理了集团组织框架、明确成员企业名单、确定账户范围、选择合作银行、提取"资金池"应用软件选型关键要素，制定详细的实施步骤及时间表。

2019年1月方案正式开始实施，富晟集团与11家合作银行开始频繁地签协议、沟通、进行测试工作……"运筹帷幄，决胜千里"，经过6个月的时间，富晟集团所属36个公司65个账户"资金池"成功上线，并且运行良好，成为招商银行"资金池"客户中上线最快的企业！得到了银行人员的高度认可和好评。2019年下半年，"资金池"优势得到了充分显现：原计划上线成本中各银行银企直联开通费用近百万元，经沟通，得到银行大力支持，仅花费3.5万元，节省了大量实施成本；"资金池"将各成员企业闲散资金归集，实现"规模"效应。存款利率上浮，"资金池"大大减少了对外融资成本，剩余资金借给集团成员企业中有资金需求的企业，节省了银行借款利息……

为了防范资金池风险，财务资本部制定了《资金池管理办法》《资金池业务账务处理办法》，并将相关内容融入到《货币资金管理办法》《借款管理办法》中上线公布。另外，结合银行授信评级办法，财务资本部制定了包含银行评级关键点及企业自身特色的先进的授信评级工具，每半年对所属企业进行授信评级，掌握企业的资本结构及评级，使借款审批决策更精准。通过建立资金池，发挥资金池功能，进行资金的合理调配，优化存贷款利息并改善资金流动性，降低集团融资成本。

在一汽的20多年，我不光在业务上追求精湛，做好公司领导的参谋和助手，同时也在培养并选拔内训师，通过管培生培养方案、财务人员兼职锻炼、交叉任职等路径，持续培养高素质财务团队，形成对外咨询能力，为富晟集团财务水平的提升以及专业知识的快速传播、分享贡献力量。多年的工作中，"规格严格，功夫到家"的校训一直是我工作的指南，引领我在工作中展现精湛的专业素养、良好的素质和创新的精神，指引我在职场上自觉、自律、自信，在每一个岗位上不断创造佳绩。

每一位哈工大人永远保持着不变的情怀，我们在一汽的沃土上撒播哈工大精神，传递哈工大情怀，我们坚持崇高理想，追求成就卓越。昨日的学习及工作生活中的一切是磨炼，是成长，更是美好的回忆，希望我们都能在一汽这片精彩舞台上，以终身学习的姿态，恪守创新与开拓的情怀，继续追逐梦想，不畏百转千回！

在母校百年校庆之际，祝福我们的母校生日快乐！

以品质构筑基石，回报母校期待

——记哈工大 2009 届车辆工程专业毕业生　靳亚南

与母校一别，已十年有余，回想起在学校的时光，很多细节依然历历在目。2005 年 8 月底，怀着无限向往和无比崇敬的心情，我前往哈尔滨工业大学风光秀丽的威海校区报到。进入学校大门，映入眼帘的就是顶尖高校中著名的校训——"规格严格，功夫到家"。无数哈工大人时刻秉承这一理念，不忘初心，刻苦钻研，在各行各业中成长为领军人物，它也成为哈工大百年校史的精神信仰。

2009 年毕业后，我毫不犹豫地选择了汽车工业的共和国长子——中国第一汽车集团公司，成为一汽轿车技术部总装技术科的一名工艺员。在这里我时刻铭记校训和恩师们的叮嘱，潜心学习，规矩做人，踏实做事，在困难中锤炼，逐步成长为一名技术管理者。

苦心钻研工艺技术，创新探索先进理念

2010年初，作为怀揣壮志的毕业生，刚进入科室，我就主动承担了总装领域重点攻关项目，负责自制副车架总装压装项目的生产准备工作。由于之前并没有衬套压装经验，在工作中遇到很多难题，如废品率高、节拍慢、实验成本高等。为了解决难题，我大量查找相关压装论文，利用报废零件做实验，逐渐总结压装力影响因素，压力、位移、拔出力曲线关系，创新使用压装曲线过程控制，压装机构浮动结构等，对设备进行改造升级，并自主设定压装参数及标准包络线，归纳压装设备选型方法，并通过实验方式将拔出力检测方式转换为压入力监控模式。衬套压装合格率由85%提高至99.9%以上，节约拔出力实验成本420万元/年，该项目获得集团科技创新奖二等奖。

2011年初至2013年中旬，我作为动力底盘领域质量改进负责人，分析并解决奔腾B30、X80等车型行驶跑偏、制动异响及轮毂轴拧紧屈服等质量问题45项，撰写专业论文及分析报告5篇，管理标准1篇，积累底盘常见故障模式分析解决方案，缩短问题处理周期30%，成功解决自主车型质量问题45项，编写专业论文及管理标准6篇，积累常见故障快速分析方法，2013年获公司自主功臣称号。

2013年1月，我升任底盘领域工艺组长后，带领团队进行项目攻关，顺利完成奔腾六款车型（B30、B70FL、B90、X80、X40、B30EV），马自达两款车型（阿特兹、CX-4），以及红旗H5底盘生产准备工作。主要工作包括底盘领域工艺规划、工艺方案设计、设备工装准备（投资占科室60%以上）、工艺文件编制及现场问题处理等工作，各项目节点均未出现本领域拖期问题。同时，作为科室数字化建设归口负责人，我负责组织策划工艺规划、工艺评审、工艺文件电子化及虚拟制造等工作，组织编制工艺评审规范和标准，建立现有一、二工厂虚拟评审环境，零件（采总类）评审覆盖率由12%提升至87%。

严把质量关，快速提升客户感知质量

2016年8月，由公司推荐参加集团的经理人员能力测评，我最终顺

利晋升为一名经理人员，同年10月调至轿车公司质保部现场质量控制科担任科长。上任伊始，我便着手策划奔腾X40量产初期的质量保证方案，制定立项攻关与会议升级机制，主导工厂搭建质量环控制模式，完善质量录入及返修系统，并组织工厂、外协、物流等部门实施。在各部门通力协作下，X40车型单车缺陷数（DPU）半年内，由17件/台降至1件/台，市场质量方面，制造领域流出问题解决速度提高至98%，创新车型单车DPU降幅及制造流出问题解决率最高成绩。2017年我获轿车公司十佳青年称号（总分第一名）。

深入学习丰田精益生产方式，打造品质NO.1工厂

2017年底，通过集团公开竞聘，我调至四川一汽丰田品管部担任部长一职。上任伊始，管理体系、专业深度甚至沟通语言都面临很大挑战，边学边做成为工作常态。2018年是公司体制强化第三阶段最关键的一年，为早日实现中国事业体（一汽丰田及广汽丰田各工厂）品质NO.1的目标，根据各指标的重要程度，明确用两年时间，重点突破交付品质"零"缺陷工作。在双方母公司实施的监察活动中，首次挑战"零"不良成绩，同时，与制造部、生管部联携，开展各项品质提升活动，提升自工程完结度，直行率及完检合格率等指标挑战事业体最好水平，主要品质活动如下：

一是过程品质提升方面。制造三部携手开展"完美车活动"，将量产车型作为载体，以号试方式重新审视每一道工序、每一个工位、每一步操作，是否存在困难作业和勉强作业，详细分析良品条件和标准作业遵守的弱项，并集中资源进行改善长期困扰的疑难问题，打造所有工序都可轻松制造的"完美车"。截至目前，完美车已开展408台，解决重点问题384件。同时，针对原因不明问题，开展部课长带头确认和攻关的现工位确认活动，共现地现物实施51次，解决疑难问题45件，后工序反馈的问题共解决136件。

二是检出力提升方面。品质检查作为车辆出厂前的最后一道工序，检出力的高低直接影响品质，是"流出防止"最重要的一环。品管部联合制

造部各工序的品质检查工位，对已有检查项目进行重新组合和优化，去掉重复检查项，取消对自工程完结度良好的检查项，增加客户关注和保证度低的项目，检查项共整合调整267项。此外，品质检查员全面开展检查项目考试、作业交叉观察及品质设障（定期故意设置不良，评价检出力）的"三本柱活动"。目前，检查项测试合格率由83%提升至100%，品质设障不良检出率由最初的70%提升至100%，标准作业遵守率由98%提升至100%。同时，针对长节拍记忆作业，现场增加PAD电子检查、蓝牙耳机语音提醒、过往不良工位屏幕提示等改善活动，从视觉、听觉、触觉等角度降低困难和记忆作业。

三是品质意识提升方面。品质学习馆以"接地气、可感知、有触动"为思路，开展品质道具及视频制作，全员参与学习活动，馆内的品质警示道具绝大部分由各工序员工，结合过往不良案例自己制作，受到厂内员工和供应商的一致好评。2019年，还开展了每日品质90秒活动，每天利用90秒的固定停线时间，全员参与，围绕本工位的品质要点、重要工程保证及不良横展案例等内容，以班组为单位专项学习和总结，牢记"品质第一，客户至上"的初心，立足本岗位，持续改善良品条件，切实遵守标准作业。

四是品质技能培训方面。针对检查员检出力提升工作，创新制作建付、涂面、仕样等培训道具，全员进行实际操作培训，目前已开展四期。与制造部工序品质检查员联合，对电器类火灾相关培训，目前已开展两期，培养资格人员十三人。静态及行驶异音培训开展一期，培养资格人员五人。由制造三部和生推室联合组织的"心技体"活动，选拔各工序班组长及后备人员，开展三个月脱产培训，包括理论坐学、重点供应商改善、4S店实习等活动，目前已开展五期，培养班组管理骨干50人。

五是供应商品质提升方面。持续开展厂家的工程巡回，不断提升供应商的自工程保证能力，如重品、特殊工序、火灾等相关品质改善，共开展13次，改善问题点275项，邀请供应商参加实车确认会15次，让供应商理解部品在实车的品质保证要点，共改善问题点35项。

在全员的共同努力下，通过两年的各项品质提升活动，完成车不良低减 58%；直行率提升 6.6%；自主监查不良低减 53%，2019 年已累计 6 个月达成"零"不良；一丰联合监查连续两年共 3 次达成"零"不良；在 TMC 全球品质监查中，2018 年达成公司自成立以来首次"零"不良成绩，2019 年更是连续两年拿到"零"不良桂冠（TMC 监查指日本丰田总部随机派遣监查员，每年对全球丰田工厂生产的下线车辆，随机抽选 20 辆整车进行品质监查。丰田全球几十家工厂，能够连续两年达成"零"不良成绩的只有少数几家）。更为欣喜的是品质提升能够得到客户的认可，在 J.D.Power 公司和中国质量协会颁布的新车质量调查（IQS）及用户满意度调查（CACSI）中，公司生产的普拉多车型连续两年取得"大型 SUV 细分市场新车质量第一"和"硬派 SUV 满意度第一"的成绩。

面向未来，公司还有很多工作要做。同时，作为一名丰田体系的新人，我深知距离"规格严格，功夫到家"的目标还有很长的路要走，我要铭记校训师嘱，回报母校的培育和期待！

哈工大，我一直在您身边

——记哈工大 2014 届电气工程及自动化专业毕业生　李忠凯

2010 年 6 月 7 日我参加了高考，那一天也是哈工大建校 90 周年的庆典，由于当时家住在哈工大附近，早上打车奔赴考场时，因为校庆封路绕了道，坐在出租车里望着哈工大，心中默念，哈工大这口饭我吃定了。是啊，从小到大，我家从哈工大二校区附近搬到哈工大一校区附近，就读的高中也在哈工大旁边，可以不夸张地讲，在上大学之前我就没离开过哈工大。那些年我在哈工大的食堂吃饭，在哈工大的教室里复习功课，在哈工大的篮球场上与大哥哥们拼抢篮球。日复一日，年复一年，哈工大学子学习时的专注与认真，给年少的我留下了深刻的印象。我信心满满地走进高考考场，平稳地发挥，仔细地估分，在最激动人心的填报志愿时刻，我毫不犹豫地填满了哈工大：零表，哈工大国防生；一志愿，哈工大本部；二志愿，哈工大威海校区，非哈工大不上。最终我幸运地被哈工大本部的电气工程专业录取，实现了自己成为哈工大人的梦想。正式踏进哈工大第一宿舍的大门，心里并没有产生过多的激动和波澜，就如同家门口玩耍一天的小孩儿，傍晚回到自己家一样，一切是那样的自然，这儿就是我的家，我从未走远。

进入了大学，没怎么出过远门的我有了全新的体验。来自全国各地的同学操着不同的口音，他们都很热情，很朴实，大家白天一起军训，晚上一起侃大山，周末的时候一起报名参加各种社团，一切都是新的开始，现在仍很回味刚开学的那段日子。学习自然是哈工大的主旋律，紧接着就步入了紧张的学习生活。同样是数学，同样是物理，同样是电路，哈工大的老师讲出来的感觉就是不一样，因为老师们除了日常授课以外，都承担了各自领域的国家重点科研项目，多年来参与了许多大型工程和项目。正是基于这些宝贵经历，老师能告诉我们每一门学科、每一个知识点背后的故事，从微积分可以联系到航天飞机的轨迹计算，也可以联系到金融领域的数学模型的建立，让我们充分知道所学之用。这大大拓宽了我们的视野，激发了我们的学习能动性，使我们更急切地想获取知识、驾驭知识。老师的高度决定学生的高度，我们在哈工大老师的精心培育下贪婪地享受朵颐知识的快感。

勤勉自律，刻苦钻研，简单朴实，一切为了更好的自己，是哈工大学子学习生活的日常写照。在哈工大的校园里，熄灯后的球场有人在练习各种动作；早上学校的角落里有人在练习英文；活动中心的练琴房也总会传出勤奋的乐章。一公寓四楼、五楼那小小的通宵自习室天天爆满，直到很晚才渐渐有人离开。在我们哈工大，头戴耳机的不一定是在听音乐，很有可能是在练英文听力；手里捧着电子书的不一定是在看小说，很有可能是在看课件。

时光飞逝，转眼就到了毕业季，带着老师的嘱托，带着对自己四年校园生活的不舍，带着家人的祝福，带着对未来的憧憬，我离开了自己生活了20多年的家乡哈尔滨，离开了哈工大，踏上了开往中国一汽的火车，一汽选择了我，我也选择了一汽。

一汽集团是中国汽车业的巨无霸，它有足够宽广的平台让我放飞梦想，实现自我。我非常荣幸进入了一汽丰田的长春发动机工厂工作，这间工厂是2004年的时候由中国一汽与日本丰田汽车合资的先进发动机工厂。众所周知，发动机是一台汽车里最重要的一部分，同时发动机的制造过程也是汽车工业里汇集高精度级别设备、复杂工艺过程以及严格的品控的高精密、高复合的制造过程。刚刚毕业的我在工厂里看见了漂洋过海而来的先进自动化生产线，看见了世界闻名的机器人，看见了高精度的数控加工机床。我的专业方向是工业自动化，这里正是我的用武之地。

我先是在负责设备维修的保全科，后转入现在所在的部门——技术部的生产技术科。这是公司一个核心的部门，一个非常优秀的团队，也与我们哈工大有着很深的渊源，科里有三位校友，而且我的科长——张科长，就是哈工大毕业的。张科长继承了哈工大的钻研与实干精神，不仅精通发动机生产工艺，对发动机工厂的建设、项目的导入、设备的管理也无不烂熟于心，是发动机行业名副其实的技术专家。他带领全科攻坚克难，不断进取，同时对新人用心培养，授业解惑，让我快速成长。这是一种传承，也是一种激励，从他身上我能明显体会到"规格严格，功夫到家"的文化烙印对于每个哈工大人思想、行动上的影响。

今年8月，我迎来了自己29周岁生日，这是入职以来在单位度过的第六个生日了，忙碌但充实的工作使得时间总在不经意间飞快流逝。回首过去的六年，一些难忘的工作经历总是历历在目。还记得2017年，在接手ZR发动机缸体线不久，我就发现线上试漏机频繁发送假NG报警信号，具体的情形就是原本气密性良好的缸体在试漏机上测漏被判定NG，调查发现是试漏机对缸体密封不良，造成测漏气体从橡胶密封塞泄漏导致设备误判。由于试漏机上的密封塞有42个之多，问题发生时作业者无法找到有泄漏的密封塞，只能一个又一个地擦拭或更换密封圈以恢复设备，故障平均每天发生两次，平均每次处置时间45分钟，非常影响生产。我决定彻查原因，解决隐患！通过仔细查看各类密封塞的状态，我发现工件升降托架下的环状密封塞异常磨损，为查明原因，我参考设备图纸，反复观察设备动作，发现用于驱动升降托架的两个独立控制且独立连接的油缸偶发动作不同步，造成托架下落时发生倾斜异常挤压密封圈，从而造成密封圈异常过快损耗。发现这一设计缺陷后，我与日本厂家深入交流，重新设计了油缸控制回路与托架的升降机构，改造后试漏机假 NG 的现象大幅减少。接下来，为解决现场作业者查找不良密封塞耗时耗力的问题，我大量学习试漏机的测试原理及相关知识，分析了很多试漏机改善的典型案例，最终成功地引进了氮氢检测系统。向密封的缸体注入 95% 氮气和 5% 氢气的混合气，系统配备的超高灵敏度识氢探头在接触到从不良密封塞处泄漏的氢气后，会迅速反应发出报警声。这一系统应用后查漏作业得到大幅改善，并将改善成果横展到同样拥有试漏机的缸盖线和轴室线，效果显著。与此同时，在当年的丰田中国发动机工厂中心轴大会上，我有幸代表公司将我的改善成果进行发表，得到业内认可。

2018 年的一个夏夜，我所负责的缸体线的镗床因为夜班人员的操作失误而发生严重撞刀事故，巨大的冲击使原本用于高精密加工的镗刀杆与工件挤在一起，很多起关键定位作用的夹具严重变形，更糟糕的是，备件库存只能维持生产到第二天上午。得知消息后我第一

时间赶到现场组织抢修,恢复硬件时发现很多受损严重的机械备件没有在库,我找来图纸用改善组的小型机床加工临时的替代品,经过努力,机床在后半夜两点达到运转条件。接着进行加工检测,146 项尺寸精度检测项目竟然有 97 项不合格,根据检测结果我马上开始组织调试,我把每次的调整手段和检测结果记录在看板上以便分析。由于设备各个方向都遭遇撞击而失去精度,所以很多检测项目彼此关联,常常这个尺寸精度调好了,另一个尺寸精度又不合格了。我总结出了看板上数据的变化趋势,对照着设备结构图纸与加工动作反复分析,用 NC 坐标上的电气调整与夹具定位上的机械调整相结合的方法成功地平衡了检测项目间的关联性,完成了对设备加工精度的恢复,在多次反复测试后恢复了生产。松了一口气的我这时才注意到天都已经亮了。

正是这一次又一次查找原因、解决问题的经历使我的专业知识不断积累,业务能力逐步提高,也是这一次又一次的战胜困难、砥砺自我让我自信满满、干劲十足。在一汽的五年里,我坚持学习日语,方便与日本专家交流,通过备件国产化,降低成本达到百万级,同时,我努力钻研工艺流程,使设备循环节拍从 108 秒提高到 103 秒。工作使我踏实,学习令我充实,六年的工作经历使我从踏出校门的哈工大稚嫩学子逐渐成长为一名可以独当一面的工程师。"道阻且长,行则将至",一路走来,正是哈工大人身上那种专注严谨、精益求精的精神激励着我不畏困难,勇往直前!

哈工大桃李满天下,在一汽的哈工大校友也是满园芬芳,人才辈出,大家在一汽不同的工作岗位上,秉持"规格严格,功夫到家"的校训,努力奋斗,不断进取,一起创造更加美好的明天!今年就是母校 100 年校庆了,我见证了母校从一个辉煌走向另一个辉煌,母校也见证了我从稚嫩走向成熟,不断成长。虽然地理上有了几百公里的距离,但我的心一直在母校身上,在母校身边不曾远离。我们祝福您,我的母校,期待您更加辉煌灿烂,培育出更多的国之栋梁。

牢记母校教诲，扎根一汽建功立业

——记哈工大1993届焊接工艺及设备专业毕业生 李传州

我1993年毕业于哈尔滨工业大学焊接工艺及设备专业，参加工作来到一汽，被分配到机械工业第九设计研究院（以下简称九院）从事汽车工厂的设计与建设工作，先后担任过设计员、主管设计师、项目设计负责人、项目经理、经营部副部长、采购部部长，现任九院设备工程院项目管理部部长。

记得刚参加工作不长时间，我接到的第一个设计任务是设计一套相对简单的工装设备，当时是在图板上人工画图。接到任务后我就把在学校期间学到的机械制图标准默记一遍，图面布置，视图表达，尺寸标注，几天下来把图纸画出来，图纸质量获得师傅及同事们的肯定，哈工大对学生的基本功培养也获得了同事们的认可。在母校打下的良好知识基础，使我锻炼出的有效学习能力，为解决工作中遇到的一个又一个难题提供了可靠保障。我也从一名设计员成长为单台设备设计负责人，再到担任项目设计负责人，带领着设计团队完成了一汽-大众、一汽丰田、一汽轿车、一汽解放、一汽夏利等十余个工厂项目的设计工作，成长为专业技术骨干。在此期间，我所负责的一汽-大众轿车二工厂建设项目荣获中国汽车工业科技进步奖二等奖，机械工业优秀设计一等奖等奖项。

中国汽车工业近二十年处于一个高速发展的时期，中国一汽集团立足长春，布局天津、青岛、成都、佛山等国内生产基地，开拓南非等海外生产基地。九院也随着一汽集团的发展而进行了业务链的延伸，从单一功能的设计咨询单位向设计、采购、施工一体化交钥匙服务的工程公司转变，我也被调整到技术管理岗位，从事工程总承包项目管理、采购、研发项目管理工作，探索建立了公司总承包项目工作体系，为公司业务的转型发展做出了开拓性贡献。我在连续六年的时间里作为项目经理分别工作在四个工程现场，组织带领项目团队人员进行紧张的设备安装、调试、试生产和交付等工作。随着一条条汽车生产线的建成投产，我也在工作实践中逐步积累了丰富的工程建设和工程管理经验。实践和理论相结合，也进一步加深了自己对理论知识的理解。这期间我个人感觉获得了长足进步。九院也逐步发展成国内领先的汽车工厂建设工程的总承包服务商，为一汽集团的各大生产基地建设做出了重要贡献。2018年新红旗工厂的建设工程中，红旗L平台焊装总装联合生产车间、红旗H平台新总装车间两大生产线实现当年设计、当年设备安装、当年建成投产，为实现一汽新红旗的快速、全面复兴迈出了坚实的第一步。我们在全力服务一汽的同时，也积极开发了上汽、吉利、长城、奔驰、特斯拉等行业市场客户。在这个工作历程中，母校"规格严格，功夫到家"的校训给我在工作中以很大的指导意义，工作中严谨细致、认真负责，遇到困难冷静思考，坚韧不拔，积极寻找解决方法，让我在工作岗位上实现了一个又一个的目标。

我在从事采购管理工作过程中，建立了公司的工程直接成本管控模式，建立供应商资源平台、集中规模化采购、创新分包采购模式，有效地控制了工程成本，保证了项目收益目标，实现了公司高效运营的要求。我在从事技术研发管理工作中，根据行业技术发展动向，结合市场用户需求，组织研发了一批应用于汽车工厂涂装生产线、总装生产线的先进技术装备，如涂装生产线的干式喷漆室和总装生产线的 EMS 输送机等，凭借这些先进技术装备，九院在与世界一流汽车工厂建设工程公司的同台竞标中屡有收获，使拥有自主知识产权的、由九院制造的中国装备运转在大众、奔驰、丰田等世界知名汽车企业的生产线上。一些技术装备通过德国 TÜV 认证，拿到了走出国门、迈向世界的通行证。

聚时一团火，散时满天星。我带着母校的教诲，扎根一汽，将个人的奋斗融入企业的发展历程中，这个过程充满了曲折与坎坷，但我也体会到只要目标明确，脚踏实地，一步一个脚印，总能有收获成功的喜悦。时值母校百年校庆之际，衷心祝愿母校桃李芬芳、再展宏图、再续华章！愿广大校友弘扬哈工大精神，事业成功！

扎根第二故乡

——记哈工大 2004 届机械设计制造及其自动化专业毕业生　李玉春

我叫李玉春，1981年出生，在老家山东青岛长大，2004年本科毕业于哈工大（威海）汽车工程学院机械设计制造及其自动化专业，一直从事整车性能试验的相关工作。我读书时最喜欢的两门课程是机械制图和汽车构造，可以说是因为专业喜好选择汽车企业，扎根第二故乡东北。

我于2004年初到一汽-大众，至今一直从事整车性能试验工作，也就是和汽车的动力性能、油耗、噪声、振动舒适性等相关的工作。2004年，公司年销量在30万辆的规模，约为2018年公司年销量的1/5。但国内汽车市场已进入高速前行前曲折的提速阶段，整个技术开发体系框架初步形成，很多专业都从零开始。我在这样的背景下，开始了整车性能试验工作。

与现在专业细分、每个专业都有专人专职负责不同，我在开始阶段几乎所有的整车试验都做。好处是接触的范围比较广，有很多动手实践的机会。这个阶段我养成了喜欢动手、开车评车的习惯。每个试验的车辆准备、设备安装调试、数据采集、车辆驾驶、场地人员组织、试验数据处理、试验报告分发等整个业务链条都是我一个人负责，很累很苦，但也加深了我对车辆、工艺的理解。与车间、公司外单位的沟通和合作，也培养了我在工作中的沟通能力，能和不同知识背景、不同公司体制文化、不同年龄等大多数人进行很好的沟通。反观自己在校期间，社会活动参与得太少。学习之外，适当拓宽一下社交的范围，接触一些不同领域的人与事，适度地参与社团活动、学校组织的活动等，对于培养今后职场上的沟通能力、同理心都是有益的。

刚工作的几年真有一股不怕苦、不怕累的冲劲儿。当时我在北京交通部试验场用光电的五轮仪进行最大车速试验，曾经创下250千米/时的最大车速试验纪录；也曾跟随道路试验车队上过昆仑山，体验缺氧的环境；在黑河体验过凌晨在冻透的车内进行除霜试验的寒冷。

当时经常出差，专业范围比较宽，反倒让自己有所懈怠，放松了学习要求。其实参加工作才是真正学习的开始，在学校更多培养的是学习的能力、方法和基础的专业常识。带着想干一个有挑战性、专业性比较强、能给我们自己生产的车带来一些积极改变的工作的想法，从2008年开始我转到了现在仍在从事的专业——汽车噪声振动。

这个专业需要相对比较强的理论背景知识，当时遇到的第一个困难就是专业知识不足，于是我开始了自学。在自学过程中感触较深的是，在大学中学习的高等数学、线性代数、电工、计算机原理等都是有非常强的工程应用背景的，并不是一堆公式、定理的堆积。当时学傅里叶变换，只知道是一堆公式的推导，但是和噪声、振动的信号处理联系起来，就能体会这是一个时间域与频率域相互转化的工具。再进一步延伸，分析很多物理、经济现象时，都会用到类似的工具，把一个领域的变化，分解成不同的单位变量的耦合，来揭示其固有的特点。如果在读书期间能够多一些结合实际应用背景的授课，相信对知识的理解和掌握会大有裨益。像工科数学、线性代数等这样的课程，让很多人都头疼过。

从 2008 年开始，接下来的几年，我主要是在领导的支持下与其他同事一起把公司的这个专业创建并发展了起来。与德国大众超过一百人的团队相比，我们专业组创建之初只有五人。每个人负责的业务面也非常宽，一方面需要消化吸收来自德国的专业技术，另一方面需要进行专业能力的培养。针对一个试验的需求，需要先搞懂理论技术的背景，再调研同行使用的方法和设备，再研究不同设备的优缺点，还要协调采购设备，学习使用并制定操作规范等等。这个期间，我自学了声学、振动的基本理论，奠定了专业的基础，也负责规划建设了一个和吸声材料相关的试验室。其中一个关键设备，当时国内主机厂没有应用，瑞典厂家也不愿卖给我们。我们极力劝说厂家，让其相信，卖给公司的优点是我们作为优秀的企业可以推动产品的应用。最终我们顺利完成了设备的购买和应用。在我们的推动下，整个公司的相关供应商都逐渐培养起了相关的研发能力，不少公司和同行也购买了相同的测试设备。推动本土供应商的技术进步，引进先进的技术试验手段和方法也是合资公司对国内产业发展的贡献方式。

2012 年，我的组长也是对我帮助较大的同事离开了这个业务领域，我开始作为组长负责这个专业和团队，同时也开始了职业生涯中一段很重要的工作：作为专业负责人，负责筹建我们的试验中心。那时我 31 岁，已是组内年龄最大的员工，大家这方面经验非常少，全组一共不到 10 人，在保障项目开发工作的同时，要负责建设一个投资过亿、有十几个试验室的试验中心，难度可想而知。但是当时公司已经是同类企业中唯一没有试验中心的，试验室建设也迫在眉睫。

首先要进行技术方案确认，德国的试验室当时已经建成投入使用了十几年，有很多设计和技术都已不适用。我当时与团队成员走访调研了国内主流企业、德国大众、德国 AUDI，深入研究了我们的需求和当前的技术以及其他企业的使用经验，最终确定了我们企业独树一帜的试验室方案。我们的试验中心有许多创新的技术。我们把国内的路面拷贝到了试验室的转毂上，挖掘了尾气向试验室直排等创新点。同时我们也拥有目前国内唯一的直径 3.18 米的车辆噪声分析转毂。回过头来看，规划阶段的工作，是极其重要的。德国同事也常说，规划的错误后面可能花十倍的成本才能弥补。

试验室建设期间，也是我加班最多的时候，每天工作 10 小时以上是家常便饭。但当时真正把它当成是一份事业、一种追求去干，所以也没觉得累。正是凭着这样一种热爱和拼搏精神，我们用了四年多的时间，克服了各种技术、非技术的困难，出色完成了工作。2017 年总投资过亿、国内一流的试验中心建成并投入使用，使公司在这个领域的能力有了极大提升。回顾过去，领导的决策和信任、团队同事的支持、其他部门的协作缺一不可。一个人的力量非常有限，在公司提供的大平台上，在大的部门文化熔炉中，扎实做事与踏实为人，是把事做成干好的基础。在这个过程中，我们的团队也逐步成长，目前已有 30 余位工程师，吸引了来自国内如吉利、长安、华晨、长城等自主企业的优秀人才。

工作十几年，我仍饱含激情从事着自己热爱的工作。非常感激哈工大优秀前辈的感召和学校严谨的治学风气，我大学四年时光没有虚度。也感激给予我信任的领导及帮助我的同事和校友。

当前汽车产业的"四化"正如火如荼，新能源也上升到国家战略层面。"弯道超车"似乎是这个背景下的必然。个人觉得所谓弯道只是摆在所有人面前的机遇，真正超车需要雄厚的技术实力，长期的投入和积累。在合资企业从事技术工作感触很深：只有拥有核心技术才能让我们的腰杆硬起来。希望国家重视基础研究，希望有好的环境让更多的人愿意从事基础的技术工作。

很荣幸作为一名平凡的基层工程师有机会与校友分享一些毕业后工作的感悟，眼界所限，难免不足，希望能与各位校友共勉。

追忆毕业后的成长

——记哈工大1991届汽车设计专业毕业生 刘春革

1991年7月13日是值得我永远记住的日子,这一天,我恋恋不舍地告别了学习和生活四年的地方,从工程师摇篮哈工大来到中国汽车工业摇篮一汽。

报到后,我被分配到一汽改装车厂(后改为一汽客车底盘厂、一汽客车公司),先后担任一汽客车底盘设计员、主管设计员,是高级专家,一汽解放商院高级主任师。

刚进厂时,我发现工厂产品与书本上的完全不一样,生产的二类货车底盘和三类客车底盘只是半成品,售出后还需要各客车厂进行上装车身制造。自然产生太多疑问,为何是这种生产方式?为何不生产完整产品?当时没人告诉我真实原因,当然后期逐渐明白其复杂缘由。虽然有疑惑,但我还是安心工作。一年车间实习后,进入产品设计部门,开始趴图板,画零件和底盘布置。经过五六年设计工作锻炼和经验积累,我感觉自己开始成熟，急需一次实践检验自己的能力。

机会常常留给有准备的人。1998年新年过后，分厂领导开会安排设计一款新型客车底盘（后称为二级踏步低地板客车底盘），技术要求是利用现有大总成资源，车架前部上表面离地高度控制在570 mm以内、前桥上方通道宽度550 mm以上，当时看其技术难度非常大，部分设计人员表示无法设计，但我接受领导安排，担任该底盘总布置，带两个设计员一起设计。我用两个月时间先后画了三张底盘总布置图，考虑变速操纵、管线占用，前部通道宽度在500 mm以内，总感觉很不满意，反复修改车架过前桥处方案，同时去资料室查阅大量国内外卡车、客车图片和资料，请教见过进口卡车、客车的老设计师和工人师傅，但还是找不到理想方案，说明现有经验和方法解决不了问题。我当时连吃饭、走路都在想方案，也曾想过用"工"字型结构纵梁，由于改善效果不足和制造困难，这个方案也放弃了。必须打破常规。最后考虑到前部车架肯定是拼接结构，我将槽梁上翼向外翻成近似"Z"字型，在外侧进行加强，可以给通道增加100 mm宽度。方案终于锁定，完成布置，加快进行零件设计，开发出一汽首台二级踏步低地板客车底盘。底盘样车参加当年北京车展，在行业内获得良好评价。在此基础上又进行结构完善和新技术应用，相继设计匹配自动变速箱的低地板客车底盘、双层客车底盘，装配这两种底盘的客车分别出口110辆和300辆，累计为一汽创汇4 000万美元，我也因此获得一汽科技进步奖三等奖、岗位新星、特殊贡献二等奖等荣誉。低地板系列客车底盘开发成功，为一汽公交客车底盘向专业化发展打下了坚实的技术基础。该项技术构思巧妙，结构上简单实用，成本低，在一汽公交客车底盘上得到广泛应用。由于前部通道宽度比同期对手的底盘宽100 mm左右，大大提高了一汽公交客车底盘的竞争力。

每当回忆起自己的进步，我非常感谢一汽提供的舞台和机会，也很感谢哈工大知识和能力的培养。

奋进不止，助力解放轻卡"加速度"

——记哈工大 1987 届机械制造工艺与设备专业毕业生 刘守体

刘守体，中共党员，1987年7月毕业于哈工大机械工程系机械制造工艺与设备专业，现任一汽解放青岛汽车有限公司整车事业部首席管理师。在一汽解放青岛汽车厂先后任设备管理员、销售业务员，一汽贸易总公司销售业务部经理，一汽解放青岛汽车有限公司市场服务部副部长，一汽解放汽车有限公司总经理助理兼轻卡部部长、高级主任师、首席师等职。2017年，被授予解放事业本部"先进共产党员"荣誉称号；2018年，被授予解放事业本部"先进员工标兵"、荣获2018年度解放事业本部"特殊贡献奖"，同时被授予一汽集团"劳动模范"荣誉称号；2019年，被评为"青岛市优秀共产党员"。

1956年7月13日，第一批解放牌载重汽车在长春第一汽车制造厂试制成功。此后的几十年里，解放从中型车到重型车，逐步成长为国内中重卡市场的王者，地位难以撼动。

争第一，是解放的责任和追求。这个第一，不仅仅是中重型市场的第一，还要实现全系列商用车的第一。正是基于这一战略目标，面对轻型车这一巨大的蓝海市场，2012年，解放公司在青岛汽车厂正式投放了首款虎V轻卡，拉开了向全系列商用车进军的大幕。

时间如白驹过隙。转眼八年过去了，从第一辆轻卡到年产销六万辆，解放轻卡用八年时间，实现了"从无到有、从弱到强"的华丽转身。成绩的背后，离不开解放轻卡营销团队的拼搏付出，更离不开这一精锐团队的掌舵者——轻卡营销首席管理师刘守体。

从零起步，世上没有难啃的骨头

2012年，国内中重卡市场经历前期的爆发式增长后，市场需求大幅下滑。而此时的国内轻卡市场，豪强林立，福田、江淮、江铃等头部企业凭借多年的深耕细作，牢牢占据着市场领先地位。而一汽集团内部的红塔、哈轻两家轻型车企业经营日益困难，产品销量低迷。面对残酷的市场竞争，先生存再发展，成为解放轻卡面临的首要任务。

此时的解放，对轻卡市场知之甚少，轻卡品牌知名度低、影响力较弱，产品单一，连营销队伍和网络渠道都没有。这时候，厂领导找到了刘守体，问他敢不敢接下这个任务。刘守体知道这是一块难啃的骨头，但责任和担当让他毫不犹豫地接下了这个艰巨的任务。

之所以选择刘守体，是因为他深耕营销领域多年，经验丰富，更为重要的是他做实事，敢想敢干，能吃苦，不服输，有韧劲儿，最适合打硬仗、打苦仗。

刘守体家境贫寒，从小就养成了不怕吃苦的性格。1985年，刘守体以优异成绩考入了有中国工程师摇篮之称的哈尔滨工业大学，进入机械工程系学习。哈工大严谨、务实、精进的学风就像冰城的严寒一样，给刘守体留下了深刻的印象。大学的生活既拓宽了他的视野，也逐渐让他养成了注重实际、勇于拼搏的作风。毕业后他进入了一汽解放青岛汽车厂，从此便与汽车结下了不解之缘。

他从设备管理员做起，凭借对工作的满腔热情和严谨认真、不怕吃苦、追求卓越的工作作风，很快被调入销售系统。他从一名业务员起步，凭借对市场的敏锐嗅觉，先后担任一汽贸易总公司销售业务部经理、青岛汽车有限公司市场服务部副部长，成为销售系统的一名得力干将，为2010年青岛汽车厂销售14万辆做出了突出的贡献。

"地上本没有路，走的人多了，也便成了路"

刘守体经常用这句话激励自己。而此时，他面对的局面，正是要走出一条没有人走过的路。虽然他拥有中重卡领域丰富的营销经验，但面对轻卡这个新领域，他还得从头学起。面对困境，他带领着几个年轻小伙，从零起步，一点一点研究市场，对标竞品，分析用户，开发渠道。凭借多年来积累的销售经验和不服输的韧劲儿，在他的带领下，通过两年的努力，解放轻卡逐步打开局面，到2014年销量突破一万辆，成为行业的一匹黑马，从此拉开了解放轻卡快速增长的序幕。

创新不止，战略引领，开启解放轻卡加速度

一万辆，只是第一道坎。刘守体深知，解放在产品、渠道、体系等许多方面，都与竞争对手存在很大差距，必须营销创新，下狠劲儿，加快追赶，构建独有的竞争力。为实现品牌快速上量，他提出"避开3L机红海市场，重点突破2L机和4L机蓝海市场"的侧翼进攻战术，保证了解放轻卡初期的快速成长。针对"渠道少、能力弱、优秀渠道不愿意做解放轻卡品牌"的问题，他提出渠道选建"三原则"，初步完成渠道布局。同时在2018年开展"红旗工程"，进行渠道分级管理，打造100家轻卡"旗舰"网络体系。在提升渠道能力上，战略性侧重二级网络建设，行业首家实现对二级网络的管理。他提出了对二级网络"五个到位"支持管理办法，大批竞品二级网络转向主销解放产品，二级网络贡献度2018年达到50%。

他利用多年中重卡营销经验，结合轻卡行业"小、散、乱、杂"的特点，为解决"代理商多品牌经营，在大卖场坐等用户上门"问题，提出行销"走出去请进来"策略，改变代理商传统销售模式，实现销量快速增长。2018年开

展行销 2.0"精准装筐"活动，创建用户需求"四维度"、细分市场"六要素"研究模型，实现精准营销，增强了用户黏性。

在产品方面，他深入洞察用户需求，组织策划投放"城配小王子、快运先锋、绿通零担满天飞、大王驾到"等多个行业领先的产品。针对市场细分趋势，轻卡行业普遍缺少应对措施，他带领团队深入一线实地调研，按照群体特征，现地现物进行细分市场研究，建立了细分市场调研的标准模板，根据用户关心的货物、载重、路况、价格四个维度归纳出"'5122'细分市场调研表"，并建立了"6+2"细分市场模型，优化九大主销产品组合，实现配置进一步聚焦，削减低效车型码 690 个，有效提升生产组织效率，为降本增效做出贡献，同时解决了代理商"卖错车"问题，保障用户实用体验，提升了用户口碑。如今，解放轻卡从 2012 年的单一发动机、单一车身、单一品系发展到 J6F、虎 V 两大品系，超百款产品，竞争实力不断增强。

在他的带领下，解放轻卡就像长了一双翅膀。2016 年至 2018 年解放轻卡连续三年销量增速行业第一，其中 2017 年同比增长 76%，2018 年同比增长 67%，销量突破五万辆，行业位居第六名，跃居第二梯队。2019 年 3 月，解放轻卡单月销量首次破万，全年销量突破六万辆，增速继续领跑行业，为解放轻卡快速实现 10 万辆战略目标奠定了坚实基础。

言传身教、身体力行，助力年轻团队成长

解放轻卡团队作为公司最年轻的队伍，新人占比 59%，大部分人员没有营销经验，对市场、产品、客户了解不足。面对上述困境，他始终把培养新人作为重中之重，利用各种机会讲述营销理论，传授销售经验，布置工作时既给大家"设计图"，又给大家"施工图"，同时会和大家认真交流"干什么？如何干？为什么这么干？你是否还有更好的方法来做？"仅 2018 年，他就向员工专题讲述了轻型车市场细分市场的特点、目标与关键结果工作法、销售八步法等 10 余次课程，教大家如何运用工具解决实际问题。

走访市场时，他经常把年轻人带在身边，通过实际工作教会他们如何与用户交流、如何判断市场变化、如何探究产品需求。2018 年他历时一个月实地走

访山东、浙江、江苏各大海鲜批发市场，由于海鲜用户都在凌晨四五点作业，为更好地了解用户需求，他夜以继日地工作，晚间与用户交流，白天带领销售人员、代理商共同研究具体营销措施。这种事例不胜枚举，务实的工作作风感染着身边的每一个人。八年来，在他的带领下，轻卡营销团队从最早的八人成长为现在的规模百人、敢打仗、打胜仗的钢铁队伍。

他的梦想，就是让解放轻卡成为中国第一

这几年，凭借出色的工作业绩，各种荣誉纷至沓来。但刘守体并没有躺在功劳簿上沾沾自喜，年过半百的他，一直谨记哈工大"规格严格，功夫到家"的校训，依然在不断努力学习，不断充实自我的人生轨迹。

"我们现在还位于行业的第二梯队，我们的目标就是要争第一。争第一，是流淌在每个一汽人血液里的追求"，刘守体经常这样叮嘱自己的团队。目标清了，方向明了，才能更有干劲儿。今年六万辆，明年就要挑战八万辆，后年实现十万辆。

久久为功、善做善成，经过26年营销岁月淬炼，刘守体引领解放轻卡事业"从无到有，由弱变强"。"铭记责任、求真务实、海纳百川、自强不息"的哈工大精神一直引领着他的人生。从一名普通的管理人员到销售战线上的干部，从总经理助理到一汽解放轻卡营销首席，无论征途上遇到什么样的艰难险阻，他总能泰然处之，跨越障碍，勇往直前。

我们相信，正是因为有许多像刘守体一样执着奋进拼搏的解放人，解放卡车的明天才会更加美好！

自主解放，中国骄傲！

"忆往昔，一百载底蕴谁与争锋；看今朝，数十万哈大人风流创伟业；展未来，学子辉煌母校荣光举世望！"——回顾过去，刘守体始终抱着一颗感恩的心，感恩母校所给予的知识与严谨务实的作风，也深深感谢一汽给予的干事立业的舞台。展望未来，哈工大会更加美好，一汽也会屹立于世界汽车行业之林！在这特殊的日子里，刘守体再次向母校致以最诚挚的祝福，愿母校更加美好，再创辉煌！

（刘付生 张树强撰）

十年辛苦不寻常

——记哈工大 2013 届机械设计制造及其自动化专业英才班毕业生 刘 泽

十一年前的夏天,我接到了哈工大的录取通知书,心里悬着的石头终于落了地,开始了对大学生活的无限憧憬。

十一年后的今天,我和同样毕业于哈工大的爱人一起,为祖国的汽车事业贡献着自己的力量。

弱冠之年,虽不能立,心已致远——初识哈工大

不记得从什么时候开始,哈工大成了我梦寐以求的求学选择,也许是对于机械的兴趣,也许是对"工程师的摇篮"的憧憬,也许是因为一直视为榜样的学姐考入了哈工大,也可能单纯地是因为"离家近"……但"哈工大"三个字已经成为我高中时代努力的动力。当录取结果公布时,一切曾经为之付出的努力都是值得的。

初入哈工大,我就感受到了浓厚的学习氛围。作为哈工大首届英才班

的一员，承担着学校将我们培养成"国际化人才"的重任，每一天的课程表都是满满的，专教里的同学都会自习到封楼前的最后一刻，从食堂到主楼间每一个行色匆匆的身影，都在用实际行动表达着他们对时间的珍惜。

而加入学生会，则给了我另一个证明自己的舞台。在校学生会文体部组织"十大歌手"评选，从简单的画海报、做条幅，到第一次在校园里的路边喊出我们的宣传口号，再到开始和学长们拉赞助。在不知不觉中，就这样完成了自己踏入社会的"初体验"。

哈工大从我的梦想变成了现实，变得更加丰满。

三人行，必有我师——与优秀的人为伍

哈工大首届英才班汇聚了全国各地的优秀学子，学校也为我们配备了最优秀的教师团队，当然也面临着最高的要求。于我而言，即使拼尽全力，也只能维持不挂科、不掉队。在一个学期过后，我只能在12个人的班级里面排名第11，甚至一度怀疑自己。

而在校学生会的工作中也是一样，周围有太多优秀的学长和同学：学习成绩名列前茅，奖学金拿到手软；学生会工作样样出彩，第一个月就能拿到"每月之星"；谈起活动方案，头头是道；年终总结大会，侃侃而谈。而我在其中只是很普通的一员，看着周围的榜样们，羡慕的同时，也在为自己鼓劲儿。

我开始把自己的每一天都排得很满，恨不得将每一分钟都掰成两半。图书馆的角落、一区二区往返的校车、深夜的自习室、清晨活动中心的办公室，都留下了我的足迹。我知道自己只有打起十二分的精神，才能追上周围这些同样在努力的哈工大学子。

2011年的秋天，我进入了班级的前十名，也成功地当选为哈尔滨工业大学学生会副主席。都说一分耕耘一分收获，我知道，我耕耘的动力，来自于这些榜样的力量，来自于这些优秀的"对手"。感谢哈工大这个平台，让我可以和优秀的人为伍。

一元复始，万象更新——结缘一汽 – 大众

2012年9月，在经过了连续多天的挣扎之后，我选择放弃保研资格，孤注一掷地加入了求职大军，并在两个月后收到了一汽 – 大众的录用通知。得到了一汽 – 大众这样优秀企业的认可，更加印证了自己放弃读研的选择是正确的。

2014年1月，在结束了半年的实习后，我来到了人力资源部，正式开启了自己的职业生涯。人力资源领域对我而言，是完全陌生的，这里的一切都与我过往的知识积累无关。而在工作中，不会再有系统学习的机会，只有一个接一个的问题等着我去解决，一项又一项的任务等着我去完成。但我没有再像四年前那个在班级排倒数第二的自己那样迷失，而是很快地适应了岗位的要求，努力完成自己的工作任务。经受了哈工大四年的锤炼，我收获的不仅仅是机械专业的知识，还有快速学习、适应的能力。

与哈工大一样，一汽 – 大众是一个可以与优秀的人为伍的平台，而人力资源部人员规划预招聘科更是一个充满活力和斗志、满载荣誉的团队，我加入这个团队的第一年，就"蹭"到了公司立大功团队的荣誉。这个荣誉对我这个新人来说是名不副实的，但也成为我加速前进的动力。我从基础的工作做起，做任劳任怨的"小黄牛"。在2017届预招聘选拔面试工作中，为保证工作效率，我六天走遍四川五个城市的七所合作院校。在2017年12月21日的"一线被派遣劳动者第二批定向招聘"工作过程中，我作为招聘工作直接负责人通宵工作至第二天中午12点。

海纳百川，博采众长——开发全新用工形式

2017年末，公司青岛、天津两个新工厂均提出了提前SOP的目标，人员计划相应提前，在长春培养的人员需要在春节后返回新工厂工作，长春工厂突然出现了高达2 355人的人员缺口！

在这种情况下，我在短时间内独立开发了共享用工、跨基地短期支援等多种全新用工形式。在外部寻求优秀的人力资源服务合作伙伴支持的同时，在公司内部搭建起针对不同用工形式的各类政策、流程、工具和方法。

最终按时保质保量地完成了人员补充。

有惊无险地度过了人员需求高峰后，我又对这些新的用工形式开发中的经验及时进行了总结，并逐步推广到五地六厂的人员配置工作中，通过不断的创新快速实现经验方法的迭代。仅 2018 年当年全公司范围内采用新的用工形式，就累计满足了 3 100 余人次的用人需求。

五湖四海，百花齐放——支持一线人员配置团队

随着青岛、天津工厂的陆续投产，公司由三地四厂的布局扩展为五地六厂的布局。我作为公司一线人员配置工作的负责人，也面临新的挑战：中央职能仅有的两人团队如何与基地人力资源形成合力，共同完成五地六厂的人员配置？

在我和五地六厂 HR 的共同努力下，形成了针对一线人员配置工作的集团化管控模式。基地 HR 发挥属地优势，直接投入到人员配置工作的第一线，而中央 HR 通过渠道开发、政策支持、流程推广等一系列举措，对各基地的人员配置进行支持与协助。各地同事的紧密配合，打破了科室的壁垒，真正实现了团队的敏捷和高效。

在 2019 年一汽集团"开源节流"的大形势下，我们一线人员配置团队又为自己设置了"人员配置符合指数"的新挑战。在满足生产需要的前提下，通过准确的规划、多种用工形式结合及柔性化的人员配置，严格控制人员总量，节约公司用工成本。

未雨绸缪，有备无患——人员规划解决方案

转任人员规划与工人配置组长后，我开始独立负责公司的整体人员规划工作。作为人员配置的风向标，人员规划工作会提前识别出未来一段时间内公司人力资源领域中的关键问题，从而为问题的解决赢得时间。

2019 年，受宏观市场下行影响，公司产销和利润目标的实现均面临巨大的压力与挑战，快速提升公司经营质量、组织效率及劳动生产率成为重要的改进方向。如何使现有的员工队伍创造出更大的价值、促进员工与公

司共同"转型升级"成为摆在我面前的新课题。

为了促进员工转型、支撑劳动生产率提升目标，我牵头拟定了一系列创新人事政策。通过更加灵活的内部人才市场政策，促进员工流向研发/新业务领域；仿照大众集团"73学院"的方式，设计一汽-大众的培训转型方案，帮助员工成长。面向未来，我也有信心帮助公司和员工抓住行业变革的机遇！

三十而立，竿头日上，初享天伦——对未来的期待

2018年，我和同样毕业于哈工大，也同样在一汽-大众就职的爱人收获了我们的千金。我成为一名父亲，也愈发感受到自己对家庭的责任，又为自己的奋斗踩了一脚油门。

从开始工作到现在，我已经在一汽-大众工作了七年。七年的时间很长，足以让一个青涩的少年，成长为独当一面的中坚力量；七年的时间又很短，对于职业生涯而言，只是刚刚起步。哈工大"规格严格，功夫到家"的校训，教会了我脚踏实地，而一汽-大众"中国最优秀的汽车合资企业"的平台，让我可以仰望星空。

在人生的前三个十年，能遇见哈工大，遇见一汽-大众，是我的幸运。希望未来的每一个十年，我都能带着这份幸运，勇敢前行。

十年时光，初心不变

——记哈工大 2010 届机械设计制造及其自动化专业硕士研究生　刘亚龙

近期，收到了哈工大校友的稿约，母校 100 年校庆之际，刚好是我来到一汽-大众、来到长春的第十年，为了表达对母校的感激以及对我个人毕业十年的阶段回顾，我借这样一个机会停下来进行了思考、总结。

在高中时期，我所在的高中组织过一次对全国重点高校的全面讲解，当时介绍到哈工大时，我眼前一亮，"规格严格，功夫到家"的校训，以及作风扎实、工程师摇篮的口碑深深吸引着我，考取哈工大，就是我的目标。这个目标在整个高中阶段都一直伴随并激励着我，2004 年我顺利考入了理想的大学。

回想起在学校度过的六年时光，收获满满。哈工大六年，构建了我专业知识体系的同时，更塑造了我对世界、对人以及对未来认知的架构；哈工大六年，我从懵懂少年成长为有规划有理想的青年；哈工大六年，培养了深厚的同窗情谊、受益终生的师生情谊。

我在读研期间，师从机电学院周亮教授，周老师对事业的投入以及做人做事的理念深深感染了我。作为周老师首个研究生，我庆幸的同时也备感压力。周老师对我倾注了大量的精力和心血，对我进行了细致的学术规划及悉心指导，我在两年读研期间也做到了肯吃苦、爱钻研，按计划完成了导师给予的各项任务。读研两年期间，共申请专利两项，发表论文三篇（其中 EI 期刊一篇）。就像家里为远行的游子准备行囊一样，在我即将从象牙塔走出踏上职场道路时，母校给予了我自信以及对未来的坚定。

2010 年来到一汽－大众迄今正好十年，我想通过三个阶段回首这十年并感悟母校对自己的深远影响。

2010 年，新大学生入职后按照惯例应该是先分配到车间进行为期半年的车间实习，之后根据个人意愿及各部门和车间需求再进行部门分配，在此期间，一方面车间的工资会比在部门高，另一方面车间对实习学生的管理与部门对自己员工的管理相比也较宽松，因此半年的实习期对于刚毕业到单位工作的大学生而言是非常有吸引力的。由于生产管理部等少数几个部门岗位需求紧急，因此很少一部分大学生直接分配到了部门进行正式的工作，我就是其中之一，入职后被分配到了生产管理部。正是受哈工大多年踏实作风的熏陶，我能够坦然接受现状并潜心学习，快速适应并积极应对即将开启的职业生涯。在作为新入职员工还在车间实习时，我就在科室师傅协助下负责年型项目的预批量生产准备工作；入职半年后，其他人还在挑选理想的部门正式启动工作时，我已经作为奥迪 A4L 改脸车型的生产部项目负责人独立工作，并能够按计划、保质保量组织完成预批量排产任务。正是由于作为新人能够端正心态、脚踏实地并快速进入工作角色，在 2011 年底我就获得了部门轮换的机会，来到了采购项目控制部奥迪平台。

从生产管理部来采购部的初衷一方面是可以继续从事车型项目管理工作，聚焦在国产化方面，此前一年多的项目知识积累可以继续发挥价值；另一方面是采购项目奥迪平台刚刚成立，处于初创期更具挑战性。

2012年初正式到岗时，奥迪 A3 车型的股东协议刚刚签订，领导指定由我负责奥迪 A3 的国产化工作。奥迪 A3 车型是一汽-大众首个国产化率高达 85%（以往奥迪车型最高仅 60%）在异地建厂的奥迪项目，并且奥迪 A3 的两厢、三厢两款车型将在四个月内陆续投放，时间紧、任务重。对于刚入职一年多的职场新人来说，负责如此重要及复杂的车型项目，承受着很大的压力。在负责奥迪 A3 车型的这段期间，我与爱人相识、相恋并步入婚姻，我的研究生导师周亮特意来到长春参加我的婚礼答谢，并就我工作中遇到的问题、困惑给予了指导和帮助。从哈工大毕业后，我逐渐形成一个习惯，当我在工作中、生活中产生困惑或迷茫时，我就会想到回母校去走走看看，至今已回去四五次，每次都有很大的收获，坚定了我前进的脚步。在 2014 年，奥迪 A3 两款车型陆续实现按时投放市场，SOP（量产）超目标 5% 实现国产化率，同年，我也被部门推选为公司的二级经理后备候选人；车型 SOP 后工作重心向国产化降成本转移，2014 年—2015 年，通过对国产化零件优先级划分、预 2TP（两日生产）与 OTS（工程样件）并行推进、联合销售提升装车比例等多项举措的实施，奥迪 A3 的国产化降成本超目标 3%；随着采购项目工作的深入，我有机会完整地实践了整车项目从全新车型立项到 PA 改脸实施的全生命周期管理，对奥迪车型的国产化项目管理有了更多的思考和理解。从 2016 年开始，逐步在国产化划分先导范围、图纸分发系统、国产化跟踪管理系统等方面，从流程、IT 及标准化等角度优化奥迪车型国产化工作。正是在这个阶段对体系管理的涉猎，为后续的工作调整打下了基础。

2018 年初，随着集团公司及一汽-大众全员起立竞聘的开展，凭借之前在项目阶段的积累以及自身对未来的发展规划，我成功竞聘到采购战略与开发科担任主管岗位。从集团到公司，对管理的精细化及合规化都提出了更高的要求，结合采购业务特点，我所在的组承担着"管干分离"的重要职责。职责在肩，我继续发挥母校"规格严格，功夫到家"的精神，主动对接采购专业科室识别业务痛点，通过明确组织定位及优化组内人员分工，提升人员专业能力及组织绩效。到岗至今，采购合同签署率实现了从92%至99%的提高,采购流程发布周期实现了从12周到4周的优化。

　　作为哈工大人,我感恩母校给予的"规格严格,功夫到家"的品质伴随我一路成长。

　　祝愿母校百年校庆圆满成功。

母校，我一生的家园

——记哈工大 1998 届锻压工艺及设备专业毕业生　陆振东

每个人对母校都有一种说不出的情结，我亦如此。母校哈工大于我，是基石，是巨人的肩膀，是一生的家园。

1994 年，在这书香气息浓厚的学术殿堂——哈尔滨工业大学，我开始了攀登成长之旅。"为了理想，为了未来，我们携手在滔滔的松花江畔。校园菁菁，书声琅琅，朴实无华的沃土桃李芬芳。自豪的哈工大，我们成长的摇篮，你就是我们的骄傲，你就是我们的梦想。"徜徉在美丽的松花江畔，就读于菁菁校园，《哈工大之歌》唱出了我心中的梦想。

在这里，我度过了最美好难忘的大学时光，也完成了人生成长的蜕变。"规格严格，功夫到家"，校风、校训、老师、同学、校园的一草一木，都为我的成长提供充足的养分，为后期工作打下坚实的基础，为未来自己积蓄足够的能量。在母校环境的熏陶下，我养成了严谨务实、创新进取的工作作风。在哈工大巨人的肩膀上,在"工程师的摇篮"里,我立志成为一名优秀的汽车产业工程师。

毕业后,我来到中国一汽,就职于机械工业第九设计研究院。九院是伴随着新中国一汽的建设而成立的汽车工厂规划设计研究院,见证了共和国汽车产业的成长历程。步入工作岗位,好多新知识需要自己重新学习。哈工大学生具有工作踏实、肯吃苦钻研的特点,有着良好教育背景和哈工大底蕴的我,对新知识的吸收非常快,对每一件小事都能认真对待。有一次给一家汽车厂做原有设备搬迁改造设计,由于年代久远,所需的设备原始基础资料无法找到。如果设备基础设计错误,不仅设备无法安装,还涉及上百万元的损失,以前从没有人做过没有原始数据的设计。为了保证项目顺利实施,怎么办?刚刚步入职场不久的我,主动接受挑战去实地测量,采集第一手数据。需要的数据很多,该测量哪些数据?又怎样确定哪些是关键数据?我在现场自己对照设备,仔细琢磨,经过一个多月的实地研究测量,获得了设计所需的关键数据,最终顺利完成任务。这次经历让我认识到,面对困难和挑战,要有深入第一现场、亲自调查研究的决心和勇气。这为我今后的工作奠定了坚实的基础,也渐渐地树立了我在同事心目中的形象。工作转正时,领导的评语为:可以作为青年人的表率。

从事汽车工厂规划设计工作,设计理念的创新特别重要,要善于吸收各种技术并应用到大规模生产中去,不断地创新设计方案。记得毕业时我的导师罗老师曾教导我说:不管是科研还是工作,都需要创新,创新不是重新开始,更多的是在现有或借鉴别人基础上的改进和完善。罗老师的话让我在工作中受益匪浅,我在工作中对这句话的含义又有了更深刻的认识。在从事汽车工厂规划咨询设计中,我既接触过国外先进的汽车制造企业,也接触过有我们自己特色的车企,有机会了解和掌握最全面的汽车生产制造技术。参加一汽-大众五地六厂规划建设,与德方技术人员一起研讨方案,在吸收和消化国外先进技术和设计理念的基础上,结合我国国情,成功地将先进的汽车制造技术转化应用到汽车生产制造中去,把先进的制造理念合理应用到自己的设计中去,引领中国汽车制造技术的发展。一汽轿车新基地的规划设计，就是在吸收和消化国外先进技术和设计理念的基础上，打破传统规划理念，探索出适合自主车企的生产制造建设模式，提升了自主汽车制造的水平。我结合自己多年对德系、日系和自主体系汽车制造技术和工厂规划建设的经验，对汽车制造技术和工厂规划设计进行总结创新，提出车间模块化规划思路，系统阐述规划设计的基本原则和方法，总结出应遵循的基本要素和经过实践证明的可靠的经验。

作为哈工大培养的一汽九院人，我积极投身于中国汽车产业的发展建设，从自主到合资，从东北一汽到全国各地，在祖国的大地上建造了一座座现代化的汽车工厂，参与和见证了中国汽车产业突飞猛进的快速发展。完成的项目多次获得中国机械工业科学技术奖、中国汽车工业科学技术奖、一汽集团科技创新奖、机械工业优秀工程勘察设计奖、机械工业优秀工程咨询勘察设计奖、全国优秀工程咨询奖等，为中国汽车产业的发展做出自己的一点贡献。

"铭记责任，竭诚奉献的爱国精神；求真务实，崇尚科学的求是精神；海纳百川，协作攻关的团结精神；自强不息，开拓创新的奋进精神。"正是这种哈工大精神，激励我在工作中不断前行，并将其逐渐渗透到生活工作的各环节中。基因血脉中深刻着哈工大烙印的我，在工作中善于思考，认真踏实，渐渐地从一名普通员工成长为公司的中坚力量。我目前正致力于中国汽车智能工厂建设的探索，希望能为中国智能制造的发展贡献自己的力量。

伴随着成长，心中的那份母校情结已经深深地把我和母校融为一体，母校的每一个成就，都让我激动不已。发射中国第一颗由高校牵头自主研制的小卫星，支持中国"天眼"成功"开眼"，助力"长征七号""长征五号"火箭首飞，"天宫二号"和"神舟十一号"载人飞行等重大任务。每每看到这样的消息，我都不由自主地热血沸腾，感受到作为一名哈工大人的自豪，也激励自己做好本职工作，不能愧对哈工大对我的培养，心中也就充满了无穷的力量。

虽然步入社会，投身到汽车产业建设中，但作为一名哈工大人，母校的光辉始终环绕着我，是我不断成长和前进的原动力。母校啊，在您即将迎来百年校庆之际，作为您的学子，我要说，母校，我一生的家园！

"啊！朋友，让我们的豪情永不消失，让我们的青春永远闪光。"《哈工大之歌》又在耳畔轻轻响起……

以哈工大为荣，为母校争光

——记哈工大 2003 届机械设计制造及其自动化专业毕业生　**罗书保**

时光如白驹过隙，转眼间已经毕业 17 年了，犹记毕业典礼上，几千名毕业生庄严肃立，王树国校长讲道："多年以后，哈工大教给你的，很多你可能都会忘记，但是有两点你永远不会忘记，那就是哈工大教会了你如何做人和如何学习。"

我毕业后进入一汽模具公司工作。一汽模具公司的专业技术能力很强，是一个技术密集型的高新技术企业，技术含量高，技术难度大，但是我却前所未有地充满信心。十年磨一剑，我用初到一汽的十年专注做技术，凭着争第一的精神，怀着为母校争光的信念，我投入了大量的精力进行学习。公司完备的设计资料、海量的图纸库、老师傅们的宝贵经验，都成为我获取知识的宝库。为了能够准确地识别各类图纸的要求，我搜集大量典型模具设计图进行学习。当别人早已下班，我仍坚持忘我地工作学习，厚厚的设计资料上满满的标注和问号见证了我的努力和成长。入职第一年，我已经能够独立完成小件二维图设计，到模型车间进行技术支持时，为了能够看懂大型复杂结构的二维图纸，指导工人识图，在没有工作场所的条件下，每次工人师傅有困难求助时，我都将图纸中的正视图、侧视图、俯视图铺在地上，仔细核对每一条线所表达的内涵和每一个工艺符号所指示的要求。努力就有收获，我的工作不仅得到了工人师傅的赞扬和领导、同事的认可，更重要的是现场实践工作，现地现物解决问题，为我在后期进行大型复杂模具设计打下了基础。

　　当时，传统的二维图设计方式已经无法满足公司快速发展的需要，公司进行了一项重大变革，全部设计由二维转为三维无图纸化设计。基于前期打下的基础以及快速接受新事物的能力，在三维设计阶段，为了实现规格严格，保证技术要求及设计质量，我通过大量的技术资料查阅、铸件标准解读、产品工艺分析，在设计过程中充分考虑产品、制造、维修、使用等各种因素，咨询专家意见，先构思再动笔，设计效率大幅提高。为了实现功夫到家，设计过程中我经常主动加班，经常每天工作到夜里十一点多，设计出图前，找有经验的师傅把关。通过一系列设计工作的开展，我迅速脱颖而出，因为设计质量好、出图效率高，在结构室分组时我被分到了技能要求更高的斜楔设计室，用一年的时间实现职业生涯的第一次跨越。随后的时间，我们的团队承制设计公司大多数侧围外板模具及其他复杂模具设计工作。侧围外板模具在冷冲模具中外形最大、工艺最复杂，并且又是整车的基准，技术难度高，作为团队中最年轻的设计员，我同团队成员一起研讨质量优化、效率提高的方法，团队设计出图效率提高 50% 以上，我也被公司选拔为一汽模具公司最年轻的核心人才。

　　2006 年公司派我到一汽-大众二厂 BORA-A5 项目现场，承担项目管理和技术支持工作。这是公司承接的第一个德国康采恩标准、整车内外覆盖件项目，此项目的客户，拥有国内最顶尖的舒勒全生产线，生产线由 6 台压力机组成，冲压吨位高达 9 000 吨，并且所有设备之间都是由全自动衡量进行制件的抓取和传输，对制件的表面质量有严格的 AUDIT 标准，尺寸重复精度要求必须保证一致。我们的竞争对手德国 PT 公司是德国的顶尖模具企业，他们的技术积累、设计能力、技术能力均为世界顶尖水平。面对强大的竞争对手，我们在跟他们比拼的同时，也不断地跟他们交流学习，学习德国技术人员与技术工人的工艺思路和严谨、精益求精的工作作风。在历时一年多的项目中，我们跟客户保持良好的沟通，积极解决客户的诉求，形成专家团队解决技术难题。其间有连续两个多月我没有休息过一个周末，每天工作到晚上九点以后，直到夜班交接班完成，确保所有的进度计划和技术方案都得到落实，才拖着疲惫的身体回家。那时候女儿刚刚出生，我没有时间照顾她，爱人也很支持我的事业，一个人照顾孩子，到现在在我的记忆里孩子那时候的样子都很模糊。虽然经历了很多困难，但是我们的项目成功了，为模具公司迈向高端制造，迈向国际竞争打下了坚实的基础。其间，多次到德国进行联合设计和会签工作，同世界上最顶尖的模具设计高手过招，让我增长了见识，开阔了眼界，提升了我的综合能力和技术水平。通过努力，我得到了客户和外国专家的赞扬，并且同客户方的很多技术管理人员成为很好的朋友，我们的团队也获得了中德客户共同颁发的锦旗。

　　经过四年的沉淀，我成为模具公司冲压工艺领域核心成员，能够进行最复杂制件侧围外板设计及 CAE 分析工作，发表的《基于冲压模具动态弹性变形分析的模面补偿技术》获集团公司科技创新奖一等奖，《高强钢板覆盖件成型性能及回弹控制研究》获汽车工业科学技术奖二等奖，"胶枪辅助导向机构"获得国家实用新型专利。

　　2013 年，公司的发展再上新台阶，公司承接了奥迪 Q5 大型焊装生产线，我也走上了经理岗位。在这里，我经历了工作这些年最艰难的一个项目，高精尖技术我不怕，但是做管理我却一窍不通。初期我仍然是按照技术的思维在工作，能自己干的就尽量自己干，认为对的就去做，很少考虑下属或平级部门的感受，可是这种方法却让我工作起来举步维艰，我的内心也备受煎熬。这时候公司经管会领导给了我很大的支持，提示我要转变思维、转变角色。如何转变呢？我想起了毕业时王树国校长说的"再学习"，我开始阅读大量的管理类书籍，向有经验的领导、同事和下属请教，运用科学的思维模式和管理方法，不断完善自己。在这个过程中，我感受到了责任的力量，学会了换位思考，懂得了妥协也是一种坚持，体会了人生没有坦途，在波峰波谷之间，每当你面临一次重大的抉择、困难和挫折时，其中也孕育着梦想和希望。我不断地进行学习、完善自我、改变思路、提升管理能力，保证了项目顺利投产，为公司创造了可观的产值和利润。

最近八年，我担任过车间主任、质量部副部长、设计部部长，目前在一汽模具青岛分公司担任总经理职务，负责青岛分公司筹建工作。在公司设立的过程中，我和政府、工商、税务、银行以及一汽内部相关部门进行充分沟通合作，仅仅半个月的时间就完成了公司设立，为公司建设创造了良好的条件。在工厂建设期间，我抓住关键的人才，申请将公司建设经验最丰富的规划总监派驻到现场，负责工厂建设和设备安装工作，并且在各项工作中给予大力支持，选派各专业的精英进行工厂的筹备工作，从安全、环境、质量、成本、周期、响应六个维度进行筹划，按照人、机、料、法、环、测等模块进行现场的工艺布局和生产准备，从人、财、物、产、供、销等六个方面开展分公司工作，并制订周密的工作计划，定期点检、指导、纠偏，目前公司建设已经走向正轨，作为一汽模具公司新的增长点已经确定，青岛分公司也步入了发展的快车道，这一切的付出都令人欣慰，很值得！

17年弹指一挥间，回顾这17年来的职业生涯，"规格严格,功夫到家"这八个字的校训始终陪伴着我、激励着我，在面对机遇和挑战时，如一盏明灯，为我指明方向，坚定信心，让我不断勇往直前。

哈工大，我的母校，我一定会继续努力，初心不移，矢志不渝，成为一名优秀的哈工大人。

秋　　　天

——记哈工大 2016 届土木工程专业毕业生　**罗余双**

不知哪天被一片飘落的黄叶闯了眼帘，才惊觉又到秋天。秋天是个矛盾的季节，满满的丰收让人喜悦，而秋叶的凋零却让人感伤。

就像时间，也很矛盾，有时快，有时慢。在一天一天过着相似日子的时候，时间很慢。上班，下班，漫漫无际。

可在回忆的时候，时间很快，仿佛昨天才拉着行李箱走出校门，今日回首，却已四年！

也是在秋天，离开学校，过完最后一个暑假的我来到九院——我工作的地方。

还记得，在开始工作前，内心激动又不免忐忑，特意去网上找了别人的职场生活预习。印象深刻的总是那些尔虞我诈、刀光剑影，仿佛职场就该这般血雨腥风。可是，当我进入九院开始工作之后，带着好奇和防备的职场小白，却一拳打空，并没有感觉到那些钩心斗角。刚开始，我还有些不知所措，又觉得自己有些好笑，九院不是那些影视剧中的职场，最多就是有些超出我想象的较真。

是的，较真。跟着师傅学习两个月后感受最深的就是这个。

说来惭愧，我在学校养成了"差不多"的做事风格，而到九院之后深刻感受到了自己做事的不严谨。刚进公司的时候，部门给我们安排了专业组长做师傅，一对二精准教学。每天早上，师傅会先给我们讲一些专业知识，顺便安排一些已经做过的项目给我们练习。就像在学校老师讲课、留作业一样。师傅讲得很细致，结合曾经的经验教训，生动有趣，深入浅出。不过留的练习似乎很简单，都是一些很基础的东西。

上完课，我很快就能把师傅安排的练习做完。"很简单！"我内心有一丝小骄傲，新工作虽然跟专业不完全相关，但看起来也不是很难嘛。刚进公司的小忐忑一下子就变成了自信心爆棚。那时的我忘了自己曾经听过的"满瓶子不响，半瓶子晃荡"的寓言故事，万万没想到自己一个瓶底子竟也敢大言不惭。

很快，现实就拍醒了我。第二天讲课前，师傅照例询问了我们前一天学习的内容和练习的情况。我很是自得地讲了自己的情况，并交出了自己的练习。

师傅一边翻着我们的练习，一边问着："这些做完检查了吗？"

"这不是练习吗？为什么要检查？"

师傅又问："这些图纸上有矛盾的地方问设计了吗？"

"为什么要问？这些不用问我也知道啊。"

师傅说："有疑问的地方在最后完成后要跟设计做最终确认。"

啊？内心的疑惑不小心上了脸。师傅很快就明白了我们的想法，耐心地给我们做了解释。工作上责任明确很重要，谁的工作谁来解释，不能怕麻烦。与设计配合，一方面把图纸的问题反馈给他们，这是对工作伙伴的负责；另一方面也避免了想当然的错误，这是对我们自己工作的负责。另外，工作之初，养成良好的习惯很重要。尤其是我们造价工作，容不得粗心与马虎。再加上我们的工作性质，一般项目时间都很紧，良好的工作习惯不仅能保证我们工作的质量，更能帮我们节省很多不必要的工作量，让我们在保证质量的同时也能兼顾速度。

师傅的话让我开始正视每天的讲课与练习。虽然短时间内小问题还是不断，但师傅还是不厌其烦地纠正。在师傅细心、耐心的教导下，我们迈进了造价工作的门槛。慢慢开始接手项目后，我进一步体会到周围像师傅一样的九院人身上的较真精神，也慢慢将其融入到自己的工作过程中，受益颇深。

又一年树叶金黄的时候，我转正了。独立工作后，才更深地体会到了当初师傅的苦心。工作不是上学时的作业，作业错了可以纠正，而工作一旦失误，却是不可估量的损失。所以刚开始的我恨不得拿着放大镜检查自己完成的工作，边做边检查，完成后梳理检查，项目结束后归纳总结。然而日复一日，紧绷的心慢慢松了、懈怠了。好像工作也就这样，简单，重复，也很无趣。一向开朗的我慢慢失去了对工作的激情，感觉自己就像庙里敲钟的和尚一样。

在秋叶第三次落下的时候，我接手了一个月的配合工作，至今想来仍然感到精神紧绷。但也很庆幸，在自己懈怠、放松的时候，能有这么一番经历，让自己见识到人外有人，也认识到自己对于这份工作的见解是多么狭隘。那一个月昏天黑地，那个与我工作配合的人真的是一个把工作做到了极致的人。历时三年的项目，过程资料高度完整，井然有序；政策、法规熟稔于心；成果文件，干净利索，几近完美。整个配合工作中，只要我有疑问，他就能拿出自己的证据，仿佛在当初工作时，他便已料到此处事后会有争议。真真让人不服不行。是他用自己实际的工作让我明白原来工作还可以这样做。虽然跟他工作时常被逼到抓狂，却不得不承认他是个优秀到可怕的人。那段工作结束，我也照葫芦画瓢从他那儿学了不少经验技巧。而工作也终于对我敞开了它的大门，那时我才明白曾经觉得工作无聊乏味真是坐井观天，可笑至极。觉得工作无聊，不过是自己在生活的蹉跎中慢慢迷失了初心，忘记了曾经的较真精神而已。

2019年是个忙碌的年份。历经数月加班，整个人都快被榨干了。一个人太累的时候总会忍不住想"家"。所以在夏天忙碌的工作终于结束时，我决定回母校看看。心情从下决定的那一刻就开始升温，出发的时候到达顶点，越近越冷。方知近乡情怯古今一同。

到学校的时候是晚上，从下车开始，一切都那么熟悉，熟悉的小店、熟悉的夜景、熟悉的寂寥的街道……时光仿佛还停留在三年前，前边路口左拐就可以看到校门了。进校门，直行，正对的是校训石，"规格严格，功夫到家"，从入学这八个字便铭记于心，不敢忘却；左拐，两边高大的梧桐形成的绿荫长道，是校园最美的风景，也在夏日为匆匆走过的师生撑起一片阴凉；右拐，左边的篮球场、排球场、体育场，在这里有汗水、有欢笑；左拐，右边的G楼、M楼，那里是知识的殿堂，是我渴望却回不去的青春；右拐，走过数百米的上坡，最后一个左拐就到七公寓了，进门，六楼，614，推门而入，三张笑脸……这条路，在梦里、在想象中，一次又一次，走过，连篮球场边的金银花爬藤都那么清晰，清晰到仿佛往前凑一凑都能闻到花香。脚步不知何时停了下来，停在路口十米开外。往前走十米，就可以看到魂牵梦萦的母校了，可是越是靠近越是怯懦。害怕再往前走一步，梦醒了。近乡情更怯，不敢问来人啊！

之后的三天，每天都在学校或附近，事先做好的计划早扔一边。哪儿都不想去，就想腻在学校。逛情人坡，去学苑食堂吃酸辣粉，在新图书馆消磨时光……贪婪地呼吸着这里最清新的空气，细致地看那一草一木的变化，以便更新脑海里的记忆，方便以后那些想念的日子里回顾。

一晃三年过去，学校比走的时候更好了——新图书馆已投入使用，四楼临窗的座位，一抬头就是广阔的蓝天；后山上建了两个新公寓，年轻的面孔从里边拥出流向教学楼、图书馆、操场。丁香园里走的时候刚种下的小树已经长开，当年还没灌水的人工湖里还飞来了黑天鹅，不变的是非下课时间校园里人依然少得可怜。不由想起以前好友问为什么你们校园里人这么少。因为他们在上课、在自习室、在图书馆啊！这时心里总会有一种莫名的骄傲，这就是哈工大人的风格，和九院人一样拼搏较真的风格。

美好的时光总是很短暂，五天的校园生活转瞬结束，而我又回到工作的地方，开始了新的征程。不过短短的再访带给我的灵魂补给却充盈富足，让我在新的征程上大步前进。学校教给我"规格严格，功夫到家"，这是对自己的高标准、严要求；九院教给我"视用户需求为己任，为用户创造竞争力"，这是对工作的高标准、严要求。看似不同，实则殊途同归，都离不开较真，离不开精益求精，离不开认真负责。而我正在将这种风格传承下去，这是我能给九院和母校最好的祝福。

给我逐梦的本领与胆识

——记哈工大 2004 届热能与动力工程专业毕业生　　林胜涛

2000年9月，带着对大学生活的美好向往，我来到了美丽的威海，就读于哈工大（威海）汽车工程学院热能与动力工程专业。大学四年伴随着我的成长，我也见证了学校的发展和成长：从入学时共有六栋教学楼、四个公寓，到一座座现代化教学楼在学校的空地上拔地而起；学校从"黄沙漫天"到绿树成荫。毕业时主楼巍峨壮观、校园广场宽阔、日月湖的煦风拂面、芙蓉树群俏立路旁。

从开学典礼上校长王尔德教授激情澎湃的致辞中，我知道了"工程师的摇篮"和"规格严格，功夫到家"的校训。坐着海军的登陆舰，在刘公岛我们开始了大学第一课——军训。踢正步、拉军歌、捡海带、捞海蜇……为我留下了人生中一段珍贵的记忆。

大学阶段是一个人形成正确的世界观、人生观、价值观的重要时期，也是奠定知识基础、掌握科学的认识论和方法论的关键时期。我为自己有机会进入哈工大这样优秀的大学感到幸运,在这里有那么多令我终身受益的老师,不仅使我受到了良好的知识教育,更在信仰确立、能力培养、作风养成等方面给了我潜移默化的深刻影响,成为我受用终身的宝贵精神财富。在哈工大我收获了青春最美的回忆,收获了最纯真的友谊,收获了勇敢去实现梦想的自信和对生活的感激,我对母校的教育培养铭记在心、感激不尽。谁言寸草心,报得三春晖。母校赠予我这么多,我能做的,就是要把自己最好的一面展示给母校,我一定要发奋努力,为母校争光,为母校献出最丰厚的回报。

2004年7月,出于对中国汽车工业摇篮的向往和干好自主品牌轿车的激情,我义无反顾地选择加入一汽这个大家庭,进入一汽轿车公司。我知道了从第一汽车制造厂创立和第一辆解放牌汽车、第一辆红旗牌轿车顺利生产,到"中国汽车之父"郭力、"半个世纪汽车传奇"的耿昭杰,中国一汽发展的每一步,都有哈工大人竭诚奉献的身影。我也为我是哈工大人、是这个团队的一员感到骄傲和自豪。现在,我在轿车公司已经工作16年,历任质保部外协件质量控制科质量技术员、现场质量控制一科科长、一工厂质量检查科科长、质保部外协质保技术科科长、市场质量分析与促进室业务主任,现任质保部部长助理兼现场质量控制科科长。

2017年8月,集团公司董事长徐留平在轿车公司调研过程中明确提出,奔腾产品质量要在2017年底达到马自达产品质量标准的80%,到2018年质量标准达到马自达的100%。当时公司正面临改革快速推进,员工存在不理解和恐慌情绪,人员流失严重,自主车型和合作车型市场表现差距巨大等问题。作为主任,我负责降低售后CDF(千车索赔频次)任务,在四五个月的时间内要把涉及四个车型的CDF平均降低65%。时间紧、任务重、员工不稳定,在这种形势下,我带领市场质量分析与促进室全体员工,识别用户抱怨重点问题198项,组织10个部门对问题进行分类和实施分级管理,共设立32项公司级和166项厂部级质量改进项目,组织召开公司质量改善誓师动员大会,由公司总经理签发任务书,在公司范围内开展立项攻关。

搭建三级管理平台，新增高级经理周例会，通过专题会、周例会、高级经理周例会、经管会专题会，促进所有项目全部按计划完成，实现整车CDF大幅降低，提高整车实物质量和客户满意度。

与此同时，以用户和问题为导向，将问题立项由生产月立项调整为生产月和维修月两个维度立项，做到"早发现、早识别"，使问题在发生初期就能得到关注和立项整改。充分调动供应商资源，开展"一件一分析"，使问题的覆盖面由TOP50问题扩展到所有问题。实施首问负责制，推进"311"工作机制、核心4S店建设和"极速行动"工作方案，提高问题解决效率，改善周期大幅提升。开展红旗H5车型PDI（经销商接车检查）前置和初期流动管理，确保信息搜集不过夜、过程管理不漏项、改善效果不反弹，快速收集、快速解决用户抱怨问题，有效提高红旗H5整车实物质量和客户满意度，并成为集团公司党员品牌项目。

基于用户评价的全面质量管理流程搭建：完成五个模块十三个子项的流程搭建和完善工作。四个模块七个子项已搭载H5项目，售后质量改进项目开始试运行。产品安全管理：以快速应对为基础，完善工作流程和开展产品安全预警机制，搭载红旗H5开展全过程使用安全性检查、预投放检查，实现产品安全从事后处理向事中监控和事前预防转变，确保整车在投放后安全可靠。在此过程中，通过搭建培训平台和课题发布建立岗位能力模型，培养二级师一名、三级师四名、四级师三名。

我在担任现场质量控制一科科长期间，创新导入检出率和工位保证度评价活动，提升流出防止能力和质保体系能力；担任外协质保技术科科长期间，围绕13项核心业务，将生准业务工作前移，完善外协件质量认可流程，全面实施首批认可；创新工作平台，搭建供应商培训系统；带领外协质保技术科获得公司2016年"模范团队"荣誉。我在担任市场质量分析与促进室业务主任期间，建立并完善市场质量管理工作方案，开展量产车型市场质量管理、新项目初期流动管理、产品安全管理和质量满意度管理工作。实现产品安全从事后处理向事中监控和事前预防转变，有效促进整车实物质量和客户满意度提升。带领市场质量分析与促进室获得公司2017年"模范党支部"称号。

  我热爱从事的事业,对轿车公司充满感情,从最初的质量技术员到现在的部长助理,一步一个脚印踏踏实实同公司共成长。"规格严格,功夫到家"的校训,使我工作作风严谨、一丝不苟,对质量工作精益求精,勤奋务实。我持续保持健康心态,用心进取,乐观向上,对自主事业和公司前途充满信心。我也先后获得轿车公司"十佳青年""自主功臣"等个人荣誉。无论是个人荣誉还是团队荣誉,各项荣誉的获得都与母校对我知识的传授和行为习惯的培养密切相关。

  衷心祝愿母校积历史之厚蕴,宏图更展,再谱华章!

在合资公司做技术创新和引领

——记哈工大 2002 届计算机科学与技术专业毕业生　林树栋

我叫林树栋，2002年毕业于哈尔滨工业大学（威海）计算机科学与技术专业，毕业后就入职一汽-大众，18年来一直从事产品开发工作。伴随着公司的发展，在工作中我始终以"规格严格，功夫到家"的哈工大校训作为指引，并在工作中坚持"激情工作、快乐工作"的理念，18年如一日，刻苦钻研技术，积极推动中德合作，助力建设一汽-大众本地化技术研发能力。在我所负责的车灯及电子领域，一汽-大众已具备完全自主的100%正向开发能力，同时我坚持在合资公司中要做到技术引领，并按照中国市场及用户需求进行主导、正向开发。正是哈工大培养了我，一汽-大众给了我发展和成就事业的平台。2017年，我被评为当时公司最年轻的技术领域专家。成绩代表过去，我将继续在技术研发领域为中国汽车工业自主、创新而奋斗，继续为一汽-大众"技术领先"而钻研，力争出更大的成果，不辜负母校培养，不愧对一汽-

大众给我发展的平台。

向往母校，与母校结缘

1998年夏天，我们的国家遭受百年不遇的大洪水，这一年的夏天也是我参加高考、改变人生命运的一年。那时填报志愿还是在高考之前，只能根据平时的摸底成绩来进行评估并填报，而那时的我，生在农村、长在农村，只有高中三年在县城读书，那时没有互联网，更看不到外面世界的精彩。报考之前，有哪些大学可选，都在哪，在我的脑子里没有概念，当时也就只知道清华、北大和哈工大这些名字，但那时我们整个县城每年也就能有那么一两个能摸到清华、北大的门，我连想都不敢想。经过和父母、老师商量，考虑当时的摸底成绩，最后在报考志愿第一个位置，我填写了哈尔滨工业大学。功夫不负有心人，1998年8月我收到了承载着父母和家庭期望的哈尔滨工业大学的录取通知书，而那时带领乡村的民兵队伍正奋战在哈尔滨抗洪前线的父亲，也在报纸上看到了我被哈工大录取的消息，老人家很是欣慰。

我背着行囊来到学校报到的时候，得到了师哥师姐们的热情接待，他们给我讲述哈工大的校训"规格严格，功夫到家"、来了哈工大毕业就不愁找工作等等。当时我就想，不就是学校要求严格了些，要多把时间用在学习上吗？慢慢来，一切都会适应的。通过军训和学校的入学教育后，我也逐步进入正常的学习节奏，在"规格严格，功夫到家"校训的鞭策下，我一直努力学习，并积极参与学校的各种组织和社团活动，时刻激励自己，一定要记住师哥师姐的话，绝不能混日子、不学无术。母校四年的培养，不仅给我打下了坚实的理论和实践基础，也让我通过社团活动和担任系学生会主席的机会养成了坚韧的性格。这使我走出校门踏上工作岗位后，很快就能够适应岗位工作需要，并很快就独立承担了工作，独当一面。是母校对我的培养，才让我有了征服技术的本领，也正是因为母校的优秀和名誉，才使我走到哪都能感受到别人对自己的尊重。

钻研技术，创新引领

还记得2002年8月入职的时候，一汽-大众只有长春一个生产基地，那时也就是生产捷达、宝来和老奥迪C5车型，而且那时零件国产化率并不高。还依稀记得当时公司生产的自动化水平并不高，我所在的技术开发部的前身——产品工程部也就四五十人，那时候我们做的就是国产化跟踪和认可的工作。18年，公司发展壮大了，布局了五地六厂、三大品牌；2009年，产品工程部转型升级为技术开发部，并又经历了11年的发展，目前人员达到了近2 000人。

回顾18年的产品技术开发工作，我始终不忘母校的教诲，在工作岗位上勤勤恳恳、兢兢业业，踏实做好每一件事，做好每一项工作。干一行、爱一行、专一行，这是我对自己的要求，在工作中追求没有最好、只有更好，技术上一丝不苟、敢为人先、不断创新，认真践行哈工大"规格严格，功夫到家"的校训。

还记得刚上班的时候，我和其他老师傅一样，每天做着"简单"的国产化工作。那时一汽-大众都是导入成熟车型，作为产品工程师更多的是做一些国产化协调工作，德国大众给的技术资料少之又少，也不需要我们懂太多的技术，写写邮件、发发传真、打打电话、出出报告。而那时的国产化还主要依靠合资供应商的能力，认可还要由德国大众负责，我们只是做一些信息搜集、处理，零件发送、跟踪等工作。但我并不喜欢这样的工作，当时就有一种冲动，并勉励自己一定要用学到的知识改变这一状态，要真正做到有一天我们能按照中国用户的需求自己去设计开发适合中国市场的产品，并由我们自己按照中国的环境、用户使用习惯来做验证、最终完成认可并装车。

回想起刚工作的时候，我们整个电子电器科就12个人，每人负责一摊业务，德国给我们的资料也比较有限，大家都在按部就班地做着重复的国产化转化工作，但我不满足于现状，在工作中坚持技术文件、技术标准、图纸等一定要弄清楚，而且要弄明白设计标准和试验标准背后的故事，为什么这么设计？当时养成了在互联网并不发达的年代能够经常到网上查阅资料的习惯。

干一行、专一行，18年来我一直从事车灯及电子产品的国产化和开发工作，工作中把钻研技术、创新引领作为我在合资公司做技术的追求目标。随着中国汽车市场爆发式的增长和公司的快速发展，一汽－大众技术开发能力也逐步建立起来，尤其是从产品工程转向技术开发的黄金10年中，我们的正向开发能力也得到了飞跃式的提升，同德国大众的分工比例也逐年提高，绝大部分领域已经具备了整车的开发和认可能力。回顾我所负责的车灯及电子领域，我带领团队主要取得了如下成绩：

一、小试牛刀

捷达产品改型，车灯内部造型全新开发。那时我作为所有车灯产品的零件设计师，还不具备技术开发的能力和项目管理能力。按照分工，开发工作由德国大众负责，直接委托了意大利公司来做，但开发过程中的技术分析、造型分析、供应商选择等工作允许一汽－大众参与。当时我就想，能够参与到一汽－大众公司的产品研发中，多学习流程和管理经验、多学习专业技术能力，后续就有机会主导开发，这不正是迈向正向开发的第一步吗？在参与的过程中我主动同意大利的设计师、德国大众的工程师沟通，对设计过程中每一个技术细节都"打破砂锅问到底"，有时候把国外的设计师问得不耐烦了就直接告诉我："标准就是这么要求的，照着做就行了。"但我坚持要弄清楚这标准背后的故事，不断查阅技术资料、查阅标准，甚至直接给标准起草人写英文邮件咨询，直到弄清楚为止。正是通过这个项目，我了解了一汽－大众的产品开发流程，了解了设计标准和规范，为我后续的技术产品开发之路奠定了基础。

二、亲自操刀

宝来车型在中国可以说是一个传奇，经历了两代车型的国产化后，公司决定按照中国市场需求开发新宝来车型，并在公司内抽调精兵强将，成立了由技术开发部门主导的项目工作团队，在整个项目组织机构中，技术开发专业部门作为发言人，协同质保、采购、项目、销售等部门开展工作，当时我既是车灯开发的产品设计师，又是当时车灯专业组的发言人。对于开发工作来说，负责主导和参与是完全不同的概念，主导责任更大、困难更多，还要亲自参加当时并不熟悉的里程碑点验收高层会议。项目上每天要接受来自各方面各式各样的信息、咨询，技术上我自己还要对技术方案认真分析、做决策。按照项目里程碑点进行验收，当时我只是在捷达项目上看过大众怎么做，也只知道个大概，并不清楚具体的工作检查清单和验收标准，但宝来项目车灯由我负责，绝不能退缩，我就在工作之余再次整理以往项目的技术资料，查阅标准，主动和德国大众专业科室沟通，最终整理出一汽－大众第一份专业的项目里程碑点的检查清单，涵盖项目管理、技术、成本、试制、实验、更改等多个领域。还清晰记得当时到了做数字数控模型DDKM整车虚拟验收的里程碑点，公司要求我去德国参加德国大众董事层级的验收会议，并介绍车灯部分相关技术及工作成果。在出发之前内部的会议上，向当时的产品工程部部长汇报的时候，我拿出检查清单和准备好的180多页PPT技术分析与说明文件，领导非常吃惊地问我："你是哪来的这个检查清单？"并问其他专业："你们有这样的清单吗？"当我回答这是我根据平时工作日积月累，并根据这个项目自己提炼总结出来的，在一汽－大众还是第一份时，领导非常满意，并认为准备充分，马上要求横向扩展，其他科室、其他专业也都要做起来，并通过项目不断维护、补充，只有这样我们才能一代一代传承，才能逐步提升我们的能力。

三、全面开花

经历了全新宝来的开发项目，我除了积累了过硬的专业知识，在流程、沟通方面也积累了大量的经验。但由于技术不断推陈出新，车型项目不断增多，流程不断变革，人员大幅增加，我们在自主开发的道路上并不是一帆风顺的。我经历了一汽－大众从单纯做国产化的一两个车型，到今天我们正在做的一年平行正向开发六七个车型，开发任务呈几何级数增长，尤其是车灯相关用户关注度较高的产品，三年一小改，五年一大改，而且中国用户又有很高的造型和技术需求，这样导致即使是引进的国产化车型，车灯也要做符合中国用户口味的全新设计开发。尤其是2009年技术开发部成立11年来，我们开发了被公司经管会评为最符合中国用户需求的最美尾灯

—"宝来运动版尾灯"；开发了一汽-大众完全自主开发的第一款 SUV 车型探岳的"佛手揽月"手指造型前灯和全新光学专利，带动态转向效果的尾灯；开发了造型锋利、集成一汽-大众创新专利的 C-Trek 尾灯；在前瞻方面我们及早通过创新项目开发了低成本的 LED 模组，并通过车灯战略应用于现在的批量车型中，这对公司领先技术、很好地控制成本起到了至关重要的作用。在电子领域通过完全自主的车灯电子架构开发，应用于公司多款车型，为公司节约近 20 亿元人民币，并在 2019 年集团公司"开源节流"降成本观摩会议上作为优秀自主创新案例向一汽集团徐留平董事长和党委秦焕明副书记进行专题汇报。技术开发部成立的这 11 年，也是我负责车灯领域快速发展的 11 年，队伍也从五六个人发展到现在的近 40 人，建立了一汽-大众车灯技术战略，建立了车灯完全自主 100% 正向开发的能力，培养了优秀的国内供应商，并在日常工作中积极同集团研发总院、解放和奔腾研究院沟通，并通过各种渠道反哺自主。也正是基于这样不菲的成绩，在 2017 年我被评为技术领域专家，并继续在研发领域攻坚克难，同时保证技术领先也是作为专家的职责。

感恩哈工大，感恩一汽-大众

回顾在哈工大四年的学习生活，我觉得母校除了教给我过硬的专业知识之外，更重要的是母校的"规格严格，功夫到家"校训对我的熏陶，它培养了我务实、敢为人先、坚持学习的理念。强烈的责任感和踏实做事的习惯使我终身受益。"规格严格，功夫到家"，在看似朴实无华的教书育人过程中，完成了对每一个哈工大学子的塑造和锤炼，母校帮助我们顺利走向社会，并承担重要的责任。哈工大的品牌效应无论对于刚走出校门的学子还是已经走上社会的学子来说，都是一种无形的资产，都将对大家产生有益的影响和帮助。我就是其中的一个受益者，我能在合资公司做到技术创新和引领，和母校对我的培养是分不开的，我想我对母校能做的就是要在工作和生活中维护好母校的品牌，在未来的工作中继续勇于承担、敢于挑战和创新，以更加优异的成绩展现哈工大学子的才华和能力，我感恩母校！

一汽-大众是我施展才华的舞台，成就事业的平台。在合资公司干技术不难，但要能够做到自主创新，真正做到技术引领就不容易了。我感恩一汽-大众有技术领先的发展理念，在面对中国用户的高要求时，我们不能指望德国大众会主动为中国市场去开发，只有我们自己变强了，主动出击才能实现。正好一汽-大众技术开发部有一个非常好的创新平台，使得我和我的团队的很多想法能够有机会尝试并得以实现。每当在创新技术展、集团高层经理试车 MMD 上看到我们"引领未来"的创新产品时，我都会无比自豪。正是一汽-大众给予我的平台，让我在技术钻研和创新领域得以施展，并保证了一汽-大众车灯技术真正的领先地位。

没有哈工大对我的培养，没有一汽-大众这个大平台，我就无法取得今天这样的成绩，我感恩母校，感恩一汽-大众。

抛洒汗水铸青春

——记哈工大 2013 届高分子化学专业毕业生　林媛媛

人的一生中会有很多面临选择的时候，我想在我前 30 年的时间里，我经历的最重要的两次选择就是大学和工作。

记得我还是个懵懂少年的时候，曾从威海辗转轮船和火车，用了两天的时间才到哈尔滨。家人安排的行程中就有一站是到哈工大看看。对于在小镇上生活的我来说，一切都那么新奇。妈妈说这里面背着书包穿行的人们将来都是工程师，都是科学家，因为这是一所名校。于是哈工大成了我从小的梦想，也是我人生的第一个选择。

我是一个幸运的人，在百万考试大军中，2009 年我终于拿到了哈工大的入场券。梦想实现的感觉真好，我喜欢从宿舍走到理学楼实验室一路上香气扑鼻的紫丁香花；我喜欢在红楼的教室里和同学们一起排练英文话剧；我喜欢在图书馆里看各种所谓闲书；我喜欢食堂阿姨爽朗的笑声；我喜欢下着大雪时在路边买来的冰棍……

在哈工大，专业知识的学习为我打下了坚实的基础，但是母校给予我的绝不仅于此。在"规格严格，功夫到家"校训的指引下，在高水平的老师的教导下，在浓厚的科研氛围中，我学会内敛、坚持、认真以及追求真因的执着。这些哈工大学子独有的气质，让我成为一汽、丰田、泰达工厂品管部技术员室的一员。我的工作涉及量产车的品质管理，新车导入的生产准备工作，以及市场反馈的车辆问题的对应等。

学校在某种意义上是一个人在职场上的标签。2013年我刚进入公司时，由于上学时学习的方向是材料，对机械接触并不多，而作为整车厂品管部技术员来说，熟悉车辆构造是能够顺利开展工作的基础。为了更快进入工作状态，我利用下班时间主动学习图纸读取方式和汽车构造知识，借阅TS、QS等技术资料。为了更好地掌握各种生产工艺，我加班去厂家工厂实地学习。经过积累，我逐渐形成了自己的一套解决问题的方法。2014年品保监查中，我负责的卡罗拉和锐志车型内装部分零问题指摘，为近年来最好成绩。

当时有一个多发问题，卡罗拉的辅助把手总是出现阻尼断裂的问题，经过一系列的常规调查，并没有发现异常。这时我提出可以利用扫描电子显微镜（SEM）观察一下阻尼材料的断面，我们就可以知道是韧性断裂还是脆性断裂，进而判断出断裂时的受力情况。我的提议得到了大家的认可。于是通过与品保部的协作，最终判定发生原因为辅助把手在向车辆上组装时受到了瞬间大力，导致阻尼断裂。结果讨论时，同事们说："哈工大的学生就是厉害！"这句话让初入职场的我备受鼓舞。

哈工大的学习让我敢于对困难的工作发起挑战。我的工作中有一个叫限度样本的标准，它可以用来判定工艺生产中不可避免的外观问题是否可以被接受，所以它保障整车的外观品质。由于公司的快速发展导致限度样本数量增多，涉及2条生产线、100多个供应商、1 000多点限度样本，管理出现滞后。在日本，限度样本管理也很困难，因此没有可借鉴的经验。发现问题以后，我主动提出想要进行限度样本的整备工作。2014年至2015年，领导将限度样本整备及标准化特命工作交给我。这项工作需要与线上以及厂家反复核对，为了数据的准确性，核对的次数超过 10 次，反复地筛选、标注，而这些都是在我的定常业务之外的时间进行的，很多时候晚上加班到八九点，周六也不能正常休息。就这样经过了两年的时间，我终于完成了这项工作。

我首次在两个检查课设立了限度样本室，准确无误地整理限度样本 1 144 个，同时形成了限度样本提交及管理用的六个标准工具。这样的整理使限度样本达到了没有错误、遗漏，放置明确，管理清楚的目标，需要使用时可在五分钟内迅速找到所需限度，大大提高了外观品质判定的准确性与时效性。我还编制了限度样本提交及管理流程标准文件，并且作为标准类添加至公司级供应商品质量管理方法和品管部内规文件中。

我一直坚信，作为哈工大的学子就要有成为专家的魄力。我将真因追求作为我的工作指南。从 2015 年开始，我一直从事各种车型的生产准备工作，对品管部来说，生准工作最能考验一个人的工作能力。我前后参加了两厢威驰、三厢威驰、混动卡罗拉、插电式混动卡罗拉、新皇冠等车型大大小小的改款工作。在这些项目中，我参加的部分都没有日本支援者。与设计进行图纸检讨时，语言不通我就自学日语，最终能够与设计当面进行交流；供应商的模具制作、检具制作、工程整备以及部品的五次品质确认，每一个步骤我都要严格把控，保证部品精度提前合格。通过实际的装车确认，我切实掌握了每个部品的组装状态，组装以及车体精度对整车品质的影响，最终打造标准车体，为以后的量产管理提供基础，实现车辆"零不良"下线。

哈工大教给我的最重要的一点是勇于担当，敢做领头羊。卡罗拉的持续热销占据了一汽丰田半壁江山，降低成本是提高收益的重要手段，同时可以保持产品的竞争力。

为保持卡罗拉出租车的竞争力，需要对出租车进行原价递减，以提高实用性和燃油经济性。我作为本次活动的主担当，组织全员将卡罗拉与雷凌和竞品出租车对标。本着降成本不降品质的原则，对提出的原价递减方案逐一验证。每个方案均需要对现有状态进行手加工，再确认装车实际情况。筛选出的方案还需要与日本设计人员进行多次研讨，最终才能获得认可，发行设计变更。经过层层筛选，我们的团队提出原价递减 15 件，原价递减 190.8 元 / 台，年间效果额达 66.8 万元 / 年。其中门板降低 48 元 / 台，座椅降低 42 元 / 台等。我还组织开展了座椅的原价递减活动。指导供应商进行座椅原价递减，并且与日本设计进行逐渐确认，2018 年度推进完成后年间效果额达到 900 万元 / 年。在原价递减的同时，为保证卡罗拉品质持续稳定，我承担了供应商品质提高工作，目标是通过 2018 年至 2019 年度改善活动，构筑可持续发展的能稳步提升供应商自主改善能力的体制，该活动正稳步推进，为一汽丰田实现"三箭齐发，挑战极限，首战必胜"目标做出贡献。

经过 7 年的工作与学习，我养成了凡事先计划再执行的习惯，掌握了现地现物确认问题、抓住问题本质、快速提出对策的本领。我通过持续的改善，不断创造与革新。为了肯定入职以来的表现，我被授予 2017 年度一汽丰田优秀大学生成长奖。

作为女技术员，本就要比男技术员付出更多努力，克服更多困难，但作为哈工大的学子，就要有不服输的韧劲儿，就要有挑战极限的勇气，就要有建功立业的魄力。我谨记哈工大"规格严格，功夫到家"的校训，在一汽丰田二次创业新征程上，继续昂首前进。

初心守赤诚，热血铸精品

——记哈工大 2003 届建筑环境与设备工程专业毕业生　明忠魁

　　明忠魁，吉林长春人，1980 年 3 月生，高级工程师，中共党员。2003 年毕业于哈尔滨工业大学市政环境工程学院建筑环境与设备工程专业，获学士学位。毕业到一汽后，曾先后在铸造一厂、铸造公司、铸造二厂履职，担任过热工设计员、热工现场工程师、通风现场工程师、发展规划员、产品开发项目负责人等职。现任一汽铸造有限公司铸造二厂质量保证室党支部书记兼业务主任。

　　明忠魁，个子不高，戴着一副黑边近视眼镜，头发不重，平时不管穿什么衣服都打理得很整洁，和大家见面时总是带着笑意。在现场，他能用一口流利的英语和外国专家们交流工艺。虽然担着主任的担子，可大家更愿意称他一声"明工"，这源于他多年来对产品质量工艺的谙熟。

　　明忠魁虽然是土生土长的长春人，但在来一汽之前，他对"一汽"这个名词既熟悉又陌生，熟悉的是一汽是中国汽车工业的摇篮、汽车工业的共和国长子，陌生的是一汽就像个神秘王国，工作前他从来都没有踏入过这个叫车城的地方。可一汽一直让他神往，特别是在哈工大读书的那几年，他总能听到有无数哈工大学子为一汽建设立下汗马功劳，这些烙印经常在他心中翻腾，他对同学说："我要考个好成绩，等我毕业了也要去一汽工作。"很快大学生活结束了，2003年，一汽集团到哈工大招聘员工，风华正茂的哈工大学子明忠魁与一群想从事汽车行业的热血青年毫不犹豫地选择了一汽，他们要用所学圆自己的"汽车梦"。明忠魁听从组织上的分配，来到了刚刚公司化四年多的铸造一厂，走上工作岗位，面对着冲天炉、工频炉、气压保温浇注炉、造型线等先进自动化设备，他似乎不知道如何才能将大学里学到的知识进行有效的转化。当看到旁边的老师傅们应对自如，从容地操作着各种设备时，他暗下决心，一定要快速掌握原理，尽快成为专业能手。

"规格严格，功夫到家"，他时时默念着哈工大的校训。

他和专家们一起分析设备故障原因，和老师傅们一起处理设备问题。有一次气压浇注炉水系统发生故障，系统报警系统迅速触发，警铃声大作，大家都在迷茫的时候，他迅速冲到现场，依次排查主循环水、副循环水两个系统，最终在冲天炉八米平台的冷却器上找到了故障点。原来是一个止回阀出现了故障，处理后副循环水的温度下降了，主循环水的温度也跟着降低了，警报解除了，现场人员悬着的心落地了。在一次一次故障处理的过程中，他在这个充满挑战的岗位上找到了感觉，熟悉系统原理图，处理设备应急故障，参与新的改造项目，每天他都和工人师傅们打成一片，他的感悟能力也得到了迅速的提升，自信心也建立了起来。项目改造时进行图纸设计，设备检修时进行技术指导，设备故障时进行故障点排查，厂内的循环水、采暖水、压缩空气、蒸汽、消防水等动能管网系统不久就都烂熟于心。几年下来，明忠魁成为铸造一厂热工专业为数不多的专家。

2010年末，由于工作需要，明忠魁被调到铸造二厂，负责"十二五"发展改造项目，同时兼任EA888Gen3缸体铸件开发项目总负责人。

随着市场形势和铸造工艺技术的变化与升级，铸造二厂原来的主导产品逐渐退出市场竞争，EA888Evo2缸体铸件的升级换代产品EA888Gen3缸体以其壁厚3 mm、采用组芯立浇工艺独占世界鳌头，成为21世纪欧洲发动机缸体市场的主流产品。这急需铸造二厂尽快掌握先进的工艺技术，突破工艺瓶颈，完成新老产品切换。应该说，那时候是铸造二厂生死存亡的关键时刻，如何顺利地将EA888Gen3缸体铸件国产化，投入铸造二厂生产是重中之重。

明忠魁深知这个项目对铸造二厂的重要性，他不管白天夜里，开始拼命地学习工艺知识，学习相关的设备知识，学习项目管理知识。同时，在项目的运行过程中，大众一汽发动机（大连）有限公司的领导每周对现场的项目进行点检、纠偏，和大连大众质保人员共同研讨项目运行焦点、难点。每到关键节点，奥迪公司的专家都到铸造二厂进行项目促进，明忠魁全程用英文汇报项目进展情况，准确传递改造信息，奥迪专家团队对项目进展情况和明忠魁的表述表示满意，对项目的认可就是对他个人的最大认可。后来，听明忠魁讲，那段时间是他压力最大的阶段，也是他的技艺提高最快的阶段。先进的质保系统思维、先进的项目管理运行方法、先进的问题解决思维每天冲击着他固有的思维，无数的新潮管理思路丰富着他的大脑，日复一日的工作就是汇报材料、改汇报材料、现场促进、收集信息、总结汇报。"不换思路就换人"，上面的压力也是着实不小。时间不等人，严酷的形势逼着他提高再提高，他的管理理论也是在这个阶段建立并得到空前提升的。在项目执行过程中，明忠魁和他的团队，通过优化涂料降低了砂芯发气量，有效提高了隔气能力；创新改进排气系统，有效提高了发气能力，成功解决了气孔问题；通过运用浇注过程双层过滤工艺，彻底解决了铸件砂眼问题。这些新工艺、新方法都是铸造二厂创新研究出的独门工艺。另外，通过砂芯装配方式及顺序优化有效降低了断芯废品率。与此同时，在厂领导和专家支持下，他还对设备制造能力进行了创新升级，新增了气压包连续测温、主体芯线外冷却、炉料细化净化、工装深度清理等子项目，大幅度提高了质量过程保障能力。

2014年10月，铸造二厂顺利向奥迪提交EA888Gen3缸体OTS样件；

2015年7月至9月，向一汽大众发动机（大连）有限公司（VWED）提交PVS样件和"0"系列样件；2016年2月，通过大众汽车集团（中国）、VWED组织的预压力测试；3月，通过奥迪组织的压力测试，下旬通过VWED组织的2TP测试；4月20日，获得奥迪下发的项目BMG认可，25日获得VWED下发的批量生产质量许可。

EA888Gen3缸体铸件批量生产阶段，第一个月就生产缸体铸件31 000件，内废率为5.23%，外废率控制在3.3%，得到了用户一致认可。从2016年4月25日至7月25日，VWED共加工缸体铸件49 516件，平均外废率为3.35%，铸造二厂终于成功了。剪彩现场，大家不约而同地把目光投向"明工"，因为每项成功的背后都有"明工"投下的汗水和心血。

如今，除了德国EB公司、巴西tube工厂可以生产EA888Gen3同类缸体铸件外，国内只有两家可以生产，而首先实现国产化的就是一汽铸造有限公司铸造二厂。与奥迪公司多次成功的合作证明，铸造二厂的小缸体生产水平被世界首肯，中国最好！

2016年，明忠魁通过了一汽集团公司组织的E-TAS能力测评，顺利走上质量保证室业务主任的岗位。

由于有产品开发项目阶段的质保体系知识积累，他在新岗位上工作起来得心应手，优良的铸件产品质量，有效减少了多年来客户对产品的抱怨。作为一个部门的管理者，明忠魁时时刻刻告诫自己，要坚守服务意识、市场意识、团队意识和成本意识，凡事使用PDCA循环思维进行考量，运用目标管理、计划管理、绩效指标管理等管理方法手段，推进工作目标有效落地。

为了稳定质量、提高质量，他主动组织本部门人员进行大量的、艰苦的、细致的工作，坚定不移地把好出口入口管理和监控工作，锁定工艺参数，解决质量管理接口"孤岛"工作。在硬件和软件方面做不断的持续改进和升级工作。2018年，EA888Gen3缸体产品外废率实现1.3%，一举打破了德国EB公司质量全球垄断的神话，使铸造二厂成为世界上薄壁缸体铸件质量最优供应商。同时，铸造二厂也获得了大连大众优秀供应商称号。明忠魁本人也获得了IATF16949:2016质量管理体系内审员资格。2017年，他获得质量工程高级工程师资格和大众集团（中国）的 PSB(产品安全代表)资质。

"行百里者半九十"，每次回到家，老人总是用这句话警示着他。

在不远的将来，EA888Gen5 缸体铸件将会成为主导产品，它无论对铸造二厂这个企业还是对"明工"的团队来说都既是机遇也是压力。明忠魁说："我们只有抓紧产品开发进程，才能在未来的产品生产中占据优势，还有很多工作等待着我们去做，还有无限美好的未来等待我们去创造。"在做好现有产品质量控制的同时，筹划新产品的开发工作同样是重中之重。打造一支专业的质量控制团队，推动铸造二厂产品质量管理更加规范、高效，不断完善质量管理体系，促进质量管理更加精细化，不断提高生产制造过程的稳定性和产品质量的一致性，是未来一段时间的主要工作方向。

明忠魁说："多年经验告诉我，机会总是留给有准备的人，只有平时卧薪尝胆，关键时刻才能厚积薄发。我们既不能盲目自大，也不要妄自菲薄，不要浅尝辄止，要学就要学深悟透，皮毛的东西最终不是你的血液。"每当在前进的道路上感到迷茫的时候，明忠魁就想起流体力学老师在阶梯教室满黑板的微积分推导，就会想起理论力学老师那严谨的演算过程，"规格严格，功夫到家"，哈工大校训这八字箴言每每浮现在脑海，就如同在前进的道路上亮起指路的明灯，就有了激励学子前进的动力。

"埋头苦干，辛苦耕耘，你就一定会获得掌声和喝彩！"

哈工大学子从来都是坚守初心，不辱使命！

(李金华撰)

铭记师恩，筑梦一汽

——记哈工大 2007 届化学工程与工艺专业毕业生　任明华

我于 2007 年毕业于哈工大（威海）海洋学院化学工程与工艺专业，入职后一直在解放公司卡车生产制造一线，先后经历涂装工艺员、车身生产准备工艺员、生准主管、工艺技术室副主任（生准、涂装业务）、涂装车间主任岗位，现任解放青岛事业部总经理助理。

一次机会入职一汽解放

2006 年 11 月，一汽集团带领各分子公司招聘团队到威海校区招聘应届毕业生，其中有富奥、解放等大公司。作为学生的我，一眼相中了解放公司。但由于化工专业的限制，招生人数只有一个名额，笔试、一面、二面，从下午 1 点进行到晚上 11 点，我从 30 多位竞聘者中脱颖而出成功被录取，一名哈工大学子的汽车梦得以实现，入职一汽解放第一感悟：珍惜机会，遵循"规格严格，功夫到家"的校训，做合格的"哈工大人"。

一趟出差解决一个问题

2010年由于工作需要我调任到生产准备工艺室，主要负责J6驾驶室的生产准备工作。在2012年6月份的时候接到市场反馈，在内蒙古海拉尔地区，市场用户的12台驾驶室导流罩顶盖撕裂，导致顶盖处漏雨。工艺室派出焊装、内饰装配技术员组成问题调查小组，我负责处理此项任务，到海拉尔后实地访到用户，在用车基地调查了撕裂后的顶盖状态，并在当地服务站配合下去掉导流罩，修复顶盖后回到长春。

回工厂后，我联络当时的技术中心材料部及CAE分析人员，对现有产品进行有限元分析，模拟工况状态下，导流罩受力及顶盖受力模型。最终组织焊装工艺员设计、工厂试制、技术部新车验证，出了一套加强版的导流罩方案，并在全部产品上得以落实。此措施彻底解决了导流罩受大风力后顶盖撕裂的难题。很难相信，这么大的一个方案的变更和落实是在一个生准工艺员的组织下完成的，导流罩的加强方案有效地改善了原有结构，改善了质量。

一汽解放人在干事创业的路上，集聚诸多志同道合者。"规格严格，功夫到家"的校训和解放"用户第一"的理念，异曲同工地完美结合在一起。

一个优秀的团队造就一个劳模

我在2017年从卡车厂工艺室涂装技术副主任转任涂装车间主任后，有个梦想，就是带领涂装团队将车间打造成"样板车间"。角色的转换就意味着机遇和挑战并存，机遇是有了更好的发挥平台，挑战是车间与科室管理的不同，管理面更广，管的人多难题也复杂。作为涂装车间的"新兵"，我要沉下心学习，力求做一名创新复合型的管理者，这样才能不负责任担当。

一次专项质量攻关

一次入库合格率指标是卡车厂承接解放公司的重要指标之一（目标值93%）。由于磕碰划伤的影响，这个指标始终影响卡车厂整车一次入库合格率，磕碰划伤比率3.68%占到总因素的52%，磕碰划伤问题是"老大难"问题。

我在工艺室担任涂装技术副主任时就对这个课题有过一些了解，而且对漆面品质最有发言权的是涂装车间，作为涂装车间主任，不仅要解决本单位的问题，还要为卡车厂降低磕碰划伤发生率，我义不容辞地担起了重任。

我组织带领涂装车间与制造物流部物流室、卡车厂过程检测室、内饰车间、总装车间组成攻关项目组，亲自带领攻关团队深入现场查找真因，针对问题开专题研讨会，对问题进行立项整改。每天抽时间跟踪研究非金属件的每一道物流线路过程，观察分析在哪个环节产生的磕碰划伤最多；对现场众多的非金属件工位器具进行检查。走访员工和管理人员，了解工位器具防磕碰毡垫的使用时间、多少件后产生脱落或损坏；对工件造成磕碰划伤，防护装置设置是否合理；观察员工作业是否按标准操作；调查涂装员工、叉车司机、下序员工作业情况，看员工作业过程中对磕碰划伤的影响。

确定了问题的真因，我立即与攻关团队研究破解磕碰划伤的办法。首先，我带领团队对非金属生产线进行控制。持续对现场转运员工进行作业观察，规范作业要领，固化成果；对老款器具作为入库器具进行内物流周转，新型器具作为发件器具进行外物流转运；对生产线出口控制不良品流出。其次，控制非金属成品库。规范叉车作业；持续逐一排查器具，对残缺破损器具及时维修、维护；对库区固定存储器具增加防护装置，通过大数据分析和专项会议研讨，把握磕碰划伤现状及整改效果，并进行成果固化，建立质量检查机制，层层落实责任，确保给下序提供合格零件。

我接任攻关项目总负责人后，5月调研、6月出方案并实施，通过采取这些有效措施，6、7、8 三个月磕碰划伤比率持续降低实现向好，9 月份达成攻关目标；磕碰划伤比率由 5 月份的 2.92% 降低到 12 月份的 1.48%。支撑卡车厂 9 月—12 月四个月连续达成整车一次入库合格率 93% 的目标，自此卡车厂一次入库合格率 93% 的目标完全达成。

实现涂装产能突破

涂装车间承担着驾驶室及非金属件涂装任务，由于产能的"瓶颈"和质量保障能力的不足，给下序生产造成停歇、调序等问题。

随着解放卡车的旺销，金属漆产量的增加，给产能带来了制约压力。原有中涂喷漆线设计无法喷涂金属漆驾驶室，是制约产能的主要"瓶颈"点。为解决这个难题，我带领工艺和装备技术骨干进行了攻关改善，我们将本色漆生产转为金属漆生产，采取链速、喷涂作业方式调整、错时保洁等"招法"改善中涂喷漆线。使改善后的中涂喷漆线每班次生产 88 辆金属漆，每天释放中涂线 176 辆金属漆产能，实现了涂装车间金属漆产能突破 500 辆份 / 天的瓶颈。与此同时，我还组织大家通过对白件质量控制、改善遮蔽挂具、提高喷漆工边角作业技能、设立质量门等措施，实现非金属件一次交检合格率由年初的 76% 提升到现阶段的 81%，产能由 8 755 件 / 天，提升到 9 921 件 / 天，日产提升 1 166 件，为持续高产提供了有力的保障。

要实现这个"样板车间"目标，最重要的一个内容是提升"五项管理"软件工作，这是保障一切工作的基础。我主动向卡车厂 FPS 事务管理局申请，涂装车间要参加集团公司 FPS 体系审核，"求"别人"挑毛病"，就要承担一定的风险，这种勇气和自信来自担当、务实精神，靠的是车间各项工作扎实的推进。卡车厂 2016 年 FPS 评审完成指标为 3.7 分，2017 年已确定评审目标为 3.9 分。为达成目标，我亲自参与车间 FPS 内部评审，现场指导班组长进行管理完善。最终在 8 月份集团公司 FPS 评审中，我所带领的涂装团队获得 3.94 分的评审成绩，为卡车厂完成 FPS 评分指标提供了有力的支撑。

我的理解是要求集团公司FPS评审，就是检验车间在管理中存在的问题，针对问题找出差距更好地提高车间管理能力。涂装车间团队以卓越的成绩获得2017年"集团公司模范团队"殊荣，我本人也被评为2017年度一汽集团劳动模范。

一个项目经历促进自我成长

2015年公司战略需要，建设了一条非金属生产线，先后在工艺技术室负责涂装工艺和在涂装车间从事生产管理的经历，使我和新建非金属项目结下了不解之缘。我先后任非金属项目工艺组组长和制造组组长，分别完成组织工艺设计和试生产、产能爬坡、新老基地切换及后续的批量投产等任务。

新建非金属生产线的设计水平是最高的，复杂程度也是高的。国内首创商用车非金属外饰件水性漆自动化喷涂生产线，达到国内最高水平。特点是高柔性（4种材质、337种零件）、低温水性漆、自动化生产线。

2018年11月初开始试生产，2018年12月10日量产，利用一个月的时间完成新老基地切换。在设备调试阶段我就组织生产和设备人员学习和掌握现场状态，根据实际情况建立"多品种多色种不同批量生产模式"，储备数量由9 500降低至4 000，库存周转由1次/日提升至2.38次/日。完整的新非金属生产线项目经历，使我对精益生产的理解有了进一步升华：①生产线工艺设计——自动化；②生产拉练及切换——近乎垂直切换；③生产管理——精益创新。

在哈工大的理论学习，奠定了我在一汽这个舞台上实践的基础。我带着喜悦衷心地感谢母校，也感谢培养我成长的一汽舞台。每一次经历都是一次历练，困难可以激励我奋发向前，成功可以增进我前行的动力。祝福我的母校桃李芬芳，愿我们一汽早日实现"中国第一，世界一流"的伟大梦想。

哈工大学子奋斗在一汽

——记哈工大 2007 届机械电子工程专业毕业生　宋　磊

时光如白驹过隙，转眼离开哈工大校园已经13年了，值此母校百年校庆之际，抚今追昔，哈工大的一草一木历历如昨，"规格严格，功夫到家"的校训影响至今。

从黄海之滨到北国冰城

我叫宋磊，2001年8月怀着无比兴奋的心情踏入哈工大威海校区的大门，开始了四年的美好大学时光，可以说大学的四年我见证了威海校区的成长和壮大，比如巍峨耸立的主楼、教堂式风格的G楼、美丽如画的日月湖、现代化的体育场等都是那几年建立起来的。学校依山傍海，四季如画，周末班里组织沙滩足球、野餐等文体活动，因为靠着大海的缘故更加丰富多彩；学校的教学和学习氛围也非常浓厚，热门的专业老师上课经常有同学站着听讲，自习室一座难求也是司空见惯的事情。老师的教学很讲究理论联系实际，比如我的本科毕业课题是地毯编织机花纹的控制设计，是威海当地企业真实的项目，还有其他的同学参与的海带打结机设计等，都充分体现了"产学研"结合。总之，大学本科的四年非常难忘，学到了能够学以致用的本领，收获了永生难忘的友谊。记得2015年8月，我们同专业0111-1到0111-4共四个班共同组织毕业十周年聚会，大家从五湖四海回到阔别十年的母校，欣喜地看到校园里新建的图书馆、研究院、食堂等建筑鳞次栉比，主楼更加让人肃然起敬，石碑上的校训更加遒劲有力，青葱的梧桐和翠绿的杨柳更加茂密，座谈会上辅导员老师回忆起十年前的点滴故事泪光闪闪，这浓浓的师生情、同学情感染了每一个老师和同学。

　　2005年8月，我来到母校本部机电学院攻读硕士研究生，很荣幸能进入到全国闻名的机器人研究所学习和深造，机器人研究所是国家级实验室，蔡鹤皋院士是名誉所长。两年的研究生学习生涯很紧张，每天早出晚归，记得那时宿舍里经常有人学习到凌晨。研究生两年最大的收获是培养了自主学习能力、方法和严谨务实的学习态度。我的课题是仿生机器人足力研究，这是博士师兄的一个大课题的一部分，需要学习机械结构、电机电气和软件编程等，课本里没有现成的东西可以用，要查阅大量的科学文献，进行反复的试验验证，可以说母校研究生学习的两年让我认识到知识的海洋有多博大和宽广，勤奋、科学、严谨的学习态度有多重要，为我日后参加工作尽快进入角色奠定了基础。虽然两年时间短暂，学习和课题任务也都很紧张，但校园里流行的一些趣事也至今难忘，比如BBS论坛"TOP十大"、方便食堂的"馅饼西施"、紫丁香树下为学生指点迷津的老人等等，这些紧张学习生活中的点缀，都是当时母校的亮丽风景线。

哈工大学子到中国一汽

　　2007年8月我从哈工大毕业来到中国一汽，开始了在中国汽车工业摇篮的职业生涯，从一汽技术中心商用车开发部、传动开发部到研发管理控制部、项目管理部，再到解放公司产品管理部，我这样一名普通员工经历组织机构的更迭，见证了一汽从传统国企向现代化企业转型的努力和蜕变，我也从担任商用车变速器操纵设计师、变速器设计师，再到负责商用车变速器开发项目管理、商用车整车开发项目管理，一直都在为一汽自主商用车事业添砖加瓦，贡献力量。

一毕业我就来到中国一汽研发的核心——一汽技术中心，也叫长春汽车研究所，开始从事商用车变速器匹配和变速操纵开发工作，参与了解放 J5M 系列十几个车型的开发工作，属于工作的起步和学习期；后来负责客车的变速器匹配和变速操纵开发，参与开发了公路、公交客车、校车及多功能商务车等多个整车项目。除了保质保量完成项目以外，我还在多个车型的变速操纵机构方面提出了新想法，尤其在自主校车开发初期，软轴操纵方案存在换挡沉重等问题。经过大量计算和试验分析，我提出了单杆操纵形式，使得换挡操纵轻便灵活，为自主客车事业的发展做出了自己应有的贡献，该校车荣获一汽集团科技创新奖一等奖。

积累一定设计经验之后，2009 年我开始参与变速器总成开发。第一次参与的是一汽首款客车变速器总成，我负责变速器壳体部分，当时把国外竞品的样件放在工作卡位边上，一个距离一个圆角地测量，事无巨细，边量边做三维数据，这个项目使我熟悉了变速器总成的开发流程和关键技术特点。后来参与重型变速器总成开发，挡位从 10 挡到 12 挡，输入扭矩从 2 100 牛·米到 2 600 牛·米，壳体材料从铸铁到铝合金，操纵形式从手动到 AMT，可以说一汽自主变速器的发展历程也是中国商用车追求动力、经济性、轻量化、自动化发展历程的缩影，也在这几年中设计能力得到了最大的提升。

2014 年 5 月我来到一汽技术中心研发管理控制部，开始了从设计向管理转型，主要负责商用车传动系模块项目管理工作，包括变速器和车桥等十几个产品的研发项目管理，负责组建团队、计划管理、预算管理、质量管理，推动项目各项工作开展，达成项目目标。其中解放换代卡车

J7 的关键传动系总成——12TA 全铝壳体变速器和换代升级 457 桥，在国内首次实现两大总成 B10 寿命 150 万公里。

  2017 年 1 月我开始从总成开发项目管理转向整车开发项目管理，担任解放换代中型卡车 J6L 升级和 JK6 的产品开发项目经理，2017 年 9 月一汽集团组织机构改革，包括红旗、解放和奔腾在内的各个事业单元"研产供销"一体，技术中心商用车的项目管理与解放公司产品管理部合并，成立新的解放公司产品管理部，我来到解放公司产品管理部后继续从事两个平台的项目管理工作。变化的是从技术中心到解放公司，不变的是为自主事业的孜孜追求，同时工作涉及的领域也从之前只针对技术中心内部的研发领域，扩大到面向公司研发、制造、采购、质保和销售等汽车开发的全领域。新 J6L 和 JK6 这两个平台车型分别是面向解放公司长春和青岛两个基地的换代产品，最重要的使命是提升产品竞争力的同时，提高解放中型卡车的盈利能力，扭转只有重卡盈利、中卡贡献为负的局面。为了完成这一重大战略使命，突破中型车收益瓶颈，我带领项目团队成员从全面对标开始，逐件拆解、称重，对材料工艺进行分析，通过结构优化、材料优化、去功能冗余、模块化、制造优化和采购优化等方法，使中型车收益提升 12% 以上，成为公司成本优化的标杆项目。

  哈工大百年校庆之际，祝福母校生日快乐，学校各项建设将越来越好，为祖国建设的各行各业培养更多优秀人才，"规格严格，功夫到家"的校训将影响着更多的学子；同时更要感谢中国一汽给我们提供广阔的事业舞台。海阔凭鱼跃，天高任鸟飞。我们信心十足，哈工大会更加美好，中国一汽也会屹立于世界著名汽车之林！

我为一汽添光彩

——记哈工大 1992 届汽车设计与制造专业毕业生　王宝军

1988 年高考填报志愿时，听到高中班主任介绍哈尔滨工业大学"学风严谨"、是"工程师的摇篮"，而且与中国第一汽车制造厂联合办学，学生毕业后会被分配到一汽工作，对乐于想象、喜欢设计和汽车的我来说，正是"两全其美"，我毫不犹豫填写了第一志愿，也如愿以偿考取了哈尔滨工业大学。

1988 年 10 月，入学一个月后，哈工大汽车工程学院正式成立，我们从机械系转到了汽车工程学院，组成了汽车班（汽车设计与制造专业），发动机班是从动力工程系转过来组成的，很荣幸我们 50 多人成为汽车工程学院第一批正式的学生。我们班 27 人，我担任团支部书记，1992 年 7 月毕业后有 17 人被分配到一汽工作，现在分别在集团职能部、红旗、解放、轿车、一汽-大众、马自达等单位，从事规划、设计、项目管理、营销和服务等工作，担任高级经理、高级主任师和主任等重要职务。

我自1992年参加工作至今，基本是在公司或工厂"一线"从事解放汽车产品的开发工作，历经9年客车底盘设计和19年的卡车设计，做过设计师、主管、主任，现在任一汽解放公司商用车开发院高级主任师，主要负责中重型专用车产品的开发工作。我曾参与和主持过产品开发、研发体系建设、PDM（产品数据管理）系统项目的实施、质量改进和成本改善等解放公司级重大项目管理工作，实现了学习理论向设计实践、技术向管理、科室管理向部门项目管理以及公司项目管理的转变和提升。

1992年8月，我们在一汽工人文化宫参加新生入职典礼，耿昭杰厂长致欢迎词，并语重心长地勉励我们："大学四年的专业很重要，但近四十年的工作生涯会更精彩，无论处于什么岗位，希望大家都要深入现场、理论联系实际，做好每一项工作，发挥更大的作用。"老校友的这句话一直激励着我、影响着我做好每一件事。为响应耿厂长的号召，厂里安排我们到铸造、锻造、总装、发动机、底盘等生产厂实习半年，无论是理工科和财务专业的，还是医学和师范等专业的。应该说半年的实习，让每一位新员工都熟悉了生产现场的工作环境，了解了一线员工的操作过程，为我们日后更好地工作奠定了基础。

我被分配在一汽改装车厂（后更名为客车底盘厂）实习，在后桥车间加工过轮毂、制动鼓，在总装配车间装配过车桥、板簧和制动管路等，由于实习期间踏实、肯干，半年后被该厂正式留了下来，分到设计科工作，从此开始了我进行解放产品设计的职业生涯。从简单零件加减孔、调整尺寸，到管路、车架横梁、悬架支架以及后来的制动系统、车架总成等设计，我逐步养成了遇到问题及时查阅汽车设计与汽车构造等书籍、向身边领导和老同志学习的习惯，并且每次都到生产部件、整车装配的现场配合，丰富了知识，业务水平也得到了提高。

1997年，为了进一步开拓公交车市场，我独立负责低地板城市客车底盘的总布置设计。当时国内没有低地板的客车底盘参考，也没有低底盘专用的车桥等总成，我在查阅了有关资料后，利用现有资源进行多种方案（脊骨式、变宽度车架等）设计，并进行总体布置、计算分析、方案优选。那段时间我基本都是工作到晚上九点多才回家，有时晚上睡着觉，有了好想法，赶紧起来拿笔记下，那时候孩子刚出生，爱人没有怨言，默默支持着我。经过三个多月的努力，以及与客车厂家的合作，我们最后采用变宽度（前窄后宽）、变高度（前低后高）的车架，对转向、制动以及变速操纵等系统相应进行了优化设计，成功开发了国内首个可以两级踏步的10米准低地板城市客车底盘（当时基本都是三级或四级踏步），宇通、北客、长沙、中通等客车厂家纷纷选用，陆续在北京、天津、长沙、青岛等城市投放，同时采用该底盘的客车被评为国家级新产品，荣获长春市科技进步奖一等奖。我厂在此基础上又拓展开发了天然气、12米低底盘等系列车型，低地板城市客车系列成为单位主力车型，每月可销售300至500台，一汽城市公交市场份额遥遥领先。

后期我又陆续负责开发了九米、八米高速客车底盘，由于后置发动机布置空间和动力性的要求，首次采用了国际三大柴油机公司之一珀金斯生产的210Ps发动机，弥补了依维柯车型没有行李舱空间的缺陷，满足了国内中短途高速客运市场的需求，为我厂再次赢得了市场先机。1998年单位为我分了大学生公寓，晋升了中级职称（据说同时兼得在我厂是首例），2000年我获得了一汽标兵家庭称号。同期，金龙、宇通、亚星奔驰等客车公司也来电或面谈邀请我，并且待遇也很优厚，因为想到是一汽培养了我，给了我施展才能的平台和机会，所以我没有离开一汽。

为进一步提高和挑战自我，2001年7月，我竞聘到一汽集团生产部设计更改室任主任，主要针对当时生产的解放卡车，与技术中心平台产品形成呼应，围绕现场和市场，快速反应，开发满足用户需求的适应性产品。从此，我开始了由一名设计师向一名技术管理者的角色转变。从办公环境搭建到与相关部门沟通平台的建立，从职责分工到流程建设，从人才培养到团队建设，从开始10人的科室发展到后来具有产品策划、设计、试制试验、产品认证等职能的100多人的部门，从解放第二代长头车的设计更改逐步发展到解放第六代（J6）的适应性产品开发，每一步我都付出了辛勤的汗水，同时也得到了锻炼，丰富了知识和经验。

经过我们改进和适应性开发的产品，占每年解放销量的一半以上，包括运煤王、高顶仓栅车、两吨王、教练车、6×2载货和牵引车等热销产品。其中，运煤王系列在2002年每月销售3 000多辆，用户纷纷抢购，市场份额处于绝对领先水平；2008年开发的J5系列8×2载货车，获得第六届中国国际发明金奖和中国汽车工业科技进步奖三等奖，同期解放J6平台产品获得中国汽车工业科技进步奖特等奖，我也很荣幸在人民大会堂领奖。

2010年J6L投产初期，竞争压力大，在公司领导的指导和带领下，我负责项目组的日常实施工作，根据市场工况和用户使用特点，深入对标、集思广益，通过专题会、小组周例会和每月大例会确定工作措施和内容，推动项目有效落实。经过近半年的努力，单车成本优化6 000多元（达到目标），同时解决了产品质量问题，提高了竞争力，实现J6L由开始每月300辆左右发展到每年20 000多辆的销售业绩。

另外，我在技术管理方面也得到了锻炼，担任过公司多个重大项目的项目经理。2004年我负责解放公司PDM项目的实施工作，实现了公司内系统的整合以及一汽技术中心与解放公司系统的数据发布与接收，为产品协同开发的信息管理奠定了基础。2006年开始，我负责公司研发成本改善项目的日常实施，组建了项目组、制定了项目实施流程和方法，归纳整理了技术创新、结构优化、合理选材等12条途径，建立了多方维护的系统，12年间已累计降低成本10多亿元。同时，我也负责过多个公司级重大质量改进项目，组织项目组主动调研，明确问题，按照设计、制造、使用和服务四个维度重点分析，制定解决措施和实施，解决了发动机悬置、离合、排气、变速操纵等由部件到系统多项质量问题，并且总结经验，建立操作手册，指导质量分析和服务系统，为公司提质、增效、上量做出了突出贡献。

在出产品、出流程的同时，我们部门也培养出了高级专家、二级经理和专家等多位人才。我也在工作的同时，不断学习、不断提高，积极参加公司组织的项目管理、知识管理等业务培训，2006年取得国家职业经理人资格和首批"第一汽车高级专家"称号，2010年获得天津大学硕士研究生学历，同时获得集团公司"优秀共产党员"称号以及长春市政府特殊津贴等。

2020年是哈尔滨工业大学建校百年，在此我衷心地祝愿母校建设得更加美好，为祖国培养更多的人才！感谢母校培养了我，也感谢一汽给了我干事、锻炼的舞台，我会时刻秉承"规格严格，功夫到家"的校训，脚踏实地地做好每一件事，为祖国做贡献，为公司添光彩！

做新时代的新红旗人

——记哈工大 1997 届汽车设计与制造专业毕业生　王儒金

　　时间过得真快，一晃从哈工大毕业已经 23 年了，还记得 2017 年和同学们回归母校庆祝毕业 20 周年纪念时，发现母校的一切还是那么温馨熟悉，曾经的宿舍——二舍（号称亚洲第一大学生宿舍），还有留下青春回忆的即将拆掉重建的三舍，曾经早上常去的"方便食堂"，曾经的图书馆、机械楼、电机楼和管理学院、阶梯教室，一切都仿佛在昨日，触手可及。

懵懂少年，跨进"工程师的摇篮"

　　我是农村出来的孩子，考上重点高中后就离开父母独自在外生活了。高考前对大学的了解除了清华、北大，其他都是概念模糊的。班主任建议我读机械类专业，招生简章里我看有个汽车专业，就抱着造汽车的梦想考上了哈工大汽车系。一上学就听到学长们说"四大名捕"的传奇故事，一个个都是真抓考试不及格的案例，亲眼见到一个学长重修高数和我们一起期末考试，很多同学在四年当中，都被抓到不合格，由此可见，哈工大的规格严格绝不是徒有虚名。学校也投入巨大师资培养我们，经常有教授、副教授给我们上基础课，比如教大学物理的皮名嘉老师。学生们也爱学习，考上其他大学的高中同学非常羡慕我们哈工大的学习氛围。我记得那时候上晚自习都找不到自习座位，周六周日一大早到图书馆排队占座位学习，队伍有一公里那么长。在这样的成长环境下，我不敢有一丝懈怠，认真学习，作为团委组织部长、班级团支部书记也积极组织和参加院系的各种活动，收获了校三好学生、安重根奖学金等各种荣誉和奖励，并在大学就加入了中国共产党。真心地感恩我的母校和老师们对我的培养，现在回忆过去仍然觉得自己做得不够好，辜负了当年的大好时光。

青葱青年，加入一汽

大四时，我有幸到一汽进行了半年的毕业设计，这可是"真刀真枪"接触汽车工作了。毕业后我就签约到一汽集团，被分配到一汽重型车厂。这是一家以解放九吨底盘车为基础进行改装的整车制造厂，属于商用车范畴，公司效益是"大院"的两三倍。当时我在技术发展科，这是全厂的核心部门，新产品设计和工艺设计、工艺纪律审核、售后支持的工作都在这个部门。我负责多项工作，零部件设计、整车试制试验、工艺设计、工艺审核、售后问题解决、开发售后手册、产品上国家目录等过程都亲自参与过，和现在分工细致（每人只负责新产品项目一小段工作）截然不同。那时新项目上马，经常连续两个月加班到半夜12点，第二天早上6点半还要起床坐班车赶来上班。辛苦不必说，但是真的长本领。在此期间，我获得第一汽车集团公司科技进步奖二等奖，这是我入职一汽两年半时间的最高奖赏。记得有一次设计进气管涉及尺寸链知识应用，正好用上大学画法几何老师教的知识，理论终于联系上实际。这之后的几年让我一度有再回母校读硕士的想法，但终未如愿。

因不甘心游离于一汽大院外，我抓住2000年一汽内部改革的机会，应聘到一汽集团采购部，主要从事红旗轿车外协件现场质保和售后质量分析工作，一干就是两年。从设计转为质量，我也是新手。为了补充知识，我快速学习，通过了国家注册质量工程师资格考试，为小红旗质量提升做好了理论知识储备，我也是为数不多通过国家注册考试的人。很多人羡慕地问我怎么一次性通过的，我自豪地回答："咱哈工大的底子厚。"记得一次分析小红旗的遥控钥匙售后质量问题，我亲自去供应商现场调查、分析问题原因并制定对策，回来向集团质量工作组组长范思良汇报，由于分析到位，措施有效，还获得了当众表扬。那时候质量不过关的单位领导是坐批评席的。本来想在质量领域大展拳脚的我，却在2002年因集团公司再次改革、实行管干分开后到一汽轿车股份有限公司采购部从事外协技术管理工作，当年张磊总经理见到我时说："听说你计算机非常好。"没想到领导对员工的特长居然这么了解，我决心干好自主乘用车事业，在轿车公司一干就是16年，这也是我成长最快的阶段。这段时间，我接触了张丕杰总经理、许万才总经理助理、谢文才部长、张建松部长、姚维峰科长等，从他们身上切身感受到母校"规格严格，功夫到家"校训带来的工作作风，使我受益终身。采购我也是从头学起：专业上，从战略采购、前期采购、生准采购、量产采购、采购项目管理到一般采购，除了一般采购外，伴随着新车型项目开展，其他采购业务我都逐渐达到精通，直到成为集团级采购专家；业务上，我通过马自达国产化项目为轿车公司节省采购成本1 800多万元，有力地支撑了公司经营发展；车型上，我参加过红旗世纪星，名仕二代、三代、四代和红旗H7的外协采购生产准备工作，参加过马自达系列M6、睿翼、阿特兹、CX-4的零件国产化工作，利用国产化经验，开展奔腾自主品牌B70\B50\B90\X80\X40的采购工作，加上年改型，我在轿车公司接触过20多个车型，几乎一年一个半车型；项目上，作为采购项目经理，我打造了标杆车型B90和月产销过万车型X40。干得多，回报也多，轿车公司的所有奖项我几乎都得过，例如优秀人才、自主功臣、优秀员工、特殊贡献奖、党员三品牌、优秀党员。但我始终牢记母校校训,时刻自勉——无远弗届。

奋斗在新时代

2017年9月毕业20年后回到母校,和同学们欢聚一堂,面对主楼,面对校训,不禁热泪盈眶。我多想再读四年啊,我的母校!从学校返回后,元气满满的我立即投入到一汽改革的浪潮中。2018年1月8日,徐留平董事长在北京发布全新红旗战略,吹响了红旗品牌复兴的号角,我也跟随张建松校友一起,开始了以质量制胜为初心,以振兴红旗为使命的新征程,参加了红旗EV、HS5、HS7三款全新车型的质量管理工作,夜以继日地工作,保证了三款车型顺利量产,为红旗复兴贡献了自己的力量。在母校校训的感召下,我将继续奋斗,为母校增光,为一汽添彩!

做一个合格的哈工大人

——记哈工大 2010 届机械电子工程专业硕士研究生 王斯博

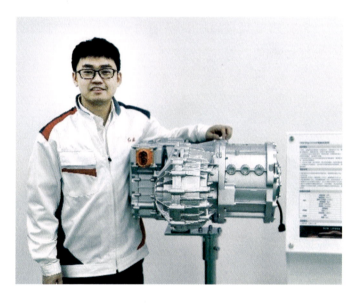

我叫王斯博，出生于黑龙江省鸡西市，2004 年，18 岁的我考入哈工大电气工程及自动化专业，六年的哈工大学习生涯是我一生最宝贵的财富。

2018 年恰逢本科毕业 10 年，我有幸回到了母校。重回二校区美丽的阳光大厅，与同学们一起坐在大教室里，我仿佛又回到了那年刚刚入学时，一张张青涩的脸庞显得稚嫩懵懂，现如今每个人的脸上都多了一份成熟、稳重。我们在哈工大都收获了自己的成长，从这里走出去，也都谱写了新的篇章。今年是母校百年校庆，在这里以此文向母校汇报我在一汽的工作情况。

2010 年我硕士毕业入职一汽，先后担任了技术中心电动车部电机开发室试验开发组专业组长、新能源试验室主任助理，2017 年至今，担任新能源开发院电机电驱动研究所试验开发主任，同时也是国内首款豪华高性能

FME 245 kW 电驱总成项目负责人。

今年是我进入一汽工作的第十个年头，几年间，国内的新能源车行业迅速发展，我也在一汽这个舞台迎接了多次重要挑战。

2012 年起，年轻的我担任了电机试验开发组专业组长，新行业，新机遇，我的主要任务是带领团队筹建新能源电机试验室，这是第一个挑战。当时我对试验室的概念还停留在学校里的那种试验室状态，对于满足企业产品规划的高标准试验室完全没有概念。既然没有概念那就多交流多看看。在领导的引荐下，我参观了发动机试验室、传动试验室，并且与那里的同事们进行了深入的交流，初步了解了试验室的基本构型和建设的规范、流程，可是新能源行业的试验室毕竟与传统车的试验室不同，新能源研发测试设备具有其特有的技术复杂性和技术多样性，资金投入大，在一定程度上体现产品的开发验证路线，是新技术开发的战略资源，意义重大。而当时国内几乎没有可供参照对标的样板，国际上仅有丰田等企业有相对成熟的方案，面对上千万元的投资，面对组织和领导的信任，我深知不能退缩，且没有退路，我知道我年轻，但是这个行业更年轻，机会与挑战并存，谁有经验，我们就向谁学习。

静下心来，我们从设备的每一个指标和每一项功能开始研究，反复与设备供应商的专家沟通并向他们学习，仔细研究他们展示的先进试验室照片，不放过任何一个细节。我们不惧怕国外专家嘲笑我们年轻无知、没有经验，我们只怕不给我们学习的机会，一万年太久，只争朝夕。由于工作压力大，有时做梦都是设备技术方案。最终，经过不断的摸索，我们在厂家基础方案上提出了许多创新性的定制化需求。从 2014 年第一批试验台架顺利搭建并投入使用，到现在我们已拥有 11 台大型电驱测试设备，陆续地支撑了一汽红旗 EV 等多款产品的开发投产。

2015 年我迎来了第二次挑战，自主开发的离合器耦合式电机项目遇到了难题，由于 CCM 总成的动力和传动集成属性，国内外没有对应此类总成的成熟测试方案，项目组无法实现 CCM 总成独立台架测试评判，关键总成试验验证环节缺失使开发风险不断增大，极大影响了产品开发进度。第一个挑战是面对缺失的关键设备,现在是面临缺失的关键技术,技术条件更加复杂。在研究传统车总成的试验评价方法和体系的同时,我们与 AVL、IAV 等国际知名咨询商商讨测试的关键,然后就是在自己的试验室里不断地验证再修改,修改再验证,在设计与验证之间摸索着那个契合点。记得那个时候,产品进行 24 小时的耐久性测试,因为是新产品新方法,我的神经一直紧绷,生怕出现什么状况,更怕试验室出现什么事故。那一阵我手机始终不离身,睡觉的时候也放在特别近的地方,就怕听不到电话。除了产品测试,生产环节也存在着极大的风险。由于新能源公司作为轿股公司零部件供应商负责 CCM 总成的生产,总成的独立检测与评价也需要尽早地推进落实以保证产品质量把控,可 CCM 总成结构特殊、使用环境也特殊,现有的设备无法满足下线的需求,我立刻组织我的团队成员去研究现有的台架结构,去论证根据产品的需求如何改造。最后,项目顺利完成,产品按照新的测试方法完成了多轮测评,全新结构的机、电、液一体的 CCM 独立试验评价台架在新能源公司投入使用,使得 CCM 产品顺利投产。借鉴此项目的经验,我制定了一系列关于试验的标准,搭建了新能源电驱测试评价体系。

2018 年,我也迎来了工作上的转变,跨出专业从一名专业负责人转变为一名产品开发负责人,这是我面对的第三次挑战。为了助力红旗 E115 整车,打造百公里 4.3 s 的极致加速体验,一汽集团主动挑战自主开发国际首款 245 kW 级别永磁电机,我们需要面对三大风险:第一是技术风险,市面上目前没有这个功率级别的永磁电机,仅有特斯拉、蔚来等异步电机;第二是周期风险,在没有技术预研支撑的情况下,全新架构的电驱产品和整车同步开发;第三是质量风险,新开发的总成将同步支撑新车型,万一出现质量问题,会严重影响整车的开发进度。核心技术买不来也换不来,技术创新也是自古华山一条路。面对技术风险,我们双方案并行,两条腿走路;面对进度风险,我们短迭代开发,快速解耦持续集成;面对质量风险,我们高加速寿命验证,将问题扼杀在萌芽中。解决风险路径已经想好,剩下的就是努力到不能再努力,我将妻子和两个孩子送回老家,全身心投入到这场战斗中，在手机视频里看着孩子慢慢长大，在我的眼前产品渐渐成型，我们全部的努力都没有白费。目前 245 kW 产品与整车动力性能相关的指标全部达成，并已搭载 E115 整车在德国法兰克福车展完成首发。

回想 10 年工作有两大体会。一是一汽的工程师历史和文化的传承。前辈们扎实的理论功底，严谨的方案策划，对技术创新的执着，面对技术难题敢于攻关的勇气，对我的影响都无比巨大，使我一直坚信技术创造价值的理念。二是一汽日新月异的发展，特别是 2017 年机构改革后，新能源事业得到更大力度的发展支持。面对红旗品牌复兴的呼声，面对汽车行业日趋复杂的变革，一汽的变化也是非常巨大的，研发与各体系加速融合，技术和管理的创新步伐也在加快，新红旗产品也逐渐获得国人的认可，进步可以说是非常明显。

非常感谢一汽对我的培养，一汽为年轻人提供了舞台，我在这个舞台上得以历练、成长。同时也非常感激母校的培育，将"规格严格，功夫到家"这八个字深深地印刻在我的心中，这使我做任何工作都时刻谨记拼尽全力，务必保证做到最好。

我是非常幸运的，幸运的是赶上了红旗复兴的伟大机遇，幸运的是能和一汽的新能源事业一同成长，幸运的是有机会实现技术创造价值的工程师梦想。红旗人、哈工大人这个身份令我备感自豪。

传承母校精神，践行初心使命

——记哈工大 2006 届管理科学与工程专业硕士研究生　王文辉

时光荏苒，韶华飞逝。王文辉参加工作已有 30 余年。在 30 余年的职业生涯中，他牢记哈工大"规格严格，功夫到家"的校训，在经历重要转折的时刻，都能坚持做一个勇敢者，永不退缩、永不放弃，不断开辟新领域，勇敢迎接挑战，成长为一个践行初心使命、达到崇高境界的企业管理者。

初露锋芒显身手

1988 年 8 月，王文辉从西安理工大学毕业后，被分配到一汽转向机厂计划财务科工作。当时正是青春年少，风华正茂，他以饱满的工作热情和认真的工作态度，虚心好学，积极工作，每项工作力求标准最高，每件事情但求干得最好，在很短的时间内就实现了从普通大学生向合格企业员工的转变。尤其是在推行会计电算化的工作中，不论压力有多大，问题有多难，工作负荷有多重，加班时间有多长，他都严谨细致，勤恳踏实，不断学习，刻苦钻研，独立思考，自行开发，一边研究编制程序文件，一边帮助指导他人操作，挑起了财务管理主要核心重要责任人的重担，积极组织好、协调好财务电算化相关的工作关系，遇到问题敢于担当和决策。经过努力，单位提前完成了财务电算化的推行工作，有效地保证了会计电算化工作的顺利运行，大大提高了财务核算与管理的工作质量和效率。这期间也锻炼并显露出了他的管理能力。六年多的时间里，他多次被单位评为先进工作者。1995年3月，他又被一汽集团公司委派到上海财经大学证券期货学院进修学习一年。1996年3月，他被任命为一汽转向机厂计划财务科副科长。任职期间，他配合科长，带领员工全方位加强财务管理，不断完善管理制度，严格执行管理规范，联络科室，深入车间。现场、工位经常看到他的身影，科室、库房总能得到他的指导，充分显示了他理论联系实际、密切联系群众、业务联系生产的领导才能，他也因此得到上上下下的一致认可。伴随着一汽主辅分离和富奥公司的成立，1998年7月，他被任命为富奥转向机分公司财务控制部部长。提升为正职并成为改制后的第一任财务部长，他深感责任重大。为了更好地把握成本控制点，他经常深入生产现场，会同工程技术人员，了解产品和工艺，了解设备等相关业务，对财务成本核算和控制的准确性起到了关键作用，使转向机分公司的财务管理水平上了一个新台阶。2000年，王文辉被富奥公司评为年度优秀财务部长。

不断进取攀高峰

为了更好地充实自己、完善自己，2002年9月，王文辉报考了哈尔滨工业大学，在职学习管理科学与工程专业，并于2006年8月硕士研究生毕业。虽然离开哈工大已14年，但他对哈工大的思念之情、感恩之心却不曾随着时光的流逝而淡漠，反倒更像陈年的老酒愈久愈醇，像少时的相册历久弥新。他说："哈工大老师的言传身教，不仅让我获得了专业知识，懂得了学习方法，而且让我亲身感受到了浓厚的哈工大精神和校训，那就是：'铭记责任、求真务实、海纳百川、自强不息''规格严格，功夫到家'。"如果说在西安理工大学的那一段学习经历，是他学生时代最刻苦、最活跃和梦想最多的时期，那么在哈工大的在职学习经历，就是他人生中最重要、最难忘的时期。尤其是哈工大精神和校训，犹如熊熊燃烧的火光，将他心底里蕴藏着的初心和使命激发出来，并照亮着他前行的道路。

2004年2月，随着富奥公司的发展壮大，王文辉又被委以重任——调任采埃孚富奥底盘技术（长春）有限公司任合资公司系统分厂厂长，在当时的甘先国总经理（现为富奥股份公司总经理）麾下，主要负责德国采埃孚伦福德金属制品有限公司与富奥汽车零部件股份有限公司合资筹建工作。在筹备组工作期间，他不但对合资项目高度重视，全力以赴，而且将此作为学习先进、了解世界的最佳机会。外事无小事，商场如战场。由于文化和体制上的差异，他清醒地认识到，合资筹备工作仅凭热情是远远不够的，还要有耐心和毅力。筹备期间，面对合资企业手续的办理程序，面对中德双方各部门的协调，面对企业规划，他每天都保持着良好的心态和进取的激情，充分发挥着自己的潜力、潜能。2004年3月，合资公司获得第一份订单，标志着合资公司开始正常运行。8月，采埃孚富奥底盘技术（长春）有限公司正式挂牌成立。2005年5月公司正式投产，当年实现销售收入5亿元，实现了当年投产当年盈利的良好开端。2009年，组织又任命他为采埃孚富奥底盘技术（长春）公司乘用车底盘零部件分厂厂长。在担任这两个分厂厂长期间，为了尽快实现与合资方的工作融合，保证产品及生产线的组织、产品的接收与发运，他从基础管理入手，持续优化流程，劳动效率年均提升8%以上。公司因此先后于2006年获得ISO TS 16949认证，于2006年被一汽-大众评为A级供应商，于2009年获得ISO 14001认证，于2010年被一汽-大众评为十佳供应商，获得2011—2012年一汽-大众优秀质量供应商荣誉称号。

党政兼顾创佳绩

2013年11月,王文辉被任命为采埃孚富奥底盘技术(长春)有限公司党委书记兼常务副总经理,他在感到责任重大、任务艰巨的同时,对自己的初心和使命有了更加明确的认知,自强不息的奋斗意志也更加坚定。随着工作领域的不断扩展,他更加清醒地意识到一个领导者行为的重要性。领导者的优秀品质和人格魅力能使下属对领导者很快建立信任,进而激起他们对团队的忠诚和对工作的热忱。他担任常务副总经理的这五年,可以说是他参加工作以来收获最多、成绩最大的五年。在这五年中,他以自身最大的潜能,全身心地投入到公司的全面建设上。

这五年他持续学习、独立思考,求真务实、严谨规范,开拓进取、探索创新,带领全体员工团结拼搏、攻坚克难,一步一个脚印,一年一个台阶,不仅营造了中德双方和谐一致的管理氛围,而且在效益、市场、产品、质量、管理等各个方面都取得了突破式进步、跨越式发展。自2013年起,公司销售收入突破40亿元,销售利润连续五年持续增长。在产量几乎翻一番的同时,维修费用和刀具消耗等低值易耗品降低了50%。党建和工会工作深入人心,员工文化生活丰富多彩,股东满意度、员工满意度逐年提高,企业文化初步形成特色。公司于2015年至2018年连续四年被富奥公司评为模范单位、先进党委和先进工会,被长春市总工会评为2016年度模范职工之家,被吉林省国资委评为2015年度和2016年度先进基层党组织;先后荣获2015年富奥最佳成本改善单位奖、2016年度富奥最佳质量改善单位奖、2016年一汽-大众优秀开发奖、2016年和2018年德方采埃孚卓越奖。

华丽转型谱新篇

2019年3月,王文辉又被任命为富奥传动轴平台党委书记兼总监。俗话说,隔行如隔山,从转向机到底盘,再到传动轴,产品业务发生了根本的变化,这对王文辉又是一次不小的考验。

富奥传动轴平台于2017年开始策划,其筹建基础主要是立足于富奥传动轴分公司。目前该分公司综合实力在国内传动轴行业中处于领先水平，现为中国汽车工业协会传动轴分会理事长单位。但是随着中国汽车行业发展进入低速增长的新常态和创新导向的新时代，面对新形势、新任务、新考验，王文辉善于挑战的性格进一步得到激发。他以长远敏锐的眼光，对照国际化、现代化、智能化、规模化、专业化的世界一流企业，清醒地认识到：今后将面临前所未有的发展挑战与经营的严峻考验，面临各种生存压力的无情洗礼。

为此，他向全体员工提出了今后五年的发展战略："我们要集思广益，积极谋划，开拓进取，探索创新，以提质增效为主线，坚持'产品立企，技术强企，创新活企，人才兴企'的发展战略，推进'做精工艺、做优产品、做大规模、做实管理'的发展路径，全力打造富奥传动轴品牌，持续推动企业变革升级，为实现'构建现代化传动轴平台体系，创建国际化同行业一流企业'的战略目标而努力奋斗。"

我们相信，王文辉总监一定会领航富奥传动轴平台取得新的辉煌业绩。

（玄洪成撰）

不忘初心，砥砺前行

——记哈工大 2014 届财务管理专业毕业生　魏小雅

　　我叫魏小雅，2014 年 8 月毕业于哈尔滨工业大学管理学院财务管理专业，现为一汽丰田采购部的一名采购员，6 年的职业生涯于我而言是一个挑战自我、提升自我和完善自我的过程。6 年来我一直踏踏实实、追求进步，正是母校哈工大让我养成了稳扎稳打、吃苦耐劳的作风。

　　毕业后别人总问我："上大学你觉得应该选择一个好的专业还是一所好的学校？"我会毫不犹豫地回答："选择一所好的学校。"我之所以能坚定地得出这样的结论，是因为这就是我所经历过的。四年的大学生涯，哈工大带给我的不仅仅是书本上所学的专业知识，更是很多学校都无法匹敌的做事理念和处事原则，还有任何人都无法给予的自信。

　　入职之初，前辈们最关心的多半是你在哪里毕业，我能感受到当我自信满满回答后他们那种羡慕的表情,然而,我并不想让我的母校只背上一纸空名,我要用自己的实际行动来证明哈工大毕业的学生跟别人不一样。入职后的第一年我一直默默地摸索业务要领,不断地学习新的知识,当时的领导对我的评价是业务上手总比别人慢一拍,其实他不知道的是,之所以慢是因为我比任何人分析得都彻底,花费的时间更多,我用的是蜗牛的速度,但是我的坚持更持久,会有质的飞跃。一年之后我开始爆发了,在别人看来已经没有什么方法可以降低成本的部品,我偏偏要挖掘它的成本低减点。为了证明我的论点,我不知花了多少本该与小伙伴出去疯的下班时间,汇总和调查数据,以 14 列 324 行的数据库做支撑,以 3 张 A3 大资料做论述资料,最终,我为我的部门节省成本 5 919 万元 / 年。

无论走到哪里,做什么事情,哈工大的校训"规格严格,功夫到家"都是我一直秉承的原则和努力的方向。2018 年的降成本目标对我来说是一次前所未有的挑战,在与供应商交涉过程中,供应商对我查找课题的不认可,并没有让我气馁,他们能找到机会反驳一定是我还没有做到位。第二天,我独自一人买了一张飞往上海的机票,带着几份供应商的报价单和报价明细,用一天半的时间辗转于上海、嘉兴和无锡三个城市,先去其竞争厂家现地学习了解情况,接着去目标厂家现地确认。我不需要总经理、部长的陪同迎接,我只需要一个营业一个设计,经过一下午的一个一个构成品的确认对比,发现我的课题依然是我的课题,只是增加了一道自信的光芒。当天我要求与其总经理面谈,做实课题,最后成功达成我的降价目标。我想这一次是我对母校校训的一次真正意义上的诠释和理解。

入职以后,中日双方的领导配备结构、与日方沟通的日渐频繁,以及语言的不完备让我在职场的路上举步维艰,于是我下定决心开始了自己孤独而又漫长的日语学习之路,22:30 的轻轨九号线经常是我的"专属"地铁,经过不懈努力,我与设计沟通联络时终于不需要麻烦他人,向领导汇报时也终于可以向日方独立自主地表达自己的想法。母校虽然没有赋予我目前必备的技能,但是在无形中给了我好的学习习惯。

经过努力,我先后获得了 2018 年度一汽丰田优秀团干部、优秀大学生成长奖，一汽集团优秀大学生成长奖等荣誉称号。正是在母校参加合唱团的经验，让我在职场的各类文艺活动中不断崭露头角，为部门争得荣誉的同时也为自己的工作增加光彩，在一汽集团庆祝新中国成立 70 周年大合唱比赛中，我所在的一汽丰田合唱队获得了第一名。

6 年的职业生涯不长也不短，我带着母校的光环进入社会，在今后的工作和生活中也必将通过自己的努力为母校增光添彩，在母校 100 周年校庆来临之际，真心地祝愿母校生日快乐！

哈工大哺育我成长

——记哈工大 2001 届工商管理专业毕业生 杨新超

弹指一挥间，青春不再，人至壮年，已经毕业19载。回首19年来在一汽的工作点滴，遥想魂牵梦萦的母校，不胜感慨。说到成绩可能微不足道，但是身为哈工大人的自豪感、母校对个人品格志向的培养，却让人终身受用。下面就简单回顾一下19年来的工作经历，浅谈一下一个哈工大人在一汽的感受。

初出茅庐"入错行"

本人2001年7月毕业于哈工大工商管理专业。背负哈工大人的骄傲，满怀对一汽的憧憬，2001年9月我正式到一汽工作。厚重的汉白玉第一汽车制造厂奠基纪念碑、处处透露着现代化气息的一汽–大众工厂、干净整齐的街道，让人心驰神往。我来一汽了！

经过一个多月的集中培训和对一汽的了解，我被分配到一汽实业储运有限公司。汽车发运、零部件仓储及运输，这就是我们的主营业务，每天面对最多的就是库房操作工人与司机师傅。心里尽管有落差，但是我还是快速地与他们打成了一片。没有所谓的大学生架子，我跟工人师傅一起搬运包装零部件，一起休息，一起唠闲嗑儿，唯一的不同可能就是爱问"为什么"，就这样，我迅速地了解了公司的业务流程，也看到了一些自己认为的问题。

一同毕业进一汽的同事，有进销售公司的，有做汽车研发的。身为物流人，不能"朝八晚五"，常常"被放弃"宝贵的周末，但是我们也有自己的"价值"——将产品快速、高品质地交付到用户手中，用户的满意就是对我们最大的肯定。尽管"入错行"，但我从来没后悔。

谨记校训出成果

"规格严格，功夫到家"是哈工大的校训，运用到工作实际当中，我的理解就是一定要掌握基本技能，从小处入手，精益求精做到极致。按照时间轴，简单举几个自认为是"成果"的实例。

一、参与公司质量体系认证工作

2001年，为从根本上提高服务质量，树立公司良好形象，一汽实业储运公司决定于2002年开展质量认证工作。由于实习期分别在各个业务部门扎实了解公司业务，我被抽调到专门的认证小组。在认证公司老师的指导下，首先厘清公司业务现状，划分部门职责，确立公司经营方针。对基本情况的整体把握，让我能够迅速与认证咨询老师对接。结合实际情况，我协助制定了公司质量方针、质量目标，并撰写公司质量手册。2002年2月顺利通过质量审核。作为认证小组成员，我得到了公司的肯定和认可。

回顾整个认证经历，我非常庆幸自己拥有在各业务部门的实习经验。在与咨询老师讨论流程、制定规则时，对具体业务的了解，让我们少走了很多弯路，让我对"没有调查就没有发言权"有了更深刻的理解。一年后，领导的信任让我走上了底盘发运业务员的岗位，有了自己专门的任务。

二、推动客车底盘发运信息系统应用

为提高工作效率，规范工作流程，2004年上半年，公司决定在底盘发运业务中推动信息系统应用。从底盘计划业务员、统计员、核算员的切身经历来看，我感觉公司客车底盘运输业务效率低下。从底盘装载工艺、底盘号登记、合格证发放到散件领取、出门证开具及后续底盘发运统计、运费核算，我负责从业务角度向软件开发商提供所有详细信息并配合规划系统设计工作。整个过程我全程参与。2004年8月，底盘发运信息系统顺利通过验收。

再回首：踏实肯干、兢兢业业获得大家认可；不辞辛苦、善于钻研保证对业务的准确把握；勤于思考、勇于创新确保新的IT技术导入。这些不正是"规格严格，功夫到家"的体现吗？

在"抓业务、促增长、强管理"的目标指引下，在保证客车公司业务的前提下，一汽物流陆顺公司抓住机会，积极拓展一汽解放、进出口公司，特别是一汽－大众的零部件物流业务，短期内实现了跨越式增长。从45人、年营业收入3 000万元，到700人以上、年营业收入4亿元，仅用时4年。丰富的业务经历，让我个人也得到了极大的锻炼。

三、主持一汽－大众二厂顶棚排序配送项目

为充分利用生产场地，一汽－大众公司决定在厂外建立顶棚储备并要求按照生产指令准时化配送。我带领项目组首先完成库房选址并按要求完成隔断、低位照明要求；详细测算安全储备，反复路试测算配送时间；培训员工认知顶棚特点，建立专项检查标准；设立专门顶棚配送车队，建立应急预案。2010年9月顶棚项目通过一汽－大众物流规划验收，为公司美集仓库向一汽－大众真正第三方物流库房转变奠定基础。

陆顺公司借此已经成为一汽－大众正式的物流供应商。面向未来，陆顺公司已经在生产零件集货物流方面做好了准备。在机会面前我当仁不让，多年的零部件物流历练经历让我早就摩拳擦掌了。但是我深知，

产前零部件物流特别是服务一汽-大众意味着什么，高标准的时效性、大规模的物流量，这要求我们一开始就必须统筹考虑、精益求精。

四、推进动力总成物流一体化的规范及标准化

大众成都三厂动力总成主要从长春、大连、上海等地调拨，我公司负责其物流过程。为最大限度保证质量，减少交接环节便于问题追溯，一汽-大众提出"一体化服务"概念。我参与了短途取货、转换包装、临时存储及干线运输、成都交付等全过程，根据交接点详细明确了提货验收、包装检查、器具检查、车辆装载、运输过程控制、成都交验等流程，最终得到了大众公司的肯定，并陆续承接了其他动力总成业务。

事后总结，标准作业才是我们高质量交付的关键。在整个业务过程中，我们制定了大量的标准作业文件，并根据实际反馈不断修正。从短途取货、防护包装，到装载工艺、干线运输，再到临时仓储、吊装配送，每个过程至少经历数十次的试验和修正。标准作业的推进自然赢得了一汽-大众上下的一致认可。

五、设计开发一汽-大众迂回生产项目

为突破油漆瓶颈，最大限度释放产能，一汽-大众决定将焊装白车身油漆业务委托给一汽轿车、一汽通用等公司，然后将漆后车身送至其总装线。由于事关现生产，且主机厂生产节拍不同、生产班次安排不同，平衡车身流成了最大的难题。我们首先设计了推拉式运输车，然后设立车身中转库房，通过GPS、无线电对讲及一汽-大众公司的FIS系统建立了"三位一体"的调度系统。如此一来，针对每台车身，从出库运输，到中转暂存，从仓库调拨到漆后回流，我们实现了全过程的可视化。更关键的是，针对每个车身暂存点我们都能实现实时监控，避免异常情况下的爆库。车身迂回生产项目充分释放了一汽-大众的总装产能，仅2011年便为一汽-大众贡献了20%以上产能，得到了集团公司的表彰。

截至2014年，陆顺公司在一汽-大众产前集货物流方面已经实现了阶段性的突破。长春、成都、佛山已经分别建立据点，服务于一汽-大众三地四厂，面向青岛工厂也已经提前布局。

自认为的"成绩",在一汽20年的发展大背景下,显得太过于渺小和微不足道。但"万丈高楼"需要千千万万的平凡建设者,我愿意在一汽宏大改革发展历史进程中奉献自己的力量。

不忘初心再出发

2014年年末,我调到一汽物流(成都)公司。仅仅11个月的工作经历略显短暂,但我还是严格要求自己,重新厘清了公司的零部件业务,解决了陈年营收账款,最大限度地盘活了冗余资产。

2016年我有幸被集团公司委派至同方环球(天津)物流有限公司,任职生产零件部副部长,有幸近距离接触了丰田式的物流方式。从物流方式的"四原则"——平准化、短缩物流周期、高标准的积载率、柔性对应,到"没有问题就是最大的问题"的问题意识,人人参与的改善理念,收益颇多。身为一汽人,在合资企业,我深知自己肩负的责任与使命:争取股东方利益,"修身"练内功。

百年校庆送祝福

感恩母校的培养,让我无论遇到什么困难都不曾退缩;感恩一汽的接纳,让我有幸经历汽车行业波澜壮阔的发展历程,有了自己的事业,也收获了美满的家庭。想到母校的百年校庆,感慨颇多又激动万分;看到母校取得的成就,分外自豪而扬眉吐气。内心最真挚地祝福:愿母校蓬勃发展,越办越好!

对母校最大的回报,就是立足自身岗位,兢兢业业、踏实认真工作,发挥自身长处,在一汽生产物流领域贡献自己的绵薄之力。

发掘本心，力求超越

——记哈工大 2000 届机电一体化专业毕业生　于东海

人生就像一场旅行，旅行的人们却有两种截然不同的态度：一种是用一双眼睛看一万个地方，带着原有的认知去评价；另一种是用一万双眼睛看同一个地方，带着全新的眼光去看待所有事物。相对于第一种价值不大的旅行，于东海更崇尚第二种旅行，因为只有从内向外审视自己，对自己的内心深处发问，才能不负人生这场漫漫旅途。

于东海 1977 年出生于黑龙江省绥化市望奎县的一个普通家庭，现在在一汽－大众担任质量保证总监职务。

2000 年，意气风发的于东海从哈工大机电一体化专业毕业，怀着对未来的憧憬进入一汽－大众工作。他先后在焊装车间、油漆车间、冲压车间和质保部工作过，家庭环境培养了他踏实肯干的性格，本着做一行、爱一行的原则，他在每一个岗位上都竭尽全力，力争做到最好。

毕业后，尚未有充足工作经验的于东海进入了焊装车间，开始了实习期。在生产线上顶岗干活儿的日子困难重重，不少同期入职的年轻人渐渐在日复一日的枯燥生活中丧失了刚入职的热情，将自己没有获得发展机会归因于环境，从而产生了自怨自艾的情绪，甚至自暴自弃。但于东海却是其中一道独特的风景。他充分发扬"规格严格，功夫到家"的工作作风，不断提高自身的业务能力和水平，在生产线上严格按照领导的要求，每一道工序都要求完美，打造匠人水准。他犹如一颗掉落在黄山峭壁缝隙中的种子，经过大自然种种考验后发了芽、扎了根、成了材，变成了孤峻黄山中令人称奇的一抹色彩。实习期结束，由于他的出色表现，焊装车间的领导对他十分赏识，向他抛出了橄榄枝，希望他能够继续发扬好学勤学的作风，留在焊装车间工作。

但是由于服从组织分配，于东海实习期结束后，来到了轿车一厂油漆车间承担油漆车间的设备维修工作。于东海严格贯彻上级领导的要求，逆境中创造条件也要上。不到两年时间，他以惊人的速度将籍籍无名的面漆二线建设打造成一个有口皆碑的品牌。他在职时的辉煌业绩有目共睹，所以当 2004 年于东海想要离开一厂油漆车间时，在见惯了相当多的员工调离而习以为常的车间，无论是车间主任还是厂长都出乎意料地表达出强烈的反对，渴望留下这个人才。本着创新再攀高峰的心态，于东海婉拒了留任的请求，于 2004 年从一厂油漆车间离开，到二厂油漆车间担任主管维修工程师，继续在另一个地方绽放光彩。

作为一名奋斗在一线的工作者，于东海一直相信做一件事就应该扎到足够深处，直到把它彻底搞懂、干透，这样再从事新的工作时才不会打怵，才会有突破核心技术的勇气和迎接更大挑战的信心，这是于东海一直秉承的理念，但这不仅仅是信念，他也将其踏实实践在日常工作中。在二厂油漆车间工作时，于东海承担过迈腾 B6 项目的油漆车间项目负责人。在做迈腾 B6 项目时，油漆车间一项最重要的工作是新车型匹配。当时油漆车间有五项核心技术，包括前处理电泳的翻转小车技术、PVC 喷涂的视觉识别技术等，这些都被德国人视为机密，牢牢地掌握在德国人手中，无论是培训还是资料都拒绝与中方共享。国外的技术封锁和国内严峻的行业形势以及项目 SOP 的压力，使团队面临着如果向德国购买几十台车身做车身匹配工作就要花费巨额资金的难题。为了打破技术壁垒、减轻团队资金压力，于东海决定不依赖外国人，而是带领自己的团队自主研究这五项技术。这个念头刚一在于东海的头脑中形成，马上就转成切实的行动。于东海带领团队成员日夜奋战，通过查阅大量资料、借用校友资源等方法攻克了一个又一个技术难题，最终打破了技术壁垒，掌握了这五项核心技术。这一结果带来的直接收益是节省了规划部事先预留的 880 万元风险基金，也省去了大部分向德国购买车身的费用，为以后技术的完善储蓄了足够的实力和提升空间。

"当前的社会是一个合作的社会，除了自己扎得足够深敢于触碰核心技术以外，还需要善于整合利用身边资源。"这是于东海常常挂在嘴边的一句话。为了带领团队达成目标，于东海的脑海中有一个技术拼图，他能准确识别出成员擅长的领域，能知人善任，通过识别团队成员的特质、擅长的领域，区分积极进取型员工、钻研思考型员工等，把他们放进技术地图的合适位置；在自己掌握了核心技术的基础上，猎取外部资源，为成功创造条件；整合团队资源，让队伍中的每个人都扎得足够深。这样形成的团队才有强大的向心力和凝聚力，才能发挥出整体的最大效能。

作为一个新时代的管理者，于东海锐意改革，在成为维修主管以后，工作上能发挥的空间和舞台更大了，但任务也更加艰巨了。他没有提出换岗的要求，而是踏踏实实做好本职工作。为了弥补视野格局狭窄的不足，他在完成本职工作的同时也不忘充实自己，通过各种渠道获取信息开阔眼界，包括通过互联网了解公司外部环境，获取汽车行业发展信息；主动提出参加油漆车间早会，了解生产和质量等公司内部信息……这一切都让他保持了对时代要求的敏锐性，也让他的改革站在时代的制高点上。于东海习惯观察所在组织及周围组织，发现其中隐藏的问题。所谓当局者迷，旁观者清，身在局中无法看到问题的全貌。因此于东海独辟蹊径，在思考问题时倾向于跳出这个组织，站在更高维度上冷静地审视症结所在，这样得出的结果往往是可喜的。在同事的眼中，于东海温和有礼，不会因为问题而批评下属，他认为批评是无意义的，重要的是去建设，在看到问题的同时还要试图去寻找改善的办法，所以他更喜欢和同事一起去寻找解决问题的关键点。

于东海在油漆车间的时候，就在观察相关部门存在的问题，并思考解决之道。机会总是留给有准备的人，恰巧他被调动到冲压车间担任车间主任，结合他之前已经思考成熟的想法，上任后立刻启动了冲压车间的改革。于东海在冲压车间大胆起用善于提问、善于思考、听从指挥、善于合作的年轻人，并且通过大范围的员工轮岗打破冲压车间各区域的壁垒，用大概半年的时间解决了冲压车间的问题。由于于东海的努力，冲压车间产量一翻再翻，创下了令人瞩目的奇迹。

2012年于东海开始担任质保电子电器科经理。当时质保电子电器科面临的问题是分工严重不均，老员工手中掌握着大部分零件管理工作，而年轻员工仅承担一些协调性工作。为了解决困扰员工和领导多年的难题，他制定了新的改革策略，改变过去不合理的分配方式，将电子电器科的全部工作按照人头等分，按照从老到新的顺序挑选工作。这种统一、公平的工作分配规则，解决了质保电子电器科分工不均的问题。这是一大创举，也为新老员工带来了福音。

2017年，于东海担任质量保证总监，也对质保组织机构进行了创新性的改革。历经27年的发展，一汽–大众质保部在不断扩大规模，职能发展难以适应新形势下集团和公司的要求。当时质量保证面临复杂的问题，如果不能很好解决，则难以适应未来汽车行业的飞速变化。

为了改善当时的局面，突破发展遇到的瓶颈，新上任不久的于东海认真识别问题症结，明确改革方向和改革思路，将决策效率低下的集权式管理转变成责权明确的集团式管理。对接研发和销售，加强质量预防能力和售后问题解决能力，推行最优的管理实践模式，系统性培养本土人才。

改革后，质保部工作效率极大提升，员工的积极性被调动起来，管理职能也进一步完善，与其他部门的对接更加顺畅，保证了一汽-大众的产品质量，提升了公司的整体竞争力，产品质量达到历史最佳，这为公司日后的发展提供了源源不断的活力。

作为一名能力优秀的领导者，于东海格外重视员工工作能力的培养。对于如何提升员工能力，他有一套独有的方法——"看听画讲"。这套方法的灵感来源于他身边一名员工自发做的一次A0图纸分享，这个方式引起了他的极大兴趣，他经过深入研究、思考，结合"学习金字塔"理论，进一步完成了"看听画讲"的能力提升模型。所谓"看听画讲"就是：看——观察技术现象；听——钻研技术原理；画——绘制技术细节；讲——学习小组讲解。通过这四个步骤，员工能透彻掌握技术要点。"看""听"两个步骤能够让知识学习从表象深入到机理，"画"能让员工理清逻辑和技术细节，"讲"能让员工教授给他人知识，同时进一步提高知识的记忆程度。这套方法从在油漆车间负责维修工作时就开始运用，一直延续至今，取得了非常好的效果，也营造了组织中知识积累的文化氛围。

回顾这20年的工作经历，于东海无论是作为工作者、领导者还是改革者都是相当成功的。正像《士兵突击》中连长高城对许三多的评价："他每做一件小事的时候，他都像救命稻草一样抓着，有一天我一看，嚯，好家伙，他抱着的是已经让我仰望的参天大树了。"干事业并不依靠过人的智慧，关键在于你能否全身心投入，并且不怕辛苦。如果你能竭尽全力，一定比现在做得更好。于东海就是在这样机会较少的岗位中干一行、爱一行，不断钻研、求索，才获得了满满的丰收。他希望在哈工大百年校庆之际，能深入解读和弘扬哈工大精神，为处在大学阶段的学子们埋下一粒种子，让他们能好好地坚守本心，不断磨砺心性，成长为社会需要的人才。

（付博撰）

秉承校训，锐意进取

——记哈工大 1993 届汽车设计与制造专业毕业生　于永坤

我于 1989 年 9 月至 1993 年 7 月就读于哈尔滨工业大学汽车工程学院汽车设计与制造专业。在冰城四年的学习生活中，我深切感受到一流高校顶尖的师资、纯朴务实的校风，以及勤奋沉稳的学风，这些都为我后来的职业生涯打下了坚实的基础。1993 年初，我来到一汽技术中心轻型车部总布置二室做毕业设计，由于实习期间工作积极主动，努力肯干，表现出色，毕业后我就留在了总布置二室做整车总布置设计师，开始了汽车整车设计师的职业生涯。

做整车总布置设计一干就是 27 年，其间开发过轻型车、微型车和轿车，也由原来的助理工程师成长为现在的首席工程师。我的成长也是一汽乘用车开发由稚嫩到不断深入、由模仿到自主的过程：由最初的引进进口车型国产化，到匹配动力总成、上车身的开发，又到动力总成、底盘、车身等的自主开发，再到现在的模块化平台的系列车型开发，开发流程与理念也逐渐与国际接轨，越发标准化、系统化。在这27年的时间里，哈工大的"规格严格，功夫到家"的校训，时时激励着我不断学习、思考和探索，也让我不断迎接各种新的任务和全新的挑战，不断体悟投身汽车制造业所应具备的工匠精神的内核，矢志不渝地为一汽乘用车的发展尽自己的微薄之力。

生产配合，了解工艺

我在轻型车部的主要工作是负责一吨卡车（CA1020系列）和轻型客车（CA6440）的生产配合与质量问题改进。正式引领我入行的是哈工大的一位学长——金叙龙，至今记忆犹新的是，金叙龙手工绘制的薄膜整车总布置图非常完美，几乎看不出涂抹擦拭的痕迹。他几乎所有的业余时间都在单位里，不是在计算机上做设计，就是跟大家谈论方案，耐心细致地为我们这些新员工讲解引导。他对每一个细节都非常认真，让我明白作为一个设计师应有的工作态度与工匠精神。我在生产现场了解总装工艺、焊接工艺和主要零部件的生产工艺，并现场发现问题，收集数据，对比设计，从而解决问题，同时对质量控制也有一定的了解，对生产工艺的了解是作为设计师的基本要求，所以这段经历对我来说是非常重要的。

这期间有一个设计问题，让我至今记忆犹新。在一吨车驻车制动由传动轴的中间制动改为轮边制动时，总布置是由我来完成的。驻车制动的拉线，我只画到后制动器的端盖处，就交给了制动拉线的设计师。其实制动器内部还有一段长度，我想当然地认为设计师应该知道，但最后试制出来的样件因太短而无法装上，造成试制暂停。我和设计师重新核对并更改图纸，连夜到厂家赶制样件，以弥补损失。这件事让我深切地体悟到作为设计师，要有严谨的工作态度，从宏观着眼，从微观着手。设计也不是画一画图这么简单，需要考虑多方面因素，尤其要关注细节。

动力总成匹配

1998年我被调到轿车部负责小红旗匹配日产2.0 L发动机

（CA7200E3）工作。工作难点主要是发动机的资料不全，且没有三维数据。我一方面要了解小红旗轿车的结构，另一方面要根据发动机的图纸和发动机实物测量，进行三维建模，对机舱进行各种连接结构的布置设计。当时还没有项目管理，基本是总布置在做布置设计的同时，还要进行类似项目管理的工作。这期间，我对轿车的结构和动力总成的布置要求逐步掌握。这个车型也对当时轿车公司的销量提升提供支撑。如今回顾那段历程无限感慨，当时我毕业刚刚五年，就承担这样一个重要的任务，当时的条件跟现在无法比拟，没有成熟的经验，没有系统的开发流程，甚至自己对整车的认知和个人技能都很有限，但是我没有恐惧，没有退缩，凭着年轻的激情与活力，不断付出，不断钻研，不断实践，整个项目开发阶段几乎都是在加班中度过的。

经历了近两年的时间，我终于出色完成了这个项目。而这个项目对于我个人的职业生涯来讲，也是意义非凡，它为我在汽车整车设计方面打下了坚实的基础，也使我对汽车整车结构、性能等方面有了系统而深刻的认知，为我之后的工作目标和努力方向提供了很好的指导。由于成功负责了该项工作，并使该款车型在当年呈现不俗的销量，我于2000年即毕业七年后被评为主任工程师。

以后我又负责在小红旗上匹配奥迪2.4 L发动机（CA7242E6）项目，接触到ASR和TCS等先进技术，了解了电控系统的工作原理。真实体会到在工作中技能的提升才是最快的。2002年毕业九年后我被破格晋升为高级工程师。

开局的点滴成绩，使我对自己在汽车设计领域的发展有了很大的信心；对汽车整车结构、功能、性能的不断了解与实践，使我对汽车设计的兴趣逐渐内化成一种自驱力，一种执着，直至最后成为一种信念。

全新上车身开发

2004年我参与了第一代奔腾B70的开发。该项目是在马自达6底盘和下车身基础上，对上车身和内外饰进行重新造型开发。这是一个里程碑式的项目，开启了一汽乘用车上车身的自主全新开发的新阶段。作为总布置，通过对这个项目的参与，我掌握了上车身设计中最关键的总布置设计要求，即人机布置要求，对总布置工作也有了全新的认识，即车是为人设计的，尽可能满足人的要求至关重要。总布置设计师要研究用户的需求，从这个角度讲，整车开发已经在向正向开发转变。没有正向开发就没有产品的竞争力。对于全新上车身的开发，它是要融合理念、功能、风格甚至是情怀在里面的系统而综合的一种艺术，而且没有止境。

全新整车开发

由于工作需要，2009 年我被调到新组建的微型车部，负责 V80 系列微客的开发和小型 SUV 森雅 R7 的开发。V80 借用了森雅 M80 的底盘，其他包括车身、传动、动力总成等都是全新开发。这也是系列最全的微客产品：有两种轴距车型，有两种不同排量的发动机，有不同的座椅布置，有两种后悬架型式，有两种后备门开启方式——掀开和对开式。这种系列化的开发思路，对后续的模块化平台开发产生了积极而又深远的影响。虽然该车型由于各种原因没有达成特别好的销量，但是这个全新整车项目的开发和担任整车大项目经理的经历，为我积累了很多宝贵的经验，同时也为森雅 R7 的成功奠定了很好的基础。

2012 年以来，国内 SUV 市场逐渐火爆，各种 SUV 车型风起云涌，进口的、国产的，让人应接不暇，SUV 车型满足了国人对汽车运动感的审美与功能的需求，同时也符合国内大多数路况的要求，一时间成为不同层次用户群体追捧的对象。技术中心敏锐地捕捉到了这种趋势，也开始积极策划一款小型 SUV，这个任务就落到微型车部的头上，时任微型车部部长正好是我前文提到的学长金叙龙，而开发一款 SUV 车型也是我的夙愿，因为当时整个一汽集团还没有一款自主的小型 SUV。所以接到这个任务，我踌躇满志，激情满怀，暗下决心一定要干好这个项目，再次迎接挑战，同时也实现自己的梦想。但真正面对这样一个全新的、没有一点开发经验的项目，遇到的困难可想而知。由于微车都是后驱车型，想开发一个前置前驱车型是非常困难的。因为没有资源，也与吉林汽车企业的定位有冲突。就在这样的矛盾、困难和质疑中，我们顶住各种压力，耗时四年完成了全新平台的前置前驱的森雅R7，按预计的项目进度如期实现批量生产。就其开发难度而言，仅举一个下车身的例子：一轮试制车在做MTS试验时，要做400个小时的试验，到26个小时后轮罩就有裂纹了。正面碰撞时车身地板从前到后从门槛上撕裂，负责碰撞的工程师说，碰撞了这么多车，还没看到过这种情况。而此时作为项目经理的我承受着巨大的压力。时值夏季检修休假期间，我脑袋里一直想着解决方案：力的传递路径是什么样的？什么样的结构来承受这么大的力？稍有思路就翻看手机里的对标车结构照片来验证，甚至到单位查看实际对标车白车身的结构，最终与车身专业和CAE工程师共同制订了解决方案，并一次性验证通过。这个过程让我对底盘和下车身力的传递与支撑结构有了清晰的认识，为后续的平台开发打下了基础。由此我也体悟到：其实困难看似可怕，却并不是坏事，当我们敢于面对、心无旁骛、坚定信念而最终攻克难关时，回望来路，你会发现那些当时看起来如山一样的险阻，都只不过是一个个提升自己和成就梦想的阶梯。当然，项目管理中不仅有技术瓶颈，同时还有时间、成本等要求，因此整个开发过程犹如登山一样一路坚持，如临深渊，如履薄冰，一刻都不敢懈怠。

森雅R7于2016年4月7日量产。由其衍生的车型奔腾X40和T33也都陆续上市。X40对奔腾品牌的销量起到了重要的支撑作用。我也因森雅R7的成功开发获得一汽集团的劳动模范称号、科技进步奖二等奖和一汽沈曾华奖。通过森雅R7的开发，我在平台开发的关键因素和流程方法方面积累了宝贵的经验。森雅R7设计开发的成功得到了同行的首肯与鼓励，其中的一些设计理念和细节也有可圈点之处，我也从中总结出很多宝贵的经验。回顾这一段经历，与当时整个团队的务实严谨、实干付出、精益求精以及拼搏进取密不可分。由此我又体会到，你为你的设计开发付出了真心与坚忍，就意味着你为它赋予了美好的品质与灵魂。

模块化平台开发

2017年由于一汽改革,我来到了一汽轿车公司。由于在这里要面对重新组建的奔腾开发院,新的组织架构和新的模块分工,我对自己也需要重新定位,通过V80和R7两款车型的历练和总结,我认识到,整车的性能才是一辆车的灵魂所在,所以我再一次对自己提出挑战,选择了整车性能研发的模块,作为整车负责人参加了FMA模块化平台的前期策划和开发,也参加了在此平台上三款车的开发:三厢轿车、轿跑和SUV。FMA将成为传统车最重要的平台,后续车型都会在此平台上衍生。同时,我还负责了电动车平台FME的前期策划和开发,在此平台上开发的一款专门针对出租车和网约车市场的车型,将在2020年底SOP。已经上市的奔腾T77和T99已经具备了相当的竞争力。

结语

目前我已经转到性能集成这个新领域,虽然正式在这个领域中学习、思考与实践的时间并不长,但我已深深体会到"结构是性能的载体,性能是结构的灵魂",此言不虚。有了这样的感悟,我更加明确了自己前行的方向。我将在这个领域里不断学习、探索、思考,希望能更快更多地领悟整车性能方面的要领与精髓,指导整车的结构设计,为未来的奔腾轿车塑造其特有的风格气质尽我所能。

一个人的成长离不开所处的环境,在哈工大四年的努力学习使我能够来到一汽这个中国汽车的发源地,站到了巨人的肩膀上。有了一汽这个高端的平台,我才能够接触到许多先进的设计理念、前沿的技术,接触到许多前人的宝贵经验和良好的设计资源,接触到优秀的精英团队汲取精华不断提升;才有机会不断学习、历练与沉淀;才能够发挥所学创造价值,实现梦想。所以在这里我要感谢一汽集团给予我成长的平台,同时也要感谢哈工大对我的培养与教诲,值此哈尔滨工业大学百年校庆之际,作为哈工大学子,我诚挚地祝福母校再创佳绩,为社会培养更多优秀的人才!

情系哈工大

——记哈工大 2002 届交通运输专业毕业生 张 萍

无论走过多少岁月，对母校哈工大的记忆总是那么清晰。最年轻最充满憧憬的日子，记载着我的成长点滴，包含着我的喜怒哀乐。蓦然回首，我发现哈工大已然是我心中最美的回忆，也是我情感的依托。

依然清晰地记得：当初收到哈工大录取通知书时的兴奋不已，寒窗苦读终于换来了收获，那是我人生之初尝到的成功喜悦。第一天到学校报到，老乡师兄的热情接待和贴心安排，以及学校精彩的迎新晚会，让我迅速摆脱离家忧愁，回味起来依然纯真温暖。

尔后，是至今难以忘怀的刘公岛军训。入岛时大浪带来的头一次晕船的体会，豆腐块被子成形的喜悦，站军姿踢正步的严苛，被特殊照顾而享用的丰盛午餐，犹如狼牙山五壮士的室友合影，回味起来还是津津有味。

还记得"十一"之后，正式开启学习生涯。十节价值观教育课让我们认识人性，激发我们主动思考，也让我们意识到大学和高中生活的区别，开启了另一种截然不同的学生生涯。作为工科学子，金工实习绝对是令人难忘的，它是一门实践基础课，对培养我们的动手能力有很大的意义。车工、焊接、钳工等的学习，小锤子的打磨，让我们理解了艰辛和成就感，体会到了不一样的人生。

复杂的数理化理论，让我们工科学子扎在图书馆自习室主动充电，废寝忘食；再至生动的专业课、汽车拆装亲手操作等，让我们更加了解汽车，愿意为之而努力。老师们一直以高规格要求我们，让我们在一次次的考试过程中更加深刻体会"规格严格，功夫到家"的校训精神。难忘的体会总是给人留下更深的印象，为了考试一个个披着衣服在走廊里熬夜的场景，仿佛还在昨天。

大学四年期间，丰富的社团和班级活动让我们的课余生活丰富多彩。如组织各种歌曲舞蹈比赛活动，总是充当礼仪的我每次都如比赛者一般心情激荡澎湃；如学校篮球、足球比赛，班级全体同学都会到场加油助威，获胜之后全体高呼呐喊犹如自己上场一般；像组织的海边烧烤以及短期旅行，过程中的阻碍和困难，让我们更加深入了解彼此，互帮互助。所有的这些，让我们体会到团队的力量，以及个人同集体的关系，荣辱与共。在这个过程中我收获了珍贵纯真的友谊，直至今日。

工作以来，我一直以拥有哈工大学子的身份而骄傲，同时也从未忘记校训。"规格严格，功夫到家"，不只是学生生涯的座右铭，而是我们一生的追求。毕业来到一汽-大众之后，我被分配到产品管理部。作为工科学生直接走上项目管理岗位，突然的转变顿时让我觉得慌张不已，面临诸多的项目难题不知所措。很多时候觉得压力很大，很难取得进展。但哈工大的校训已经融入血液，经常会在无形中给予我力量。"规格严格"激励我严格要求自己，不断自我学习，同时严格按照岗位要求，向有经验的前辈学习，在业务上不断精进；使得我能够处变不惊，在项目管理岗位持续进阶，不断突破自我。

目前我仍然坚持在一汽-大众项目管理岗位上以此严格要求自己，面对困难勇往直前，从未退缩。身边也有无数个哈工大人，为一汽的蓬勃发展、为国家的繁荣昌盛忘我付出，创下丰功伟业，也获得了公司及集团对哈工大人的认可。

哈工大像位无私的母亲，哺育着莘莘学子、国家栋梁。我们在"母亲"的怀抱中，遨游于书的海洋，研究学问之真，探求生命之理；我们在潜移默化中接受"母亲"的给予，一步步踏上光明之路。有了它，我们拥有一片属于自己的天地，发扬个性；有了它，我们明白友谊的珍贵，胜于千金；有了它，我们体验到了努力的汗水，拼搏的勇气；更因为它，我们谱写出了一首首生命的赞歌。

韶光流转，盛事如约。哈工大迎来建校一百周年。一百年辛勤耕耘的风雨历程，一百年求索进取的辉煌足迹，全体哈工大师生团结协作，艰苦奋斗。累累傲人的硕果，是几代哈工大人努力奋斗的结果，沁人心脾的文化氛围是哈工大师生绘出的一片晴空。敬业的教师们在讲台上挥洒汗水，传播知识，坚守着自己平凡的岗位。辛勤的学子们怀着一颗渴求知识的心，勇于拼搏，自强不息，在这片沃土中发芽、成长，为哈工大增添了一抹抹碧绿。昨天，我们以哈工大为荣；今天，哈工大以我们为荣。

"规格严格，功夫到家"指引我前行

——记哈工大 1997 届焊接专业毕业生 赵瑞英

1997年，我怀着对母校的恋恋不舍和对新生活的无限向往进入汽车工业的共和国长子——中国一汽工作，转眼间23年了，梦中常常出现穿梭于主楼、机械楼、大教室、图书馆上课、考试的情景，记忆中母校还是古老气派的建筑林立、紫丁香花开满院的模样，就如"规格严格，功夫到家"的校训一样扎根于我的内心，一直指引我前进。

我毕业后加入了一汽轿车公司，从事汽车制造总装工艺技术工作，焊接专业毕业的我，刚开始有点儿不知所措，但在母校培养的强大学习能力下，在校训的指引下，我下功夫研究汽车结构、总装制造工艺技术，深入现场解决整车制造实际质量问题，慢慢地在总装领域站稳脚跟，开始作为项目负责人负责10余个新车型生产准备、3个新工厂的规划及建设。2003年，我作为总装项目负责人参加了轿车公司一工厂建设项目。

随着公司的快速发展，2009 年一工厂拉开了由 12 万辆到 20 万辆产能提升的序幕，这是轿车公司有史以来最大的改造项目，也是我干过的最艰难的项目——需要在一年的时间内，在不影响正常生产的情况下完成 43 点改造，真是场颇具难度的大手术！作为总装项目负责人，我负责总装领域全部工作，需对项目大日程制定、整体工艺方案规划、可行性研究、每个改造设备的工艺方案审核、技术评标、现场改造施工方案确认、现场施工改造管理、设备安装调试、改造后产能爬坡、问题改善、项目总结反省等全过程进行管理，在每个过程中，自己都收获很多，积累了丰富的现场改造经验。

以两个案例进行说明，一个是在工艺方案确定过程中，因为是产能提升，生产节拍需要由 101 秒提至 60 秒，设备运行节拍要达到 54 秒，这么快的生产节奏，必须对每个设备的动作进行精准的时序分析，尤其是输送线转接动作复杂，其时序分析更为重要，一秒都不能差！例如涂装生产完的车身移转到总装生产线上，在这个转接口涉及停止器、移载机、堆垛机、横移机、旋转滚床等装置，需要精准拆解每个装置的动作及时间，必须保证每套系统不丢步，还需要明确各系统的衔接动作顺序，保证动作合理连贯，更要识别出叠加重合的动作，以消除浪费。时序分析是确定方案可行与否的一个关键环节，在分析过程中能提炼出对每个设备每个环节的动作过程及先后顺序的要求，以及对各设备的运行速度、运行距离等要求，最终决定设备式样。为了既保证 54 秒的运行节拍，又保证设备安全运行，我带领组内成员一个动作一个动作地确认，一秒一秒地挖掘，有时甚至为了提升 0.1 秒，绞尽脑汁，设定各种方案，经过同志们的精雕细琢，改造后每个设备的节拍均一次性达到要求。这就是规格严格的体现，是哈工大精神的体现，从这件事上，我深刻体会到事前做足功课、事后才能轻松快乐的道理。在以后的工作中，我也是一直按照这个原则行事。通过对每个设备动作的拆解，我们更加了解设备的结构、工作原理和具体参数要求的原因，做到了知其所以然。

另外一个案例是，为了不影响生产，我们利用春节假期进行现场改造施工。为了这次改造，我们经过周密计算策划，申请了最短的停产时间 15 天，并安排两班施工,现场施工点数32个,施工单位13个。这15天中,组内23个成员,轮流倒班没有人休息,按照事先明确的负责区域,一直坚守在现场,做好小时计划跟踪、施工方案确认、问题协调解决、施工安全点检等。除了这些,我每天组织施工单位及公司内相关部门召开早晚会,总结施工进度,预警风险点,通报并横展发现的问题,横向协调各方的需求等。施工过程中,由于准备比较充分,改造工作基本按照预定的计划和目标进行。就在改造最后的一天晚上七点,我们马上就要见到曙光,正准备松口气的时候,连续正常运转两天的涂装到总装的车身存储线突然停机了,现场的气氛立即紧张起来,如果找不到原因,不能修好,就会影响第二天正式开班生产,我们这段时间的付出就不能交出让人满意的答卷!这时正值白夜班交替,白班的同志知道这个消息后,都主动留下来。我们立即与施工单位展开研讨,现地现物调查排除,最后分析出是由滚床的行程开关失效造成的,全线132个滚床,每个滚床上有两个行程开关,264个开关需要一个个排查。由于设备主体施工完毕,处于调试状态,这个施工单位留守的只有两名电器工程师,如果只靠这两位工程师进行排查,估计天亮也干不完。我们组白夜班七名人员申请加入排查,经过简单的排查要领培训后,我们和施工单位共同排查确认,终于在23点左右,找到了"罪魁祸首",由于固定虚接,在滑橇进入滚床时经过多次碰触导致开关偏离,而不能检测到行程就停机了。修复后,生产线又正常运转,我们悬着的心终于放下了。为了避免其他开关也有类似隐患,我们进行了全部点检,结束时已经能看到第二天的曙光。看到同志们疲惫的脸上挂着会心的笑容,我特别感动:感动我们有这样一支坚守岗位、不怕苦、敢打硬仗的队伍;感动我们这个团队上下齐心,拧成一股绳,奋力冲向终点;感动同志们放弃春节团聚,舍小家为大家的气度!我更坚信,团队的力量是无限的!有付出必定有收获,这次产能提升工作超预期完成目标,共完成137套工装设备准备,六版3 780页工艺文件编制,三次生产线节拍调准,机械化系统可动率由97%提升到99%,整体工期提前四个月,为轿车公司2010年产量首次突破20万辆奠定了坚实的基础,项目降成本2 349万元。通过这个项目,我们也收获了很多：国内首次成功应用积放链与摩擦滚床对接技术；首次提出小时计划概念，践行了这个管理工具能细致管控停产改造项目的作用；撰写 16 篇论文，形成《产能提升项目论文集》，为后续现场改造留下了宝贵的经验；最重要的是创建了一支具有工程技术和现场改造经验的实战队伍，能应对更有挑战性的工作。

在一汽轿车的工作经历为我的总装工艺技术提升牢牢打下了基础，也为我在一汽总装领域发挥骨干作用开拓了道路。在工作的同时，我注重标准化建设，编制了《乘用车工厂总装车间工艺规划规范》《总装全新车型准备工作模型》《工厂诞生手册》《新车项目培训手册》等 10 部标准，并强化人才培养，育成总装领域 20 多人，各自都在自主体系内发挥重要作用。2015 年我荣幸地被聘为一汽集团总装工艺技术细分专业唯一的"高级专家"，带领集团总装技术人员进行集团总装技术路径发展规划，进行一汽集团车型项目及工厂项目的可研究报告总装领域的评审、一汽集团总装技术标准评审等工作。随着快速发展新能源汽车的步伐，我加入了一汽新能源汽车分公司，从事新能源汽车及动力电池、电机的质量保证工作，带领部门人员首次通过了一汽集团电动车 CCC 生产一致性认证工作，同时新能源公司电池电机实验室获得了 CNS 的 17025 认证，为公司新能源车的质量提升打下了稳固基础。

2017 年底，伴随着一汽改革的浪潮，我应聘加入了天津一汽丰田公司，从事材料品质管理工作，新的体制、新的领域、新的技术，对于进入不惑之年的我来说，是新的挑战！但我还会秉承母校"规格"和"功夫"这传承百年的立身之本，努力奋进，掌握更多的本领，立足于材料质量管理领域，同时我也要结合实际业务，认真学习并运用丰田工作方法，以实践方式掌握其精髓，待集团的一声召唤，就再次投身到自主体系的建设中。

2017 年 7 月，毕业 20 周年之际，我回到了魂牵梦萦的母校，走在往返无数次的三舍与图书馆的林荫道上，熟悉的情景历历在目，仿佛回到了自己的学生时代。来到了当时六灶的食堂，没有了旧时的影子，找寻了一圈，未发现我当时最钟爱的水炒蛋和熏马哈鱼，但宽敞明亮、菜品众多的食堂展示了母校的与时俱进。不认识的学弟主动提供饭卡，圆了我重新品尝母校食堂味道的梦，为母校学子的乐于助人点赞！走进新楼的大教室，虽然正值放假，教室里还有三三两两的学弟学妹认真学习，这是"规格严格，功夫到家"的完美体现！20周年聚在一起的同学们聊得最多的是回忆及母校的变化，这是对过去的留恋，也是对母校日新月异变化、朝气蓬勃发展的欣慰。

现在我是位母亲，在孩子的教育上，我也秉承"规格严格，功夫到家"的理念，让孩子自小养成肯下功夫、精细认真的习惯。我经常和孩子提及哈工大，也带他体验了哈工大的生活和学习氛围，希望他通过努力拼搏也能迈入让人引以为傲的哈工大，切实体验这传承百年的校训，让自己受益终身。

每当有人问及我是哪个学校毕业的，我都会非常响亮地说出："哈工大！"这是发自心底的自豪，我会带着这种自豪感，带着母校砥砺奋发的精神，为一汽，为汽车制造业贡献一份力量！

豪情不减,阔步向前

——记哈工大 1996 届内燃机专业毕业生 赵文辅

刚刚庆祝了我们伟大祖国母亲70华诞,马上又迎来了我的母校——哈尔滨工业大学百年校庆。想来我已经毕业二十余载,也在一汽兢兢业业工作二十余载。感叹时间如白驹过隙的同时,回首自己的职业生涯,哈工大对我的影响是深刻的。哈工大的精神始终激励着我,让我在工作之中豪情不减,阔步向前。

我现在就职于一汽解放商用车开发院,是一名发动机标定的高级主任。我在工作中经历了历次国家排放法规的升级。

我还是一名技术员的时候,首先接触的是机械泵发动机,在师傅的指导下,很快掌握了发动机试验的方法,成为一名合格的试验工程师。当时的计算机技术还没有广泛应用,发动机试验数据的处理和分析还使用传统的手工绘制分析方法，为了解决这一问题，提高工作效率，我利用业余时间学习掌握了计算机辅助试验技术，编制出了数据处理程序和燃烧分析数据采集处理程序，使自己成为一名复合型技术人员。

随着国家排放法规升级到国三阶段和发动机电控技术的引入，我被任命为发动机试验室轻型组组长。电控标定技术对于当时的一汽还是很前沿的，为了保证开发节点，我带领组员加班加点地学习外国技术文档，与组员一起进行台架标定。最终，经过大家的共同努力，发动机开发节点得以保障。

2009年，国四发动机开始进入研发阶段，此时我已经被任命为发动机试验室主任工程师，兼任轻型开发组组长。国四排放法规颁布，发动机首次引入EGR及后处理系统。EGR系统对发动机燃烧组织的影响，后处理系统控制的复杂性，对我们来说，都是巨大的挑战。我带领组员白天在台架做试验，晚上在办公室自学法规内容。整整一年时间，从来没在晚上七点以前离开过办公室。功夫不负有心人，在我的带领下，在轻型组的共同努力下，开发出一汽国四3～7升柴油发动机，填补了集团公司的产品空白，保障了一汽的产品竞争力。

2017年，我被任命为发动机开发高级主任，随即就面对国家颁布的国六法规这一严峻挑战。国六法规的实施，对于每个国内企业都是全新的，国内发动机行业面临巨大挑战。有业内人士称，得国六者得"天下"。国六发动机产品技术，无论对于发动机还是整车来说都是划时代里程碑式的技术创新，其中技术壁垒森严，各个发动机生产厂均在摸索开发且对已掌握的技术均严防死守绝不外泄，没有可以学习、交流、借鉴的经验。位卑未敢忘忧国，在这紧急重要的关头，我再次号召技术团队：没有经验没有技术，不要紧，我们可以发扬不怕苦不怕累、攻坚克难、勇于创新的拼搏精神，发挥自己的聪明才智，大胆开拓、勇于实践，摸索出一条一汽自己的国六标定技术之路。我带领团队成员每天做好工作计划并认真执行，并利用一切可以利用的时间学习标定策略，一起总结、交流标定经验，并组织专人按模块攻克技术难点，然后与其他人分享学习成果，就这样一点一点探索出自己的国六发动机标定技术。在产品开发最关键的时候甚至每天只是在座位上和衣休息两三个小时，就继续投入紧张的开发工作中，带领技术团队创造出"周工作 100 小时，大干 100 天"的连续工作纪录，按时完成了项目开发以及发动机产品国六公告认证工作。国六发动机产品开发工作不仅填补了一汽的技术空白，还为一汽培养了一批技术能手，一支勇于面对挑战的发动机标定技术铁军，使我们更加有信心应对未来可能遇到的未知挑战。

　　二十余年，弹指一挥间。在这个过程中，我始终秉承哈工大"规格严格，功夫到家"的校训，践行自己豪情不减、步伐向前的工作态度。无论今后有什么样的困难，我相信我与我的团队都会披荆斩棘，勇往直前！

母校的乳汁哺育我成长

——记哈工大 2013 届建筑环境与设备工程专业毕业生　周登科

2013 年 7 月我毕业于哈尔滨工业大学建筑环境与设备工程专业，同年 8 月入职机械工业第九设计研究院有限公司，成为一名小小的暖通工程师。我一直有个大大的梦想，那就是成为行业内最权威的工程师，在自己的行业中做到最优、最好，做到"登科出品，必属精品"。也正是哈工大——我的母校给了我梦想的种子。

记得入职的第二周，师傅安排我做一汽铸造搬迁项目中一个小门卫的采暖设计，自己心里觉得，这么小的项目，太简单了。我设计完成，打印好了图纸后，请师傅审图。万万没想到的是，这么简单的项目我的图纸上却有着这样那样的问题。字体大小不对，图面无故多出了很多线条，平面图系统图不一致，诸如此类的问题让我不禁脸上发烫。当时的第一感觉就是好丢人，丢了母校的脸！经历这件事后，自己深深地反思了一夜，我在心里对自己说：同样的错误，绝对不要犯第二遍！作为一名工程师，每一笔都要仔细考量！一颗不屈、顽强的种子，在心里慢慢生根。"规格严格，功夫到家"的信仰，是对这颗种子最好的滋养。

2013年12月，院里开始了BIM设计人才培养计划，BIM是当时最热门的设计手段。我的想法是一定要学会学好，让自己成为新技术的推广者，从而使更多的同事参与到BIM设计中去，使BIM技术在汽车工厂的设计施工阶段，发挥最大的作用。7年里，我从一名新手学员成长为一名团队负责人。面临无数的技术难题与业主的多样要求，他们无一能撼动我的信心，作为哈工大人，我们的使命就是迎难而上。难题就是由我们来解决的。我们就是汽车工厂数字化的标杆，我们就是BIM技术推广的旗帜。

作为一名专业技术人员，我时刻提醒自己，专业能力和应用能力缺一不可。有挑战的设计项目是提升专业能力的最快方法。2015年10月，正值奥迪Q系列车型涂装车间设计快速开展阶段，涂装车间环境及设备通风模块是我院总包项目，也是涂装车间干涉碰撞最多的模块，更是暖通专业难度最大、最复杂的设计项目。面对7 000多万元的合同，挑战是前所未有的。而德国奥迪规划人员认为只有德国的供应商才具备厂房通风的正向设计能力。对九院的中标并不看好。临危受命，面对工期紧、任务重、难度高、风险大等重重困难，我内心有些激动与兴奋。因为这是自我锻炼的最佳时机。从接到任务的那一刻起，两个月内，我仔细研究招标文件，遇到专业问题向老同志虚心请教，对方案仔细斟酌，组织方案评审，把风险降到最低。遇到技术问题，就自己想办法克服。同时还要每周与德方配合研究管道路径合理性，进行风量平衡的计算与模拟（风量平衡是涂装车间空调设计的世界性难题）、配合相关供应商的接口……最终，我们度过了最艰难的阶段，保证了设计进度，也得到了奥迪规划人员的高度评价与赞赏。

设计工作取得了阶段性成果，但是压力更大的施工过程随之展开。对于如此大型的项目，我们决定从BIM设计转为BIM施工指导。施工前期仔细检查每一条管路的通过性，反复调整设计模型。一切按照 BIM 模型施工，放弃了传统的二维图纸，一切都是为了提高施工精度，避免发生不必要的干涉碰撞。施工过程中还出现了一段小插曲。德国 DURR 作为工艺总包方，负责介质管路以及工艺设备的施工，与厂房通风交叉最多。一天，DURR 项目经理 Sammel 找到我，说因为我们没有按照 3D 模型的标高施工，导致了他们的管道无法安装，需要我们拆除修改。面对略有挑衅和轻蔑的质疑，我们立刻赶到现场实测高度。而测量的操作人员正是一直以严谨著称的德国人。最后得出的结论是：风管严格按照模型下料施工，且位置与高度丝毫不差，并未影响其通行，是 DURR 自己的模块施工出现了误差。这虽是一件小事，但我们用实力回应了质疑。规格严格的态度，是我的工作信条，也是我永远守护的信念。近 50 000 平方米的风管，360 万立方米/时风量的系统，在施工中从未发生一处由于我方设计考虑不足引发的拆改，这应该是九院史无前例的，也是足以骄傲的。这代表了在这个模块我们有了一席之地，有了与对手同场竞技的一战之力。

忙忙碌碌中，时间总是过得很快。时至今日，我已经毕业七年多了，从一个小小的设计师，成长为一名可以独当一面的靠谱的合作伙伴。从一名普通员工成长为九院最年轻的经理后备人选。每当我迷茫时都会坐上一个小时的高铁，回到母校看看。看看自己当年上课的阶梯教室和自己常坐的位置；看看那些和自己当年一样努力的新同学；看看那一个个脚步匆匆去图书馆占座学习的身影……虽早已物是人非，甚至物都已经不再，但我却依然能看见主楼阳光大厅那八个大字："规格严格，功夫到家"。依然记得自己在下面宣誓的场景。

七年里，我先后参与并完成了 10 余个整车厂 200 余个子项的设计工作，由职场小白慢慢成为一名专业负责人。

自主学习，敢为人先，在 BIM 技术快速发展的同时，探索汽车工厂数字化设计与运行管理，我作为九院 BIM 推进负责人，引领我院向智能化快速发展，先后主持并完成集团研发课题 5 项，完成 BIM 项目 100 余项。

良好的专业知识积累，是母校给予我的乳汁；在逆境中谋发展，是母校给予我的不屈的灵魂;坚定信念,敢为人先的气魄,是母校给予我的傲骨。

百年风雨,百年沧桑,百年树人,桃李芬芳。百年育贤才,开千秋伟业,铸盛世华章。

祝福母校百年,生日快乐!

从名校到名企的成长故事

——记哈工大2010届交通运输专业毕业生　周　慧

在母校建校100周年之际，有幸有这样的机会让自己回首过往，感恩母校对自己的培养，感恩母校精神对自己人格的塑造。再次回首，再次凝聚力量，奋勇前行。想到母校，我首先想到哈工大的校训"规格严格，功夫到家"，在我看来，哈工大精神在校训中体现得最充分，哈工大的精神也融入了每一个哈工大人的血液，更指导着哈工大人前进的方向、做事的原则，伴着这句校训，我从名校到名企，从青涩到成熟，从自我工作到奉献自我。

毕业十年，在一汽这个大平台上，有过成长，也有过彷徨，每当感到困惑和迷茫时，总会想起校训，对的就要坚持，就要做。在获得荣耀，收获成果时，也提醒自己要做就要做好，做出成果。现如今，国家复兴必将实现，一汽振兴扬帆起航，责任和使命依旧让我想到母校校训"规格严格，功夫到家"。

  从小，我就有一个理工梦，希望成为一名工程师。高中毕业，我如愿考上"工程师的摇篮"哈工大。还记得开学典礼上，听闻校训为"规格严格，功夫到家"，还曾和同学一起开玩笑说："咱们的校训既不儒雅，也不响亮，好像生产现场的宣传口号。"后来慢慢了解母校的过往，目睹她的辉煌，熟知她对国家发展的贡献，感受身为哈工大人应具备的品性，才知道"规格严格，功夫到家"竟是对精益求精的追求，是对"做就要做到最好"的执着。如果说人形成"三观"的第一课堂是家庭，那我认为，第二课堂一定是大学。从小学到高中，受心智成熟度、环境复杂程度、自主探索能力等限制，"三观"的树立程度很有限，大学四年是每一个少年心智成熟的过渡期，大学文化潜移默化地影响着她的学子。还记得大一放假与高中同学聚会，大家的差异性还不明显，之后才逐年感觉到不同的学校文化底蕴塑造了不同学子的思维方式和行为习惯，这些都影响着我们的一生。

  在哈工大学习和生活的四年，我像是在探索未知的地图，渐渐发觉，哈工大有一种朴实的、踏实的气质，就像一位工匠。她不向往华丽的舞台，也不追求外在的物质，有一股执着的劲儿，默默地钻研，钻研着眼前的难题，默默地付出，奠定着前进的基础。成功不会过分欣喜，微微一笑，挑战下一个难题，失败了也从不屈服，憋着一股劲儿，继续钻研。哈工大的很多老师都有这样的特质，衣着朴素，目光坚定。任尔外界纷繁，我自埋头苦干，攻坚克难。奋力拼搏的基因在哈工大老师的身上散发出独有的气质，那么自然又那么鲜明。

  抱着对汽车工业的无限向往，大学毕业以后，我来到汽车工业的共和国长子——第一汽车集团公司，这个包罗了汽车产业各个环节的大平台。2010年刚来的时候，正赶上集团快速发展，我入职了一汽物流有限公司，有幸参与到长春丰越西工厂零部件甩挂运输物流规划和筹备项目中。伴随着项目推进、业务承接、实际运营，我学习到了很多的业务知识，对汽车物流有了较深的认知，我也从一个汽车物流小菜鸟成长起来。长春丰越西工厂零部件物流按照客户的要求采用甩挂运输的方式进行循环取货，这是丰田在一汽集团内首次推行的一种零部件运输模式，并且将丰越西工厂项目作为试点项目，如果成功将在一汽丰田的其他工厂进行推广，这个项目只能成功，不能失败，当时对于我来说压力还是蛮大的。首次进行甩挂运输模式的应用，缺乏经验，我和同事前往国内已经采用这种模式的广汽丰田去调研学习，在广汽丰田学习了一个多星期，每天在他们的现场实际参与到作业过程中，详细了解作业流程和作业标准。当时广汽丰田不允许我们拍照，我就在现场进行笔记记录和绘画记录，将其作业流程、场地布局、标准作业指导书等手工复制，晚上回到宾馆再在电脑上制作成电子版，这个过程虽然烦琐，但也正是这一笔一画，加深了对整个过程的记忆和理解，为我们项目的规划提供了很多思路。在项目的推进过程中，我们的客户同方环球刚开始觉得我们没有能力承接甩挂运输的管理业务，制定了严苛的考核验证办法，如果我们不能通过考核，项目的运营将交给其他日系公司去做。说实话，当时面对严苛的考核心里既气愤又敬佩，气愤对方的施压和威胁，敬佩日系管理的严谨和细致，我们暗暗下决心，一定要成功，不能让对方瞧不起。按照考核要求我们结合当时业务进行模拟操作和业务变革，历时一年多，经历四次考核打分，从不及格到最终满分通过考核。考核结束后的交流会上公司领导说："我们的团队现在完全有能力承接你们的业务，而且我们会越干越好。"2012 年长春丰越西工厂零部件甩挂运输项目正式运营，一汽物流承接甩挂场的 100% 管理业务和 51% 的运输业务。同年我们这个项目被列为交通运输部公路甩挂运输第二批试点项目，2014 年完成项目验收考核，获得政府补贴 600 余万元。2013 年我去日本丰田参加驾驶员操作技能大赛，受到很深的触动，丰田的精益管理和改善永无止境的企业文化，让我觉得我们离卓越的企业还有很大的差距。从优秀到卓越是一个积累的过程，是一步一步踏踏实实干出来的，我觉得哈工大精神在工作中的这个方面对自己的影响也很大，那就是"功成不必在我，功成必定有我"。哈工大人朴实踏实，专注事情本身，不问功名，事情最终的成功所带来的成就感是最大的认可。在实际工作中，我发现公司有很多管理基础工作比较薄弱，夯实基础是一个长期性工作，只有不断踩在前人的肩膀上一步一步前行，才能在未来的某一刻产出成果。每到一个新部门、新岗位，我都习惯性去做一些夯实基础的工作，将固化的工作不断标准化，并持续改善。这些工作不一定在当期见效果，但能保留前人成果，并且为后人铺路。有时回到以前的部门，看到当年自己做的标准化基础工作还在发挥作用，还在进一步完善，心中感到一种自豪。哈工大朴实的精神对自己的成长带来很大的帮助，也对工作的顺利开展带来很多益处。

有人说一汽是个"老企业"，作为汽车工业的共和国长子，它与共和国同成长，历经风雨前行六十余载，创造了辉煌的成就，形成了深厚的底蕴，也留下许许多多催人奋进的故事。听老师傅说以前大雪封路的时候，也是物流运输最艰难的时候，那时领导干部带着司机师傅一起出车在冰雪路面上运输货物保障生产，真正做到为了任务可以同生共死。在设备不全、资源有限的情况下，为了心中的担当和责任，完成运输任务就是最高的追求。这些故事中的人和事就是我的身边人、身边事，算不得惊天动地，却也足够震撼人心。我是一个聆听者，每每听到这些故事都会内心火热，深受感染。我也是一个讲述者，讲述着他们的故事也讲述自己经历的事，使命和担当永远都是主题。我更要成为一个践行者，用实际行动去传承这个"老企业"的底蕴。也有人说一汽是个"新企业"，的确，新时代赋予一汽新的使命，那就是成为世界一流的移动出行服务公司。新的变化需要敢于刀刃向内的自我改革，作为一汽改革的亲历者，我深刻地感受到新时代一汽的变化，新的使命再次激发一汽人骨子里争第一的激情，再次凝聚起一汽人干事创业的力量。新的使命，带来了压力，也带来了责任，但更多的是带来了希望和梦想。无论"老与新"，一汽一直都在担当使命，不曾卸下，因为它是"第一汽车"；无论"老与新"，一汽一直都在奋勇前行，不曾退缩，因为它是"第一汽车"；无论"老与新"，一汽一直都在创新突破，不曾放弃，因为它是"第一汽车"。

而今我们正处在一个伟大的时代，两个一百年中华民族复兴的中国梦必将实现。一汽振兴，民族汽车品牌将为中国汽车产业争得荣光。我庆幸自己是这一切实现的见证者，我更庆幸自己是这一切实现的参与者。伟大的时代赋予了我们伟大的使命，伟大的时代激励着我们奋斗不息，伟大的时代终究也会成就我们伟大的梦想。

从名校到名企，哈工大精神教我"规格严格，功夫到家"，一汽底蕴教我干事创业，敢于担当。新的时代，新的使命，不变的精神，不变的担当。

我是哈工大人，坚守初心我自豪，感恩母校，牢记校训，奋勇前行！我是一汽人，践行价值我骄傲，使命在肩，不负韶华！

总有一种力量让我勉力前行

——记哈工大 2007 届焊接技术与工程专业毕业生　周振宇

哈尔滨工业大学。中国第一汽车集团公司。

这两个名字对于中国工业的意义无须赘言。作为中国工业领域的代表，两者的关系紧密至极。从一汽原董事长耿昭杰开始，"哈工大校友"在一汽集团内部一直是一个特别的存在，他们有着同样的特质——务实、专业、严谨、执着，这是由"规格严格，功夫到家"的校训塑造出的共性。在这样朴素而又严格的思想指导下，一代代哈工大学子在中国汽车制造的最前沿发光发热，一汽集团产品策划及项目管理部红旗H5年改型项目经理周振宇就是其中普通而又闪光的一员。

"红旗60周年红旗人物——新红旗逐梦先锋""中国一汽长测专家"……诸多荣誉的背后是常人难以想象的工作强度和精神压力。作为最年轻的集团级整车项目经理，周振宇克服重重困难，出色地完成了红旗车型首次网联功能定义和开发工作，不仅成为"新红旗战略"一线战斗部队中的一员，也实现了自我成长的全新蜕变。

牢记校训，勉力前行

周振宇是哈工大焊接技术与工程专业 2007 届本科毕业生。在求学的四年里，深受母校严谨专业的氛围熏陶，积累了深厚的专业知识和专业技能，同时，在"规格严格，功夫到家"校训的教导下，养成了对待学习和工作高标准、严要求，追求卓越、做到最好的好习惯。在加入中国一汽、成为荣耀的红旗人后，他始终以优秀的哈工大校友为榜样，秉持着哈工大精神，历经产品试制、采购、产品策划、项目管理多个专业领域，在不断自我充电的同时注重积累实践经验，在工作中取得了一定的成绩，严谨务实的工作作风也得到了同事领导们的一致好评。

2012 年，中国作为合作伙伴国参加德国汉诺威工业博览会这个全世界技术领域和商业领域的重要国际活动，国务院和相关部委希望中国一汽能在这个舞台上，展示代表中国汽车工业发展理念和技术趋势的红旗品牌首款新能源车 H7PHEV。

从接到任务到展车交付仅剩短短的四个月，且当时项目正处于工程设计初期，产品 BOM 等试制基础输入文件尚不完整。周振宇作为 H7PHEV 项目的试制负责人，没有在困难面前退缩，承担起了汉诺威展车的试制任务。试制过程中他带领攻坚团队积极发挥主观能动性，拆解分析 H7 传统车，反向校核和补充产品设计文件，对设计考虑不充分的新零件进行实际环境适配和改制。最终，在夜以继日的努力下，周振宇和团队出色地完成了试制任务。该展车在汉诺威工业博览会上受到中德领导人的关注和好评，充分展现了中国一汽红旗品牌和中国汽车工业的新能源发展方向和技术储备。

热爱红旗，忠于红旗

2015 年对于周振宇的职业生涯来说是一个重要的转折点。就在这一年，他选择了充满挑战的集团整车项目管理岗位，并成为红旗品牌首款真正以私人市场为主的 B 级三厢车红旗 H5 的项目经理助理。

成为新红旗人，意味着肩上的担子里不仅有推广自主品牌的责任，更多了一份捍卫国车荣誉的使命，亦有打破国车固有印象走向市场终端的难题。要走向市场，必须要了解并迎合消费者的需求。周振宇深知这个道理，入职新岗位那刻起他要求自己以"用户意识"为主导开展工作。面对消费终端用户，深入市场对潜在用户跟随深访，了解其用车需求和用车痛点；面对项目组成员，主动对接、现地现物识别其工作中的困难，并充分发挥岗位职责优势予以协调解决；面对集团领导，定期汇报项目进展和产品竞争力情况，保证项目进度、成本、质量和满足用户需求上做到最优的平衡……最终，通过高效的项目管理，达成项目 TQC 核心目标的同时，打造了安全、驾控、网联三项产品魅点，用年轻化、高品质产品刷新用户对红旗产品体验和红旗品牌形象认知，实现了新红旗品牌走入私人用户的战略目标。

在一汽集团"全面振兴红旗"的全新战略指导下，首款新车型红旗 H5 的问世备受外界瞩目。然而就在红旗 H5 仅剩 9 个月即将量产启动的时点，市场部门在产品竞争力评价中发现，用户在汽车端联网、娱乐、远程车辆控制等方面的需求增加迅速，存在引爆市场、成为产品魅点的潜力。于是，项目经理任命周振宇作为红旗 H5 网联专项经理，主持红旗车型首次网联功能定义和开发。面对全新的市场需求和产品技术领域，集团尚没有完整的经验储备，更没有完善的流程指导工作，临危受命又没有可借鉴的先例，这让年轻的周振宇承受了巨大的压力。面对挑战，他最终选择了迎难而上。在梳理了工作思路之后，他首先搭建起由六个相关部门六个供应商组成的 H5 网联团队，通过持续一周的 workshop，从用户的用车场景着手，梳理其对网联功能的具体需求，并综合对车联网生态发展的理解，形成红旗 H5 网联功能清单，并据此识别工作任务，调动集团内外部资源逐项落实。

巨大的精神压力让周振宇喘不过气，每天后半夜才能到家看一眼自己刚出生的女儿又让他无比愧疚，团队里大多数年轻人的情况都一样，在工作的重压和家庭的失位中备受煎熬，负面情绪弥漫，沟通不畅的情况偶有发生。身心俱疲的周振宇调整好自己的情绪，不断地安抚团队成员，调动大家的热情，继续与项目"死磕"到底。

天道酬勤，最终周振宇带领团队成功打造出网联魅点功能，并形成九份关键的网联开发流程，迈出新红旗品牌智能化信息化战略第一步的同时，为后续新红旗产品网联功能开发和智能化信息化战略全面实现奠定了基础。

2018年红旗H5上市以后，周振宇开始主导红旗H5生命周期管理工作，并作为最年轻的集团级整车项目经理带领团队完成多个整车产品的开发和产业化，包括"红旗一甲子、产品回馈用户"的红旗H5 60周年纪念版车型，"品质提升、魅点升级"的红旗H5 2019年型、"换心升级、动力丰富"的红旗H5 2020改型等，持续延续和丰富新红旗品牌产品主线，有效支撑了新红旗品牌产品战略的达成。

在红旗H5的全国推介会上，周振宇西装革履地站在台上向所有来宾介绍新红旗。他一次次望向凝聚了他和无数人心血的新车型，就像望着自己牙牙学语的女儿，心中充满自豪，眼里满是骄傲。

挑战长测，为己正名

红旗H5量产后，本着对用户负责，为用户提供高品质用车体验的原则，集团提出要在产品上市前以超出常规的汽车性能检验手段对红旗H5的性能和体验进行最终的确认。周振宇再次勇挑重担，与试验部门研讨，制定了创新的红旗品牌首次极致条件产品测试活动，并亲自参与其中。

在长测过程中，周振宇面临着前所未有的身体和意志的双重考验。不仅要达到既定的行驶里程要求，还要从驾驶员、乘员的角度提出产品的改善意见，并遥控指挥后方产品团队对改善意见制定对策，推动每一项改善措施快速实现。在平均48小时停车休息不足8小时的情况下，最终用时11天，克服5 000米的海拔差和60 ℃的温差，完成包括高原、冰雪路面、山区、坏路等典型工况的 12 800 千米连续驾驶，长测团队以坚韧的意志检验了红旗 H5 的性能和品质，再一次用事实为红旗品质正名。

"红旗 60 周年红旗人物——新红旗逐梦先锋""中国一汽长测专家"等多项集团级荣誉接踵而至，但周振宇深知自己离那些优秀的校友还有很大的差距，像所有务实的理工男一样，他对自己职业生涯的期许只有六个字：再学习，再提升。

（庄严撰）

"规格严格,功夫到家"让我受益终身

——记哈工大1995届机制工艺与设备专业毕业生 郑云龙

每次回母校,都会在"规格严格,功夫到家"的校训石前伫立良久,回望学习时光和职业生涯,八字校训为我打下了基础,为我职业生涯发展指引了方向,无论顺境还是逆境都受益良多。

1995年,我从机制工艺与设备专业毕业,幸运地进入一汽第二发动机厂技术科工作。

入职之初,我担任现场工艺员,扎实的基本功和爱岗敬业精神使我得到了大家的好评。入职一汽的第三年我任技术科工艺组长,主持了CA4GE发动机"长连杆、短活塞"改造项目,经过与现场老师傅的深入沟通和研究,13台设备改造设计全部独立自主完成,在一汽范围内协调加工使改造费用一降再降,仅用了预算的1/10就完成了改造部件的加工,调试完全自主完成,一个月时间完成改造,垂直达产。项目的成功让我幸运地走上了二级经理岗位。

25年间我在一汽任职了三个公司——一汽轿车公司、一汽解放公司和一汽丰田发动机公司，九个岗位——车间主任、质量控制部副部长、技术部部长、技术保障部部长、规划部项目经理/项目总监、管理部部长助理、产品管理部专用车品系经理和丰田合资体系制造部中方部长、技术部部长等职务。

轿车自主发动机产品（项目）经历了化油器式CA488发动机、CA4GE电喷的开发和生产改造、轿车公司发传中心正在生产的ET3、JB8等自主系列的生产准备。国外产品经历了马自达的I4发动机组装、大发K3/K5发动机组装、丰田ZR系列L4和V6生产管理、NR和1.2T涡轮增压发动机的质量管理，以及TNGA1.5/2.0/2.5L系列发动机的生产准备。"规格严格，功夫到家"让我从这些发动机（项目）中积累了丰富的技术和经验。

发动机和整车项目管理经历了从千万元到几十亿元的投资，工期从三个月到两年以上，从单台设备的采购到发动机全套设备的技术采购，既有绿地建厂又有改造项目，每一个项目，我都能坚守"规格严格，功夫到家"。"规格严格，功夫到家"既增加了公司收益又达成了个人提升。从技术到管理，项目经历为我积累了职场经验和人生阅历。

职场生涯中印象最深刻的三件事：一是一张申请单写了12次才过关；二是在二发厂最低谷时，主持完成了马自达I4发动机组装项目，保住了二发厂的"番号"；三是组建了解放公司管理部计划管理室，建立了战略项目计划管理体系。

初入职场，我就遇到了一位好师傅——董兆瑞。他是工艺组组长，一张工装申请单被他连续打回12次，还不告诉你哪里错了，我含泪完成了一次又一次的改正，看到董老的笑容，听着他的谆谆教诲，我看到了一片新的天地。二发厂技术科工艺组的传统与"规格严格，功夫到家"的校训如出一辙，任职工艺员的四年经历让我受益无穷。其后的职业生涯中，无论身在管理还是技术岗位，校训衍生出来的传统一直伴随职场，也影响到了我的徒弟和下属。

2004年我任技术部部长，彼时二发厂已经从辉煌行至谷底，员工分流、骨干离职，我临危受命带领仅存的12位工程技术人员8个月投资5 000万元实现了马自达I4发动机KD组装投产。项目人员技能不足，我就亲自上阵，仅凭一本销售店使用的发动机装配指导手册，完成了发动机组装工艺设计和设备方案。为降低投资，我承担巨大压力，对瓦片选配和气门垫片选配设备进行国产化开发，利用屏蔽信号方法将整车线束改造成发动机试验专用线束，最后投资降低9 000万元。工期短，就创新地将预验收和试生产合并，24小时连轴转是常事，日方人员从观望变成全力支持，历史性地突破了发动机组装生准10个月的门槛。该项目不仅保证了马自达整车发动机切换，同时保住了二发厂的"番号"。在此基础上，二发厂逐步扩展了自主产品，次第投产了ET3和JB8等发动机项目。在此期间，我荣获一汽轿车公司优秀共产党员、模范共产党员等称号。

2010年10月，我从一汽丰田长春发动机公司回任解放公司4DD柴油机项目经理，完成可研后，入职解放公司管理部组建计划管理室，承担全公司重点项目管理。我将在丰田实践的方针管理与目标管理相结合，同时融入计划管理等方法，在多方收集意见基础上独立设计了管理方案，获得解放公司高层认可。我用六个月时间完成了人员聘任和组建机构、策划管理模式导入，将战略管理和SMART管理方法融入其中，将近300亿元的投资项目纳入有序管理，圆满达成了公司管理层的目标。在此期间我荣获一汽优秀员工称号和中国一汽"五一"劳动奖章。

2017年我入职天津一汽丰田发动机公司，入职后即接到TNGA发动机生准项目，主要负责项目制造品质策划和管理、工厂建屋等工作。经过两年的努力，项目生准顺利完成。在项目进程中我利用发动机项目生准经验，指导部署完成了完整的品质管理计划，推动品质管理目视化和具体品质标准文件的编制，践行SPTT，与90家供应商共同完成了品质提升，号试阶段品质目标100%达成。工厂建屋开创性引入EPC管理模式，解决了人力资源不足问题，将公司从繁杂的招标采购中解脱出来，配合推动施工方 400 条计划管理模式，项目开工提前三个月，投资低减 20%，10 个月工期满足了设备进场。EPC 模式已经成为天津一汽丰田发动机的标准建屋流程。

25 年的青春、激情和奋斗投入了一汽的事业。在发动机制造领域磨砺了近 20 年，每一次成就的取得、每一次挫折后的再起，"规格严格，功夫到家"一直是我的支撑和我的骄傲。

感恩哈工大，感恩一汽！

母校在心中，照亮我前路

——记哈工大 2010 届机械设计制造及其自动化专业硕士研究生　朱洪雷

2004 年 8 月底，我独自踏上北上的列车，历经近 26 个小时的漫漫旅程，来到了美丽的海滨小城威海，迎接我的除了咸湿的空气，还有热情接站的学姐学长。至今犹记，各色院旗，簇拥着一面蓝色的哈尔滨工业大学校旗。两个月前，哈尔滨工业大学、威海，之于 18 岁的我，一个来自浙江的南方孩子，实在是太过遥远的存在。而从这一刻起，却将与我的生命永远地联系在一起。

我在威海校区度过了四年的本科时光。

开学第一课是刘公岛军训，第一次坐军舰出海，在甲午风云激荡的遗迹上开启自己的大学生活，这大概是只有哈工大威海校区的同窗才能有的体会吧。大学的生活远比我预想的精彩，参加迎新晚会、代表汽车工程学院赢得新生杯篮球赛亚军、组织社团书友协会、策划二手课本义卖、在学生会外联部任职，凡此种种，有太多的地方可以来消耗我无以安放的精力。现在回想起来，这段时光，慢慢孕育了我的性格特征和行为习惯，影响我至今。

哈工大的基因，从结束军训回校开课的第一天起开始注入。第一堂课是刘铁夫教授主讲的"高等数学"，当时老教授已近退休年纪，但每次早上第一堂课都会提前半小时到教室为同学们答疑，板书永远整齐规范、一丝不苟。大二"机械原理"课程设计，趴在 A0 图纸大画板上画了两周的减速器图纸，被任课老师同时是我的班主任的赵继俊教授指出零件图的线型不对、线宽不规范、图纸不整洁等一系列的问题，让我深深体会到，"规格严格，功夫到家"的八字校训，不只是挂在主楼大厅的墙上，更渗透在每个哈工大人的一言一行、一举一动中。

大三开始，看着并不出色的成绩单，深知保研无望的我，开始规划自己的考研之路。我在 H 楼、M 楼、G 楼的自习室、阶梯教室里，度过了近一年的复习备考生活，这是对自己的另一种历练。收到本部的研究生录取通知书的那一刻，心生一种莫名的情愫：与母校的告别，又将是与母校的另一种开始。四年时光荏苒，我把最美的青春年华，留在了美丽的威海，留在了这一片海天一色的校园中。

哈尔滨，我来了！

2008 年，我来到西大直街 92 号，开始了我的研究生学习，专业是机械设计制造及其自动化，进入数控实验室，我的导师是路华老师。

少了威海校区的浪漫，哈尔滨本部更多的是治学严谨的老教授和行色匆匆的学子。不同于本科阶段，研究生生活更多地与实验室为伴，少了喧嚣，需要耐得住寂寞，需要自觉地安排好学习和生活。2009 年底，是我研究生生涯里最黑暗的一段时间，毕业设计课题陷入近两个月的停滞，数控缠绕机张紧力控制算法溢出问题始终无法解决，心情随着一次次的纤维缠绕丝拉断而一点点陷入谷底。有时在研读其他高校的硕士论文寻求启发时，也会想哈工大为啥要对硕士毕业课题提出这么高的要求。但是，当看到控制器平稳、高精度运行时，才发现，所有难题，除了靠自己不抛弃、不放弃，严谨、认真地做好每一步，别无捷径和他法。这也是两年研究生学习给我未来工作留下的最宝贵的精神财富。

研究生阶段的两件小事，深深地影响到了我以后的人生道路：

第一是在哈尔滨晴朗清冷的冬日里，在学校冰场，我结识了来自航天学院的美丽女孩，收获了自己的爱情，并最终与她共同走进了婚姻的殿堂，这是母校给我最好的一份人生礼物。

第二是2010年8月3日，我来到一汽，加入一汽-大众汽车有限公司，正式开启了我的职业生涯，成为了一名汽车人。在同年年底，我通过选拔，进入了一汽-大众在哈工大开办的第一届预开发班，从此我跟一汽，跟一汽-大众便结下了不解之缘。

艺多不压身

2010年10月，我结束了为期两个月的集团和公司对新入职大学生的培训，被分配到轿车二厂涂装车间担任维修工程师。我面临的问题是：第一涂装属于化工专业；第二我被安排到了热工维修工段。我是机械专业毕业，主攻数控方向，专业完全不对口啊！

可是工作不等人，为了快速转变角色，快速实现上手，我一边收集可以找到的培训材料和技术资料开始自学，一边开始补习相关专业基础课程。我找出带到单位宿舍的大学教材，哈工大科学而完善的本科课程体系救了我。那些当年被我们吐槽的边缘课程居然是我现在最需要的。当年不理解，为什么一个机械专业的学生，要去学"大学化学"和"工程热力学"，还要作为必修考试课而非走过场的考查课，现在，该轮到它们出场了。看着同批入职来自其他高校机械专业的同事，对于理想热力学方程、焓湿图等非机械领域的基础知识云里雾里时，开始庆幸母校当年对我们哈工大学子的高标准、严要求，助我迈出了职场生涯的坚实的第一步。

死磕到底的精神

2011年2月我转岗到一汽-大众规划部涂装规划科，当时一汽-大众刚开始建设长春以外的第一个新工厂，规划部也处于人手急缺、青黄不接的状态。于是，转岗到部门的第二周，我就被直接派往成都东厂涂装车间，开启了在项目现场的"野蛮生长"。

当时，在一汽-大众的新工厂项目建设中，德方规划员和德国供应商处于主导和强势地位，成都东厂涂装车间项目，德国大众规划部派出的规划支持人员就有七人，而当时中方的规划人员仅五人，除了项目经理，其他四名中方规划员都是新手。

"落后就要挨打"翻译成世界通用的项目语言就是"不懂别吱声"。

当时，从德国大众转化翻译的项目技术任务书，虽然已经译成中文，但是不是人类能够读懂的中国话，当时我一度怀疑是把原版文档直接扔到电脑里做的机器翻译。自己动手，丰衣足食。于是，我白天在现场与德方规划员和设备供应商开展现场安装、调试工作，抓住一切机会提问，晚上回到酒店以后对当天工作涉及的技术任务书进行研读，同时依托在预开发

班学了近一年的德语基础,进行任务书的翻译校正。

最终,我将自己负责的两个模块的近400页技术任务书,重新进行了翻译和校对,并被科内一直沿用至2017年的天津工厂项目发包,而自己收获的是技术能力和外语能力的快速提升。

当时与德国同事共事过程中,"在斗争中寻求合作"是工作的主旋律。

成都东厂涂装车间项目引进了中国第一套喷漆室干式石灰粉漆雾分离系统,同时也是全世界安装的第二条同类生产线(第一条是大众美国查塔努加工厂涂装车间)。合同规定单车石灰粉耗量达到11千克/车即可达到验收条件,而当时大众美国工厂那边传来的信息是单耗最佳优化状态为约12千克。因此,当成都东厂项目已经优化到约11千克/车时,德国DURR公司提出验收要求,并将撤走德方调试优化人员。德方规划同事签字同意了这个请求,而我作为中方的模块负责人,拒绝了这一要求,为此与德方人员产生了争执。我的理由是,成都工厂项目我们按照DURR建议采用了成本更高的小粒径石灰粉材料,同时采用了更精确的管道计量泵,因此必须要优化到比大众美国工厂更低的单耗。因为当时我认定,系统还有很大的优化空间。我充分地展示了中国人所谓"初生牛犊不怕虎"的精神,据理力争,同时又由于无法得到我的签字(毕竟一汽-大众规划部是甲方),德方妥协了。

经过德方规划员、DURR公司调试人员共同在现场近三个月的合作努力,批量时将石灰粉单耗降低到了8.9千克/车,按当时材料计价,节约单车成本约24元。

2016年我去德国大众出差,我成都项目的老伙计,Nils Alterpeter 和 Jan Schneider 专门抽了一整天时间,轮流带我参观了沃尔夫斯堡总部的各个涂装车间,这正是我们共同在现场磕出来的"革命友谊"。

当年,在规划部年终总结大会上,我被授予"规划新星"的荣誉称号,算是为自己的规划员生涯开了一个好头。

哈工大"规格严格,功夫到家"的校训与德国人的刻板和严谨,在某种程度上有着不谋而合之处,也助我在合资公司中,在工作方面快速与外方同事磨合。

2012年，我获得公司特批（当时公司规定入职时间少于三年的人员不能办理因公出国）前往德国大众沃尔夫斯堡规划总部参加成都西厂涂装车间项目的技术会谈。作为一名初出茅庐的规划员，第一次来到德国大众沃尔夫斯堡总部参加技术会谈，心中的忐忑可想而知。谁知当我到达之后，并没有技术会谈可参加，只是收到了一份会议纪要，要求我签字。

德方规划的同事告诉我，已经跟德国供应商提前都谈完了，只需要中方确认即可，然后我就可以自由安排自己的行程了，并且表示这是按惯例进行的。我非常平静却不失坚定地跟德方表示，不管惯例是什么，只要这份纪要上的任何一个技术参数，任何一句描述我没有清楚地理解，我就不会签字确认，因为这不是我的工作风格，并且我会在项目实施阶段依据任务书逐项进行检查。

德方供应商代表接受了我的要求，我们共同对技术会谈纪要的每一条内容展开了讨论和修正，对于重要的参数计算过程进行了过程确认，并最终与德国大众规划形成了会签确认意见。

2015年在一汽-大众奥迪Q工厂涂装车间项目发包中，针对车间能源数据，奥迪规划提供了一版前期数据，并执意要按此发包。我作为此部分工作的中方负责人，经过计算，并与设计院确认，认为存在发包值过高的问题，会造成前期设备基础投资和后期运行浪费。

争执是没有意义的，我已经习惯拿数据说话。于是，我收集了长春当地近20年的气象数据，并找到了极端气候条件日的分时数据，同时调研了长春基地在产车间的能源设备运行参数和历史数据，据此进行了能源参数的系统计算，并完整地向我的奥迪规划搭档Dominik Foss进行了展示。没有争执，只有小的参数修正讨论，Foss后来告诉我，他把这个过程总结成了最佳实践案例，放到了奥迪规划的知识库里。

2013年，我被任命为成都东厂涂装综合线项目的负责人，第一次独立负责大型生产线结构项目。该项目是第一次完全由中方项目团队自主规划，由国内设备供应商机械工业第九设计研究院总承包的项目。按照大众康采恩标准编制任务书，独立规划车间工艺平面总图，自主完成车身物流模拟和三维 BIM 检查，为后续涂装车间的自主规划和自主发包奠定了坚实的基础。我主导了德国 Keller 空气技术公司与九院的合作，建立了国内第一条自主知识产权的干式喷漆线。成都综合线自主规划项目，在 2015 年获得了集团公司科技创新奖一等奖。

当时在德国斯图加特 Keller 公司总部进行最终的技术和商务谈判，正当双方相持不下时，大家建议暂停茶歇。在享用咖啡茶点的闲聊中，得知 Keller 谈判团队的中方谈判代表魏巍，居然是哈工大威海校区汽车工程学院 00 届的学长，真是异国遇校友，久旱逢甘霖啊！后续的谈判，仿佛也因为这一层哈工大的情缘顺利了很多，我想这是母校给我的一个意外惊喜吧。

在入职之初，我对自己管理通道上的期许是五年之内当上主管，并获得后备经理推荐，八年之内通过公司 AC 测评，走上经理岗位。

2014 年，我获得科室后备推荐，并通过部内选拔。

2015 年，我开始担任专业组代理主管。

2016 年，我通过公司人力资源部组织的 AC 预选。

一切看上去很美，挫折却接踵而来。

2017 年 6 月，我第一次信心满满地去参加正式 AC 测评，结果却是没有通过。

2017 年 11 月，面对公司的二级经理竞聘上岗，我踌躇满志却再一次铩羽而归。

沮丧和自我怀疑，让我久久不能从失败的阴影中走出来。于是我想到了老学长、离我最近且能给我帮助的校友、我的部门领导规划总监许万才。我跟师兄交流了自己的困惑，以及自己走管理道路的初衷。许总没有评价我的测评结果，而是耐心真诚地帮我剖析了我的成长经历和性格，指出了我在管理知识和管理实践上的不足，帮我指明了努力的方向，也坚定了我继续走管理道路的信心。

2018 年初，我通过竞聘成为科室正式的产地主管，开启了我新一阶段的管理实践。2019年初，经过努力我以5A的优异成绩通过了项目管理工程师认证（PMP），并考取了吉林大学的MBA。

相信我终有一天会达成自己在管理道路上的目标，永不放弃是我的人生信条。

火线驰援勇挑重任

2018年接手二厂涂装技术改造项目，作为项目经理，我带领平均年龄30.8岁的年轻项目团队出色地完成了一汽-大众历史上最大的批量工厂涂装车间升级改造项目。投资超3亿元，58天极限压缩工期，白班峰值施工人数超过1 300人，全程"零"事故，提前两天实现项目投产，创造新"涂装规划速度"。

二厂涂装技术改造项目伊始，方案统筹规划、项目申报汇报等一系列工作进展不理想，我在天津现场接到通知，第一时间回到长春，组织项目团队，着手开展工作。

面对前处理电泳设备原系统供应商德国Eisenmann公司不配合的态度和远超项目预算的项目报价，我果断启动Plan B：引入新的潜在供应商。在Eisemann前处理电泳工艺设备基础上，引入Durr的翻转输送设备RodipE，这个大胆的设想在一汽-大众没有现成经验可参考，于是，我联系了德国大众规划部，得到的答复是他们没有任何类似经验，大众沃尔夫斯堡的老车间改造曾经设想过，但因为挑战太大最终放弃，希望我们完成后系统地给他们提供经验。

"提供经验支持，可以，但是这次轮到你们跟我们买规划支持了。"当时我暗下决心，默默激励自己。

秉承大胆假设、小心求证的精神，经过近三个月的详细技术交流，我放弃休息，利用周末停产日，组织团队与潜在供应商Durr公司的技术人员共同进行现场踏勘、实物测绘、软件模拟等一系列工作，最终完成技术方案评审。在国际招标中，为公司节省投资2 300余万元，改造后电泳脏点明显下降，质量状态得到提升。

以现场为家,奉献青春

二厂涂装车间作为一汽-大众目前唯一一个没有实现底漆翻转工艺的车间,脏点一直是制约质量优化的瓶颈。引入国内第一条 Durr 公司的电泳翻转设备 RodipE,改善底漆质量,同时提高开动率,每年节省备件费用近百万元。

引进长春基地第一套 PVC 自动摘堵件机器人,加入全国首例具备二次视觉校正的系统,稳定性、成功率远超人工,减少总装抱怨,同时节省三名操作人员。

接受 SOP 时完成三种车型六种颜色组合的挑战目标,协调各方资源,通过 Fanuc 机器人工厂预集成调试、双线双班调试等一系列措施,超额达成挑战目标,SOP 时具备三种车型八种颜色组合的生产条件,有力支撑了一线的销售需求,为公司年度销售目标实现贡献了力量。

务实和勤奋是哈工大人和一汽-大众规划人共有的特质。

在现场,我最常被问到的问题是:

(早会前)洪雷哥,你不是夜班吗?

(节假日)洪雷哥,你怎么又在啊?

(夜班时)洪雷哥,你怎么还在啊?

渐渐地,每天早出晚归成了嵌进身体里的一种习惯,二厂涂装技术改造项目就像我的另外一个孩子,每天不看她一眼,不关心一下她最新的样子,就仿佛缺了点儿什么。

就这样,从盛夏走进深秋,是考勤系统记下的 83 个连续的现场工作日,是不分昼夜的 18 天夜班值守,是累计 281 个小时的额外加班时间。

每一份付出终会换来回报:

项目持续安全运行 58 天,实现"零"事故目标;

提前两天质量等级达到 SOP 标准,提前一天解除生产启动编组放行;

实现三种车型八种颜色调试的挑战目标,SOP 时具备排产条件。

我也在 SOP 下线仪式上被授予"突出贡献个人"奖。

项目伊始,不到一岁的小女儿刚长出第一颗乳牙。2019 年 10 月 12 日下午 SOP 仪式后回家，高兴地跟小女儿拍的合影里，宝宝已经长出了 12 颗乳牙。但是宝宝，因为你爸爸是一名规划员，等你懂事的那一天一定会为爸爸干的这个了不起的项目而骄傲。

未来已来

在母校 90 周年校庆的时候，我离开校园开始奔赴自己的未来。工作的第一个 10 年，我在母校的光环下，飞速地成长。

在母校百年校庆的时候，我会和我的爱人，一起带上我们的小女儿，去赴这个最美的约。

我希望有一天，我的小宝贝可以和爸爸妈妈一样，骄傲地踏进哈工大的校门，为爸妈的母校，也为自己，书写一份属于哈工大人的荣光。

祝福母校明天更灿烂！

做无愧的哈工大人

——记哈工大 2003 届建筑工程专业毕业生 *李静宇*

我的大学时代实际是由两个阶段构成的，入学时我们的学校名称是"哈尔滨建筑工业大学"，我学的专业就是建筑工程，哈建大的建筑专业在全国名气很大，师资力量非常雄厚，不少老师都是各自领域的开拓者和奠基人，拥有4个院士的豪华阵容。两年后——也就是哈工大建校80周年的时候，同根同源的哈建大并入哈工大，我们的建筑专业也就从哈建大的1系变成哈工大的14系，从此成为哈工大人。哈工大是"工程师的摇篮"，从小时候起就觉得建筑工程可以说是离工程师最近的专业，我一直为自己就读的学校和专业而骄傲。

每一位哈工大学子对母校的"规格严格，功夫到家"的校训都会念念不忘。哈工大在培养人才方面有一个特别好的传统，就是非常注重学和用的结合。比如我们建筑工程专业在大三时就做了完整的住宅设计，用三个月的时间，老师手把手地教。这可是从头到尾的一个完整的民用建筑设计，要求非常高，计算书、手绘图、电脑绘图，完全按照施工图的标准来做，目标是拿出来就能够用于施工，设计完成后每个学生都要参加答辩，特别严格。大四的时候做的单层钢结构工业厂房设计，同样是高要求严要求，人人都要参加答辩。也正因如此，我们专业毕业生一直非常抢手，因为在校时的学习、磨炼足够多，到了工作岗位上手快，是不用过多培训直接就能用的人。

大学期间有一件事给我留下了深刻的印象。记得是大一下学期，正是从基础课向专业课过渡的阶段，我那时特别热衷体育，尤其是足球，还是我们系足球队的队长。有一次因为踢球，理论力学的作业没有写，老师上课时就点了我的名，没有疾言厉色，而是非常和蔼地问我几个问题：家是哪里的？高考考了多少分？特别让我吃惊的是，她说她记得我以前每次作业都完成得很好——要知道这门课是全系300多人一起在阶梯教室上的基础课，老师居然对我这样一个平常学生的作业完成情况如此了解，说明老师是认真地批阅了每一个学生的作业的，让我由衷地感到老师的认真负责。我还记得她当时说的话："你们既然选择了这个专业，就是有志于将来要当建筑工程师的，理论力学是这个专业最重要的基础课，它对你们未来很多应用学科的学习都是支撑，我不希望你们松散地对待学习。"这件事对我影响很大，老师的话更是句句在理，从此我再也不敢对功课有丝毫的怠慢，并且将这种认真、严谨的态度一直延续到了工作中。

2003年我大学毕业入职一汽，分配到监理公司，那时还是一汽的全资子公司。

我一直觉得自己很幸运，读一所自己热爱的学校，学自己喜欢的专业，毕业后又来到一汽这个大舞台锻炼成长。工作后接触的第一个项目就是一汽-大众的PQ35平台建设项目——当时是全球最先进的整车制造平台，可以说自己是在一个很高的起点上完成了从学生到现场专业管理人员的转变，锻炼了自己的工作能力，学到很多汽车专业的知识。我工作一年后就独立担当土建监理工程师，2009年开始担任总监，独立承担了一汽客车的换型改造项目的监理工作。两年之后，我被提拔为公司技术部副部长，开始从事公司的技术管理工作，此后又一路成长，现在任职一汽监理公司副总经理。

工作十几年里，项目做了很多，特别是像一汽财务公司的金融大厦、一汽进出口公司的办公大楼项目和红旗HE焊装涂联合厂房这几个重点项目，让我得到很大的锻炼和提高。

2011年下半年，我开始承担一汽财务公司的金融大厦这个项目。我们公司承接的多是工业厂房建筑的监理项目，像金融大厦这种公共建筑监理做得相对较少，经验不多。而这个项目集团公司关注度和要求都比较高，让我去负责这个项目，是监理公司领导对我的信任和培养。在这个项目中有一件事让我印象深刻，就是在钢结构中庭屋架的施工中，施工单位选定了一家哈尔滨的分包单位，从这家企业提供的业绩清单看，我觉得心里不托底。作为工程监理，我深知钢结构质量的重要性，于是决定对这家企业进行实地考察。记得那天还下着大雨，我们驱车直奔哈尔滨这家企业，到现场一看，我担心的情况果然出现了。这是一家很小的企业，场地、规模、设备、管理能力根本不具备加工这么重要构件的能力，我当即决定必须更换加工厂，同时对现场下好料的钢管逐一签字标识以便运抵新的加工厂后进行复查、确认，当时的施工单位是不太理解并且有很大的负面情绪的，但我是总监，必须对工程质量负责。当天回到长春，又在周边找到一家资质好、规模大的加工厂，对哈尔滨那家企业运过来的经我验收合格的钢管进行加工，使质量得到了保证。这种严谨、负责、坚持的作风得到了相关领导的赞许。一汽财务公司的金融大厦项目做了两年多，工程质量得到一汽集团领导的高度评价，我本人也在这个项目中获得了非常大的成长，项目完成后，我也从技术部副部长升为部长。

2014年进出口公司的项目完成后，我又晋升为一汽监理公司总经理助理，负责监理业务。

到 2018 年，一汽开启复兴红旗大业，那时我作为监理公司副总经理，负责红旗 HE 焊涂联合厂房项目，深感责任重大。这个项目最大的挑战是工程量大、工期短，只有 8 个月的时间，要完成近 8 万平方米厂房的建设、移交给工艺设备安装，各方面都压力巨大。但是做红旗的项目带着不一样的情感，我们参建各方同心同德、全力以赴，圆满完成任务。我们监理公司虽已改制，但在心里我一直觉得自己还是一汽人，对一汽的那份情感始终都在。

从毕业到现在，我一直都在一汽监理公司工作，回想自己这十几年的工作历程，不断成长、不断收获，曾两次获得"吉林省优秀监理工程师"称号，去年又荣膺"吉林省杰出总监理工程师"称号，我们的企业也在 2020 年被评为"全国百强监理企业"。我对一汽监理这个团队有深厚的感情，有很强的归属感。这里氛围融洽，对员工都是鼓励、支持，没有埋怨，真的像一个温暖的大家庭。当然工作中压力也是很大的。首先是来自环境的压力，建筑是一个开放性的行业，发展速度快，竞争激烈，我觉得作为工程人对新知识要永保饥渴的状态。只有不断地学习新的知识、技能，才能适应行业日新月异的变化。还有就是随着岗位的变化，自己承担了越来越多的管理职责，也越来越真切地感到知识和能力上的欠缺，常感到"本领恐慌"，所以自己现在很渴望通过各种方式学习，不断提升自己。

今年是哈工大建校 100 周年，我也跟很多校友一道参加了吉林省分会场的庆祝活动，深为自己的母校感到骄傲和自豪。在日常工作中，因为服务对象遍布一汽的各个单位，接触到很多哈工大的师哥师姐，他们在各自的岗位上都很优秀，这也一直在鞭策我不断努力，不断进步。"规格严格，功夫到家"是我们的校训，也一直是我的信条，我想我会一直努力下去，争取更好的发展，实现更大的价值，做一个无愧的哈工大人。

后　记

2020年，是哈尔滨工业大学建校100周年，也是中国第一汽车集团有限公司（原第一汽车制造厂）建厂67周年。名企名校的情缘也是源远流长。早在一汽建厂初期，为适应国家大规模经济建设的需要，哈工大就开始向一汽输送建设人才。这些人才在不同的历史时期，为一汽和中国汽车工业做出了不可磨灭的贡献。据不完全统计，仅目前在一汽工作的哈工大校友就有2 300多人，其中许多人都工作在研发、生产、销售和各项管理工作的重要岗位上。2010年，哈工大建校90周年的时候，一汽的哈工大校友就自发编写了《哈工大学子在一汽》一书，很好地展示了在一汽的哈工大学子的风采和业绩。今年，时逢哈工大建校100周年，纪念活动隆重、热烈、务实。习近平总书记亲自给哈工大发来贺信，极大地鞭策和激励了一汽的全体哈工大校友。校友们又以极高的热情再次发起编撰了《哈工大学子在一汽》一书以纪念百年校庆，重点展示了近十年来一汽哈工大校友们的工作业绩和精神风貌。

在本书编写过程中，哈工大一汽校友会发挥了重要的组织、沟通作用；中国一汽原党委书记、总经理，已85岁高龄的老一代校友耿昭杰再次亲自为本书作序；采编人员不辞辛劳，广大校友踊跃参与；校友张明先生和长春一汽建设监理有限责任公司更是积极地为本书提供了不可或缺的全部资金费用支持。中国一汽人力资源部夏鑫、一汽铸造程丽琳、一汽模具李凯、一汽丰田郭连飞、一汽物流杨柏红、一汽解放张勇、长春一汽富晟张晶等也为本书的编写做了大量组织、协调和联络等工作。哈尔滨工业大学出版社为本书的编辑出版给予了诸多指导和支持。在此一并表示真诚的谢意！

由于我们水平有限和其他种种原因，本书也不可避免地会存在一些不足甚至错误，欢迎广大校友和读者批评指正。

愿本书能为丰富广大校友的精神生活做出点滴贡献，祝广大校友在各自的岗位和事业中创造出更出色的业绩；也祝一汽和哈工大事业兴旺，为实现中华民族伟大复兴的"中国梦"不断做出新的更大贡献！

《哈工大学子在一汽》编委会

二〇二〇年九月